"ධම්මෝ හි වාසෙට්ඨා, සෙට්ඨෝ ජනේතස්මිං
දිට්ඨේ චේව ධම්මේ, අභිසම්පරායේ ච."

වාසෙට්ඨයෙනි, මෙලොවෙහි ත්, පරලොවෙහි ත්
ජනයා අතර ධර්මය ම ශ්‍රේෂ්ඨ වෙයි !

- අග්ගඤ්ඤ සූත්‍රය - භාගයවත් බුදුරජාණන් වහන්සේ

නුවණැතියන් ශ්‍රී සද්ධර්මයට පමුණුවන

අසිරිමත් පොත් වහන්සේ

පූජ්‍ය කිරිබත්ගොඩ ඤාණානන්ද ස්වාමීන් වහන්සේ

© සියලුම හිමිකම් ඇවිරිණි.

ISBN : 978-955-687-049-7

ප්‍රථම මුද්‍රණය : ශ්‍රී බු.ව. 2558 ක් වූ මැදින් මස පුන් පොහෝ දින

සම්පාදනය : මහමෙව්නාව භාවනා අසපුව
වඩුවාව, යටිගල්ඔළුව, පොල්ගහවෙල.
දුර : 037 2244602
info@mahamevnawa.lk | www.mahamevnawa.lk

පරිගණක අකුරු සැකසුම, පිටකවර නිර්මාණය සහ ප්‍රකාශනය :
මහාමේඝ ප්‍රකාශකයෝ
වඩුවාව, යටිගල්ඔළුව, පොල්ගහවෙල.
දුර : 037 2053300, 0773216685
mahameghapublishers@gmail.com

මුද්‍රණය : ලීඩ්ස් ග්‍රැෆික්ස් (පුද්.) සමාගම,
අංක 356 E, පන්නිපිටිය පාර, තලවතුගොඩ.

නුවණැතියන් ශ්‍රී සද්ධර්මයට පමුණුවන

අසිරිමත් පොත් වහන්සේ

නෙත්තිප්පකරණය

පරිවර්තනය
පූජ්‍ය කිරිබත්ගොඩ ඤාණානන්ද ස්වාමීන් වහන්සේ

සසර බිය දකිනා
නුවණැති ගිහි - පැවිදි උතුමන්
වෙත.

ප්‍රස්ථාවනාව

නෙත්තිප්පකරණය නම් වූ මෙම අසිරිමත් ධර්ම ග්‍රන්ථයට අර්ථ කථාව ලියන ලද්දේ දකුණු ඉන්දියාවෙහි බදිරතීර්ථ විහාරවාසීව වැඩ විසූ අටුවාචාර්ය ධම්මපාල මාහිමිපාණන් වහන්සේ විසිනි. උන්වහන්සේ මෙසේ වදාළහ. 'මෙහි කුමන අර්ථයකින් 'නෙත්ති' යයි කියත්ද ? 'සද්ධර්මයට පමුණුවයි' යන අර්ථයෙනි. **(සද්ධම්මනයනට්ඨේන නෙත්ති)** යනුවෙනි.

අග්ගමහාපණ්ඩිත පොල්වත්තේ ශ්‍රී බුද්ධදත්ත මාහිමිපාණෝ සිය 'පාළි සාහිත්‍යය' නැමැති කෘතියෙහි මෙම නෙත්තිප්පකරණය පිළිබඳව මෙබඳු අදහසක් පවසති. "මෙය සූත්‍ර පිටකයෙහි ඇතුළත් ධර්මයන් ඒ ඒ කොටස් වලට බෙදා දැක්වීම සඳහා සම්පාදිත වූ ධර්ම විභාගයකි. පේටකෝපදේසය ද, නෙත්තියේ අඩුව පිරවීම සඳහා සම්පාදිත ග්‍රන්ථයක් සේ පෙනේ.

නෙත්තිප්‍රකරණය මහාශ්‍රාවක කාත්‍යායන තෙරුන් විසින් ලියන ලදැයි නෙත්ති අටුවාව ලියූ ධර්මපාලාචාර්යයන් පිළිගෙන තිබේ. නමුත් පෞරාණිකයන්ගේ වුවත් අනුමානයෙන් පළ කළ මතයන් පිළිනොගන්නා මේ කාලයේ වසන අප විසින් ඒ මතය පිළිගත නොහැකිව තිබේ. නෙත්තිප්‍රකරණයේ මුලම තිබෙන සංගහවාරයේ තෙවෙනි ගාථාව මෙසේය.

'සෝළසහාරා නෙත්ති පඤ්චනයා
සාසනපරියෙට්ඨී අට්ඨාරසමූලපදා
මහා කච්චානේන නිද්දිට්ඨා'

'මහා කාත්‍යායන තෙරුන් විසින් ප්‍රකාශිත වූ බුද්ධ ධර්මයාගේ අර්ථ සෙවීමක් වූ නෙත්ති තොමෝ හාරසොළොසක්

ඇත්තීය. නය පසක් ඇත්තීය. මූලපද අටළොසක් ඇත්තීය'යි මේ ගාථාවෙන් කියවේ. මින් පසුත් කීප තැනකදී 'තේනාහ ආයස්මා මහා කච්චානෝ' 'ආයුෂ්මත් මහා කාත්‍යායන තෙමේ එබැවින් මෙසේ කීය' යන වාක්‍යය පෙනේ. එයින්ම මේ ග්‍රන්ථය මහා කාත්‍යායන තෙරුන් විසින් මේ ආකාරයෙන්ම සම්පාදිත නොවූ බව පැහැදිලි වේ. සූත්‍ර පිටකයෙහි 'ඒවං මේ සුතං' 'මෙසේ මා විසින් අසන ලදි'යන්න යොදා බුද්ධ වචනයන් ඇතුළත් කොට ප්‍රකාශ කළා සේ ම මෙහි මහා කාත්‍යායන මහ තෙරුන්ගේ ඉගැන්වීම් ක්‍රමය ඇතුළත් කොට අන්‍යයන් විසින් මෙය සම්පාදිත බව පැහැදිලි වේ.

ඒ අන්‍යයෝ නම් ප්‍රථම සංගීතිකාරක මහා තෙරවරු ම යැයි ධර්මපාලාචාර්යයන්ගේ පිළිගැනීමයි. මෙය ප්‍රථම සංගීතියට ඇතුළත් වූවා නම් කුදුගොත් සඟියේ පොතක් ලෙස එහි ඇතුළත් විය යුතුය. බුරුමරටවැසි මහතෙරවරු එය එසේම පිළිගෙන ත්‍රිපිටක ග්‍රන්ථ මාලාවෙහි නෙත්ති - පේටකෝපදේස දෙක පමණක් නොව මිළින්ද ප්‍රශ්නය ද ඇතුළත් කෙරෙත්.

ප්‍රථම සංගීතියට ඇතුළත් වූවත් නොවූවත් මේ පොත ඊට ආසන්න කාලයකදී ම ප්‍රකරණයක් වශයෙන් පිළියෙල වී යයි පිළිගත හැක. අභිධර්මය ගැන කිසිවක් මේ පොතේ සඳහන් නොවේ. එයින් උද්ධෘත පාඨ කිසිවක් ද දක්නට නැත. මෙය අභිධර්මය සකස් කිරීමට මත්තෙන් සම්පාදිත වූවක් යයි කිව යුතුයි.... සත්‍යවිනිර්මුක්ත බුද්ධ දේශනාවක් නැති බැවින් හැම බුද්ධ දේශනාවකම ඇතුළත් සත්‍ය මොනවා දැයි සෙවීම මේ ආවට්ටහාරයෙන් කරනු ලැබේ. මේ නෙත්ති ක්‍රමය අනුව ඉගැනීමක් මෙකල ථේරවාදීන් අතර නැත." යනුවෙනි.

තවද බුද්ධ ජයන්ති ත්‍රිපිටක ග්‍රන්ථ මාලාවෙහි නෙත්තිප්පකරණයෙහි පාඨ ශෝධන පූර්වක සිංහල අනුවාදය කරන ලද්දේ රාජකීය පණ්ඩිත ලබුගම ලංකානන්ද මහානායක මාහිමියන් විසිනි. උන්වහන්සේ සිය සංඥාපනයෙහි මෙසේ අදහස් දක්වති.

"........ මහා කච්චායන තෙරණුවෝ නෙත්තිනය දේශනාවට පැමිණ දේසනා හාරාදීන්ගේ ලක්ෂණ ව්‍යක්ත කිරීම පිණිස නිදසුන් දක්වන්නාහු යම් යම් ගාථා ධර්මයක්, සූත්‍ර පාඨයක් එළවන ලද නම් බෙහෙවින් සංයුත් සඟියෙහි බැසගෙන සිටි නිදසුන් බව පෙනේ. යළි උදාන පාළි, ධම්මපද, ජාතක, අංගුත්තර නිකාය, ඉතිවුත්තක, විමාන වත්ථු යන දේශනාවන්හි සිටි සූත්‍ර බෙහෙවින් දැක්වූ අතර දික් සඟි, මැදුම් සඟි දෙක්හි සිටි නිදසුන් මඳ වෙයි.

මෙහි සිට විමසීමට භාජනය කළ යුතු කරුණු ද ඇත. වාසනාභාගීය සූත්‍රයට අයත් නිදසුන් කළ 'පිණ්ඩාය කෝසලං පුරං' යනාදී තුදුස් ගයකින් යුතු වටංසක නම් අනාගත පසේබුදු කෙනෙකුන් පිළිබඳ පුවත සංගීතියට නැගුණු පිටක ග්‍රන්ථයක මෙතෙක් හමුවූයේ නැත. ඒසේමැ ථේර ගාථා හෝ අපදාන පාළියෙහි සැඟැහිය යුතු චරිත කීපයකට අයත් සේ පෙනෙන ගාථා ද ඇත. මෙසේ අප හමුවෙහි ඇති ත්‍රිපිටක ග්‍රන්ථයක නොපැනෙන ගාථා පසු කලෙක භාණකයන් අතින් ගිලිහී ගියා විය හැකිය. නොහොත් සංගීතිකාරකයන් විසින් සංගීතියට නොනගන ලද හෝ විය හැකිය......... තවද නෙත්තිප්‍රකරණයෙහි නිදසුන් වශයෙන් එළවූ ඇතැම් සූත්‍ර ප්‍රදේශ ත්‍රිපිටකයෙහි කවර තැනෙක සංග්‍රහ වී ඇද්දැයි සොයා ගත නොහැකි විය." යනුවෙනි.

මෙම නෙත්තිප්පකරණය පිළිබඳව අපට වැටහෙන අයුරු මෙසේය. මෙහි සඳහන් ආකාරයට ධර්මය විග්‍රහ කිරීම නම් පටිසම්භිදාලාභී මහා ක්ෂීණාශ්‍රව රහතන් වහන්සේ නමකට විනා අන්‍ය වූ කොතරම් ව්‍යක්ත කෙනෙකුට වුවත් කිසිසේත් කළ නොහැක්කේය. භාග්‍යවතුන් වහන්සේගේ ධර්මය ඉගෙන ගැනීමටත්, එහි අර්ථ විමසීමටත්, යෝනිසෝ මනසිකාරයෙහි යෙදීමටත් මෙම ග්‍රන්ථයෙන් ලැබෙන පිටුවහල වචනයෙන් වර්ණනා කොට අවසන් කළ නොහැකිය. එතරම්ම සාරගර්භ වේ. මෙය ඒකාන්තයෙන්ම මහා කච්චායන මහරහතන් වහන්සේ විසින් කරන ලද ධර්ම විග්‍රහයක් බව කිව යුතුය. එය දැන් අපට ලැබී ඇති ආකාරයට වෙනත් මහතෙරවරු විසින් ප්‍රකරණයක්

ලෙස සකසන්නට ඇත. මෙහි හැම තන්හිම 'එබැවින් මහා කච්චායනයන් වහන්සේ මෙය වදාළහ' යන මෙම පාඨය ඒ ඒ තන්හි ඉස්මතු කරනු ලබන්නේ එනිසාය.

ඔබ නුවණැත්තෙක් නම් ඔබව තථාගත ධර්මයට පමුණුවාලීමට සමර්ථ වූ මෙම අසිරිමත් ග්‍රන්ථය විවේක සිතින් යුතුව කියවන්න. ඉවසීමෙන් කියවන්න. නැවත නැවත කියවන්න. මෙහි දැක්වෙන ධර්ම විග්‍රහයයන් වටහා ගැනීමට මහන්සි ගන්න. එයින් මතුවන ධර්ම ප්‍රීතිය අත්විඳින්න. එවිට සැබැවින්ම මෙය තථාගත ධර්මය අසිරිමත් ලෙස විග්‍රහ කෙරෙන මාහැඟි පොත් වහන්සේ නමක් බව ඔබට ම පසක් වනු නිසැකය.

මෙම ධර්ම ග්‍රන්ථය ශ්‍රද්ධාවෙන් පරිශීලනය කිරීමෙන් අප සියළු දෙනා හට චතුරාර්ය සත්‍යාවබෝධයට උපකාර වේවා !

මෙයට,
ගෞතම බුදු සසුන තුළ
මෙත් සිතින්,
පූජ්‍ය කිරිබත්ගොඩ ඤාණානන්ද ස්වාමීන් වහන්සේ
ශ්‍රී බු.ව. 2558 ක් වූ උඳුවප් මස 24 දින (2014.12.24)

පටුන

නමෝ තස්ස භගවතෝ අරහතෝ සම්මාසම්බුද්ධස්ස
ඒ භාග්‍යවත් අර්හත් සම්මා සම්බුදුරජාණන් වහන්සේට නමස්කාර වේවා!

නෙත්තිප්ප්‍රකරණය

නුවණැතියන් ශ්‍රී සද්ධර්මයට පමුණුවන අසිරිමත් පොත් වහන්සේ

සංගහවාරෝ

කෙටියෙන් දැක්වීම

1. ලෝක පාලක දෙවියන් බඹුන් සහිත ලෝක සත්වයෝ යම් බුදුරජාණන් වහන්සේ නමකට පුදත් ද, ඒ නරෝත්තමයන් වහන්සේගේ උතුම් බුදු සසුන නුවණැතියන් විසින් අවබෝධ කළ යුත්තේ ය.

2. භාග්‍යවතුන් වහන්සේගේ සූත්‍ර දේශනාව දොළොස් පදයකින් යුක්ත ය. ඒ සියළු බුද්ධ වචනය ව්‍යංජන වශයෙන් හා අර්ථ වශයෙන් යුක්ත ය. අර්ථය කුමක් ද? ව්‍යංජනය කුමක් ද? කියා ඒ දෙකම දත යුත්තේ ය.

3. මෙම ධර්ම විග්‍රහය තුළින් ධර්මය වෙත රැගෙන යාම් හෙවත් හාරයන් දහසයකින් යුක්ත කොට, ක්‍රම හෙවත් නය පසකින් යුක්ත කොට, මුල් පද දහඅටකින් යුක්ත කොට මහා කච්චාන මහරහතන් වහන්සේ විසින් වදාරණ ලදී.

4. සූත්‍ර දේශනාව වටහා ගැනීම පිණිස ධර්මය වෙත රැගෙන යාම් දහසය ත්, ව්‍යංජන විමසීම ත් උදව් වෙයි. සූත්‍රයෙහි අර්ථ වටහා ගැනීමට ක්‍රම හෙවත් නය තුනකින් උදව් වෙයි. මෙසේ ධර්මය වෙත රැගෙන යාම් ව්‍යංජන විමසීම හා තුන් වැදෑරුම් නය ක්‍රමය යන දෙක ඇතුළත් වෙයි. යම් පරිදි සූත්‍ර දේශනා ඇද්ද, එයට අනුරූප කොට සූත්‍රය පවසනු ලැබේ.

5. යම් සූත්‍ර දේශනාවක් ඇද්ද, ඒ දේශනාවෙන් මතුවෙන යම් අර්ථයකුත් ඇද්ද, මේ දෙකම හොඳින් දැනගත යුත්තේ ය. එහිලා මෙය අනුපිළිවෙල යි. එනම් සූත්‍ර දේශනාව තුළින් නවාංග ශාස්තෘ ශාසනය සෙවීම යි.

විභාගවාරෝ
බෙදා දැක්වීම

1. උද්දේස වාරෝ
සැකෙවින් දැක්වීම

එහි ධර්මය වෙත රැගෙන යාම් දහසය හෙවත් හාරයෝ මොනවා ද?

(1.) දේශනා කිරීම හෙවත් **'දේසනා හාරය'** යි.

(2.) එම දෙසුම් විමසීම හෙවත් **'විචය හාරය'** යි.

(3.) එහි කරුණු ගලපා බැලීම හෙවත් **'යුත්ති හාරය'** යි.

(4.) එම දෙසුම්වලට ආසන්න කරුණු සෙවීම හෙවත් **'පදට්ඨාන හාරය'** යි.

(5.) එහි ලක්ෂණ බැලීම හෙවත් **'ලක්ඛණ හාරය'** යි.

(6.) එම දෙසුම් සිව් අයුරකින් බෙදා දැක්වීම හෙවත් **'චතුබ්‍යූහ හාරය'** යි.

(7.) කුසල් අකුසල් පිළිබඳව නැවත හැරී විමසීම හෙවත් **'ආවට්ට හාරය'** යි.

(8.) කරුණු විග්‍රහ කොට දැක්වීම හෙවත් **'විභත්ති හාරය'** යි.

(9.) කුසලාකුසලයන්ට ප්‍රතිවිරුද්ධ දේ සෙවීම හෙවත් **'පරිවර්තන හාරය'** යි.

(10.) සමාන අරුත් ඇති වචන දැක්වීම හෙවත් '**වේවචන හාරය**' යි.

(11.) පැණවීම් විග්‍රහ කිරීම හෙවත් '**පඤ්ඤත්ති හාරය**' යි.

(12.) අර්ථ අවබෝධයට බැසගැනීම හෙවත් '**ඕතරණ හාරය**' යි.

(13.) අරුත් පිරිසිදු කර බැලීම හෙවත් '**සෝධන හාරය**' යි.

(14.) සූත්‍රයන්ගේ අරුත් දරා ගැනීම හෙවත් '**අධිට්ඨාන හාරය**' යි.

(15.) කුසල් අකුසල්වලට අනුබල දෙන කරුණු සෙවීම හෙවත් '**පරික්ඛාර හාරය**' යි.

(16.) ධර්මයන්ගේ අරුත් උඩට මතුකිරීම හෙවත් '**සමාරෝපණ හාරය**' යි යන මේ දහසය ය.

ඉහත පදයෙන් පැවසූ දෙය ගාථාවෙන් කීම හෙවත් අනුගීතිය :

1. දේශනා ය, විචය ය, යුක්ති ය, පදට්ඨාන ය, ලක්ඛණ ය, චතුබ්‍යූහ ය, ආවට්ට ය, විභක්ති ය, පරිවර්තන ය,

2. වේවචන ය, ප්‍රඥප්ති ය, ඕතරණ ය, සෝධන ය, අධිට්ඨාන ය, පරික්ඛාර ය, සමාරෝපණ ය යන දහසය යි.

3. මෙසේ, වදාරණ ලද ධර්මය වෙත රැගෙන යාම් දහසය අර්ථ වශයෙන් සංකීර්ණ නැත. මේ ධර්මය වෙත රැගෙන යාම් දහසය පිළිබඳ විස්තර ක්‍රමය නය විභාගයෙන් සිදුවෙයි.

එහි ඇති ක්‍රම හෙවත් නය පස මොනවා ද? '**නන්දියාවට්ට**' යනු එක් ක්‍රමයකි. '**තිපුක්ඛල**' යනු තව ක්‍රමයකි. '**සීහවික්කීළිත**' යනු තවත් ක්‍රමයකි. '**දිසාලෝචන**' යනු තවත් ක්‍රමයකි. '**අංකුස**' යනු තවත් ක්‍රමයකි.

පදයෙන් පැවසූ දෙය ගාථාවෙන් කීම හෙවත් අනුගීතියඃ

1. නන්දියාවට්ට ක්‍රමය පළමුවැන්න යි. දෙවැන්න තිපුක්ඛල ක්‍රමය යි. තුන්වැනි ක්‍රමය සීහවික්කීළිතය යි.

2. සිව්වැනි උතුම් ක්‍රමයට දිසාලෝචන යැයි කීහ. පස්වෙනි ක්‍රමය අංකුස නම් වෙයි. මෙසේ සියළු ක්‍රම පස දන්නා ලදී.

එහි මූලපද දහඅට මොනවා ද? **කුසල් පද නවයකි. අකුසල් පද නවයකි.**

එහි අකුසල් පද නවය යනු මොනවා ද? (1) **තෘෂ්ණාව** ය. (2) **අවිද්‍යාව** ය. (3) **ලෝභය** ය. (4) **ද්වේෂය** ය. (5) **මෝහය** ය. (6) **සුභ සංඥාව** ය. (7) **සැප සංඥාව** ය. (8) **නිත්‍ය සංඥාව** ය. (9) **ආත්ම සංඥාව** ය. මේ පද නවය අකුසල් ය. යම් පද නවයක අකුසල පක්ෂයට අයත් සියල්ලෙහි එකතු වීමක්, එකට එක් වීමක් ඇද්ද, මේ ඒ පද නවය යි.

එහි කුසල් පද නවය යනු මොනවා ද? (1) **සමථ භාවනාව** ය. (2) **විදර්ශනා භාවනාව** ය. (3) **අලෝභය** ය. (4) **අද්වේෂය** ය. (5) **අමෝහය** ය. (6) **අසුභ සංඥාව** ය. (7) **දුක්ඛ සංඥාව** ය. (8) **අනිත්‍ය සංඥාව** ය. (9) **අනාත්ම සංඥාව** ය. මේ පද නවය කුසල් ය. යම් පද නවයක කුසල පක්ෂයට අයත් සියල්ලෙහි එකතු වීමක්, එකට එක් වීමක් ඇද්ද, මේ ඒ පද නවය යි.

එහි මේ ගාථාවන්ගෙන් නම් දක්වීම හෙවත් උද්දානය යි.

1. තණ්හාව ත්, අවිද්‍යාව ත්, ලෝභය ත්, ද්වේෂය ත්, මෝහය ත්, විපල්ලාස සතර ත් යන පද නවය කෙලෙස්වල පදනම හෙවත් භූමිය යි.

2. සමථය ත්, විදර්ශනාව ත්, අලෝභය - අද්වේෂය - අමෝහය යන කුසල් මුල් තුන ත්, සතර සතිපට්ඨානය ත් යන මේ පද නවය ශ්‍රද්ධාදී ඉන්ද්‍රිය ධර්මයන්ගේ පදනම හෙවත් භූමිය යි.

3. පද නවයකින් කුසල පක්ෂයට අයත් ධර්මයන් ද, පද නවයකින් අකුසල පක්ෂයට අයත් ධර්මයන් ද යොදනු ලැබෙයි. මේවා වනාහී දහඅටක් වන මූලපදයෝ ය.

2. නිද්දේස වාරෝ

මුලින් සැකෙවින් කී දේ විස්තර වශයෙන් දැක්වීම

ඉහතින් ධර්මයට පමුණුවාලීම හෙවත් නෙත්තිය සැකෙවින් කියන ලද්දේ ය.

1. ආශ්වාදය ත්, ආදීනවය ත්, එයින් නිදහස් වීම ත්, උතුම් ඵල ලබාගැනීම ත්, ඒ සඳහා ඇති මාර්ගය ත් පිණිස ධර්මයේ හැසිරෙන්නන් හට භාග්‍යවතුන් වහන්සේගේ ආඥාව, මේ ධර්මයට රැගෙන යාමේ ඇති දේශනාව '**දේසනා හාර**' නම් වේ.

2. සූත්‍ර දේශනා තුළ ප්‍රශ්නයෙන් අසන ලද යමක් ඇද්ද, විසඳන ලද යමක් ඇද්ද, පදයෙන් පවසා වදාළ දෙය ගාථාවෙන් වදාරණ යමක් ඇද්ද, සූත්‍රයෙහිලා යම් විමසීමක් ඇද්ද, මේ ධර්මයට රැගෙන යාමට ඇති විමසීම '**විචය හාර**' නම් වෙයි.

3. ධර්මයට රැගෙන යාම් සියල්ලට භූමිය වූ යමක් ඇද්ද, ඒවාට අරමුණු වූ යමක් ඇද්ද, එහි ඇති ගැලපෙන - නොගැලපෙන බව දැක්වීම '**යුක්ති හාර**' නම් වෙයි.

4. සියල්ල දිනූ භාග්‍යවතුන් වහන්සේ දහම් දෙසන සේක. උන්වහන්සේ වදාරණ ලද ධර්මයට ආසන්න කාරණය වූ යමක් ඇද්ද, මෙසේ සියළු සූත්‍ර දේශනා ධර්මයන්ට ආසන්න කාරණය දැක්වීම '**පදට්ඨාන හාර**' නම් වෙයි.

5. සූත්‍රයෙහි එක් ධර්මයක් වදාළ කල්හී එයට සමාන ලක්ෂණ ඇති යම් ධර්මයෝ වෙත් ද, ඒ හැම ධර්මයෝ කියන

ලද්දාහු වෙති යි ඒවා මතුකොට පෙන්වීම **'ලක්ඛණ හාර'** නම් වෙයි.

6. (i) සූත්‍ර දේශනා පදයන් ව්‍යඤ්ජන තුළින් විග්‍රහ කිරීම හෙවත් නිරුක්තිය ද, (ii) එම දේශනාවෙන් අදහස් කරන ලද දේ ද, (iii) දේශනාවට පසුබිම් වූ කරුණු ද, (iv) පූර්වාපර සන්ධි ගැලපීම ද යන මේ සතර ලක්ෂණ දැක්වීම **'චතුබ්‍යූහ හාර'** නම් වෙයි.

7. යම්කිසි කුසලයකට ආසන්න කාරණය එක් දහම් පදයකින් දෙසා වදාළ කල්හී ඒ අයුරින් ම ඒ කුසලයට උදව් වෙන හා විරුද්ධ වෙන ධර්මයන්ගේ ආසන්න කාරණය සොයයි. මෙසේ කුසලට උදව් වන - විරුද්ධ වන දේ දෙස කැරකී බැලීම **'ආවට්ට හාර'** නම් වෙයි.

8. ධර්මය ත්, ධර්මයෙහි වැඩිදියුණුවට ආසන්න කාරණය ත්, එයට අදාළ භූමිය හෙවත් පිහිටා ඇති තැන ත් විග්‍රහ කොට දක්වයි ද, සැමට පොදු වූ ත් - පොදු නොවූ විශේෂිත වූ ත් දෙයට පමුණුවාලීම ගැන විග්‍රහ කරයි ද, මෙය **'විභත්ති හාර'** නම් වෙයි.

9. සූත්‍ර දේශනාවෙහි කුසලාකුසල ධර්මයන් පෙන්වා වදාළ විට එහි දියුණු කරගත යුතු කුසල් ද, ප්‍රහාණය කළ යුතු අකුසල් ද, ඒවාට විරුද්ධ දේ ද, පෙන්වා දෙයි. මෙය **'පරිවර්තන හාර'** නම් වෙයි.

10. සූත්‍ර දේශනාවක වදාරණ ලද එක් ධර්මයකට, සූත්‍ර දේශනාවෙහි දක්ෂ වූ යමෙක් බොහෝ සමාන අරුත් ඇති වචන විග්‍රහයන් දනියි ද, මෙය **'වේවචන හාර'** නම් වෙයි.

11. යම් ධර්මයක් පණවන භාග්‍යවතුන් වහන්සේ එය විවිධ ධර්මයන් තුළින් දෙසන සේක් ද, එසේ එක් දහම් කරුණක් වෙනුවෙන් විවිධ දහම් කරුණු පැවසීම **'පඤ්ඤත්ති හාර'** නම් වෙයි.

12. යම් පටිච්ච සමුප්පාදයක්, ඉන්ද්‍රිය ධර්මයක්, ස්කන්ධ - ධාතු - ආයතනයක් ඇද්ද, ඒ ඒ ධර්මයන් තුළින් දහම් මගට බැස ගැනීමක් ඇද්ද, මෙය '**ඕතරණ හාර**' නම් වෙයි.

13. යමක් අරහයා ගාථාවකින් ඇසූ ප්‍රශ්නය විසඳා වදාළ කල්හී එයට විසඳුම ලද්දේ ද - නොලද්දේ ද කියා විමසා බැලීම '**සෝධන හාර**' නම් වෙයි.

14. තනි ස්වභාවයක් වශයෙන් ද, විවිධ ස්වභාවයන් වශයෙන් ද, දක්වා වදාරණ ලද ධර්මයන් පිළිබඳ ව සැක නොකළ යුත්තේ ය. මෙය '**අධිට්ඨාන හාර**' නම් වෙයි.

15. යම් හේතු ප්‍රත්‍ය ධර්මයෝ එකිනෙකට උපකාරී වීමෙන් හේතු ඵල පරම්පරාව තුළ යම් ධර්මයක් උපදවත් ද, ඒ හේතු ප්‍රත්‍ය ධර්මයන්ට උදව් වෙන කරුණු සෙවීම '**පරික්ඛාර හාර**' නම් වෙයි.

16. යම් කුසල ධර්මයෝ ඊළඟ කුසල් දහමකට මුල් වෙත් ද, ඒ සියල්ල තුළින් එකම අර්ථයක් සැපයෙන බවට අපගේ ශාක්‍ය මුනීන්ද්‍රයන් වහන්සේ විසින් වදාරණ ලද්දාහු ද, ඒවා ඉස්මතු කොට පැවසිය යුතුය. මෙය '**සමාරෝපණ හාර**' නම් වෙයි.

17. ධර්මය වෙත රැගෙන යන යම් හාරයක් මගින් තෘෂ්ණාව ත් - අවිද්‍යාව ත් අකුසලයට අයත් කොට, සමථය ත් - විදර්ශනාව ත් කුසලයට අයත් කොට චතුරාර්ය සත්‍යය හා ගලපා දහමට පමුණුවයි ද, මෙම නය ක්‍රමය '**නන්දියාවට්ට**' නම් වෙයි.

18. ධර්මය වෙතට රැගෙන යන යම් හාරයක් මගින් අකුසල් ද, ලෝභාදී අකුසල මූලයන්ගෙන් වන පිරිහීම ත්, කුසල් ද, අලෝභාදී කුසල මූලයන්ගෙන් වන දියුණුව ත්, සත්‍ය වශයෙන් ම, ඒ අයුරින් ම, නොවෙනස් අයුරින් ම දක්වා චතුරාර්ය සත්‍යය හා ගලපා දහමට පමුණුවයි ද, මෙම ක්‍රමය '**තිපුක්ඛල**' නම් වෙයි.

19. ධර්මය වෙතට රැගෙන යන යම් හාරයක් මගින් සතර විපල්ලාසයන් නිසා සත්වයන් කිලිටි වීම ගැන ත්, ශ්‍රද්ධාදී ඉන්ද්‍රිය ධර්මයන්ගෙන් දහම තුළ ලබන දියුණුව ත්, චතුරාර්ය සත්‍යය හා ගලපා දහමට පමුණුවයි ද, මෙම ක්‍රමය '**සීහවික්කීළිත**' නම් වෙයි.

20. ගාථා රහිත දේශනාවන් තුළ ඒ ඒ තැන යම් කුසලාකුසල ධර්මයෝ වදාරණ ලද්දාහු ද, ඒවා සිතින් විමසා බැලීම '**දිසාලෝචන**' නම් වෙයි.

21. දිසාලෝචන නම් නය ක්‍රමයෙන් ධර්මය හොඳින් විමසා බලා, සූත්‍ර දේශනාවන් ඉස්මතු කොට, සියළු කුසල් අකුසල් පිළිබඳ ව ධර්මානුකූල විනිශ්චයකට යයි ද, මෙම ක්‍රමය '**අංකුස**' නම් වෙයි.

22. පළමු කොට ධර්මය වෙතට රැගෙන යන දහසය වැදැරුම් හාරයෝ යෙදිය යුත්තාහ. දිසාලෝචන ක්‍රමයෙන් කුසල අකුසල ධර්මයන් විමසා බලා, අංකුස ක්‍රමයෙන් ඉස්මතු කොට, ඉන්පසු නන්දියාවට්ට - තිපුක්ඛල - සීහවික්කීළිත යන තුන් ක්‍රමයෙන් සූත්‍රය විස්තර කළ යුත්තේ ය.

23. පදයක තිබෙන අකුරු (**අක්ඛරං**) ද, පද (**පදං**) ද, ව්‍යඤ්ජන (**ව්‍යඤ්ජනං**) ද, වචන විග්‍රහය (**නිරුත්තිං**) ද, එමෙන් ම විස්තර දැක්වීම (**නිද්දේසං**) ද, එය මැනැවින් ගලපා ලීම (**ආකාරං**) ද යන මෙපමණකින් සියළු ව්‍යඤ්ජන වෙයි.

24. සූත්‍ර දේශනාවෙහි අර්ථය මේ සය පදයට අයත් ය. සැකෙවින් පැවසීම (**සංකාසනා**), මුලින් ම කරන පැහැදිලි කිරීම (**පකාසනා**), කරුණු විස්තර කිරීම (**විවරණා**), කරුණු බෙදා දැක්වීම (**විභජනා**), කරුණු ඉස්මතු කිරීම (**උත්තානීකම්මං**), කරුණු පැණවීම (**පඤ්ඤත්ති**) යන සය යි. ශ්‍රාවක ජනයාගේ සිත ධර්මයට ප්‍රබෝධවත් කිරීමේ ක්‍රියාව අර්ථයෙන් දක්වන ලදී.

25. නන්දියාවට්ට - තිපුක්ඛල - සීහවික්කීළිත යන ක්‍රම

තුන ත්, සූත්‍ර දේශනාවෙහි අර්ථ ගන්නා අයුරු ගණන් කොට කියන ලද සංකාසනාදී පද සය ත්, යන මේ කොටස් නවයෙන් භාග්‍යවතුන් වහන්සේගේ සූත්‍ර දේශනාවෙහි අර්ථය ඉතා යහපත් ලෙස යොදන ලද්දේ ය.

26. මෙහි සඳහන් කළ සූත්‍රයක අරුත් දැනගැනීමට උපකාරී වන කොටස් නවය ත්, ධර්මය වෙත රැගෙන යන හාර දහසය ත්, ව්‍යංජන පද සයත්, දිසාවිලෝචන - අංකුස යන ක්‍රම දෙක ත් වශයෙන් කරුණු තිස් තුනකි. නෙත්තිය හෙවත් ධර්මය වෙත පමුණුවීම යනු මෙපමණයි.

නිද්දේසවාරෝ නිට්ඨිතෝ
(විස්තර දැක්වීම නිමා විය)

3. පටිනිද්දේස වාරෝ

විස්තර වශයෙන් කී දේ තවදුරටත් විස්තර වශයෙන් දැක්වීම

3.1.1. දේසනාහාර විභංගෝ

(දේශනාවෙන් ධර්මය වෙතට ගෙන යාම බෙදා දැක්වීමයි)

එහි දේසනාහාර යනු කුමක් ද? ආශ්වාදය, ආදීනවය ගැන පවසන ලද ගාථාව යි. මෙය දේසනා හාරය යි. කුමක් දේශනා කරත් ද යත්; ආශ්වාදය ත්, ආදීනවය ත්, එයින් නිදහස් වීම හෙවත් නිස්සරණය ත්, උතුම් ප්‍රතිඵලය ත්, ඒ සඳහා ඇති ක්‍රමවේදය හෙවත් උපාය ත්, භාග්‍යවතුන් වහන්සේගේ ආඥාව හෙවත් ආණත්තිය ත් යන කරුණු සය යි.

"මහණෙනි, ඔබට ධර්මය දේශනා කරන්නෙමි. පටන් ගැනීම කල්‍යාණ වූ, මැද කල්‍යාණ වූ, අවසානය කල්‍යාණ වූ, අර්ථ සහිත වූ, ව්‍යඤ්ජන සහිත වූ, මුළුමනින් ම පරිපූර්ණ වූ, පාරිශුද්ධ වූ, නිවන්මග බඹසර පවසන්නෙමි" යනුවෙනි.

එහි ආශ්වාදය යනු කුමක් ද?

"කාමං කාමයමානස්ස - තස්ස චේ තං සමිජ්ඣති
අද්ධා පීතිමනෝ හෝති - ලද්ධා මච්චෝ යදිච්ඡතී' ති"

(සුත්ත නිපාතය - කාම සූත්‍රය)

"ඉෂ්ට, කාන්ත, මනාප, ප්‍රිය ස්වභාව ඇති කිසියම් කාම අරමුණක් කැමති වන තැනැත්තහුට ඉදින් එය තමාට ලැබෙයි නම්, තමා කැමති වූ ඒ කාම වස්තුව ලබාගත් මනුෂ්‍යයා ඒකාන්තයෙන් ප්‍රීති සිතක් ඇත්තේ වෙයි." යන මෙය ආශ්වාදය යි.

එහි ඇති ආදීනවය කුමක් ද?

"තස්ස චේ කාමයානස්ස - ඡන්ද ජාතස්ස ජන්තුනෝ
තේ කාමා පරිහායන්ති - සල්ල විද්ධෝ'ව රුප්පතී'ති"

(සුත්ත නිපාතය - කාම සූත්‍රය)

"ඉදින් කාමයන් කැමති ව, කාමයන් කෙරෙහි ආශාව උපදවාගෙන සිටින සත්වයාගේ ඒ කාමයෝ පිරිහී නැතිවී යත් නම්, ඔහු විෂ පෙවූ හුලකින් පහර කෑ කෙනෙකු සෙයින් හඬා වැළපෙයි" යන මෙය කාමයෙහි ඇති නපුරු විපාකය හෙවත් ආදීනවයයි.

එහි කාමයෙන් නිදහස් වීම හෙවත් නිස්සරණය යනු කුමක් ද?

"යෝ කාමේ පරිවජ්ජේති - සප්පස්සේ'ව පදා සිරෝ
සෝ'මං විසත්තිකං ලෝකේ - සතෝ සමතිවත්තතී'ති"

(සුත්ත නිපාතය - කාම සූත්‍රය)

"මැරෙනු නොකැමැති, ජීවත් වෙනු කැමති යමෙක් විෂඝෝර සර්පයෙකුගේ හිස අසලින් තම පාදය වහා ඉවත්කර ගන්නා සෙයින් යමෙක් පංච කාමයන් දුරු කරයි ද, ඔහු සිහියෙන්

යුක්ත ව ලෝකය කෙරෙහි ඇති තෘෂ්ණාව ඉක්මවා යයි" යන මෙය නිදහස් වීම හෙවත් නිස්සරණය යි.

එහි ඇති ආශ්වාදය කුමක් ද?

"ඛෙත්තං වත්ථුං හිරඤ්ඤං වා - ගවාස්සං දාසපෝරිසං
ථියෝ බන්ධු පුථූ කාමේ - යෝ නරෝ අනුගිජ්ඣතී'ති"

(සුත්ත නිපාතය - කාම සූත්‍රය)

"යම් මනුෂ්‍යයෙක් කාමයන් පිළිබඳ ව ඉතා ගිජු වෙයි නම්, ඒ කාමයෝ වනාහී කුඹුරු වතුපිටි ය. ගේ දොර ය. රන් රිදී මිල මුදල් ය. ගවයන් - අසුන් - යානවාහනාදිය ය. දාස කම්කරු පුරුෂයන් ය. ස්ත්‍රීන් ය. ඥාතීන් ය. තවත් මෙබඳු බොහෝ කාමයෝ ය" යන මෙය ආශ්වාදය යි.

එහි ඇති ආදීනවය හෙවත් නපුරු විපාකය කුමක් ද?

"අබලා නං බලීයන්ති - මද්දන්තේ නං පරිස්සයා
තතෝ නං දුක්ඛමන්වේති - නාවං භින්නමිවෝදක'න්ති"

(සුත්ත නිපාතය - කාම සූත්‍රය)

"දුර්වල වූ ක්ලේශයෝ කාමයෙහි ගිජු වූ මිනිසා ව යට කොට දමති. ඔහු ව නොයෙක් කරදරවලින් පෙළති. ඒ හේතුවෙන් සතර අපා දුකින් යුක්ත වූ ඉපදෙන - මැරෙන සසර දුක ඔහු පසුපසින් හඹා යයි. දියෙහි තිබිය දී බිඳී ගිය නැවට ජලය ඇතුළුවන පරිද්දෙනි" යන මෙය ආදීනවය හෙවත් නපුරු විපාකය යි.

එහි ඇති නිදහස් වීම හෙවත් නිස්සරණය කුමක් ද?

"තස්මා ජන්තු සදා සතෝ - කාමානි පරිවජ්ජයේ
තේ පහාය තරේ ඕඝං - නාවං සිත්වාව පාරගූ'ති"

(සුත්ත නිපාතය - කාම සූත්‍රය)

"එනිසා සත්වයා නිරන්තරයෙන් ම සිහියෙන් යුතුව සිටිමින් කාමයන් දුරු කළ යුත්තේ ය. බිඳී ගිය නැව යළි පිළිසකර කොට එහි තිබූ දිය බැහැරට ඉස එතෙර යන සෙයින් ඒ කාමයන් අත්හැර මේ තෘෂ්ණාව නැමැති කෙලෙස් සැඩ පහර තරණය කරන්නේය" යන මෙය නිදහස් වීම හෙවත් නිස්සරණය යි.

එහි උතුම් ප්‍රතිඵලය කුමක් ද?

"ධම්මෝ හවේ රක්ඛති ධම්මචාරිං
ඡත්තං මහන්තං යථා වස්සකාලේ
ඒසානිසංසෝ ධම්මේ සුචිණ්ණේ
න දුග්ගතිං ගච්ඡති ධම්මචාරී'ති"

(ථේර ගාථා - ධම්මිකත්ථේර ගාථා)

"ධර්මය ඒකාන්තයෙන් ම ධර්මයෙහි හැසිරෙන්නා ව රකියි. මහත් වර්ෂාවක් ඇති කල්හී ලොකු කුඩය එය දරා සිටින්නා ව රකින්නේ යම් සේ ද, එසේ ම ය. මැනැවින් පුරුදු කළ ධර්මයෙහි අනුසස් මෙය යි. ධර්මයෙහි හැසිරෙන කෙනා සතර අපාය ආදී දුගතියෙහි නොයයි" යන මෙය උතුම් ඵලය යි.

ඒ ඵලය ලබා ගැනීමට ඇති ක්‍රමවේදය හෙවත් උපාය කුමක් ද?

"සබ්බේ ධම්මා අනත්තා'ති - යදා පඤ්ඤාය පස්සති
අථ නිබ්බින්දති දුක්ඛේ - ඒස මග්ගෝ විසුද්ධියා'ති"

(ධම්ම පදය - මග්ග වර්ගය)

"සියළු ධර්මයෝ ආත්මයෙන් තොර වෙති යි දියුණු කළ ප්‍රඥාවෙන් යම් කලෙක දකියි ද, එකල්හී අවබෝධයෙන් ම දුක එපා වෙයි. මෙය පිරිසිදු වීමට ඇති මාර්ගය යි" යන මෙය උපාය යි.

එහි ඇති විධානය, ආඥාව හෙවත් ආණත්තිය කුමක් ද?

"චක්ඛුමා විසමානී'ව - විජ්ජමානේ පරක්කමේ
පණ්ඩිතෝ ජීවලෝකස්මිං - පාපානි පරිවජ්ජයේ'ති"

(උදාන පාළි - සුප්පබුද්ධකුට්ඨී සූත්‍රය)

"ඇස් පෙනෙන තැනැත්තෙක් ශරීර ශක්තිය ඇති අවස්ථාවෙහි අනතුරුදායක ප්‍රදේශයෙන් මිදී පළා යන්නේ යම් සේ ද, එසෙයින් සත්ව ලෝකයෙහි සිටින නුවණැත්තා පව් දුරුකරන්නේ ය" යන මෙය ආඥාව යි.

"මෝඝරාජයෙනි, නිරන්තරයෙන් ම සිහියෙන් යුක්ත ව ස්කන්ධ - ධාතු - ආයතන ආදී ආධ්‍යාත්මික බාහිර ලෝකය ආත්මයට හෝ ආත්මයකට අයත් දෙයින් හිස් ව ඇති බව නුවණින් දකින්න" යනුවෙන් වදාරණ ලද්දේ ත් විධානය යි.

'නිරන්තරයෙන් ම සිහියෙන් යුක්ත ව' යනුවෙන් වදාරණ ලද්දේ ක්‍රමවේදය හෙවත් උපාය යි.

'ආත්ම හැඟීම අනුව ගිය දැක්ම (අත්තානුදිට්ඨිං) මුළුමනින් ම නසා දමා ඔය අයුරින් මාරයා ඉක්මගිය අයෙකු වන්නේ ය' යන මෙය ඵලය යි.

එහි දී භාග්‍යවතුන් වහන්සේ, යම් ධර්මයක් වදාළ සැණින් වහා අවබෝධ කරන ප්‍රඥා සම්පන්න වූ **'උග්ඝටිතඤ්ඤූ'** පුද්ගලයා හට කෙලින් ම නිස්සරණය වදාරණ සේක. විස්තර වශයෙන් ධර්මය දෙසන කල්හී නුවණ මුහුකුරා ගොස් අවබෝධය කරා යන **'විපඤ්චිතඤ්ඤූ'** පුද්ගලයා හට ආදීනවය ත්, නිස්සරණය ත් වදාරණ සේක. නැවත නැවත දහම් කරුණු විස්තර වශයෙන් පවසා අවබෝධ කරවිය යුතු **'නෙය්‍ය'** පුද්ගලයා හට ආශ්වාදය ත්, ආදීනවය ත්, නිස්සරණය ත් වදාරණ සේක.

ඒ අවබෝධයෙහි ප්‍රතිපදා සතරක් ඇත්තේ ය. පුද්ගලයෝ ත් සතර දෙනෙක් සිටිති.

1. තෘෂ්ණා සහගත ගතිගුණ හෙවත් තණ්හා චරිතයෙන් යුතු මඳ නුවණැති පුද්ගලයා සති ඉන්ද්‍රිය මුල්කොට දුක් වූ

ප්‍රතිපදාවෙන් සෙමෙන් ලත් අවබෝධය ඇති ව සතිපට්ඨානය ඇසුරු කොට සසරෙන් එතෙර වෙයි.

2. තෘෂ්ණා සහගත ගතිගුණ හෙවත් තණ්හා චරිතයෙන් යුතු තියුණු නුවණැති පුද්ගලයා සමාධි ඉන්ද්‍රිය මුල්කොට දුක් වූ ප්‍රතිපදාවෙන් වහා ලත් අවබෝධය ඇති ව ධ්‍යානයන් ඇසුරු කොට සසරෙන් එතෙර වෙයි.

3. දෘෂ්ටි සහගත ගතිගුණ හෙවත් දිට්ඨි චරිතයෙන් යුතු මඳ නුවණැති පුද්ගලයා විරිය ඉන්ද්‍රිය මුල්කොට සැප වූ ප්‍රතිපදාවෙන් සෙමෙන් ලත් අවබෝධය ඇති ව සම්‍යක් ප්‍රධාන වීරිය ඇසුරු කොට සසරෙන් එතෙර වෙයි.

4. දෘෂ්ටි සහගත ගතිගුණ හෙවත් දිට්ඨි චරිතයෙන් යුතු තියුණු නුවණැති පුද්ගලයා ප්‍රඥා ඉන්ද්‍රිය මුල්කොට සැප වූ ප්‍රතිපදාවෙන් වහා ලත් අවබෝධය ඇති ව ආර්ය සත්‍යය ඇසුරු කොට සසරෙන් එතෙර වෙයි.

මෙයින් තෘෂ්ණා සහගත චරිත ඇති පුද්ගලයෝ දෙදෙනා සමථ භාවනාව මුල් අංගය කොට, විදර්ශනාව තුළින් රාගය ප්‍රහාණය කොට සමාධියෙන් ලත් චිත්ත විමුක්තිය තුළින් සසරෙන් එතෙර වෙති.

දෘෂ්ටි සහගත චරිත ඇති පුද්ගලයෝ දෙදෙනා විදර්ශනා භාවනාව මුල් අංගය කොට, සමථ භාවනාව තුළින් අවිද්‍යාව ප්‍රහාණය කොට, ප්‍රඥාවෙන් ලත් විමුක්තිය තුළින් සසරෙන් එතෙර වෙති.

මේ පුද්ගලයන්ගෙන් යම් කෙනෙක් සමථ භාවනාව මුල්කොට ලත් ප්‍රඥාවෙන් සසරෙන් එතෙර වෙත් ද, ඔවුහු නන්දියාවට්ට ක්‍රමයෙන් ධර්මය වෙතට පැමිණවිය යුත්තාහ.

යම් කෙනෙක් විදර්ශනාව මුල්කොට ගත් ප්‍රතිපදාවෙන් සසරෙන් එතෙර වෙත් ද, ඔවුහු සීහවික්කීළිත ක්‍රමයෙන් ධර්මය වෙතට පැමිණවිය යුත්තාහ.

ඒ මේ ධර්මයට පමුණුවාලීම කොතැනක දී ලැබෙයි ද?

ක්ෂණ සම්පත්තිය ලද යමෙකුට ශාස්තෘන් වහන්සේ හෝ දහම් දෙසන සේක. වෙනත් ගරු කටයුතු සබ්‍රහ්මචාරී කෙනෙක් හෝ දහම් දෙසති. ඔහු ඒ ධර්මය අසා සිතේ පැහැදීම ඇති කරගනියි. එසේ සිත පහදවා ගත් ධර්මය පිළිබඳ ව යම් විමසීමක්, දරාගැනීම පිණිස යම් උත්සාහයක්, සසඳා බැලීමක්, ධර්ම විනයෙහි බහා පිරික්සා බැලීමක් ඇද්ද, මෙය **'සුතමය ප්‍රඥාව'** හෙවත් සවන් දීමෙන් ලත් ප්‍රඥාව යි.

මෙසේ අසන ලද ධර්මය ඇසුරු කොට කරනු ලබන යම් විමසීමක්, යම් උත්සාහයක්, සසඳා බැලීමක්, නැවත නැවත පිරික්සා බැලීමක්, සිතින් විමස විමසා බැලීමක් ඇද්ද, මෙය **'චින්තාමය ප්‍රඥාව'** යි.

මේ දෙවැදෑරුම් ප්‍රඥාව තුළින් ධර්මය මෙනෙහි කරමින් සිටින තැනැත්තා හට දස්සනභූමියෙහි හෙවත් සෝවාන් මාර්ග ඥානයෙහි හෝ භාවනාභූමියෙහි හෙවත් ඉන් ඔබ්බට වූ මාර්ග යන්හි හෝ යම් ඥානයක් උපදියි ද, මෙය **'භාවනාමය ප්‍රඥාව'** නම් වෙයි.

භාග්‍යවතුන් වහන්සේගෙන් හෝ ශ්‍රාවකයෙකුගෙන් හෝ බාහිරින් ලද ශ්‍රවණය මුල්කොට සුතමය ප්‍රඥාව උපදියි. සසරෙහි කරන ලද පුණ්‍ය මහිමයකින් තමා තුළ ඉපදී ඇති යෝනිසෝ මනසිකාරය මුල්කොට චින්තාමය ප්‍රඥාව උපදියි. බාහිරින් අසන ලද ධර්මය තුළිනුත්, තමා තුළ ඇති යෝනිසෝ මනසිකාරය තුළිනුත් යම් ඥානයක් උපදියි ද, මෙය භාවනාමය ප්‍රඥාවයි.

යමෙකුට සුතමය ප්‍රඥාව ත්, චින්තාමය ප්‍රඥාව ත් යන මේ දෙකම ඇද්ද, මොහු උග්ඝටිතඤ්ඤූ කෙනෙකි.

යමෙකුට සුතමය ප්‍රඥාව තිබෙන නමුත් චින්තාමය ප්‍රඥාව නැද්ද, මොහු විපඤ්චිතඤ්ඤූ කෙනෙකි.

යමෙකුට සුතමය ප්‍රඥාව ත් නැද්ද, චින්තාමය ප්‍රඥාව ත් නැද්ද, මොහු නෙය්‍ය කෙනෙකි.

ඒ මේ ධර්ම දේශනාව කුමක් දේශනා කරයි ද යත්; චතුරාර්ය සත්‍යය යි. එනම්; දුක ත්, දුක හටගන්වන හේතුව ත්, ඒ දුක් හටගන්වන හේතුවේ නිරුද්ධ වීම ත්, ඒ සඳහා ඇති මාර්ගය ත් ය. ආදීනවය ත් - ඵලය ත් දුක ය. ආශ්වාදය දුක හටගන්වන හේතුව යි. දුක හටගන්වන හේතුවේ නිරුද්ධ වීම නිස්සරණය යි. ක්‍රමය හෙවත් උපාය ත්, විධානය, ආඥාව හෙවත් ආණත්තිය මාර්ගය යි. මේ චතුරාර්ය සත්‍යය යි. මෙය ධර්ම චක්‍රය යි.

භාග්‍යවතුන් වහන්සේ මෙසේ ත් වදාළ සේක.

"මහණෙනි, බරණැස ඉසිපතන මිගදායෙහි දී මා විසින් 'මෙය දුක නම් වූ ආර්ය සත්‍යය යැ'යි ධර්ම චක්‍රය කරකවන ලදී. එය ශ්‍රමණයෙකු විසින් හෝ බ්‍රාහ්මණයෙකු විසින් හෝ දෙවියෙකු විසින් හෝ මාරයෙකු විසින් හෝ බ්‍රහ්මයෙකු විසින් හෝ ලෝකයෙහි අන් කිසිවෙකු විසින් හෝ ආපස්සට හැරවිය නොහැක්කේ ය."

භාග්‍යවතුන් වහන්සේගේ ඒ දුක පිළිබඳ ව ආර්ය සත්‍ය ධර්ම දේශනාවෙහි අප්‍රමාණ පද ඇත්තේ ය. අප්‍රමාණ අකුරු ඇත්තේ ය. අප්‍රමාණ ව්‍යඤ්ජන ඇත්තේ ය. අප්‍රමාණ නිරුත්ති ඇත්තේ ය. අප්‍රමාණ ආකාර ඇත්තේ ය. අප්‍රමාණ විස්තර කිරීම් හෙවත් නිද්දේස ඇත්තේ ය. එමෙන් ම ඒ දුක පිළිබඳ ආර්ය සත්‍ය ධර්ම දේශනාවෙහි අර්ථය සැකෙවින් කීම හෙවත් '**සංකාසනා**', මූලික කරුණු වලින් පැවසීම හෙවත් '**පකාසනා**', විස්තර කිරීම හෙවත් '**විවරණා**', බෙදා දැක්වීම හෙවත් '**විභජනා**', ඉස්මතු කිරීම හෙවත් '**උත්තානීකම්මං**', පැණවීම හෙවත් '**පඤ්ඤත්ති**' ඇත්තේ ය. '**මේ අයුරිනුත් මෙය දුක නම් වූ ආර්ය සත්‍යය යැයි දත යුත්තේ ය**' යනුවෙනි.

"මහණෙනි, බරණැස ඉසිපතන මිගදායෙහි දී මා විසින් 'මෙය දුක උපදවන හේතූන් නම් වූ ආර්ය සත්‍යය යැ'යි ධර්ම චක්‍රය කරකවන ලදී. ....(පෙ).... මහණෙනි, බරණැස ඉසිපතන මිගදායෙහි දී මා විසින් 'මෙය දුක උපදවන හේතූන්ගේ නිරුද්ධ වීම නම් වූ ආර්ය සත්‍යය යැ'යි ධර්ම චක්‍රය කරකවන ලදී.

....(පෙ).... මහණෙනි, බරණැස ඉසිපතන මිගදායෙහි දී මා විසින් 'මෙය දුක උපදවන හේතූන්ගේ නිරුද්ධ වීම පිණිස පවතින මාර්ගය නම් වූ ආර්ය සත්‍යය යැ'යි ධර්ම චක්‍රය කරකවන ලදී. එය ශ්‍රමණයෙකු විසින් හෝ බ්‍රාහ්මණයෙකු විසින් හෝ දෙවියෙකු විසින් හෝ මාරයෙකු විසින් හෝ බ්‍රහ්මයෙකු විසින් හෝ ලෝකයෙහි අන් කිසිවෙකු විසින් හෝ ආපස්සට හැරවිය නොහැක්කේ ය."

භාග්‍යවතුන් වහන්සේගේ ඒ දුක් උපදවන හේතූන්ගේ නිරුද්ධ වීම පිණිස පවතින මාර්ගය පිළිබඳ ව ආර්ය සත්‍ය ධර්ම දේශනාවෙහි අප්‍රමාණ පද ඇත්තේ ය. අප්‍රමාණ අකුරු ඇත්තේ ය. අප්‍රමාණ ව්‍යඤ්ජන ඇත්තේ ය. අප්‍රමාණ නිරුත්ති ඇත්තේ ය. අප්‍රමාණ ආකාර ඇත්තේ ය. අප්‍රමාණ විස්තර කිරීම් හෙවත් නිද්දේස ඇත්තේ ය. එමෙන් ම ඒ දුක් උපදවන හේතූන් නිරුද්ධ වීම පිණිස පවතින මාර්ගය පිළිබඳ ආර්ය සත්‍ය ධර්ම දේශනාවෙහි අර්ථය සැකෙවින් කීම හෙවත් සංකාසනා, මූලික කරුණු වලින් පැවසීම හෙවත් පකාසනා, විස්තර කිරීම හෙවත් විවරණා, බෙදා දැක්වීම හෙවත් විභජනා, ඉස්මතු කිරීම හෙවත් උත්තානීකම්මං, පැණවීම හෙවත් පඤ්ඤත්ති ඇත්තේ ය. මේ අයුරිනුත් '**මෙය දුක් උපදවන හේතූන්ගේ නිරුද්ධ වීම පිණිස පවතින මාර්ගය නම් වූ ආර්ය සත්‍යය යැයි දත යුත්තේ ය**' යනුවෙනි.

භාග්‍යවතුන් වහන්සේ ඒ චතුරාර්ය සත්‍ය දේශනාව අකුරු වලින් සැකෙවින් වදාරණ සේක (**සංකාසේති**). පදවලින් මූලික කරුණු පවසන සේක (**පකාසේති**). ව්‍යඤ්ජන වලින් පැහැදිලි කරන සේක (**විවරති**). ආකාර වලින් බෙදා දක්වන සේක (**විභජති**). විවිධ කරුණු ඔස්සේ තෝරා දෙමින් ඉස්මතු කරන සේක (**උත්තානී කරෝති**). නොයෙක් විස්තර ඔස්සේ මැනැවින් පණවන සේක (**පඤ්ඤාපේති**).

භාග්‍යවතුන් වහන්සේ ඒ චතුරාර්ය සත්‍ය ධර්ම දේශනාවෙහිදී අකුරුවලිනුත්, පදවලිනුත් අවිද්‍යා වැස්ම ඉවත් වන අයුරින් සැකෙවින් වදාරණ සේක (**උග්ඝාටේති**). ව්‍යඤ්ජන

වලිනුත්, ආකාරවලිනුත් අවබෝධය ඇතිවන අයුරින් වදාරණ සේක (**විපඤ්චයති**). විවිධ කරුණු ඔස්සේ නැවත නැවත තෝරා දෙමින් විස්තර වශයෙන් වදාරණ සේක (**විත්ථාරේති**).

සැකෙවින් වදාරණ බව (උග්ඝාටනා) භාග්‍යවතුන් වහන්සේගේ දේශනාවේ ආරම්භය වෙයි. විස්තර වශයෙන් වදාරණ බව (**විපඤ්චනා**) එහි මධ්‍යය යි. වඩා ත් හොඳින් නැවත නැවත විස්තර කොට වදාරණ බව (**විත්ථාරනා**) එහි අවසාන යි.

ඒ මේ ධර්ම විනය සැකෙවින් වදාරණු ලබන්නේ උග්ඝටිතඤ්ඤූ පුද්ගලයාව හික්මවයි. එහෙයින් ඒ සැකෙවින් කරනු ලබන දෙසුමට '**පටන් ගැනීම කල්‍යාණ ය**' යි වදාළ සේක. විස්තර වශයෙන් වදාරණු ලබන්නේ විපඤ්චිතඤ්ඤූ පුද්ගලයාව හික්මවයි. එහෙයින් ඒ විස්තර සහිත දෙසුමට '**මැද කල්‍යාණ ය**' යි වදාළ සේක. වඩාත් හොඳින් නැවත නැවත විස්තර කොට වදාරණු ලබන්නේ නෙය්‍ය පුද්ගලයාව හික්මවයි. එහෙයින් ඒ වඩාත් හොඳින් විස්තර කොට වදාරණ දෙසුමට '**අවසානය කල්‍යාණ ය**' යි වදාළ සේක.

භාග්‍යවතුන් වහන්සේගේ ධර්ම විනයෙහි පද සයකින් යුතු අර්ථයක් ඇත්තේ ය. එනම්; සංකාසනා, පකාසනා, විවරණා, විභජනා, උත්තානීකම්මං, පඤ්ඤත්ති යන පද සය යි. මේ සය පද අර්ථය යි.

සය පද ව්‍යඤ්ජනයක් ඇත්තේ ය. අකුරු, පද, ව්‍යඤ්ජන, ආකාර, නිරුත්ති සහ නිද්දේස යන සය යි. මේ සය පද ව්‍යඤ්ජනය යි.

එනිසාවෙන් භාග්‍යවතුන් වහන්සේ මෙය වදාළ සේක.

"මහණෙනි, ඔබට ධර්මය දේශනා කරන්නෙමි. පටන් ගැනීම කල්‍යාණ වූ, මැද කල්‍යාණ වූ, අවසානය කල්‍යාණ වූ, අර්ථ සහිත වූ, ව්‍යඤ්ජන සහිත වූ, මුළුමනින් ම පරිපූර්ණ වූ, පාරිශුද්ධ වූ, නිවන් මග බඹසර පවසන්නෙමි" යනුවෙනි.

මේ වදාළ කරුණෙහි '**මුළුමනින් ම**' යනු ලෝකෝත්තර බව යි. ලෞකික ධර්මයන් හා එය මිශ්‍ර නැත්තේ ය යන කරුණ යි. '**පරිපූර්ණ වූ**' යනු පිරිපුන්, අඩු නැති, වැඩි නැති යන අරුත යි. '**පාරිශුද්ධ**' යනු නිර්මල, සියළු කෙලෙස් කිළුටෙන් බැහැර වූ, පිරිසිදු බවට පත් වූ, සියළු විශේෂිත ගුණයන් ළංකර දෙන යන අරුත ඇත්තේ ය.

මෙම ධර්මය තථාගතයන් වහන්සේගේ පියවර සටහන කියා ත් කියනු ලැබෙයි. තථාගතයන් වහන්සේ ඇසුරු කොට වදාළ දෙය කියා ත් කියනු ලැබෙයි. තථාගතයන් වහන්සේ සිය බුදු නුවණ නම් වූ දළෙන් සළකුණු කොට වදාළ තැන කියා ත් කියනු ලැබෙයි. එකරුණෙන් භාග්‍යවතුන් වහන්සේ '**මුළුමනින්ම පරිපූර්ණ වූ, පාරිශුද්ධ වූ, නිවන් මග බඹසර පවසන්නෙමි**' යි වදාළ සේක.

මේ දේශනාව කවුරුන් වෙනුවෙන් ද යත්; චතුරාර්ය සත්‍යාවබෝධය කැමැති ව ධර්මයෙහි හැසිරෙන්නන් උදෙසා ය.

එකරුණෙන් ආයුෂ්මත් මහා කච්චානයන් වහන්සේ දේසනා හාරය දක්වමින් වදාළහ.

'ආශ්වාදය, ආදීනවය, නිස්සරණය, ඵලය සහ එයට ඇති උපාය, භාග්‍යවතුන් වහන්සේගේ විධානය යන මෙය ධර්මයෙහි හැසිරෙන්නන් හට කරන ලද දේසනා හාරය යි.'

නියුත්තෝ දේසනාහාරෝ
(දේසනාහාරය යොදන ලදී.)

3.1.2. විචයහාර විභංගෝ
(විමසීමෙන් ධර්මය වෙතට ගෙන යාම බෙදා දැක්වීමයි)

එහි විමසීමෙන් ධර්මය වෙතට ගෙනයාම හෙවත් විචයහාර යනු කුමක් ද?

'යමක් විමසන ලද්දේ ද, එය විසඳන ලද්දේ වෙයි....' යනාදී ගාථාව යි. මෙය විමසීමෙන් ධර්මය වෙතට ගෙන යාම හෙවත් විචය හාරය යි.

කුමක් විමසයි ද? පදය විමසයි. ප්‍රශ්නය විමසයි. විසඳුම විමසයි. පූර්වාපරය විමසයි. ආශ්වාදය විමසයි. ආදීනවය විමසයි. එයින් නිදහස් වීම විමසයි. ඵලය විමසයි. උපාය විමසයි. භාග්‍යවතුන් වහන්සේගේ විධානය විමසයි. පදයෙන් කියූ දෙය ගාථාවට නගා ඇති අයුරු විමසයි. සියළු නවාංග ශාස්තෘ ශාසනය ඇතුළත් සූත්‍රාන්තයන් විමසයි.

එය කෙබඳු වෙයි ද යත්;

යම් පරිදි ආයුෂ්මත් අජිත තෙරණුවෝ පාරායන වර්ගයෙහි භාග්‍යවතුන් වහන්සේගෙන් ප්‍රශ්නයක් විමසති.

"කේනස්සු නිවුතෝ ලෝකෝ (ඉච්චායස්මා අජිතෝ)
කේනස්සු නප්පකාසති
කිස්සාභිලේපනං බෲසි
කිංසු තස්ස මහබ්භය'න්ති"

(සුත්ත නිපාතය - අජිත සූත්‍රය)

මෙසේ ආයුෂ්මත් අජිත තෙරණුවෝ අසති;

"(1) ලෝක සත්වයා වැසී සිටින්නේ කුමකින් ද? (2) කුමක් නිසාවෙන් එය ලෝකයාට නොතේරෙයි ද? (3) ලෝක සත්වයා

වටා තැවරී ඇති දෙය කුමක් දැයි වදාළ මැනැව. (4) ලෝක සත්වයාට ඇති ලොකුම භය කුමක් ද?"

මේ ප්‍රශ්නයෙහි පද හෙවත් වාක්‍ය සතරක් අසන ලදී. එහෙත් එහි ඇත්තේ එක් ප්‍රශ්නයකි. කුමක් නිසා ද යත්; ලෝක සත්වයා නම් වූ එක් කරුණක් ඇතුළත් කොට ය.

ඒ මෙසේ ය.

'ලෝක සත්වයා වැසී සිටින්නේ කුමකින් ද?' යනුවෙන් ලෝක සත්වයා මුල්කොට අසයි. **'කුමක් නිසා ලෝකයාට එය නොතේරෙයි ද?'** යනුවෙන් ලෝක සත්වයා තුළ ඇති නොවැටහීම ගැන අසයි. **'ලෝක සත්වයා වටා තැවරී ඇති දෙය කුමක් ද?'** යනුවෙන් ලෝක සත්වයාගේ ජීවිතය පුරා වඳුරු ලාටුවක් සේ තැවරී ඇති දෙය කුමක් දැයි අසයි. **'ලෝක සත්වයාට ඇති මහත් භය කුමක් ද?'** යනුවෙන් ලෝක සත්වයාට ඇති ලොකුම භය ගැන අසයි.

ලෝකය තුන් අයුරු ය. එනම්; කෙලෙස් ලෝකය ය. කර්මානුරූපව හැදෙන භව ලෝකය ය. ඇස්, කන් ආදී ඉන්ද්‍රිය ලෝකය ය.

ඒ ප්‍රශ්නයට වදාළ විසඳුම මෙය යි.

"අවිජ්ජාය නිවුතෝ ලෝකෝ (අජිතා'ති භගවා)
විවිච්ඡාපමාදා නප්පකාසති
ජප්පාභිලේපනං බ්‍රෑමි
දුක්ඛමස්ස මහබ්භය'න්ති"

(සුත්ත නිපාතය - අජිත සූත්‍රය)

භාග්‍යවතුන් වහන්සේ;

"අජිතයෙනි, (1) චතුරාර්ය සත්‍යය නොදැනීම නම් වූ අවිද්‍යාවෙන් ලෝක සත්වයා වසාගෙන ඇත්තේ ය. (2) සැකය ත්, ප්‍රමාදය ත් නිසා එය ඔහුට නොතේරෙයි. (3) ලෝක සත්වයා

වටා තැවරී ඇති දෙය තෘෂ්ණාව යැයි කියමි. (4) ඔහුට ඇති මහත් ම භය නම් දුක ය."

අජිත තෙරුන් ඇසූ ඒ සතර පදයන් විසඳන ලද්දේ මේ සතර පදයන්ගෙනි. අජිත තෙරුන් ඇසූ ප්‍රශ්නයෙහි ඇති පළමු පදය, විසඳීමෙහි ඇති පළමු පදයෙනුත්, දෙවෙනි පදය, විසඳීමෙහි ඇති දෙවෙනි පදයෙනුත්, තුන්වෙනි පදය, විසඳීමෙහි ඇති තුන්වෙනි පදයෙනුත්, සතරවෙනි පදය, විසඳීමෙහි ඇති සතරවෙනි පදයෙනුත් විසඳන ලද්දේ ය.

'ලෝක සත්වයා වැසී සිටින්නේ කුමකින් ද?' යන ප්‍රශ්නයට විසඳුම වූයේ **'අවිද්‍යාවෙන් ලෝක සත්වයා වසාගෙන ඇත්තේ ය'** යන්න යි. නීවරණයන්ගෙන් ලෝක සත්වයා වැසී ඇත්තේ ය. සියළු සත්වයෝ අවිද්‍යා නීවරණයෙන් ම වැසී ඇත්තාහු ය.

යම් පරිදි භාග්‍යවතුන් වහන්සේ වදාළ සේක් ද යත්;

"මහණෙනි, සියළු සත්වයන්ගේ, සියළු ප්‍රාණීන්ගේ, උපන් සියළු සත්වයන්ගේ දුකෙහි පැවැත්මට කාරණය වශයෙන් ඇති එකම නීවරණයක් ගැන පවසමි. එනම් මේ අවිද්‍යාව යි. සියළු සත්වයෝ අවිද්‍යාවෙන් ම වැසී ඇත්තාහ. මහණෙනි, අවිද්‍යාව සියළු අයුරින් නිරුද්ධ වීමෙන්, අත්හැරීමෙන්, දුරු කිරීමෙන් පසු සත්වයන් හට වැසී පවතින දෙයක් නැතැයි කියමි."

මෙකරුණෙනුත් පළමු පදයට විසඳීම යොදන ලදී.

'කුමක් නිසා ලෝකයාට එය නොතේරෙයි ද?' යන ප්‍රශ්නයට **'සැකය ත්, ප්‍රමාදය ත් නිසා එය නොතේරෙයි'** යන විසඳුම ලැබුණේ ය. යම් පුද්ගලයෙක් නීවරණයන්ගෙන් වැසී ගිය විට ඔහු සැක කරයි. **'විචිකිච්ඡා'** නම් සැකය යැයි කියනු ලැබේ. ඔහු සැක කරන විට නොපහදියි. නොපහදින විට අකුසල් දහම් ප්‍රහාණයට ත්, කුසල් දහම් සාක්ෂාත් කරන්නට ත් වීර්යය පටන් නොගනියි. ඔහු මෙහි ප්‍රමාදයෙන් යුක්ත ව වාසය කරයි. ප්‍රමාද වූ විට කුසල් දහම් ඇති නොකර ගනියි. එසේ කුසල් දහම් ඇති

නොකර ගැනීම නිසා කුසල ධර්මයෝ ඔහු තුළ වැටහීම ඇති නොකරති.

භාග්‍යවතුන් වහන්සේ යම් පරිදි වදාළ සේක් ද යත්;

"දූරේ සන්තෝ පකාසන්ති - හිමවන්තෝ'ව පබ්බතෝ
අසන්තෙත්ථ න දිස්සන්ති - රත්තිං ඛිත්තා යථා සරා'ති"

(ධම්ම පදය - පකිණ්ණක වර්ගය)

"පින් ඇති සත්පුරුෂයෝ ඉතා දුර සිටිය ත්, හිමාල පර්වතය මෙන් පැහැදිලි ව පෙනෙති. මෙහි ළඟ සිටින නමුත් පින් නැති අඥාන උදවිය රාත්‍රියෙහි විදින ලද ඊතලයක් මෙන් නොපෙනෙති."

"ඒ සත්පුරුෂයෝ යහපත් ගතිගුණවලින් ලද කීර්තියෙනුත්, යස පිරිවරෙනුත් පැහැදිලි ව ප්‍රකට වෙති."

මෙයින් දෙවනුව විමසූ පදයට විසඳුම යොදන ලදී.

'ලෝක සත්වයා වටා තැවරී ඇති දෙය කුමක් ද?' යන ප්‍රශ්නයට **'ලෝක සත්වයා වටා තැවරී ඇති දෙයට තෘෂ්ණාව යැයි කියමි'** යන විසඳුම ලැබුණේ ය. 'ජප්ප' නම් තෘෂ්ණාව යැයි කියනු ලැබේ. ඒ තෘෂ්ණාව කෙසේ තැවරෙයි ද යත්;

යම් පරිදි භාග්‍යවතුන් වහන්සේ වදාළ සේක් ද;

"රත්තෝ අත්ථං න ජානාති - රත්තෝ ධම්මං න පස්සති
අන්ධන්තමං තදා හෝති - යං රාගෝ සහතේ නර'න්ති"

(............)

"රාගයට ඇලී ගිය තැනැත්තා යහපත නොදනියි. රාගයට ඇලී ගිය තැනැත්තා ධර්මය නොදකියි. යම් විටෙක රාගය මිනිසාව යටපත් කරයි ද, එකල්හී ඔහු තුළ කාමයෙන් අන්ධ වූ අඳුරක් ඇත්තේ ය."

ඒ මේ තෘෂ්ණා - ඇලීම් බහුල පුද්ගලයා හට මෙසේ කෙලෙස් තැවරීම් ඇති කොට, ඒ තෘෂ්ණාවෙහි ලෝක සත්වයා තවරා දැමුවේ නම් වෙයි. එයින් තුන්වෙනි පදයට විසඳුම යොදන ලදී.

'ඔහුට ඇති මහත් භය කුමක් ද?' යන ප්‍රශ්නයට **'ඔහුට ඇති ලොකුම භය දුකයි'** යන විසඳුම ලැබුණේ ය.

දුක දෙවැදෑරුම් ය; කායික දුක ත්, මානසික දුක ත් ය. කයට අයත් යම් දුකක් ඇද්ද, දුක යනු මෙය යි. සිතෙහි යම් දුකක් ඇද්ද, දොම්නස යනු මෙය යි. සියළු සත්වයෝ ම දුකට තැති ගනිති. දුක හා සම සම වූ වෙනත් භයක් නැත්තේ ය. ඒ දුකට වැඩිතරම් වෙනත් භයත් කොයින් ද...!

දුක්ඛිත බැව් තුනකි. දුක නම් වූ **'දුක්ඛ දුක්ඛිත'** බව ය. විපර්යාසයට පත්වීම නම් වූ **'විපරිණාම දුක්ඛිත'** බව ය. සංස්කාරයන්ගේ ඇති දුක නම් වූ **'සංඛාර දුක්ඛිත'** බව ය.

එහිලා ලෝක සත්වයා සීමා වශයෙන් ඇතැම් කාලයකට දුක්ඛ දුක්ඛතාවයෙන් නිදහස් වෙයි. එසෙයින් ම විපර්යාසයට පත් වීම නම් වූ දුකෙනුත් හෙවත් විපරිණාම දුක්ඛතාවයෙනුත් නිදහස් වෙයි. නමුත් සංස්කාරයන්ගේ දුක්ඛතාවයෙන් නම් ලෝකයා නිදහස් වන්නේ අනුපාදිශේෂ පරිනිර්වාණ ධාතුවෙන් පමණි. එහෙයින් සංස්කාරයන්ගේ දුක්ඛතාවය ලෝකයාගේ දුක කොට **'ඔහුට ඇති මහත් ම භය දුක යැ'**යි වදාරණ ලද්දේ ය.

එකරුණෙන් සිව්වන පදයට විසඳුම යොදන ලදී.

එනිසා භාග්‍යවතුන් වහන්සේ **'ලෝක සත්වයා අවිද්‍යාවෙන් වැසී ඇත්තේ යැයි'** වදාළ සේක.

"සවන්ති සබ්බධී සෝතා (ඉච්චායස්මා අජිතෝ)
සෝතානං කිං නිවාරණං
සෝතානං සංවරං බ්‍රෑහි
කේන සෝතා පිථීයරේ'ති"

(සුත්ත නිපාතය - අජිත සූත්‍රය)

ආයුෂ්මත් අජිත තෙරණුවෝ මෙසේ අසති:

"තෘෂ්ණා සැඩ පහරවල් හැම තැනින්ම ගලා බසිති. ඒ තෘෂ්ණා සැඩපහරවල් වැළැක්වීම යනු කුමක් ද? මේ තෘෂ්ණා සැඩ පහර පාලනය කිරීම ගැන වදාළ මැනැව. මේ තෘෂ්ණා සැඩ පහර ගලා බැසිය නොහැකි පරිද්දෙන් වසා දමන්නේ කුමකින් ද?"

මේ අසන ලද ප්‍රශ්නයෙහි පද සතරකි. එහි ප්‍රශ්න දෙකක් ඇතුළත් ය. ඒ කවර හෙයින් ද යත්; 'තෘෂ්ණා සැඩ පහරවල්' යනුවෙන් බහුවචනයෙන් අසන ලද හෙයිනි.

මෙසේ තෘෂ්ණාව නිසා විපතට පත් ලෝකයා හට, තෘෂ්ණාවෙන් කිලිටි වී ඇති ලෝකයා හට එයින් පිරිසිදුකම ලැබීම යනු, එයින් නැගී සිටීම යනු කුමක් ද? යන්න යි. එය මෙපරිද්දෙන් කියයි.

'තෘෂ්ණා සැඩපහරවල් හැමතැනින් ම ගලා බසිති' යනුවෙනි. ඇලීමෙනුත්, ගැටීමෙනුත් යුක්ත ව නිරතුරු ව ප්‍රමාදී ව වසනා, සමාහිත සිත් නැති කෙනා තුළින් තෘෂ්ණා සැඩ පහරවල් ගලා බසිති. එහි යම් ඇලීමක් ඇද්ද, මෙය ලෝභය නම් වූ අකුසල මූලය යි. යම් ව්‍යාපාදයක් ඇද්ද, මෙය ද්වේෂය නම් වූ අකුසල මූලය යි. යම් ප්‍රමාදයක් ඇද්ද, මෙය මෝහය නම් වූ අකුසල මූලය යි.

මෙසේ සමාහිත සිත් නැති ඒ තැනැත්තාගේ ආයතන සය තුළින් තෘෂ්ණා සැඩ පහරවල් ගලා බසිති. එනම්; රූප පිළිබඳ වූ තෘෂ්ණාව ය. ශබ්ද පිළිබඳ වූ තෘෂ්ණාව ය. ගන්ධ පිළිබඳ වූ තෘෂ්ණාව ය. රස පිළිබඳ වූ තෘෂ්ණාව ය. ස්පර්ශ පිළිබඳ වූ තෘෂ්ණාව ය. සිතෙහි උපදින අරමුණු පිළිබඳ වූ තෘෂ්ණාව ය.

යම් පරිදි භාග්‍යවතුන් වහන්සේ වදාළ සේක් ද;

"මහණෙනි, 'ගලා බසියි' යනු මේ තමන් තුළ ඇති ආයතන සයට කියන නමකි. සිත්කළු රූප තුළට ඇස ගලා බසියි.

අමනාප රූප තුළට ගැටෙයි. සිත්කළු ශබ්දයන් තුළට කන ගලා බසියි. ....(පෙ).... සිත්කළු ගන්ධයන් තුළට නාසය ගලා බසියි. ....(පෙ).... සිත්කළු රසයන් තුළට දිව ගලා බසියි. ....(පෙ).... සිත්කළු ස්පර්ශයන් තුළට කය ගලා බසියි. ....(පෙ).... සිත්කළු මානසික අරමුණු තුළට මනස ගලා බසියි. අමනාප මානසික අරමුණු තුළ ගැටෙයි."

මෙසේ සියල්ලම ත් ගලා බසියි. සියළු තන්හි ම ගලා බසියි. එකරුණෙන් මෙය කීවේ ය. '**තෘෂ්ණා සැඩපහරවල් හැම තැනින් ම ගලා බසිති**' යනුවෙනි.

'**තෘෂ්ණා සැඩ පහරෙහි වැළැක්වීම යනු කුමක් ද?**' යනුවෙන් ඒ තෘෂ්ණා සැඩ පහර මතුවීම නැසීම ගැන අසයි. මෙය සිත පිරිසිදු කරගැනීම යි.

'**මේ තෘෂ්ණා සැඩ පහර පාලනය කිරීම ගැන වදාළ මැනැව. මේ තෘෂ්ණා සැඩ පහර ගලා බැසිය නොහැකි පරිදි වසා දමන්නේ කුමකින් ද?**' යනුවෙන් සිත තුළ අප්‍රකට ව ක්‍රියාත්මක වන තෘෂ්ණා අනුසය සහමුලින් ම නසා දැමීම ගැන අසයි. මෙය සිත පිරිසිදු කරගැනීම යි.

එහි විසඳුම මෙසේ ය.

"යානි සෝතානි ලෝකස්මිං (අජිතා'ති භගවා)
සති තේසං නිවාරණං
සෝතානං සංවරං බ්‍රෑමි
පඤ්ඤායේතේ පිධීයරේ'ති"

(සුත්ත නිපාතය - අජිත සූත්‍රය)

භාග්‍යවතුන් වහන්සේ;

"අජිතයෙනි, ලෝකයෙහි යම් තෘෂ්ණා සැඩ පහරවල් වෙත් ද, ඒවායෙහි වැළැක්වීම කරන්නේ සිහිය යි. ඒ සිහිය ම තෘෂ්ණා සැඩ වේගයන්ගේ පාලනය කරයි කියා කියමි. යළි නූපදින ලෙස තෘෂ්ණා සැඩ පහරවල් වසා දමන්නේ ප්‍රඥාවෙනි."

කය අනුව පවත්වාගෙන ගිය සිහිය දියුණු කිරීමෙන්, බහුල ව ප්‍රගුණ කිරීමෙන් සිත්කළු රූප කෙරෙහි ඇස වසඟ නොවෙයි. අමනාප රූප කෙරෙහි නොගැටෙයි. සිත්කළු ශබ්ද කෙරෙහි කන වසඟ නොවෙයි ....(පෙ).... සිත්කළු ගන්ධ කෙරෙහි නාසය වසඟ නොවෙයි ....(පෙ).... සිත්කළු රස කෙරෙහි දිව වසඟ නොවෙයි ....(පෙ).... සිත්කළු ස්පර්ශ කෙරෙහි කය වසඟ නොවෙයි ....(පෙ).... සිත්කළු මානසික අරමුණු කෙරෙහි මනස වසඟ නොවෙයි. අමනාප මානසික අරමුණු කෙරෙහි මනස නොගැටෙයි. ඒ මක් නිසාද යත්; ඇස්, කන් ආදී ඉන්ද්‍රියයන් සිහිය දියුණු කොට වසා, වළක්වාගත් නිසා ය. ඒ ඇස්, කන් ආදී ඉන්ද්‍රියයෝ කවරෙකු විසින් වළක්වනු ලද්දාහු ද? සිහිය නැමැති රැකවල්කරුවා විසිනි. එකරුණෙන් භාග්‍යවතුන් වහන්සේ **'සිහියෙන් ඒ තෘෂ්ණා සැඩපහරවල් වැළැක්වීම කරයි'** යනුවෙන් වදාළ සේක.

සිත තුළ නොනැසී, ප්‍රකට නොවී ක්‍රියාකාරී ව පවතින තෘෂ්ණා අනුසයෝ ප්‍රඥාව කරණ කොටගෙන සහමුලින් ම ප්‍රහාණය වෙති. සිත තුළ එසේ අප්‍රකට ව ක්‍රියාකාරී ව තිබූ අනුසය නැසී ගිය කල්හී නැගී සිටිනා කෙලෙසුන් ද නැසී යයි. එසේ වන්නේ සිත තුළ අප්‍රකට ව ක්‍රියාකාරී ව තිබූ කෙලෙස් අනුසය ප්‍රහාණය වී යාම නිසා ය. එය මෙබඳු දෙයකි. කිසි මුලක් ඉතිරි නොකොට මහත් කඳ ඇති ගසක් උදුරා දැමූ කල්හී ඒ ගසෙහි මල්, ගෙඩි, දළු, අංකුර මෙන් ම පැවැත්ම ද සිඳ දමන ලද්දේ වෙයි. ඒවායෙහි යළි මතුවීම වසා දමන ලද්දේ වෙයි. හොඳින් වසා දමන ලද්දේ වෙයි. එකරුණෙන් භාග්‍යවතුන් වහන්සේ **'මේ තෘෂ්ණා සැඩපහර යළි නූපදින පරිදි ප්‍රඥාවෙන් වසා දමනු ලැබේ'** යනුවෙන් වදාළ සේක.

"පඤ්ඤා චේව සතී ච (ඉච්චායස්මා අජිතෝ)
නාමරූපං ච මාරිස
ඒතං මේ පුට්ඨෝ පබ්‍රෑහි
කත්ථේ'තං උපරුජ්ඣතී' ති"

(සුත්ත නිපාතය - අජිත සූත්‍රය)

ආයුෂ්මත් අජිත තෙරණුවෝ මෙසේ අසති;

"දුක් නැති මුනිඳාණන් වහන්ස, ඒ ප්‍රඥාව ත්, සිහිය ත්, නාමරූප ත් යන මේ සියල්ල සම්පූර්ණයෙන් නිරුද්ධ වන්නේ කොතැනදී ද? මා විසින් අසන ලද මෙයට පිළිතුරු වදාරණ සේක්වා!"

මෙසේ විසඳුම ලැබේ

"යමේතං පඤ්හං අපුච්ඡි
අජිත තං වදාමි තේ
යත්ථ නාමඤ්ච රූපඤ්ච
අසේසං උපරුජ්ඣති
විඤ්ඤාණස්ස නිරෝධේන
එත්ථේ'තං උපරුජ්ඣතී'ති"

(සුත්ත නිපාතය - අජිත සූත්‍රය)

"අජිතයෙනි, ඔබ යම් ප්‍රශ්නයක් ඇසුවෙහි ද, එය ඔබට විසඳා කියමි. යම් තැනකදී නාමය ත්, රූපය ත් ඉතුරුවක් නොතබා නිරුද්ධ වෙයි ද, (රහතන් වහන්සේගේ පිරිනිවන් පානා අවස්ථාවෙහිදී) විඤ්ඤාණය නිරුද්ධ වීම ත් සමඟ ම මෙහි දී මේ සියල්ල නිරුද්ධ වී යයි."

අජිත තෙරුන් ඇසූ මේ ප්‍රශ්නය එකිනෙක ගලපා ගැනීමක් අසයි. එකිනෙක ගලපා ගැනීමට අසන්නේ කුමක් ද? අනුපාදිශේෂ පරිනිර්වාණ ධාතුව ගැන යි. හේතු ප්‍රත්‍ය නිරුද්ධ වීමෙන්, නිරුද්ධ වී යන ස්වභාවයෙන් යුතු සංඛත හෙවත් හේතු ප්‍රත්‍යයෙන් හටගත් ආර්ය සත්‍ය තුනකි. එනම්; දුක ත්, දුක් උපදවන හේතුව ත්, දුක් උපදවන හේතුව නිරුද්ධ වන මාර්ගය ත් ය. දුක්ඛ නිරෝධය යනු හේතු ඵල දහමෙන් හටනොගත් අසංඛතයකි. මේ ආර්ය සත්‍යයේ දී දුක් උපදවන හේතූන් භූමි දෙකක දී ප්‍රහාණය වෙයි. දස්සනභූමියේ දී ත්, භාවනාභූමියේ දී ත් ය.

සක්කාය දිට්ඨිය ත්, විචිකිච්ඡාව ත්, සීලබ්බත පරාමාසය ත් යන සංයෝජන තුන දස්සනභූමියේ දී ප්‍රහාණය වෙයි.

කාමරාගය ත්, ව්‍යාපාදය ත්, රූපරාගය ත්, අරූපරාගය ත්, මාන්නය ත්, සිතෙහි කැළඹීම හෙවත් උද්ධච්චය ත්, අවිද්‍යාව ත් භාවනාභූමියෙහිදී ඉතුරුවක් නොතබා නිරුද්ධ වෙයි.

මේ දස සංයෝජනයෝ කාම ධාතු, රූප ධාතු, අරූප ධාතු යන ධාතු තුනට අයත් වෙති. යටි අතට හෙවත් කාමලෝකයට නැඹුරු වූ ඕරම්භාගීය සංයෝජන පසකි. උඩු අතට හෙවත් බඹලොවට නැඹුරු වූ උද්ධම්භාගීය සංයෝජන පසකි.

මේ සංයෝජනයන් ප්‍රහාණයේ දී අනඤ්ඤාතඤ්ඤස්සාමි යන ඉන්ද්‍රියට පැමිණ සක්කාය දිට්ඨි, විචිකිච්ඡා, සීලබ්බත පරාමාස යන තුන් සංයෝජනයෝ නිරුද්ධ වෙති.

අඤ්ඤින්ද්‍රියට පැමිණ කාමරාග, ව්‍යාපාද, රූපරාග, අරූපරාග, මාන, උද්ධච්ච, අවිද්‍යා යන සප්ත සංයෝජනයෝ ඉතුරුවක් නොතබා නිරුද්ධ වෙති.

මේ දස සංයෝජනයන් ම නිරුද්ධ වූ විට 'මාගේ ඉපදීම ක්ෂය වී ගියේ ය' යනුවෙන් මෙසේ දනියි ද, මෙය දුක් ගෙවී ගිය බව දන්නා '**ඛයේ ඤාණය**' යි. 'නිවන සාක්ෂාත් කිරීම පිණිස කළ යුතු තව කිසිවක් නැත්තේ ය' යනුවෙන් දනියි ද, මෙය නිවන පිණිස තවත් ඉපදවිය යුතු දෙයක් නැතැයි දන්නා '**අනුප්පාදේ ඤාණය**' යි. මේ ඤාන දෙක ම අයත් වන්නේ සම්පූර්ණ අවබෝධය වන රහත්ඵලය ලැබූ බව දන්නා අඤ්ඤාතාවී ඉන්ද්‍රියට යි.

එහිදී 'අවබෝධ නොකළ චතුරාර්ය සත්‍යය අවබෝධ කරන්නෙමි' යි යන අනඤ්ඤාතඤ්ඤස්සාමි ඉන්ද්‍රිය ත්, අවබෝධය ලබමින් සිටින බව දන්නා අඤ්ඤින්ද්‍රිය ත් යන මේ ඉන්ද්‍රිය දෙක අග්‍ර ඵලය වූ රහත් ඵලයට පත්වෙන තැනැත්තා හට නිරුද්ධ වෙයි. එහිදී ඉපදීම ක්ෂය වූ බව දන්නා යම් ඛයේ ඤාණයක් ඇද්ද, නිවන සාක්ෂාත් කිරීම වෙනුවෙන් ඉපදවිය යුතු තවත් දෙයක් නැතැයි දන්නා යම් අනුප්පාදේ ඤාණයක් ඇද්ද,

මේ ඥාන දෙක ම එක් ප්‍රඥාවකි. එනමුදු අරමුණු සළකුණු කිරීම් වශයෙන් නම් දෙකක් ලබයි. 'මාගේ ඉපදීම ක්ෂය වූයේ ය' යන බව දන්නහුට 'ඛයේ ඥානය' යන නම ලැබෙයි. 'නිවන සාක්ෂාත් කිරීම පිණිස තව කළයුතු කිසිවක් නැතැ'යි දන්නහුට 'අනුප්පාදේ ඥානය' යන නම ලබයි. එම ඥාන වනාහී අවබෝධය යන අර්ථයෙන් ප්‍රඥාව නම් වෙයි. යම් පරිදි ප්‍රඥාවකින් දක්නා ලද්දේ ද, එහි නොඉල්පී බැසගන්නේ ය යන අර්ථයෙන් සිහිය නම් වෙයි.

එහි යම් පංචස්කන්ධයක් ඇද්ද, මෙය නාමරූපය යි. ඒ නාමරූපයෙහි ස්පර්ශය පස්වෙනි කොටගත් (වේදනා, සංඥා, චේතනා, මනසිකාර යන) ධර්මයන් ඇද්ද, මෙය නාමය යි. යම් රූපී වූ ඇස, කන, නාසය, දිව, කය යන ඉන්ද්‍රිය පසක් ඇද්ද, මෙය රූපය යි. මේ නාම - රූප දෙක විඤ්ඤාණය හා එක් ව පවතියි.

භාග්‍යවතුන් වහන්සේගේ ඒ නාමරූප නිරුද්ධ වීම ගැන අසන ආයුෂ්මත් අජිත තෙරණුවෝ පාරායන වර්ගයෙහි මෙසේ අසති.

"පඤ්ඤා චේව සතී ච (ඉච්චායස්මා අජිතෝ)
නාමරූපං ච මාරිස
ඒතං මේ පුට්ඨෝ පබ්‍රෑහි
කත්ථේ'තං උපරුජ්ඣතී' ති"

(සුත්ත නිපාතය - අජිත සූත්‍රය)

ආයුෂ්මත් අජිත තෙරණුවෝ මෙසේ අසති;

"දුක් නැති මුනිඳාණන් වහන්ස, ඒ ප්‍රඥාව ත්, සිහිය ත්, නාමරූප ත් යන මේ සියල්ල සම්පූර්ණයෙන් නිරුද්ධ වන්නේ කොතැනදී ද? මා විසින් අසන ලද මෙයට පිළිතුරු වදාරණ සේක්වා!"

එහි සිහිය ත්, ප්‍රඥාව ත් තුළ ඉන්ද්‍රියයන් සතරකි. සිහිය

යනු ඉන්ද්‍රියයන් දෙකකි. එනම්; සති ඉන්ද්‍රිය ත්, සමාධි ඉන්ද්‍රිය ත් ය. ප්‍රඥාව යනු ඉන්ද්‍රියයන් දෙකකි. එනම්; ප්‍රඥා ඉන්ද්‍රිය ත්, විරිය ඉන්ද්‍රිය ත් ය. මේ සතර ඉන්ද්‍රියයන් පිළිබඳ ව භාග්‍යවතුන් වහන්සේගේ අවබෝධය ස්වයංභූඥානයෙන් ලද බවට යම් අදහා ගැනීමක් ඇද්ද, ශ්‍රද්ධාවෙන් බැසගැනීමක් ඇද්ද, මෙය ශ්‍රද්ධා ඉන්ද්‍රියයි.

එහි ශ්‍රද්ධාව අධිපති කොටගත් යම් චිත්ත ඒකාග්‍රතාවයක් ඇද්ද, මෙය ඡන්ද සමාධිය යි. සිත සමාහිත කල්හී නුවණින් කරන ප්‍රත්‍යවේක්ෂා බලයෙන් හෝ භාවනා බලයෙන් හෝ කෙලෙසුන්ගේ යටපත් වීමක් ඇද්ද, මෙය ත් ප්‍රහාණයකි. මේ කෙලෙස් යටපත් වීමේදී ඇති යම් ආශ්වාස - ප්‍රශ්වාසයක්, විතර්ක - විචාරයක්, සංඥා - වේදනාවක්, සිතන සිතුවිලි ඇද්ද මේවා සංස්කාරයෝ හෙවත් හේතුඵල දහමින් හටගත් දේ ය. මෙසේ කලින් ඇති කරගත් ඡන්ද සමාධියක් ඇද්ද, කෙලෙස් යටපත් වීමෙන් වූ ප්‍රහාණයක් ඇද්ද, මේවා ත් සංස්කාරයෝ ය. මේ ඡන්ද සමාධිය ත්, වීර්යය මුල්කොට කෙලෙසුන් යටපත් කිරීම ත් යන දෙක, ඡන්ද සමාධිය ත්, ප්‍රධන් වීර්යයෙන් ලත් සංස්කාරයන් ද යුක්ත ව විවේකය ඇසුරු කොට, විරාගය ඇසුරු කොට, නිරෝධය ඇසුරු කොට, නිවනට නැඹුරු කොට ඉර්ධිපාදය වඩයි.

එහි වීර්ය අධිපති කොට ගත් යම් චිත්ත ඒකාග්‍රතාවයක් ඇද්ද, මෙය විරිය සමාධිය යි. ....(පෙ).... එහි සිත අධිපති කොටගත් යම් චිත්ත ඒකාග්‍රතාවයක් ඇද්ද, මෙය චිත්ත සමාධියයි.

එහි විමසීම අධිපති කොටගත් යම් චිත්ත ඒකාග්‍රතාවයක් ඇද්ද, මෙය වීමංසා සමාධිය යි. සිත සමාහිත කල්හී නුවණින් කරන ප්‍රත්‍යවේක්ෂා බලයෙන් හෝ භාවනා බලයෙන් හෝ කෙලෙසුන්ගේ යටපත් වීමක් ඇද්ද, මෙය ත් ප්‍රහාණයකි. මේ කෙලෙස් යටපත් වීමේදී ඇති යම් ආශ්වාස - ප්‍රශ්වාසයක්, විතර්ක - විචාරයක්, සංඥා - වේදනාවක්, සිතන සිතුවිලි ඇද්ද මේවා සංස්කාරයෝ හෙවත් හේතුඵල දහමින් හටගත් දේ ය.

මෙසේ කලින් ඇති කරගත් වීමංසා සමාධියක් ඇද්ද, කෙලෙස් යටපත් වීමෙන් වූ ප්‍රහාණයක් ඇද්ද, මේවා ත් සංස්කාරයෝ ය. මේ වීමංසා සමාධිය ත්, වීර්යය මුල්කොට කෙලෙසුන් යටපත් කිරීම ත් යන දෙක, වීමංසා සමාධිය ත්, ප්‍රධන් වීර්යයෙන් ලත් සංස්කාරයන් ද යුක්ත ව විවේකය ඇසුරු කොට, විරාගය ඇසුරු කොට, නිරෝධය ඇසුරු කොට, නිවනට නැඹුරු කොට ඉර්ධිපාදය වඩයි.

මේ අයුරින් සියළු සමාධිය ඥානය මුල්කොට ඇත්තේ ය. ඥානය මූලික අංගය කොට ඇත්තේ ය. ඥානයට අනුව සමාධිය පෙරළෙයි.

"යථා පුරේ තථා පච්ඡා - යථා පච්ඡා තථා පුරේ
යථා දිවා තථා රත්තිං - යථා රත්තිං තථා දිවා'ති"

(................)

'සමාධිය පුබ්බේනිවාසානුස්සති ඥානයට අනුව පෙරළෙන බැවින් පෙර විසූ කඳපිළිවෙල දැකිය හැක්කේ යම් සේ ද, එසෙයින් ම සමාධිය අනාගත දකිනා ඥානයට අනුව පෙරළෙන බැවින් සත්වයන් චුත වී අනාගතයේ උපදින තැන් දැකිය හැක්කේ ය.

එමෙන් ම සමාධිය සත්වයන්ගේ සිත් දැනගැනීමේ ඥානයට අනුව පෙරළෙන බැවින් අනාගතයේ සත්වයන් සිතන අයුරු දැනගත හැක්කේ ය. සමාධිය අතීත සත්වයන්ගේ සිත් දැනීමේ ඥානයට අනුව පෙරළෙන බැවින් කලින් දිනයන්හි සත්වයන් සිතූ අයුරු දැනගත හැක්කේ ය.

දිවා කාලයෙහි ඇස් පෙනෙන සත්වයන් ලොව දකින්නේ යම් සේ ද, එසෙයින් ම දිවැස් ඥානයට අනුව සමාධිය පෙරළෙන බැවින් රාත්‍රියෙහි කිසිඳු බාධාවකින් තොරව දුර - ළඟ සත්වයන් දැකිය හැක්කේ ය. රාත්‍රී කාලයෙහි දිවැසින් දකින්නේ යම් සේ ද, දිවා කාලයෙහි ත් දිවැස් ඥානයට අනුව සමාධිය පෙරළෙන හෙයින් කිසිඳු බාධාවකින් තොරව දැකිය හැක්කේ ය.'

මෙසේ අභිඥාවන්ට බාධා කළ හැකි කෙලෙසුන්ගෙන් නොවැසුණු, අභිඥාවන්ට විවෘත වූ සිතින්, ආලෝකය සහිත සිත වඩයි. සිත සමඟ එකට උපදින කුසල් වන ශ්‍රද්ධාදී පංච ඉන්ද්‍රිය ධර්මයන් එම ප්‍රභාෂ්වර සිත උපදින විට උපදියි. එම සිත නිරුද්ධ වන විට නිරුද්ධ වෙයි. නාමරූප ද විඤ්ඤාණය හේතුවෙන් හටගත් දෙයකි. විඤ්ඤාණයෙහි උපකාරයෙන් හටගත් දෙයකි. ඒ නාමරූපයේ හේතුව වූ කෙලෙස් සහිත විඤ්ඤාණය යම් විටෙක රහත් මාර්ගඥානයෙන් නසන ලද්දේ වෙයි ද, එවිට විඤ්ඤාණය ආහාර රහිත වෙයි. සතුටින් නොපිළිගන්නා ලද්දේ වෙයි. නොපතන ලද්දේ වෙයි. කිසිදු භවයකට යා නොවෙයි. එබඳු විඤ්ඤාණය නිරුද්ධ වෙයි. නාමරූපයත් හේතු රහිත වූයේ, උපකාර රහිත වූයේ නැවත භවයක් නූපදවයි. මෙසේ විඤ්ඤාණය නිරුද්ධ වීමෙන් ප්‍රඥාව ත්, සතිය ත්, නාමරූප ත් නිරුද්ධ වෙයි.

එනිසාවෙන් භාග්‍යවතුන් වහන්සේ මෙම පිළිතුර වදාළ සේක.

"යමේතං පඤ්හං අපුච්ඡි
අජිත තං වදාමි තේ
යත්ථ නාමඤ්ච රූපඤ්ච
අසේසං උපරුජ්ඣති
විඤ්ඤාණස්ස නිරෝධේන
එත්ථේ'තං උපරුජ්ඣතී'ති"

(සුත්ත නිපාතය - අජිත සූත්‍රය)

"අජිතයෙනි, ඔබ යම් ප්‍රශ්නයක් ඇසුවෙහි ද, එය ඔබට විසඳා කියමි. යම් තැනකදී නාමය ත්, රූපය ත් ඉතුරුවක් නොතබා නිරුද්ධ වෙයි ද, (රහතන් වහන්සේගේ පිරිනිවන් පානා අවස්ථාවෙහිදී) විඤ්ඤාණය නිරුද්ධ වීම ත් සමඟ ම මෙහි දී මේ සියල්ල නිරුද්ධ වී යයි" යනුවෙනි.

"යේච සංඛාතධම්මාසේ (ඉච්චා'යස්මා අජිතෝ)
යේච සේඛා පුථූ ඉධ

තේසං මේ නිපකෝ ඉරියං
පුට්ඨෝ පබ්‍රෑහි මාරිසා'ති"

(සුත්ත නිපාතය - අජිත සූත්‍රය)

ආයුෂ්මත් අජිත තෙරණුවෝ මෙසේ අසති;

"දුක් නැති මුනිඳාණන් වහන්ස, සිය නුවණින් අවබෝධ කර ගත් ධර්ම ඇති යම් රහතන් වහන්සේ කෙනෙක් වෙත් ද, මෙහි දහම් මග හික්මෙන බොහෝ සේඛ ශ්‍රාවක කෙනෙක් වෙත් ද, මා විසින් අසන ලද, ශ්‍රාවකයන් රහත් ඵලයෙහි ත් - අනෙක් මාර්ගඵල වලත් හික්මවීමෙහි දක්ෂ වූ මුඹවහන්සේ ඔවුන්ගේ ඒ දහම් වැඩපිළිවෙල ගැන වදාරණ සේක්වා!"

මේ අසන ලද ප්‍රශ්නයෙහි පද තුනකි. ඒවා ප්‍රශ්න තුනකි. සේඛ හෙවත් නිවන් මග හික්මෙන ශ්‍රාවකයන් ගැන ත්, අසේඛ හෙවත් නිවන් මග හික්මීම අවසන් කළ රහතන් වහන්සේලා ගැන ත් විදර්ශනාව මූලික අංගය කොට කෙලෙසුන් නසන අයුරු අසයි. ඒ මෙසේ ය.

(i) **'සිය නුවණින් අවබෝධ කර ගත් ධර්ම ඇති අසේඛ ශ්‍රාවකයෝ වෙත් ද'** යනුවෙන් රහතන් වහන්සේලා ගැන අසයි. (ii) **'මෙහි නිවන් මග හික්මෙන බොහෝ ශ්‍රාවක කෙනෙක් වෙත් ද'** යනුවෙන් සේඛ ශ්‍රාවකයන් ගැන අසයි. (iii) **'දුක් නැති මුනිඳාණන් වහන්ස, මා විසින් අසන ලද, ශ්‍රාවකයන් රහත්ඵලයෙහි ත්, අනෙක් මාර්ගඵල වලත් හික්මවීමෙහි දක්ෂ වූ මුඹවහන්සේ ඔවුන්ගේ ඒ නිවන් මග වැඩපිළිවෙල වදාරණ සේක්වා!'** යනුවෙන් විදර්ශනාව මූලික අංගය කොට කෙලෙසුන්ගේ නැසීම ගැන අසයි.

එහි විසඳුම මෙය යි;

"කාමේසු නාභිගිජ්ඣෙය්‍ය (අජිතා'ති භගවා)
මනසා නාවිලෝ සියා
කුසලෝ සබ්බධම්මානං
සතෝ භික්ඛු පරිබ්බජේ'ති"

(සුත්ත නිපාතය - අජිත සූත්‍රය)

භාග්‍යවතුන් වහන්සේ;

"අජිතයෙනි, පංච කාමයන් කෙරෙහි ගිජු නොවන්නේ ය. මනසින් නොකැලඹී සිටිය යුතු වන්නේ ය. සියළු ධර්මයන් පිළිබඳ ව දක්ෂ වූ භික්ෂුව සියළු ඉරියව්වෙහි සිහියෙන් යුක්ත ව හැසිරෙන්නේ ය."

භාග්‍යවතුන් වහන්සේ තුළ සිය කයෙන් කරනු ලබන සියල්ල ඥානය මුල් අංගය කොට ඥානයට අනුව සකස් වෙයි. වචනයෙන් පවසනු ලබන සියල්ල ඥානය මුල් අංගය කොට ඥානයට අනුව සකස් වෙයි. මනසින් සිතනු ලබන සියල්ල ඥානය මුල් අංගය කොට ඥානයට අනුව සකස් වෙයි. අතීත කාලය අරභයා වූ භාග්‍යවතුන් වහන්සේ තුළ ඇති දිවැස් නුවණින් දැකීම හෙවත් ඥානදර්ශනය කිසිවකින් නොවැසී ඇත්තේ ය. අනාගත කාලය අරභයා වූ භාග්‍යවතුන් වහන්සේ තුළ ඇති දිවැස් නුවණින් දැකීම හෙවත් ඥානදර්ශනය කිසිවකින් නොවැසී ඇත්තේ ය. වර්තමාන කාලය අරභයා වූ භාග්‍යවතුන් වහන්සේ තුළ ඇති දිවැස් නුවණින් දැකීම හෙවත් ඥානදර්ශනය කිසිවකින් නොවැසී ඇත්තේ ය.

ඥානදර්ශනයෙහි නොපැවැත්ම යනු කුමක් ද? අනිත්‍ය පිළිබඳවත්, දුක පිළිබඳවත්, අනාත්මය පිළිබඳවත් යම් අනවබෝධයක් ඇද්ද, සත්‍ය ස්වභාවය නොදැකීමක් ඇද්ද, මෙය ඥානදර්ශනයෙහි නොපැවැත්මයි. එය මෙබඳු දෙයකි. මෙහි යම් පුරුෂයෙක් අහසෙහි තරු රැස දකින නමුත් ගණන් වශයෙන් නොදනියි. භාග්‍යවතුන් වහන්සේ තුළ ඇති ඥානදර්ශනය වනාහී කිසිවකින් නොවැසී ඇති දෙයකි. භාග්‍යවත් බුදුරජාණන් වහන්සේලා කිසිවකිනුත් නොවැසුණු, අනාවරණය වූ ඥානදර්ශන ඇති සේක.

අජිත තෙරුන් විසින් ඇසූ ප්‍රශ්නය භාග්‍යවතුන් වහන්සේ විසින් වදාරණ ලද විසඳුමට අනුව නිවන් මග හික්මෙන සේඛ පුද්ගලයා විසින් ධර්මයන් දෙකක් තුළ සිත රැකගත යුත්තේ ය. රාගාදී කෙලෙස් හටගන්නා අරමුණු කෙරෙහි ඇතිවන ගිජු

බවෙනුත්, ගැටෙන අරමුණු සිතෙහි නැගී සිටි කල්හී ඇතිවන ද්වේෂයෙනුත් ය. එහි යම් අරමුණක් පිළිබඳ ව කැමැත්තක්, මත් වීමක්, ප්‍රාර්ථනා කිරීමක්, ප්‍රිය කරන බවක්, එයින් විනෝද වන බවක් ඇද්ද, එය වළක්වන සේක්, භාග්‍යවතුන් වහන්සේ මෙසේ වදාළ සේක. **'පංච කාමයන් කෙරෙහි ගිජු නොවන්නේ ය'** යනුවෙනි.

'මනසින් නොකැළඹී සිටිය යුතු වන්නේ ය' යනුවෙන් සිතෙහි නැගී සිටි ද්වේෂය නැසීම ගැන වදාළ සේක. එය එසේ මැයි. නිවන් මග හික්මෙන සේඛ භික්ෂුව පංච කාම අරමුණු කෙරෙහි ගිජු වූ විට හටනොගත් කෙලෙසුන් උපදවයි. උපන් කෙලෙසුන් තවත් වැඩිකරගනියි. යමෙක් වනාහී ද්වේෂයෙන් කැළඹී නොගිය සිතුවිලි ඇතිව, පංච කාම අරමුණුවලට ගිජු නොවී සිටින්නට උත්සාහවත් වෙයි ද, ඔහු නූපන් පාපී අකුසල් දහම් නූපදවීම පිණිස කැමැත්ත උපදවයි. උත්සාහවත් වෙයි. වීර්යය පටන් ගනියි. සිත දැඩි කොට ගනියි. ප්‍රධන් වීර්යය කරයි. උපන් පාපී අකුසල් දහම් ප්‍රහාණය පිණිස කැමැත්ත උපදවයි. උත්සාහවත් වෙයි. වීර්යය පටන් ගනියි. සිත දැඩි කොට ගනියි. ප්‍රධන් වීර්යය කරයි. නූපන් කුසල් දහම් ඉපදවීම පිණිස කැමැත්ත උපදවයි. උත්සාහවත් වෙයි. වීර්යය පටන් ගනියි. සිත දැඩි කොට ගනියි. ප්‍රධන් වීර්යය කරයි. උපන් කුසල් දහම්වල පැවැත්ම පිණිස, නැති නොවීම පිණිස, වැඩිදියුණුව පිණිස, විපුල බව පිණිස, භාවනාවෙන් සම්පූර්ණ වීම පිණිස කැමැත්ත උපදවයි. උත්සාහවත් වෙයි. වීර්යය පටන් ගනියි. සිත දැඩි කොට ගනියි. ප්‍රධන් වීර්යය කරයි.

නූපන් පාපී අකුසල් දහම් යනු මොනවා ද? පංච කාම අරමුණු පිළිබඳ විතර්කයෝ ය. ව්‍යාපාද අරමුණු පිළිබඳ විතර්කයෝ ය. හිංසාකාරී අරමුණු පිළිබඳ විතර්කයෝ ය. මේ වනාහී නූපන් පාපී අකුසල් දහම් ය.

උපන් පාපී අකුසල් දහම් යනු මොනවා ද? සිත තුළ නොනැසී අප්‍රකට ව ක්‍රියාකාරී ව තිබෙන අකුසල් මුල් නම් වූ ලෝභය ත්, ද්වේෂය ත්, මෝහය ත් ය.

නූපන් කුසල් දහම් යනු මොනවා ද? සෝතාපන්න කෙනෙකු තුළ පිහිටන ශ්‍රද්ධා, විරිය ආදී යම් ඉන්ද්‍රියයෝ වෙත් ද, මේවා නූපන් කුසල් දහම් ය.

උපන් කුසල් දහම් යනු මොනවා ද? සෝවාන් ඵලය සාක්ෂාත් කිරීමට පිළිපන් තැනැත්තා තුළ පිහිටන ශ්‍රද්ධා ආදී යම් ඉන්ද්‍රියයෝ වෙත් ද, මේවා උපන් කුසල් දහම් ය.

(i) යම් කුසලයකින් පංච කාම අරමුණු පිළිබඳ විතර්කයන් වළක්වයි ද, මෙය සිහිය හෙවත් සති ඉන්ද්‍රිය යි. (ii) යම් කුසලයකින් ව්‍යාපාද අරමුණු පිළිබඳ විතර්කයන් වළක්වයි ද, මෙය සමාධි ඉන්ද්‍රිය යි. (iii) යම් කුසලයකින් හිංසාකාරී අරමුණු පිළිබඳ විතර්කයන් වළක්වයි ද, මෙය විරිය ඉන්ද්‍රිය යි. (iv) යම් කුසලයකින් උපන් - නූපන් පාපී අකුසල් දහම් නොඉවසයි ද, දුරු කරයි ද, බැහැර කරයි ද, නැති කරයි ද, සම්පූර්ණයෙන් නැති කර දමයි ද, මෙය ප්‍රඥා ඉන්ද්‍රිය යි. (v) මේ සතර ඉන්ද්‍රියයන් පිළිබඳ ව භාග්‍යවතුන් වහන්සේගේ අවබෝධය ස්වයංභූඥානයෙන් ලද බවට යම් අදහා ගැනීමක් ඇද්ද, ශ්‍රද්ධාවෙන් බැසගැනීමක් ඇද්ද, මෙය ශ්‍රද්ධා ඉන්ද්‍රිය යි.

එහිලා ශ්‍රද්ධා ඉන්ද්‍රිය කොතැන්හි දැක්ක යුත්තේ ද? සෝවාන් ඵලයට පත් වූ කෙනෙකු තුළ පිහිටන බුද්ධ - ධම්ම - සංඝ යන ත්‍රිවිධරත්නය කෙරෙහි ඇති නොසෙල්වෙන ප්‍රසාදය යන කරුණු තුනත්, ආර්යකාන්ත සීලය නම් කරුණත් තිබෙන සෝතාපත්ති අංග සතර තුළ ය.

වීර්යය ඉන්ද්‍රිය කොතැන්හි දැක්ක යුත්තේ ද? සතරක් වූ සම්‍යක් ප්‍රධාන වීර්යය තුළ ය.

සිහිය නැමැති ඉන්ද්‍රිය කොතැන්හි දැක්ක යුත්තේ ද? සිහිය පිහිටුවාගත යුතු සතර තැන වන සතර සතිපට්ඨානයෙහි ය.

සමාධි ඉන්ද්‍රිය කොතැන්හි දැක්ක යුත්තේ ද? ධ්‍යාන සතර තුළ ය.

ප්‍රඥා ඉන්ද්‍රිය කොතැන්හි දැක්ක යුත්තේ ද? සතරක් වූ ආර්ය සත්‍යය තුළ ය.

මෙපරිද්දෙන් නිවන් මග හික්මෙන සේඛ පුද්ගලයා සියළු කුසල් දහම් තුළින් අප්‍රමාදී වූයේ යැයි භාග්‍යවතුන් වහන්සේ විසින් වදාරණ ලද්දේ ය. ඒ සේඛ පුද්ගලයා මනසින් නොකැළඹී සිටින නිසා ය. එනිසා භාග්‍යවතුන් වහන්සේ '**මනසින් නොකැළඹී සිටිය යුතු වන්නේ ය**' යනුවෙන් වදාළ සේක.

අනතුරුව නිවන් මග හික්මීම සම්පූර්ණ කොට අසේඛ බවට පත් වූ රහත් භික්ෂුවගේ දහම් වැඩපිළිවෙල පෙන්වා දීම පිණිස '**සියළු ධර්මයන් පිළිබඳ ව දක්ෂ වූ**' යනුවෙන් වදාළ සේක. ලෝකය නම් තුන් අයුරු ය. කෙලෙස් ලෝකය ත්, භව ලෝකය ත්, ඉන්ද්‍රිය ලෝකය ත් ය.

ඒ අසේඛ භික්ෂුව කාම ලෝකයට අයත් වත්පිළිවෙත් ආදිය කරමින් නිවන් මග වැඩූ නිසා කෙලෙස් ලෝකයෙන් රූප - අරූප සමාධිවලට අයත් භව ලෝකය පහළ විය. මෙසේ සමාධිය තුළ ඒ භික්ෂුව කුසල් වැඩීම නිසා ඒ කුසලය ශ්‍රද්ධා ආදී ඉන්ද්‍රියයන් ඉපැද්දවූයේ ය. නිවන් මග වැඩීම තුළ ශ්‍රද්ධා, විරිය ආදී ඉන්ද්‍රිය ධර්මයන් දියුණු වූ කල්හී ධර්මයට පමුණුවන කරුණුවල අවබෝධය ඇතිවෙයි. ඒ අවබෝධය දෙඅයුරකින් විමසා බැලිය යුත්තේ ය. චතුරාර්ය සත්‍යය දැක්ම තුළින් ලත් අවබෝධයෙනුත්, සමථ - විදර්ශනා භාවනාවෙන් ලත් අවබෝධයෙනුත් ය.

ඒ මෙසේ ය.

යම් කලෙක නිවන් මග හික්මෙන සේඛ භික්ෂුව අවබෝධ කරගත යුතු දේ හොඳින් අවබෝධ කරගනියි ද, එකල්හී අවබෝධයෙන් ම ඇති වූ එපා වීමෙන් යුක්ත ව සත්‍යය ස්වභාවය වැටහෙන සංඥා මෙනෙහි කිරීම් තුළින් අවබෝධ කළ යුතු ධර්මයන් පිරිසිඳ දක්නා ලද්දේ වෙයි. ඒ භික්ෂුව තුළ ධර්ම දෙකක් පිළිබඳ ව දක්ෂතාවය ඇතිවෙයි. චතුරාර්ය සත්‍ය දැක්ම පිළිබඳව දක්ෂ බවත්, සමථ - විදර්ශනා භාවනා දියුණුවෙහි දක්ෂ බවත් ය.

ඒ ඥානය පස් අයුරකින් තේරුම් ගත යුත්තේ ය. විශිෂ්ට අවබෝධය ත් (**අභිඤ්ඤා**), සම්පූර්ණ වශයෙන් පිරිසිඳ ලත් අවබෝධය ත් (**පරිඤ්ඤා**), කෙලෙසුන්ගේ ප්‍රහාණය ත් (**පහානං**), කුසල් දහම්වල වැඩීම ත් (**භාවනා**), නිවන සාක්ෂාත් කිරීම ත් (**සච්ඡිකිරියා**) ය.

එහි විශිෂ්ට වූ අවබෝධය හෙවත් අභිඤ්ඤා යනු කුමක් ද? අවබෝධ කළ යුතු ධර්මයන්ට අයත් ලක්ෂණයන් පිළිබඳ ව සත්‍ය ස්වභාවය දකිනා යම් ඥානයක් ඇද්ද, එය ධම්ම පටිසම්භිදාව ත් - අත්ථ පටිසම්භිදාව ත් වෙයි. විශිෂ්ට අවබෝධය යනු මෙයයි.

එහි සම්පූර්ණ වශයෙන් පිරිසිඳ අවබෝධය හෙවත් පරිඤ්ඤා යනු කුමක් ද? මෙසේ ඉතා හොඳින් අවබෝධ කොට 'මේ කුසල් ය, මේ අකුසල් ය, මේ වැරදි සහිත දේ ය, මේ වරදින් තොර දේ ය, මේ පව් ය, මේ පින් ය, මේ පුරුදු කළ යුතු දේ ය, මේ පුරුදු නොකළ යුතු දේ ය, මේ ධර්මයන් මේ අයුරින් දත් විට මේ ප්‍රතිඵලය උපදවයි, මේ ධර්මයන් මේ අයුරින් දත් විට මේ යහපත ඇතිවෙයි' යනාදිය යි. මෙය පිරිසිඳ ලබන අවබෝධයයි.

මෙසේ පිරිසිඳ ලත් අවබෝධය ඇතිවිට තව තුන් ධර්මයක් ඉතුරු වෙයි. එනම්; ප්‍රහාණය කළ යුතු දේ ත්, භාවනා වශයෙන් වැඩිය යුතු දේ ත්, සාක්ෂාත් කළ යුතු දේ ත් ය.

එහිදී ප්‍රහාණය කළ යුතු ධර්මයෝ මොනවා ද? යම් අකුසල් වෙත් ද ඒවා ය.

එහිදී වැඩිය යුතු ධර්මයෝ මොනවා ද? යම් කුසල් වෙත් ද ඒවා ය.

එහිදී සාක්ෂාත් කරගත යුතු ධර්මය කුමක් ද? හේතුඵල දහමින් හට නොගත් අසංඛත වූ යම් නිර්වාණයක් ඇද්ද, එය යි.

යම් භික්ෂුවක් මෙපරිද්දෙන් දනියි නම්, මොහු අර්ථයෙහි දක්ෂ '**අත්ථකුසල**' වූයේ ත්, ධර්මයෙහි දක්ෂ '**ධම්මකුසල**' වූයේ ත්, යහපතෙහි දක්ෂ '**කල්‍යාණකුසල**' වූයේ ත්, මාර්ගඵලාවබෝධයෙහි

දක්ෂ **'ඵලතාකුසල'** වූයේ ත්, නිවන් මග පිළිබඳ දියුණුවෙහි දක්ෂ **'ආයකුසල'** වූයේ ත්, පිරිහෙන මග තේරුම් ගැනීමෙහි දක්ෂ **'අපායකුසල'** වූයේ ත්, නිවන පිණිස ඇති ක්‍රමවේදයෙහි දක්ෂ **'උපායකුසල'** වූයේ ත්, මහත් වූ දක්ෂතාවයකින් යුක්ත වූයේ යැයි කියනු ලැබේ. එනිසාවෙන් භාග්‍යවතුන් වහන්සේ **'සියළු ධර්මයන් පිළිබඳ දක්ෂ වූ'** යනුවෙන් වදාළ සේක.

'භික්ෂුව සියළු ඉරියව් සිහියෙන් යුතුව හැසිරෙන්නේ ය' යි වදාළ සේක. එනම්; නිවන් මග හික්මීම අවසන් කළ නිකෙලෙස් අසේඛ භික්ෂුව විසින් මේ ජීවිතයේදී ඉතා සැප සේ වාසය කිරීම පිණිස ඉදිරියට යන විට, නැවත හැරී එන විට, ඉදිරිය බලන විට, වටපිට බලන විට, අත් - පා හකුලන විට, අත් - පා දිගහරින විට, දෙපට සිවුරු - පාත්‍රය - තනිපට සිවුර ආදිය පරිහරණය කරන විට, වළඳින විට, පානය කරන විට, අනුභව කරන විට, රස විඳින විට, වැසිකිලි කැසිකිලි කරන විට, යන විට, සිටින විට, හිඳින විට, සැතපෙන විට, නිදිවරා සිටින විට, කතා බස් කරන විට, නිහඬව සිටින විට සිහියෙන් නුවණින් වාසය කළ යුත්තේ ය. මේ හැසිරීම් දෙකක් භාග්‍යවතුන් වහන්සේ විසින් අනුමත කොට වදාරණ ලද්දේ ය. එක් හැසිරීමක් පිරිසිදු බවට පත්වූවන්ගේ ය. අනෙක් හැසිරීම පිරිසිදු බවට පත්වෙමින් සිටින්නවුන්ගේ ය.

පිරිසිදු බවට පත්වූවෝ කවරහුද? රහතන් වහන්සේලා ය. පිරිසිදු බවට පත්වෙමින් සිටින්නෝ කවරහුද? නිවන් මග හික්මෙමින් මුල් මාර්ගඵලයන් කරා යන සේඛ පුද්ගලයෝ ය. රහතන් වහන්සේ තුළ ඇති ශ්‍රද්ධා, විරිය, සති, සමාධි, ප්‍රඥා යන ඉන්ද්‍රියයන් පිළිබඳ ව කළ යුතු වූ සියළු කටයුතු සම්පූර්ණයෙන් කොට අවසන් ව ඇත්තේ ය.

අවබෝධ කළ යුතු යමක් ඇද්ද, එය සතර අයුරු ය. දුක අවබෝධ වන්නේ පිරිසිඳ අවබෝධ කරන අවස්ථාවේ දී ය. දුක් හටගන්වන හේතුව අවබෝධ වන්නේ ප්‍රහාණය කරන අවස්ථාවේ දී ය. දුක් උපදවන හේතූන් නිරුද්ධ වන මාර්ගය අවබෝධ වන්නේ වඩන අවස්ථාවේ දී ය. දුක් උපදවන හේතූන්

නිරුද්ධ වීම අවබෝධ වන්නේ සාක්ෂාත් කරන අවස්ථාවේ දී ය. මෙය සිව් වැදෑරුම් වූ අවබෝධ කළ යුතු දෙය යි. යම් භික්ෂුවක් මෙපරිද්දෙන් දනියි නම්, මේ රහත් භික්ෂුව රාගය ක්ෂය වීමෙන් - ද්වේෂය ක්ෂය වීමෙන් - මෝහය ක්ෂය වීමෙන් යුතු හෙයින් මනා සිහියෙන් යුක්ත ව ඉදිරියට යයි. සිහියෙන් යුක්ත ව ආපසු හැරී එයි. එනිසා භාග්‍යවතුන් වහන්සේ '**භික්ෂුව සිහියෙන් යුක්ත ව සියළු ඉරියව්හි හැසිරෙන්නේ ය**' යි වදාළ සේක.

"කාමේසු නාභිගිජ්ඣෙය්‍ය (අජිතා'ති භගවා)
මනසා නාවිලෝ සියා
කුසලෝ සබ්බධම්මානං
සතෝ භික්ඛු පරිබ්බජේ'ති"

(සුත්ත නිපාතය - අජිත සූත්‍රය)

භාග්‍යවතුන් වහන්සේ;

"අජිතයෙනි, පංච කාමයන් කෙරෙහි ගිජු නොවන්නේ ය. මනසින් නොකැලඹී සිටිය යුතු වන්නේ ය. සියළු ධර්මයන් පිළිබඳ ව දක්ෂ වූ භික්ෂුව සියළු ඉරියව්වෙහි සිහියෙන් යුක්ත ව හැසිරෙන්නේ ය" යනුවෙනි.

ප්‍රශ්න කළ යුත්තේ ඔය අයුරිනි. විසඳිය යුත්තේ ද ඔය අයුරිනි. සූත්‍රයෙහි ඇතුළත් දහම් කරුණු ගාථාවට නගා වදාළ විට ද, එහි අර්ථ වශයෙනුත් ව්‍යඤ්ජන වශයෙනුත් සූත්‍ර දේශනාවට සමාන ලෙසින් තැබිය යුත්තේ ය. අර්ථයෙන් බැහැර වූ ව්‍යඤ්ජනය හෙවත් වචනය හිස් දෙඩවිල්ලක් හෙවත් සම්ඵප්පලාපයක් වෙයි. වැරදි අයුරින් තබන ලද පද ව්‍යඤ්ජනයාගේ අර්ථ ත් වැරදි වැටහීම ලබාදෙයි. එහෙයින් ව්‍යඤ්ජනයෙන් යුක්ත කොට සංගායනා කළ යුත්තේ ය. සූත්‍රය ත් විමසිය යුත්තේ ය. 'කිම? මේ වචනය භාග්‍යවතුන් වහන්සේ විසින් ම වදාරණ ලද '**ආහච්ච**' වචනයක් ද? ශ්‍රාවක භාෂිත වූ '**අනුසන්ධි**' වචනයක් ද? පමුණුවන ලද අර්ථ ඇති '**නීතත්ථ**' වචනයක් ද? පමුණුවා ගත යුතු අර්ථ ඇති '**නෙය්‍යත්ථ**' වචනයක් ද? කෙලෙසී යන පක්ෂයට අයත් කොට

වදාළ දෙයක් වූ '**සංකිලේසභාගීය**' ධර්මයක් ද? පුණ්‍ය විපාක ලබාදෙන පක්ෂයට අයත් කොට වදාළ දෙයක් වූ '**වාසනාභාගීය**' ධර්මයක් ද? තියුණු අවබෝධය ඇති කරදෙන '**නිබ්බේධභාගීය**' ධර්මයක් ද? නිවන් මග හික්මීම අවසන් කළ අසේඛ වූ රහතුන්ගේ පක්ෂයට අයත් '**අසේඛභාගීය**' ධර්මයක් ද?' ආදී වශයෙනි.

මේ සූත්‍ර දේශනාවෙහි සියළු දුක්ඛාදී ආර්ය සත්‍යයන් කොතැන්හී දැක්ක යුත්තේ ද? ආරම්භයේ ත්, මධ්‍යයේ ත්, අවසානයේ ත් ය. එනිසාවෙන් ආයුෂ්මත් මහා කච්චානයන් වහන්සේ 'සූත්‍ර දේශනාවක විමසන ලද යමක් ඇද්ද, විසඳන ලද යමක් ඇද්ද.....' යනාදී වශයෙන් ගාථාවෙන් වදාළහ.

නියුත්තෝ විචයහාරෝ
(විචයහාරය යොදන ලදී.)

3.1.3. යුත්තිහාර විභංගෝ

(ගැලපෙන - නොගැලපෙන බව දැක්වීමේ යුක්තිය තුළින් ධර්මය වෙතට ගෙන යාම බෙදා දැක්වීමයි)

එහිදී යුත්තිහාරය යනු කුමක් ද? සියළු දහසය වැදෑරුම් හාරයන් වෙත ගෙනයාම යි. මෙය යුත්ති හාරය යි.

මෙම යුක්තිහාරය කුමක් යොදයි ද? සතර මහා අපදේස යොදයි. එනම්; බුදුරජුන්ගේ වචනය ලෙස පෙන්වීම හෙවත් '**බුද්ධාපදේසය**' ය. සංඝයාගේ වචනය ලෙස පෙන්වීම හෙවත් '**සංඝාපදේසය**' ය. බොහෝ ස්ථවිරවරුන්ගේ වචනය ලෙස පෙන්වීම හෙවත් '**සම්බහුලත්ථේරාපදේසය**' ය. එක් තෙර නමකගේ වචනය ලෙස පෙන්වීම හෙවත් '**ඒකත්ථේරාපදේසය**' ය. සතර මහා අපදේස යනු මේවා ය.

මේ සතර මහා අපදේසයන් තුළ ශාස්තෘ ශාසනය ලෙස කියවෙන ඒ ඒ පද ව්‍යඤ්ජනයෝ සූත්‍රයෙහි බහා බැලිය යුත්තාහ. විනයෙහිලා සැසඳිය යුත්තාහ. ධර්මතාවය තුළට ලංකොට බැලිය

යුත්තාහ. කවර සූත්‍රයක ඇතුළත් කොට බැලිය යුත්තාහු ද යත්; **චතුරාර්ය සත්‍යයෙහි ය.** කවර විනයක දමා ගලපා බැලිය යුත්තාහු ද යත්; **රාගය නැසීමෙහි ය. ද්වේෂය නැසීමෙහි ය. මෝහය නැසීමෙහි ය.** කවර ධර්මතාවක් තුළට ළංකොට බැලිය යුත්තාහු ද යත්; **පටිච්ච සමුප්පාදයෙහි ය.**

ඉදින් ඒ සතර මහා අපදේශයන් තුළ ශාස්තෘ ශාසනය තුළ කියවෙන ඒ පද ව්‍යඤ්ජනයෝ චතුරාර්ය සත්‍යයෙහි බැස ගනිත් නම්, රාග - ද්වේෂ ආදී කෙලෙස් නැසීම හා සැසඳෙත් නම්, පටිච්ච සමුප්පාද ධර්මතාවට විරුද්ධ නොවෙත් නම්, මෙසේ ඒ පද ව්‍යඤ්ජනයන්ගෙන් කාමාදී ආශ්‍රවයෝ හට නොගනිති. සතර මහා අපදේශයන් තුළින් යම් යම් අර්ථයක් යෙදෙයි ද, යම් යම් කරුණකින් යෙදෙයි ද, යම් යම් පරිද්දෙන් යෙදෙයි ද, ඒ ඒ අර්ථය ගත යුත්තේ ය.

ප්‍රශ්නයක් ඇසූ කල්හී පද කීයකින් යුතු ප්‍රශ්නයක් දැයි ඒ ප්‍රශ්නයෙහි ඇති පද ගණන සම්පූර්ණයෙන් ඇතුළත් කරගත යුත්තේ ය. විමසිය යුත්තේ ය. ඉදින් සියළු පදයන්ගෙන් ප්‍රකාශ වන්නේ එක් අර්ථයක් නම් එහි තිබෙන්නේ එක් ප්‍රශ්නයකි. එසේම පද සතරකින් ප්‍රකාශ වන්නේ එක් අර්ථයක් නම්, එහි තිබෙන්නේ ත් එක් ප්‍රශ්නයකි. එසේ ම එක් පදයකින් ප්‍රකාශ වන්නේ එක් අර්ථයක් නම්, එහි තිබෙන්නේ ත් එක් ප්‍රශ්නයකි. හොඳින් පරීක්ෂා කොට බැලීමෙන් මෙසේ තේරුම් ගත යුත්තේ ය.

'කිම? මේ ධර්මයෝ නොයෙක් අර්ථ ඇත්තාහු ද? නොයෙක් ව්‍යඤ්ජන ඇත්තාහු ද? එසේ නැතිනම් මේ ධර්මයන්ගේ ඇත්තේ එක් අර්ථයක් ද? නොයෙක් ව්‍යඤ්ජන ඇති බව පමණක් ද? ඒ කෙබඳු දෙයක් ද යත්;

යම් පරිදි ඒ දෙවියා භාග්‍යවතුන් වහන්සේගෙන් ප්‍රශ්නයක් අසයි.

"කේනස්සුබ්භාහතෝ ලෝකෝ
කේනස්සු පරිවාරිතෝ

කේන සල්ලේන ඔතිණ්ණො
කිස්ස ධූපායිතෝ සදා'ති"

(දේවතා සංයුත්තය - අබ්භාත සූත්‍රය)

"හැම කල්හී ලෝක සත්වයා නසනු ලබන්නේ කවුරු විසින් ද? හැම කල්හී ඔහු ව වෙලාගෙන ඇත්තේ කුමකින් ද? හැම කල්හී ඔහු තුළ ඇණී ඇත්තේ කවර හුලකින් ද? හැම කල්හී ඔහු දවන ලද්දේ කුමකින් ද?"

මේ ප්‍රශ්නයෙහි සතර පදයක් අසන ලදී. ඒවා ප්‍රශ්න වශයෙන් තුනකි. එය දැනගන්නේ කෙසේ ද? භාග්‍යවතුන් වහන්සේ ඒ දෙවියාගේ ප්‍රශ්නය මෙසේ විසඳන සේක.

"මච්චුනාබ්භාහතෝ ලෝකෝ
ජරාය පරිවාරිතෝ
තණ්හා සල්ලේන ඔතිණ්ණො
ඉච්ඡාධූපායිතෝ සදා'ති"

(දේවතා සංයුත්තය - අබ්භාත සූත්‍රය)

"හැම කල්හී ලෝක සත්වයා නසනු ලබන්නේ මරණය විසින් ය. හැම කල්හී ඔහුව වෙලාගෙන තිබෙන්නේ ජරාවෙනි. හැම කල්හී ඔහු තුළ ඇණී ඇත්තේ තෘෂ්ණාව නම් හුලින් ය. හැම කල්හී ඔහු ආශාවෙන් දැවෙයි."

එසේ පෙන්වා වදාළ විසඳුමෙහි සඳහන් වන ජරාව ත්, මරණය ත් යන මේ දෙක හේතුඵල දහමින් හටගත් දෙයක ඇති සංඛත ලක්ෂණයෝ ය. පවතින දේ තුළ වෙනස් වීම ජරාවෙහි තිබෙයි. මරණය යනු විනාශ වීම යි. එහි ජරාවෙහි ත්, මරණයෙහි ත් අර්ථ වශයෙන් නොයෙක් ප්‍රකාර වෙයි. ඒ මක් නිසාද යත්; මව්කුසෙහි සිටි අයත් මැරී යති. ඔවුහු ජරාවට පත්වූවෝ නොවෙති. දෙවියන්ගේ ද මරණය ඇත්තේ ය. ඔවුන්ගේ ශරීරත් නොදිරති. කලකට නමුත් ජරාවට පිළියම් කරන්නට හැක්කේ ම ය. එහෙත් ඉර්ධිමතුන්ගේ ඉර්ධිවිෂයෙන් තොරව මරණයට පිළියම් කරන්නට නොහැක්කේ ය.

යම් කරුණක් වනාහී **'ඔහු තුළ හැම කල්හී ඇණී ඇත්තේ තෘෂ්ණාව නම් හුලින් ය'** යනුවෙන් වදාළ සේක් ද, වීතරාගීහුත් ජරාවට පත් වී යන්නාහු, මරණයට පත්වෙන්නාහු දිස්වෙති. ඉදින් ජරා මරණ යම් සේ ඇත්තේ ද, ඒ අයුරින් තෘෂ්ණාවත් තිබුණේ නම්, එසේ ඇති කල්හී සියළු දෙනා තරුණ අවස්ථාවේ ම තෘෂ්ණාවෙන් දුරුවන්නාහු ය. යම් සේ තෘෂ්ණාව දුක උපදවන හේතුව වන්නේ ද, එසෙයින් ම ජරා මරණත් දුක් උපදවන්නේ ය. තෘෂ්ණාව දුක් නූපදවන්නී නම් ජරා මරණත් දුක් නූපදවන්නේ ය. දුක උපදවන්නී තෘෂ්ණාව යි. යම් සේ තෘෂ්ණාව නිවන් මග නූපදවයි ද, එසෙයින් ම ජරාවත් මරණයත් නිවන් මග නූපදවයි. අන්‍යෝන්‍ය කරුණු වලින් විමසිය යුත්තේ මේ යුක්තියෙනි.

ඉදින් යුක්තියට නැගූ දේ අර්ථ වශයෙන් වෙනස් ව පෙනෙයි නම්, ව්‍යඤ්ජන වශයෙනුත් විමසිය යුත්තේ ය. 'හුල' යනුවෙනුත්, 'දවයි' යනුවෙනුත් ඇති ව්‍යඤ්ජනය අර්ථ වශයෙන් වෙනසකට නොයෙදෙයි. තණ්හාව තුළින් යමෙකුගේ අදහස සම්පූර්ණ නොවන කල්හී වෛර බැඳගන්නා කරුණු නවය තුළ ක්‍රෝධය ත්, බද්ධ වෛරය ත් උපදියි. මේ යුක්තිය තුළින් ජරාවේ ත් මරණයේ ත්, තණ්හාවේ ත් අර්ථ වශයෙන් වෙනසක් ඇත.

තව ද භාග්‍යවතුන් වහන්සේ විසින් ආශාව යනුවෙනුත්, තෘෂ්ණාව යනුවෙනුත් නම් දෙකකින් යමක් ගැන වදාරණ ලද්දේ ද, මෙය භාග්‍යවතුන් වහන්සේ විසින් බාහිර වස්තූන් අරමුණු කොට, ආශාව - තණ්හාව වශයෙන් නම් දෙකකින් වදාරණ ලද්දේය.

සියළු තණ්හාව ම සිත ඇදී ගිය කරුණෙහි බැසගැනීම් වශයෙන් එක් ලක්ෂණයකි. නමුත් උපාදාන හෙවත් එයට ඇඩිව ග්‍රහණය වීම් වශයෙන් එකිනෙකට වෙනස් නම් ලබයි. දරවලින් හටගන්නා ගින්න 'දර ගින්න' ය. තණරොඩුවලින් හටගන්නා ගින්න 'තෘණ ගින්න' ය. ලී පතුරු වලින් හටගන්නා ගින්න 'ලී ගින්න' ය. වියලි ගොම වලින් හටගන්නා ගින්න 'ගොම ගින්න' ය. දහයියා වලින් හටගන්නා ගින්න 'දහයියා ගින්න' ය. කුණුරොඩු

වලින් හටගන්නා ගින්න 'කුණුරොඩු ගින්න' ය. නමුත් හැම ගින්නක් ම දැඩි උණුසුම් බව ලක්ෂණය කොට ඇත්තේ ම ය.

මේ අයුරින් හැම තෘෂ්ණාවක් ම සිත ඇදී ගිය කරුණෙහි බැසගැනීම් වශයෙන් එක් ලක්ෂණයකි. එසේ නමුත් අරමුණු වලට හසුවීම් වශයෙන් එකිනෙකට වෙනස් වූ නම් වලින් වදාරණ ලද්දේ ය. අරමුණු වලට කැමැති හෙයින් **'ඉච්ඡා'** යනුවෙනුත්, අරමුණු වලට අධිකව ලොල් බව හේතුවෙන් **'තෘෂ්ණාව'** යනුවෙනුත්, සිත ඇදී ගිය අරමුණ තමා තුළ ඇණුනු හුලක් බඳු හෙයින් **'හුල'** යනුවෙනුත්, සිත ඇදී ගිය අරමුණ නිසා තමා දාහයට පත්වෙන හෙයින් **'දැවීම'** යනුවෙනුත්, වේගවත් සැඩ පහර ඇති නදියකට හසු වී ගසා ගෙන යන බඳු හෙයින් **'නදිය'** යනුවෙනුත්, ආධ්‍යාත්මික - බාහිර වශයෙන් තෘෂ්ණාව පැතිරී යන හෙයින් **'විසත්තිකා'** යනුවෙනුත්, තමාව තෙත් කරවා එයට බඳවා ගන්නා හෙයින් **'ස්නේහ'** යනුවෙනුත්, සසර පුරා වෙහෙස උපදවන හෙයින් **'වෙහෙස'** යනුවෙනුත්, තමාව හාත්පස වෙලා ගන්නා හෙයින් **'වැල'** යනුවෙනුත්, මම ය - මාගේ ය කියා වැරදි ලෙස ගන්නා හෙයින් **'මඤ්ඤනා'** යනුවෙනුත්, තමා කොතෙක් දුර ගියත් ආශා කළ දේට ම සිත බැඳී ඇති හෙයින් **'බන්ධනය'** යනුවෙනුත්, සිත ඇදී ගිය දේ ම අනාගතයෙහිත් කැමති වන හෙයින් **'ආශා'** යනුවෙනුත්, සිත ඇදී ගිය දෙය තමා අයත් කරගන්නා තුරු අපහසුවෙන් සිටින හෙයින් **'පිපාසය'** යනුවෙනුත්, සිත ඇදී ගිය දෙය සතුටින් පිළිගන්නා හෙයින් **'අභිනන්දනා'** යනුවෙනුත්, එකිනෙකට වෙනස් වූ නම් වලින් මේ තෘෂ්ණාව පිළිබඳව වදාරණ ලද්දේ ය.

එහෙත් සෑම තෘෂ්ණාවක් ම තමා තුළට බැසගැනීම ලක්ෂණ කොට ඇති හෙයින් එක් ලක්ෂණයකින් යුක්ත ය. යම් සේ සමාන අර්ථ ඇති වචනයෙන් වදාරණ ලද්දේ ද;

"ආසා පිපාසා ච අභිනන්දනා ච
අනේකධාතුසු සරා පතිට්ඨිතා

අඤ්ඤාණමූලප්පභවා පජප්පිතා
සබ්බා මයා බ්‍යන්තිකතා සමූලකා'ති"

(.................)

"යළි යළිත් එය ම ලබනු කැමති වූ ආශාව ත්, තමා ආශා කළ දෙය ලබාගන්නා තුරු අපහසුවෙන් සිටින පිපාසය ත්, සිත ඇදී ගිය දෙය සතුටින් පිළිගන්නා අභිනන්දනාව ත්, ඇස් - කන් ආදී අනේක ධාතු ස්වභාවයන්හි පැතිරී පිහිටි අවිද්‍යා මූලයෙන් උපන්, මුල් සහිත වූ සියළු තෘෂ්ණාවෝ මා විසින් නැති කරන ලද්දාහ."

මේ ආශා ආදිය තෘෂ්ණාවට සමාන අර්ථ ඇති වචන වෙයි. යම් සේ භාග්‍යවතුන් වහන්සේ වදාළ සේක් ද;

"තිස්සයෙනි, රූපය කෙරෙහි රාගය නැති නොවූ, කැමැත්ත නැති නොවූ, ප්‍රේමය නැති නොවූ, පිපාසය නැති නොවූ, දැවිල්ල නැති නොවූ, තෘෂ්ණාව නැති නොවූ කෙනෙකුට එම රූපය විපර්යාසයට පත් වීම නිසා, වෙනත් ස්වභාවයට පත් වීම නිසා ශෝක වැළපීම් - දුක් - දොම්නස් - සුසුම් හෙලීම් ආදිය උපදිනවා නේද?"

"එසේ ය, ස්වාමීනී."

"එසේ ම විඳීම කෙරෙහි ....(පෙ).... සංඥාව කෙරෙහි ....(පෙ).... සංස්කාර කෙරෙහි ....(පෙ).... විඤ්ඤාණය කෙරෙහි රාගය නැති නොවූ, කැමැත්ත නැති නොවූ, ප්‍රේමය නැති නොවූ, පිපාසය නැති නොවූ, දැවිල්ල නැති නොවූ, තෘෂ්ණාව නැති නොවූ කෙනෙකුට එම විඤ්ඤාණය විපර්යාසයට පත් වීම නිසා, වෙනත් ස්වභාවයට පත්වීම නිසා ශෝක වැළපීම් - දුක් - දොම්නස් - සුසුම් හෙලීම් ආදිය උපදිනවා නේද?"

"එසේ ය, ස්වාමීනී."

"ඉතා යහපති! ඉතා යහපති! තිස්සයෙනි. තිස්සයෙනි,

රාගය නැති නොවූ කෙනෙකුට සංස්කාරයන් පිළිබඳ ව යම් පරිදි සිදුවෙයි නම්, එය එසේ ම සිදුවෙයි.”

මෙය තෘෂ්ණාවට සමාන අර්ථ ඇති වචන යි. එය මේ අයුරින් යෙදෙයි.

‘දුක වටා ඇති සියල්ල කාම තෘෂ්ණා සංස්කාරයෝ මුල්කොට ඇත්තාහ’ යන කරුණ යෙදෙයි. නමුත් ‘කලකිරීම හෙවත් අවබෝධයෙන් ම එපාවීම වටා ඇති සියල්ල කාම තෘෂ්ණාවට අදාළ දේ මුල්කොට ඇත්තේ ය’ යි කිව්වොත් එය නොයෙදෙයි. මේ යුක්තිය අනුසාරයෙන් එකිනෙක කරුණු වලින් විමසිය යුත්තේ ය.

එය එසේ ම ය. භාග්‍යවතුන් වහන්සේ රාග ගතිගුණ ඇති රාග චරිත පුද්ගලයාට අසුභ භාවනාව දෙසන සේක. භාග්‍යවතුන් වහන්සේ ද්වේෂ ගතිගුණ ඇති ද්වේෂ චරිත පුද්ගලයාට මෙත්තා භාවනාව දෙසන සේක. භාග්‍යවතුන් වහන්සේ මුලාවන ගතිගුණ ඇති මෝහ චරිත පුද්ගලයාට පටිච්ච සමුප්පාදය දෙසන සේක.

ඉදින් භාග්‍යවතුන් වහන්සේ රාග චරිත ඇති පුද්ගලයාට මෙත්තා චේතෝවිමුක්තිය දෙසන සේක් නම්, සැප වූ ප්‍රතිපදාවෙන් සෙමෙන් අවබෝධ කිරීම හෝ සැප වූ ප්‍රතිපදාවෙන් වහා අවබෝධ කිරීම හෝ විදර්ශනාව මුල් අංගය කොට කෙලෙස් ප්‍රහීණ කිරීම හෝ දෙසන සේක් නම් එම දේශනාව අදාළ ඉලක්කයට නොයෙදෙයි. මෙසේ රාගයට අනුරූප වූ යම්කිසි ප්‍රහාණයක්, ද්වේෂයට අනුරූප වූ යම්කිසි ප්‍රහාණයක්, මෝහයට අනුරූප වූ යම්කිසි ප්‍රහාණයක් ඇත්නම් ඒ සියල්ල ධර්මය කරා ගෙනයන විමසීම නම් වූ විචය හාරය විමසා යම්තාක් ඥානයාගේ භූමිය ඇද්ද, එයට ගැලපේ ද යන්න යුක්ති හාරයෙන් යෙදිය යුත්තේ ය.

මෛත්‍රී විහරණයෙන් සිටින්නහුගේ සිත ද්වේෂය විසින් යටකොට සිටින්නේ ය යන දෙසුම නොයෙදෙයි. ඔහු තුළ ද්වේෂය ප්‍රහාණයට, නැසීමට යයි යන දෙසුම යෙදෙයි.

කරුණා විහරණයෙන් සිටින්නහුගේ සිත හිංසාව විසින් යටකොට සිටින්නේ ය යන දෙසුම නොයෙදෙයි. ඔහු තුළ හිංසාව ප්‍රහාණයට, නැසීමට යයි යන දෙසුම යෙදෙයි.

මුදිතා විහරණයෙන් සිටින්නහුගේ සිත අරතිය විසින් යටකොට සිටින්නේ ය යන දෙසුම නොයෙදෙයි. ඔහු තුළ අරතිය ප්‍රහාණයට, නැසීමට යයි යන දෙසුම යෙදෙයි.

උපේක්ෂා විහරණයෙන් සිටින්නහුගේ සිත රාගය විසින් යටකොට සිටින්නේ ය යන දෙසුම නොයෙදෙයි. ඔහු තුළ රාගය ප්‍රහාණයට, නැසීමට යයි යන දෙසුම යෙදෙයි.

නිමිති රහිත විහරණයෙන් සිටින්නහුට ප්‍රහාණය වූ ඒ ඒ නිමිත්ත සමග නිමිති අනුව පවතින විඤ්ඤාණයක් ඇත්තේ ය යන දෙසුම නොයෙදෙයි. ප්‍රහාණය වූ නිමිත්ත නැතිවී යයි යන දෙසුම යෙදෙයි.

'මම වෙමි' යන හැඟීම නැතිවූයේ ය. 'මේ මම වෙමි' යි පංච උපාදානස්කන්ධයෙහි කිසිවක් නොදකිමි. එසේ නමුත් 'මම කවුද? කොහොම පවතිම් ද?' යන සැකය ත්, 'මෙය කෙසේද, කෙසේ ද' යන සැක හුල මාගේ සිත වෙලාගෙන සිටින්නේ ය යන දෙසුම නොයෙදෙයි. විචිකිච්ඡාව හෙවත් 'කෙසේ ද, කෙසේ ද' යන සැක හුල ප්‍රහාණය හෙවත් නැසීමට යයි යන දෙසුම යෙදෙයි.

තවත් කරුණකි.

පළමුවෙනි ධ්‍යානයට සමවැදී සිටින්නහුට 'කාමරාග - ව්‍යාපාදයෝ දියුණුව පිණිස පවතින්නාහ' යන දෙසුම නොයෙදෙයි. පිරිහීම පිණිස පවතින්නාහ යන දෙසුම යෙදෙයි. 'කාමාදී විතර්ක රහිත වූ සංඥා මෙනෙහි කිරීම් පිරිහීම පිණිස පවතින්නාහ' යන දෙසුම නොයෙදෙයි. දියුණුව පිණිස පවතින්නාහ යන දෙසුම යෙදෙයි.

දෙවෙනි ධ්‍යානයට සමවැදී සිටින්නහුට 'විතර්ක -

විචාරයෙන් යුතු සංඥා මෙනෙහි කිරීම් දියුණුව පිණිස පවතින්නාහ' යන දෙසුම නොයෙදෙයි. පිරිහීම පිණිස පවතින්නාහ යන දෙසුම යෙදෙයි. 'උපේක්ෂා සැපයෙන් යුත් සංඥා මෙනෙහි කිරීම් පිරිහීම පිණිස පවතින්නාහ' යන දෙසුම නොයෙදෙයි. දියුණුව පිණිස පවතින්නාහ යන දෙසුම යෙදෙයි.

තුන්වෙනි ධ්‍යානයට සමවැදී සිටින්නහුට 'ප්‍රීති සැපයෙන් යුත් සංඥා මෙනෙහි කිරීම් දියුණුව පිණිස පවතින්නාහ' යන දෙසුම නොයෙදෙයි. පිරිහීම පිණිස පවතින්නාහ යන දෙසුම යෙදෙයි. 'උපේක්ෂාවෙන් යුතු පිරිසිදු සිහියෙන් යුතු සංඥා මෙනෙහි කිරීම් පිරිහීම පිණිස පවතින්නාහ' යන දෙසුම නොයෙදෙයි. දියුණුව පිණිස පවතින්නාහ යන දෙසුම යෙදෙයි.

සිව්වෙනි ධ්‍යානයට සමවැදී සිටින්නහුට 'උපේක්ෂා සැපයෙන් යුතු සංඥා මෙනෙහි කිරීම දියුණුව පිණිස පවතින්නාහ' යන දෙසුම නොයෙදෙයි. පිරිහීම පිණිස පවතින්නාහ යන දෙසුම යෙදෙයි. 'ආකාසානඤ්චායතන සහගත සංඥා මෙනෙහි කිරීම් පිරිහීම පිණිස පවතින්නාහ' යන දෙසුම නොයෙදෙයි. දියුණුව පිණිස පවතින්නාහ යන දෙසුම යෙදෙයි.

ආකාසානඤ්චායතනයට සමවැදී සිටින්නහුට 'රූප සහගත සංඥා මෙනෙහි කිරීම දියුණුව පිණිස පවතින්නාහ' යන දෙසුම නොයෙදෙයි. පිරිහීම පිණිස පවතින්නාහ යන දෙසුම යෙදෙයි. 'විඤ්ඤාණඤ්චායතන සහගත සංඥා මෙනෙහි කිරීම් පිරිහීම පිණිස පවතින්නාහ' යන දෙසුම නොයෙදෙයි. දියුණුව පිණිස පවතින්නාහ යන දෙසුම යෙදෙයි.

විඤ්ඤාණඤ්චායතනයට සමවැදී සිටින්නහුට 'ආකාසානඤ්චායතන සහගත සංඥා මෙනෙහි කිරීම දියුණුව පිණිස පවතින්නාහ' යන දෙසුම නොයෙදෙයි. පිරිහීම පිණිස පවතින්නාහ යන දෙසුම යෙදෙයි. 'ආකිඤ්චඤ්ඤායතන සහගත සංඥා මෙනෙහි කිරීම් පිරිහීම පිණිස පවතින්නාහ' යන දෙසුම නොයෙදෙයි. දියුණුව පිණිස පවතින්නාහ යන දෙසුම යෙදෙයි.

ආකිඤ්චඤ්ඤායතනයට සමවැදී සිටින්නහුට 'විඤ්ඤාණඤ්චායතන සහගත සංඥා මෙනෙහි කිරීම දියුණුව පිණිස පවතින්නාහ' යන දෙසුම නොයෙදෙයි. පිරිහීම පිණිස පවතින්නාහ යන දෙසුම යෙදෙයි. 'නේවසඤ්ඤානාසඤ්ඤායතන සහගත සංඥා මෙනෙහි කිරීම් පිරිහීම පිණිස පවතින්නාහ' යන දෙසුම නොයෙදෙයි. දියුණුව පිණිස පවතින්නාහ යන දෙසුම යෙදෙයි.

නේවසඤ්ඤානාසඤ්ඤාතනයට සමවැදී සිටින්නහුට 'ආකිඤ්චඤ්ඤායතන සහගත සංඥා මෙනෙහි කිරීම දියුණුව පිණිස පවතින්නාහ' යන දෙසුම නොයෙදෙයි. පිරිහීම පිණිස පවතින්නාහ යන දෙසුම යෙදෙයි. 'සංඥා විඳීම් නිරුද්ධ වන ස්වභාවයෙන් යුක්ත සංඥා මෙනෙහි කිරීම් පිරිහීම පිණිස පවතින්නාහ' යන දෙසුම නොයෙදෙයි. දියුණුව පිණිස පවතින්නාහ යන දෙසුම යෙදෙයි.

සමාධි සමාපත්තියෙහි දක්ෂ භාවය පිණිස හොඳින් පුරුදු කළ සිත 'සංඥා වේදයිත නිරෝධ සමාපත්තිය පිණිස අධිෂ්ඨානයට නතුවන ස්වභාවයක් නැතැ'යි යන දෙසුම නොයෙදෙයි. සමාධි සමාපත්තියෙහි දක්ෂ භාවය පිණිස හොඳින් පුරුදු කළ සිත 'සංඥා වේදයිත නිරෝධ සමාපත්තිය පිණිස අධිෂ්ඨානයට නතුවන ස්වභාවයක් ඇතැ'යි යන දෙසුම යෙදෙයි.

මෙපරිද්දෙන් සියළු නවාංග ශාස්තෘ ශාසන සූත්‍රයන් ධර්මය යම් සේ ද, විනය යම් සේ ද, ශාස්තෘ ශාසනය යම් සේ ද, මුළුමනින් ම ධර්මය කරා ගෙන යන විමසීම නම් විචය හාරයෙන් විමසා, යෙදෙන - නොයෙදෙන බව යුක්ති හාරයෙන් යෙදිය යුත්තේ ය. එනිසාවෙන් ආයුෂ්මත් මහා කච්චායන තෙරණුවෝ 'ධර්මය කරා ගෙන යන සියළු හාරයන්ගේ යම් භූමියක් ඇද්ද, ඒ හාරයන්ට අරමුණු වන දෙයක් ඇද්ද....' යන ගාථාව වදාළහ.

නියුත්තෝ යුත්තිහාරෝ
(යුක්තිහාරය යොදන ලදී.)

3.1.4. පදට්ඨානහාර විභංගෝ
(ධර්මය වෙතට ගෙන යාමේ දී ආසන්න කාරණය බෙදා දැක්වීමයි)

එහිදී ධර්මය කරා ගෙන යන ආසන්න කාරණය හෙවත් පදට්ඨාන හාරය යනු කුමක් ද? 'සියල්ල දිනූ මුනිඳාණෝ දහම් දෙසන සේක.....' යනාදී මේ ගාථාවයි. මෙය ධර්මය කරා ගෙන යන ආසන්න කාරණය හෙවත් පදට්ඨාන හාරය යි.

කුමක් දෙසන සේක් ද?

සියළු ධර්මයන්ගේ සත්‍ය ස්වභාවය ඒ අයුරින් අවබෝධ නොකරවන ලක්ෂණය අවිද්‍යාවයි. ඒ අවිද්‍යාවට ආසන්න කාරණය විපරීත බවට පත් වී ඇති සතර සංඥා විපල්ලාසයෝය.

සිත ඇදී ගිය අරමුණෙහි බැසගැනීමේ ලක්ෂණය තණ්හාව යි. ඒ තණ්හාවට ආසන්න කාරණය එහි ඇති ප්‍රිය ස්වභාවය යි. මිහිරි ස්වභාවය යි.

ආශා කරන දෙය ලබාගැනීමේ අපේක්ෂාවේ සිටීමේ ලක්ෂණය ලෝභය යි. ඒ ලෝභයට ආසන්න කාරණය නුදුන් දේ පැහැර ගැනීම යි.

පැහැය, සටහන්, සළකුණු ග්‍රහණය කිරීමේ ලක්ෂණය සුභ සංඥාව යි. ඒ සුභ සංඥාවට ආසන්න කාරණය ඇස්, කන් ආදී ඉන්ද්‍රියයන්ගේ අසංවරය යි.

කෙලෙස් සහිත ස්පර්ශයකට එළඹීමේ ලක්ෂණය සැප සංඥාව යි. ඒ සැප සංඥාවට ආසන්න කාරණය ආශ්වාදය යි.

හේතු ප්‍රත්‍යයන්ගෙන් හටගත් සංඛත ධර්මයන්ගේ සත්‍ය ස්වභාවය නුවණින් නොදැකීමේ ලක්ෂණය නිත්‍ය සංඥාව යි. ඒ නිත්‍ය සංඥාවට ආසන්න කාරණය විඤ්ඤාණය යි.

අනිත්‍ය සංඥාව ත්, දුක්ඛ සංඥාව ත් නුවණින් නොදැකීමේ

ලක්ෂණය ආත්ම සංඥාව යි. ඒ ආත්ම සංඥාවට ආසන්න කාරණය වේදනා, සංඥා, චේතනා, ඵස්ස, මනසිකාර යන නාම ධර්මයන් එකට එක් ව පැවතීම හෙවත් නාමකාය යි.

සියළු ධර්මයන්ගේ සත්‍ය ස්වභාවය ඒ අයුරින් අවබෝධ කරවන ලක්ෂණය විද්‍යාව යි. ඒ විද්‍යාවට ආසන්න කාරණය අවබෝධ කළ යුතු සියල්ල යි.

සිතේ විසිරී යාම නැති කොට එක් තැනකට ගොනු කිරීමේ ලක්ෂණය සමථය යි. ඒ සමථයට ආසන්න කාරණය අසුභ භාවනාව යි.

ආශා කළ දේ ගැන රහසේ සිත සිතා සිටින බව නැතිකොට එක් තැනකට ගොනු කිරීමේ ලක්ෂණය ලෝභ නැතිකම හෙවත් අලෝභය යි. ඒ අලෝභයට ආසන්න කාරණය සොරකමින් වැළකීම යි.

පීඩාවක් නැතුව සිටීමේ ලක්ෂණය ද්වේෂය නැතිකම හෙවත් අද්වේෂය යි. ඒ අද්වේෂයට ආසන්න කාරණය සතුන් මැරීමෙන් වැළකීම යි.

කරුණු නිවැරදිව තේරුම් ගැනීමේ ලක්ෂණය මුලා නැතිබව හෙවත් අමෝහය යි. ඒ අමෝහයට ආසන්න කාරණය නිවැරදි ප්‍රතිපත්තිය යි.

ඉදිමී නිල් වී ගිය මළසිරුර, සැරව වැගිරෙන මළසිරුර ආදී අරමුණු සිතින් ග්‍රහණය කිරීමේ ලක්ෂණය අසුභ සංඥාව යි. ඒ අසුභ සංඥාවට ආසන්න කාරණය අවබෝධයෙන් ම එපා වීම යි.

කෙලෙස් සහිත ස්පර්ශ පිළිබඳව විශේෂයෙන් දැනගැනීමේ ලක්ෂණය දුක්ඛ සංඥාව යි. ඒ දුක්ඛ සංඥාවට ආසන්න කාරණය අරමුණ විඳීම යි.

හේතුප්‍රත්‍යයන්ගෙන් හටගත් සංඛත ධර්මයන්ගේ සත්‍ය

ස්වභාවය නුවණින් දැකීමේ ලක්ෂණය අනිත්‍ය සංඥාවයි. ඒ අනිත්‍ය සංඥාවට ආසන්න කාරණය සංස්කාරයන්ගේ හටගැනීම ත් - නැසීම ත් නුවණින් දැකීම යි.

සියළු ධර්මයන් තුළට කිඳා බැසීමේ ලක්ෂණය අනාත්ම සංඥාව යි. ඒ අනාත්ම සංඥාවට ආසන්න කාරණය 'මෙය ධර්ම ස්වභාවයකි' යන සංඥාවයි.

කාමරාගයට ආසන්න කාරණය පංචකාම ගුණය යි. රූප රාගයට ආසන්න කාරණය රූපවත් වූ පංච ඉන්ද්‍රියයන් ය. භව රාගයට ආසන්න කාරණය මනස නැමැති සය වෙනි ආයතනය යි. පංච උපාදාන ස්කන්ධයට ආසන්න කාරණය ඒ රූප, වේදනා ආදිය උපදින උපදින ආකාරයට බැලීම යි. ඥානදර්ශනයට ආසන්න කාරණය පෙර විසූ කඳපිළිවෙල සිහි කිරීම යි.

ඇදහීමේ, නිශ්චය කිරීමේ, ළඟට පැමිණීමේ ලක්ෂණය ශ්‍රද්ධාව යි. නොකැළඹීමේ, ප්‍රසන්න වීමේ, ළඟට පැමිණීමේ ලක්ෂණය ප්‍රසාදය යි. විශේෂයෙන් ඇදහීමේ ලක්ෂණය ශ්‍රද්ධාව යි. ඒ ශ්‍රද්ධාවට ආසන්න කාරණය නොසෙල්වෙන පැහැදීම යි. නොකැළඹීමේ ලක්ෂණය ප්‍රසාදය යි. ඒ ප්‍රසාදයට ආසන්න කාරණය ශ්‍රද්ධාව යි.

පටන් ගැනීමේ ලක්ෂණය වීර්යය යි. ඒ වීර්යයට ආසන්න කාරණය සතර සම්‍යක් ප්‍රධානය යි.

විවිධ බාහිර අරමුණුවල සිත ඉල්පී ඉල්පී නොසිටීමේ ලක්ෂණය සිහිය යි. ඒ සිහියට ආසන්න කාරණය සතිපට්ඨානයයි.

සිත එකඟ වීමේ ලක්ෂණය සමාධිය යි. ඒ සමාධියට ආසන්න කාරණය ධ්‍යාන සතර යි.

අවබෝධ කරගැනීමේ ලක්ෂණය ප්‍රඥාව යි. ඒ ප්‍රඥාවට ආසන්න කාරණය චතුරාර්ය සත්‍යය යි.

තවත් ක්‍රමයකි.

ආශ්වාදය ඇතිවෙන අරමුණු ඒ ඒ ඉන්ද්‍රියයන්ට ලැබෙන අයුරින් මෙනෙහි කිරීමේ ලක්ෂණය අයෝනිසෝ මනසිකාරය යි. ඒ අයෝනිසෝ මනසිකාරයට ආසන්න කාරණය අවිද්‍යාව යි. සත්‍යය මුලා කරවන ලක්ෂණය අවිද්‍යාව යි. ඒ අවිද්‍යාව සංස්කාරයන්ට ආසන්න කාරණය යි.

නැවත නැවත භවය ඇති කොට දෙන ලක්ෂණය සංස්කාර යි. ඒ සංස්කාරයෝ විඤ්ඤාණයට ආසන්න කාරණයයි.

ඉපදීමක් උදෙසා පැමිණීමේ ලක්ෂණය විඤ්ඤාණය යි. ඒ විඤ්ඤාණය නාමරූපයට ආසන්න කාරණය යි.

නාමකායේ ත් - රූපකායේ ත් එකට එකතු වීමේ ලක්ෂණය නාමරූපය යි. ඒ නාමරූපය ආයතන හයට ආසන්න කාරණය යි.

ඇස්, කන් ආදී ඉන්ද්‍රියයන් පිළිවෙලකට සකස් වීමේ ලක්ෂණය ආයතන සය යි. ඒ ආයතන සය ස්පර්ශයට ආසන්න කාරණය යි.

ඇස ත් - රූප ත් - විඤ්ඤාණය ත් එක් කිරීමේ ලක්ෂණය ස්පර්ශය යි. ඒ ස්පර්ශය විඳීමට ආසන්න කාරණය යි.

ඉෂ්ට - අනිෂ්ට අරමුණු භුක්ති විඳීමේ ලක්ෂණය විඳීම යි. ඒ විඳීම තෘෂ්ණාවට ආසන්න කාරණය යි.

සිත ඇදී ගිය අරමුණට බැසගැනීමේ ලක්ෂණය තෘෂ්ණාව යි. ඒ තෘෂ්ණාව දැඩි ග්‍රහණයට ආසන්න කාරණය යි.

සසර පැවැත්ම ඉදිරියට පමුණුවාලීම ග්‍රහණයට හසුවීම හෙවත් උපාදානය යි. ඒ උපාදානය විපාක පිණිස කර්ම සකස් වීම හෙවත් භවයට ආසන්න කාරණය යි.

නාමකය - රූපකය උපදවන ලක්ෂණය භවය යි. ඒ භවය ඉපදීමට ආසන්න කාරණය යි.

ස්කන්ධයන්ගේ පහළ වීමේ ලක්ෂණය ඉපදීම යි. ඒ ඉපදීම ජරාවට ආසන්න කාරණය යි.

ශරීරය මෝරා යෑමේ ලක්ෂණය ජරාව යි. ඒ ජරාව මරණයට ආසන්න කාරණය යි.

ජීවිතින්ද්‍රිය සිඳී යාමේ ලක්ෂණය මරණය යි. ඒ මරණය ශෝකයට ආසන්න කාරණය යි.

ශෝකය සිත් තැවුල් බලවත් කරයි. එය හඬා වැළපීමට ආසන්න කාරණය යි.

වැළපීම බොහෝ නන් දෙඩවිලි ඇතිකරයි. එය දුකට ආසන්න කාරණය යි.

දුක කයට පීඩාව ඇතිකරයි. එය මානසික දුකට ආසන්න කාරණය යි.

සිත පීඩාවට පත්වීම මානසික දුක යි. එය සුසුම් හෙළී වෙහෙසීමට ආසන්න කාරණය යි.

සුසුම් හෙලමින් දැඩිව වෙහෙසීම තුළින් එහි ම සිත පිහිටුවීම ඇතිකරයි. එය භවයට ආසන්න කාරණය යි.

යම් කලෙක මේ භවයට අයත් අංගයෝ එකට එකතු වෙත් ද, උපදිත් ද, තිබෙත් ද, එය භවය යි. එය සංසාරයට ආසන්න කාරණය යි.

සසර දුකින් නිදහස් කරදෙන ලක්ෂණය මාර්ගය යි. එය දුක් උපදවන හේතූන් නිරුද්ධ වීමට ආසන්න කාරණය යි.

නිවන් මග ඉගෙන ගත හැකි බහුශ්‍රැතයෙකු ඇසුරු කරන බව ධර්මයෙහි හැසිරීමෙන් උපදින ප්‍රීතියට ආසන්න කාරණය යි.

ධර්මයේ හැසිරීමෙන් ප්‍රීතිය උපදින බව සිව්පසයෙහි පමණ දැනීමට ආසන්න කාරණය යි.

සිව්පසයෙහි පමණ දන්නා බව වීර්යය උපදනා අංගයෝ තමන් තුළ ඇති බව දැනීමට ආසන්න කාරණය යි.

වීර්යය උපදනා පංච පධානීය අංගයෝ තමන් තුළ ඇති බව දැනීම පෙර ආත්මයන්හි කරන ලද පින් ඇති බවට ආසන්න කාරණය යි.

පෙර ආත්මයන්හි කරන ලද පින් ඇති බව ආර්ය ධර්මය මුණගැසෙන පෙදෙසක වාසය කිරීමට ඇති ආසන්න කාරණය යි.

ආර්ය ධර්මය මුණගැසෙන පෙදෙසක වාසය කිරීම සත්පුරුෂයන්ගේ ඇසුරට ඇති ආසන්න කාරණය යි.

සත්පුරුෂයන්ගේ ඇසුර තමාව නිවැරදි ඉලක්කයට පිහිටුවා ගැනීමට ඇති ආසන්න කාරණය යි.

තමාව නිවැරදි ඉලක්කයට පිහිටුවා ගැනීම සීලයට ඇති ආසන්න කාරණය යි.

සීලය විපිළිසර නොවීමට ඇති ආසන්න කාරණය යි.

විපිළිසර නොවීම ප්‍රමුදිත බවට ඇති ආසන්න කාරණය යි.

ප්‍රමුදිත බව ප්‍රීතියට ආසන්න කාරණය යි.

ප්‍රීතිය සැහැල්ලු බවට ආසන්න කාරණය යි.

සැහැල්ලු බව සැපයට ආසන්න කාරණය යි.

සැපය සමාධියට ආසන්න කාරණය යි.

සමාධිය සත්‍ය ස්වභාවය ඒ අයුරින් දැකීම හෙවත් යථාභූත ඥානදර්ශනයට ඇති ආසන්න කාරණය යි.

යථාභූත ඥානදර්ශනය අවබෝධයෙන් ම එපාවීමට ඇති ආසන්න කාරණය යි.

අවබෝධයෙන් ම උපාවීම විරාගයට ඇති ආසන්න කාරණය යි.

රාගය නැතිවීම දුක් උපදවන හේතුන්ගෙන් නිදහස් වීමට ඇති ආසන්න කාරණය යි.

දුක් උපදවන හේතුන්ගෙන් නිදහස් වීම විමුක්තිය යි. දුක් උපදවන හේතුන්ගෙන් නිදහස් වීමෙන් විමුක්තිය ලැබූ බව විමුක්ති ඥානදර්ශනයට ආසන්න කාරණයයි.

මෙසේ යම්කිසි ආශ්‍රයයක්, යම්කිසි උපකාරයක් ඇද්ද, ඒ සියල්ල දුකින් නිදහස් වීමට ආසන්න කාරණය යි.

එනිසාවෙන් ආයුෂ්මත් මහාකච්චායන තෙරණුවෝ 'සියල්ල දිනූ මුනිඳාණෝ දහම් දෙසන සේක.....' යනාදී ගාථාවෙන් පදට්ඨාන හාරය වදාළහ.

නියුත්තෝ පදට්ඨානහාරෝ
(පදට්ඨානහාරය යොදන ලදී.)

3.1.5. ලක්ඛණ හාර විභංගෝ
(ධර්මය වෙතට ගෙන යාමේ ලක්ෂණ බෙදා දැක්වීමයි)

එහිදී ධර්මය කරා රැගෙන යාමේ ලක්ඛණ හාරය යනු කුමක් ද? 'එක් ධර්මයක් වදාළ කල්හී.....' යනාදී වශයෙන් වදාළ ගාථාව යි. මෙය ලක්ඛණ හාරය යි.

කුමක් ලකුණු කරයි ද? එක් ලක්ෂණයෙන් යුත් යම් ධර්මයෝ වෙත් ද, ඒ ධර්මයන් අතුරෙන් එක් ධර්මයක් වදාළ කල්හී ඉතිරි ධර්මයෝ ත් කියන ලද්දාහු වෙති. ඒ කෙසේ ද යත්; භාග්‍යවතුන් වහන්සේ යම් පරිදි වදාළ සේක් ද;

"මහණෙනි, ඇස යනු එක් අරමුණක නොපිහිටා ඇති දෙයකි (**අනවට්ඨිතං**). වහා නැසෙන දෙයකි (**ඉත්තරං**). ඉතා සුළු

කලක් පවතින දෙයකි (**පරිත්තං**). වහා බිඳී යන දෙයකි (**පභංගු**). අනුන්ගේ යැයි සැළකිය යුතු දෙයකි (**පරතෝ**). දුකකි (**දුක්ඛං**). ව්‍යසනයකි (**බ්‍යසනං**). සෙලවෙන දෙයකි (**චලං**). **උණුඅළු** වැනි දෙයකි (**කුක්කුලං**). හේතුප්‍රත්‍යයන්ගෙන් සකස් වූ දෙයකි (**සංඛාරං**). සතුරන් මැද වධකයෙකු බඳු දෙයකි (**වධකං අමිත්ත මජ්ඣෙ**)" යනුවෙනි.

මේ දෙසුමේ ඇස ගැන වදාළ කල්හී ඉතුරු ආධ්‍යාත්මික ආයතනයෝ ත් වදාරණ ලද්දාහු වෙති. කවර කරුණක් නිසා ද යත්; මුළු ආධ්‍යාත්මික ආයතන සය ම තමාව වනසන වධකයෙකු සේ අර්ථයෙන් එක් ලක්ෂණයෙන් යුක්ත නිසා ය.

භාග්‍යවතුන් වහන්සේ මෙසේ ත් වදාළ සේක;

"රාධයෙනි, ගෙවී ගිය අතීතයට අයත් රූපය ගැන අපේක්ෂා රහිත වෙන්න. හටනොගත් අනාගත රූපය සතුටින් පිළිගැනීම නොකරන්න. දැන් පවතින රූපය කෙරෙහි අවබෝධයෙන් ම එපාවීම පිණිස, විරාගය පිණිස, ඇල්ම නිරුද්ධ කරගැනීම පිණිස, එහි ආශාව අත්හැරීම පිණිස, ඇල්ම දුරු කිරීම පිණිස පිළිපදින්න."

මෙසේ රූප ස්කන්ධය ගැන වදාළ කල්හී ඉතිරි වේදනාදී ස්කන්ධයෝ වදාරණ ලද්දාහු වෙති. කවර කරුණක් නිසා ද යත්; යමකෝවාද සූත්‍ර දේශනාවේදී සියළු පංච ස්කන්ධයෝ ම තමා ව වනසන වධකයෙකුගේ අර්ථයෙන් එක් ලක්ෂණයෙන් යුක්ත කොට වදාළ නිසා ය.

යම් පරිදි භාග්‍යවතුන් වහන්සේ වදාළ සේක් ද;

"යේසං ච සුසමාරද්ධා
නිච්චං කායගතාසති
අකිච්චං තේ න සේවන්ති
කිච්චේ සාතච්චකාරිනෝ'ති"

(ධම්ම පදය - පකිණ්ණක වර්ගය)

"යම් කෙනෙකුන් විසින් කය අනුව පවත්වන සිහිය නිරතුරුව ඉතා මැනැවින් පටන්ගන්නා ලද්දේ ද, කළයුතු දේ නිතරම කරමින් සිටින ඔවුහු නොකළ යුතු දේ සේවනය නොකරති."

මෙසේ කය අනුව පවත්වන ලද සිහිය ගැන වදාළ කල්හී විඳීම් අනුව පවත්වන සිහිය ගැනත්, සිත අනුව පවත්වන සිහිය ගැනත්, ධර්මයන් අනුව පවත්වන සිහිය ගැනත් වදාරණ ලද්දාහු වෙති.

එසෙයින් ම 'දකින ලද හෝ යමක් ඇද්ද, අසන ලද හෝ යමක් ඇද්ද, ආඝ්‍රාණය කරන ලද - රස විඳින ලද - පහස ලබන ද හෝ යමක් ඇද්ද, හෝ' වශයෙන් වදාළ කල්හී 'සිතින් දැනගන්නා ලද යමක් ඇද්ද' යන්නත් වදාරණ ලද්දේ වෙයි.

යම් පරිදි භාග්‍යවතුන් වහන්සේ වදාළ සේක් ද;

"එහෙයින් ඔබ භික්ෂුව..... කය පිළිබඳව කායික ස්වභාවයන් දකින සුළුව, කෙලෙස් තවන වීරිය ඇතිව, නුවණ ඇතිව, සිහි ඇතිව, ලෝකය ගැන ඇති ඇලීම් ගැටීම් දුරු කරමින් වාසය කරව" යනුවෙනි.

'කෙලෙස් තවන වීර්යය ඇතිව' යනු විරිය ඉන්ද්‍රිය යි. **'නුවණින් යුතුව'** යනු ප්‍රඥා ඉන්ද්‍රිය යි. **'සිහි ඇතිව'** යනු සති ඉන්ද්‍රිය යි. **'ලෝකයෙහි ඇලීම් ගැටීම් දුරුකොට'** යනු සමාධි ඉන්ද්‍රිය යි.

මෙසේ කය පිළිබඳ ව කායික ස්වභාවයන් දක්නා සුළු ව වාසය කරන විට භාවනාව තුළින් සතර සතිපට්ඨානයෝ සම්පූර්ණ වී යති. ඒ මක් නිසාද යත්; වීර්යය, සතිය, සමාධිය, ප්‍රඥාව යන ඉන්ද්‍රියයන් සතර තුළ ම සමාන ලක්ෂණ ඇති නිසාය.

සතර සතිපට්ඨාන වැඩෙන කල්හී භාවනාව තුළින් සතර සම්‍යක් ප්‍රධානයෝ සම්පූර්ණ වී යති. සතර සම්‍යක් ප්‍රධානයන් වැඩෙන කල්හී භාවනාව තුළින් සතර ඉර්ධිපාදයෝ සම්පූර්ණ

වී යති. සතර ඉර්ධිපාදයන් වැඩෙන කල්හී භාවනාව තුළින් පංච ඉන්ද්‍රියයෝ සම්පූර්ණ වී යති. පංච ඉන්ද්‍රියයන් වැඩෙන කල්හී භාවනාව තුළින් පංච බලයෝ සම්පූර්ණ වී යති. පංච බලයන් වැඩෙන කල්හී භාවනාව තුළින් සප්ත බොජ්ඣංගයෝ සම්පූර්ණ වී යති. සප්ත බොජ්ඣංගයන් වැඩෙන කල්හී භාවනාව තුළින් ආර්ය අෂ්ටාංගික මාර්ගය සම්පූර්ණ වී යයි. චතුරාර්ය සත්‍යාවබෝධයට අදාළ සියළු බොජ්ඣංග ධර්මයෝ භාවනාව තුළින් සම්පූර්ණ වී යති. ඒ කවර කරුණක් නිසා ද යත්; චතුරාර්ය සත්‍යාවබෝධයට අදාළ සියළු බෝධිපාක්ෂික ධර්මයෝ ම සසර දුකින් නිදහස් කරවන ලක්ෂණයෙන් සමාන ලක්ෂණය ඇත්තාහු වෙති. ඒ ධර්මයෝ සමාන ලක්ෂණ ඇති හෙයින් භාවනාව තුළින් සම්පූර්ණ වී යති.

මෙසේ අකුසල් දහම් ද සමාන ලක්ෂණ ඇති හෙයින් ප්‍රහාණයේ දී සියල්ල නැසීමට යයි. සතර සතිපට්ඨානයන් වැඩෙන කල්හී අසුභයේ සුභ සංඥා විපරීතය ත්, දුකෙහි සැප සංඥා විපරීතය ත්, අනිත්‍යයෙහි නිත්‍ය සංඥා විපරීතය ත්, අනාත්මයෙහි ආත්ම සංඥා විපරීතය ත් යන සංඥා විපල්ලාසයෝ නැසී යති.

එමෙන් ම ඔහු තුළ කබලිංකාර ආහාර, ඵස්ස ආහාර, විඤ්ඤාණ ආහාර, මනෝසංචේතනා ආහාර යන සතර ආහාරයෝ සම්පූර්ණයෙන් අවබෝධයට පත්වෙති.

එමෙන් ම කාමයට ග්‍රහණය වීම, දෘෂ්ටීන්ට ග්‍රහණය වීම, සීලව්‍රතයන්ට ග්‍රහණය වීම, ආත්මවාදයන්ට ග්‍රහණය වීම යන සතර උපාදානයන්ගේ ග්‍රහණයෙන් නිදහස් වෙයි.

එමෙන් ම කාමයට යොදවන ස්වභාවය, භවයට යොදවන ස්වභාවය, දෘෂ්ටීන්ට යොදවන ස්වභාවය, අවිද්‍යාවට යොදවන ස්වභාවය යන සතර යෝගයන්ගෙන් වෙන් වී යයි.

කෙලෙස් ගැටගැසීම් වලින් තොර වෙයි. කාමාශ්‍රව - භවාශ්‍රව - අවිද්‍යාශ්‍රව යන ආශ්‍රවයන්ගෙන් නිදහස් වෙයි. ආශ්‍රව

රහිත බවට පත්වෙයි. සියළු කෙලෙස් සැඩ පහරින් එතෙර වූයේ වෙයි. තමා තුළ ඇණී තිබූ සියළු කෙලෙස් හුල් වලින් නිදහස් වී කෙලෙස් හුල් රහිත බවට පත්වෙයි. එමෙන් ම ඔහු තුළ විඤ්ඤාණය පිහිටන තැන් පිළිබඳ ව සම්පූර්ණයෙන් අවබෝධයකට පත්වෙයි. ඡන්ද - දෝස - භය - මෝහ යන අගතියට පත්වන කරුණු වලින් අගතියට නොයයි. මෙසේ සමාන ලක්ෂණ ඇති අකුසල ධර්මයෝ ප්‍රහාණයට, නැසීමට යති.

තව ද යම් සූත්‍රයක දී රූප ඉන්ද්‍රිය ගැන වදාරණ ලද්දේ ද, එකල්හී රූප ධාතු - රූප ස්කන්ධය - රූප ආයතන ත් දෙසන ලද්දාහු වෙති.

එමෙන් ම යම් සූත්‍රයක දී සැප විඳීම ගැන වදාරණ ලද්දේ ද, එකල්හී සැප ඉන්ද්‍රිය - සොම්නස් ඉන්ද්‍රිය - දුක් උපදවන හේතුව ගැන කියවෙන දුක්ඛ සමුදය ආර්ය සත්‍යය දෙසන ලද්දාහු වෙති.

එමෙන්ම යම් සූත්‍රයකදී දුක් විඳීම ගැන වදාරණ ලද්දේ ද, එකල්හී දුක්ඛ ඉන්ද්‍රිය - දොම්නස් ඉන්ද්‍රිය - දුක නම් වූ ආර්ය සත්‍යය ගැන දෙසන ලද්දාහු වෙති.

එමෙන් ම යම් සූත්‍රයක දී දුක් සැප රහිත විඳීම ගැන වදාරණ ලද්දේ ද, එහි උපේක්ෂා ඉන්ද්‍රිය ත් - සියළු පටිච්ච සමුප්පාදය ත් දෙසන ලද්දාහු ය. ඒ මක් නිසාද යත්; දුක් සැප රහිත විඳීමක දී අවිද්‍යාව අප්‍රකටව තිබෙන නිසා ය.

අවිද්‍යාව හේතුවෙන් සංස්කාරයෝ හටගනිති. සංස්කාර හේතුවෙන් විඤ්ඤාණය හටගනියි. විඤ්ඤාණය හේතුවෙන් නාමරූප හටගනියි. නාමරූප හේතුවෙන් ආයතන හය හටගනියි. ආයතන හය හේතුවෙන් ස්පර්ශය හටගනියි. ස්පර්ශය හේතුවෙන් විඳීම හටගනියි. විඳීම හේතුවෙන් තණ්හාව හටගනියි. තණ්හාව හේතුවෙන් උපාදානය හටගනියි. උපාදානය හේතුවෙන් භවය හටගනියි. භවය හේතුවෙන් උපදියි. ඉපදීම හේතුවෙන් ජරා, මරණ, ශෝක, වැළපීම්, දුක්, දොම්නස්, සුසුම් හෙළීම් හටගනියි. මෙසේ මුළුමහත් දුක්ඛස්කන්ධයේ ම හටගැනීම වෙයි. ඒ පටිච්ච

සමුප්පාදයෙහි සකස් වීම රාග සහිත ය. ද්වේෂ සහිත ය. මෝහ සහිත ය. සත්වයාගේ කිලිටි වීම පැත්තෙන් පැමිණවිය යුත්තේ ය. රාගය දුරුවීම, ද්වේෂය දුරුවීම, මෝහය දුරුවීම පැමිණවිය යුත්තේ ආර්ය ධර්මය තුළින් ය.

මෙසේ කළ යුතු දේ වශයෙනුත්, ස්වභාව ලක්ෂණ වශයෙනුත්, සමාන ලක්ෂණ වශයෙනුත්, නැසී - ඉපදීම් වශයෙනුත් එක් ලක්ෂණයෙන් යුතු යම් ධර්මයෝ වෙත් ද, ඒ ධර්මයන් පිළිබඳ ව එක් ධර්මයක් වදාළ විට ඉතුරු ධර්මයෝ දෙසන ලද්දාහු ය.

එනිසා ආයුෂ්මත් මහා කච්චාන තෙරණුවෝ 'එක් ධර්මයක් වදාළ කල්හී....' යනාදී ගාථාව වදාළහ.

නියුත්තෝ ලක්ඛණ හාරෝ
(ලක්ඛණ හාරය යොදන ලදී.)

3.1.6. චතුබ්‍යූහ හාර විභංගෝ
(ධර්මය වෙතට ගෙන යාමේ සතර ලක්ෂණයන් බෙදා දැක්වීමයි)

එහිදී 'චතුබ්‍යූහ හාර' යනු කුමක් ද? මෙය 'නිරුක්ති, අභිප්‍රාය....' ආදී වශයෙන් වදාළ ගාථාව යි.

එනම් ව්‍යඤ්ජනයන් මුල්කරගෙන සූත්‍ර දේශනාව විග්‍රහ කිරීම හෙවත් නිරුක්තිය ද, එම දේශනාව තුළින් අදහස් කරන ලද දේ ද, දේශනාවට පසුබිම් වූ කරුණු ද, පූර්වාපර සන්ධි ගැළපීම ද සෙවිය යුත්තාහ.

එහි නිරුක්තිය යනු කුමක් ද? පදයන් හා බැඳී ඇති යම් නිරුක්තියක් ඇද්ද, එය යි. අවබෝධ කළ යුතු යම් ධර්මයන් පිළිබඳව නම් වශයෙන් ගත් දැනීම යි.

යම් කලෙක භික්ෂුව අර්ථයෙහි නම දනියි ද, ධර්මයෙහි

නම දනියි ද, ඒ ඒ අයුරින් ධර්මය ව්‍යවහාරයට නංවයි; හෙවත් පැහැදිලි කරදෙයි. මෙබඳු භික්ෂුව අර්ථයෙහි දක්ෂ (**අත්ථකුසල**) යැයි ද, ධර්මයෙහි දක්ෂ (**ධම්මකුසල**) යැයි ද, ව්‍යඤ්ජනයෙහි දක්ෂ (**ව්‍යඤ්ජනකුසල**) යැයි ද, ධර්ම විග්‍රහයෙහි දක්ෂ (**නිරුත්තිකුසල**) යැයි ද, පූර්වාපරය ගැලපීමෙහි දක්ෂ (**පුබ්බාපරකුසල**) යැයි ද, දේශනාවෙහි දක්ෂ (**දේසනාකුසල**) යැයි ද, අතීතය අරභයා ඇති පැණවීම්වල දක්ෂ (**අතීත අධිවචනකුසල**) යැයි ද, අනාගතය අරභයා පැණවීම්වල දක්ෂ (**අනාගත අධිවචන කුසල**) යැයි ද, වර්තමානයෙහි පැණවීම්වල දක්ෂ (**පච්චුප්පන්න අධිවචනකුසල**) යැයි ද, ස්ත්‍රී ලිංග වචන පැණවීමෙහි දක්ෂ (**ඉත්ථාධිවචනකුසල**) යැයි ද, පුරුෂ ලිංග වචන පැණවීමෙහි දක්ෂ (**පුරිසාධිවචනකුසල**) යැයි ද, නපුංසක ලිංග වචන පැණවීමෙහි දක්ෂ (**නපුංසකාධිවචන කුසල**) යැයි ද, ඒක වචනයෙහි දක්ෂ (**ඒකාධිවචන කුසල**) යැයි ද, නොයෙක් වචනයෙහි දක්ෂ (**අනේකාධිවචන කුසල**) යැයි ද කියනු ලැබෙයි. මෙසේ ජනයා අතර ව්‍යවහාර වන සියළු නිරුක්තීන් ද, සියළු ව්‍යවහාරයන් ද කිව යුත්තාහ. මෙය නිරුත්තිපද සංහිතාවයි.

එහි අදහස් කරන ලද දෙය කුමක් ද?

"ධම්මො හවේ රක්ඛති ධම්මචාරිං
ඡත්තං මහන්තං යථා වස්සකාලේ
ඒසානිසංසො ධම්මේ සුචිණ්ණේ
න දුග්ගතිං ගච්ඡති ධම්මචාරී'ති"

(ථේර ගාථා පාළි - ධම්මිකත්ථේර ගාථා)

"ධර්මය ඒකාන්තයෙන් ම ධර්මයෙහි හැසිරෙන්නා ව රකියි. මහත් වර්ෂාවක් ඇති කල්හී ලොකු කුඩය එය දරා සිටින්නා ව රකින්නේ යම් සේ ද, එසේ ම ය. මැනැවින් පුරුදු කළ ධර්මයෙහි අනුසස් මෙය යි. ධර්මයෙහි හැසිරෙන කෙනා සතර අපාය ආදී දුගතියෙහි නොයයි."

මේ දෙසුමෙහි දී භාග්‍යවතුන් වහන්සේගේ අදහස කුමක් ද? යම් කෙනෙක් සතර අපායෙන් මිදෙනු කැමති වන්නාහු ද,

ඔවුහු ධර්මයෙහි හැසිරෙන්නෝ වන්නාහ යන්න යි. මෙහිලා භාග්‍යවතුන් වහන්සේගේ අදහස මෙය යි.

"චෝරෝ යථා සන්ධිමුඛේ ගහීතෝ
සකම්මුනා හඤ්ඤතේ බජ්ඣතේ ච
ඒවං අයං පෙච්ච පජා පරත්ථ
සකම්මුනා හඤ්ඤතේ බජ්ඣතේ චා'ති"

(මජ්ඣිම නිකාය - රට්ඨපාල සූත්‍රය)

"යම් සේ ගෙවල් අතර සන්ධියේදී අල්ලා ගන්නා ලද සොරෙක් තමන්ගේ සොරකම් හේතුවෙන් නැසීම් - බැඳීම් ආදියට ලක්වෙයි ද, එසෙයින් ම මේ සත්ව ප්‍රජාව මරණින් මතු පරලොව දී තමන්ගේ පව්කම් හේතුවෙන් නැසීම් - බැඳීම් ආදියට ලක්වෙයි."

මේ දෙසුමෙහි දී භාග්‍යවතුන් වහන්සේගේ අදහස කුමක් ද? චේතනාත්මක ව කරන ලද, රැස් කරන ලද දුක් වේදනා උපදවන කර්මයන්ගේ අනිෂ්ට වූ, අමිහිරි වූ විපාක විඳින්නට සිදුවන්නේ ය යන්න යි. මෙහිලා භාග්‍යවතුන් වහන්සේගේ අදහස මෙය යි.

"සුඛ කාමානි භූතානි
යෝ දණ්ඩේන විහිංසති
අත්තනෝ සුඛමේසානෝ
පෙච්ච සෝ න ලභතේ සුඛ'න්ති"

(උදාන පාළි - දණ්ඩ සූත්‍රය)

"සත්වයෝ සැපයට කැමැත්තෝ ය. යමෙක් එබඳු සත්වයන්ට දඬුවමින් හිංසා කරයි ද, තමාගේ සැප සොයන ඒ හිංසාකාරී පුද්ගලයා පරලොව ගොස් සැපයක් නොලබයි."

මේ දෙසුමෙහි දී භාග්‍යවතුන් වහන්සේගේ අදහස කුමක් ද? යම් කෙනෙක් සැපයෙන් ප්‍රයෝජන ඇත්තාහු වෙත් ද, ඔවුහු පව්කම් නොකරන්නාහු ය. මෙහිලා භාග්‍යවතුන් වහන්සේගේ අදහස මෙය යි.

"මිද්ධී යදා හෝති මහග්ඝසෝ ච
නිද්දායිතා සම්පරිවත්තසායී
මහාවරාහෝ ච නිවාප පුට්ඨෝ
පුනප්පුනං ගබ්භමුපේති මන්දෝ'ති"

(ධම්ම පදය - නාග වර්ගය)

"යම් කලෙක නිදිමතින් පීඩිතව සිටිමින්, බොහෝ කොට අනුභව කරන්නේත් වෙයි ද, හැමවිට ම නිදාවැටෙන සුළු වූයේ, ඒ මේ අත පෙරලෙමින් නිදන්නේ ත් වෙයි ද, ඌරු කොටුවක ඌරු කෑම කා තරවූ මහා ඌරෙකු සෙයින් අඥාන පුද්ගලයා නැවත නැවතත් මව්කුසක් වෙත යයි."

මේ දෙසුමෙහි දී භාග්‍යවතුන් වහන්සේගේ අදහස වූයේ කුමක් ද? 'යම් කෙනෙක් ජරාවෙන්, මරණයෙන් දුකට පත්වන්නාහු ද, ඔවුහු පමණ දැන ආහාර වැළඳීමෙන් යුක්තව, ඉඳුරන්හි වසාගත් දොරටු ඇතිව, රෑ පෙරයාමයෙහි ත් - පසුයාමයෙහි ත් නිදිවැරීමෙන් යුක්තව වීර්යයෙන් කුසල්දහම්හි විදර්ශනා වඩමින් ස්ථවිර - නවක - මධ්‍යම වූ සබ්‍රහ්මචාරීන් වහන්සේලා කෙරෙහි ගෞරවයෙන් යුක්තව වසන්නාහ' යනුවෙනි. මෙහිලා භාග්‍යවතුන් වහන්සේගේ අදහස වූයේ මෙය යි.

"අප්පමාදෝ අමතපදං
පමාදෝ මච්චුනෝ පදං
අප්පමත්තා න මීයන්ති
යේ පමත්තා යථා මතා'ති"

(ධම්මපදය - අප්පමාද වර්ගය)

"කුසල ධර්මයන්හී අප්‍රමාදීව කටයුතු කිරීම නිවන සාක්ෂාත් කිරීමට කාරණය වෙයි. ධර්ම මාර්ගයෙන් බාහිර කටයුතුවල නියැලී සිටීම නැවත නැවත මැරි මැරී යාමට කාරණය වෙයි. නිවන් මගෙහි අප්‍රමාදී වූවෝ නිවන සාක්ෂාත් කොට ඉපදීමෙන් නිදහස් වන හෙයින් නොමැරෙති. බාහිර කටයුතුවල නියැලෙමින් ප්‍රමාදී වූවෝ මැරී ගිය උදවිය බඳු වෙති."

මේ දෙසුමෙහි දී භාග්‍යවතුන් වහන්සේගේ අදහස වූයේ කුමක් ද? යම් කෙනෙක් නිවන සෙවීම කැමති වන්නාහු ද, ඔවුහු අප්‍රමාදී වන්නාහ යනුවෙනි. මෙහිලා භාග්‍යවතුන් වහන්සේගේ අදහස වූයේ මෙය යි. මෙය දේශනාවේ අභිප්‍රාය යි.

දහම් දෙසුමක දී පසුබිම් වන කාරණය කුමක් ද? යම් පරිදි ඒ ධනිය ගොපලු තෙමේ භාග්‍යවතුන් වහන්සේට පැවසුවේද;

"නන්දති පුත්තේහි පුත්තිමා
ගෝමිකෝ ගෝහි තථේව නන්දති
උපධීහි නරස්ස නන්දනා
නහි සෝ නන්දති යෝ නිරූපධී'ති"

(සුත්ත නිපාතය - ධනිය සූත්‍රය)

"දරුවන් ඇති තැනැත්තා දරුවන් නිසා සතුටු වෙයි. ගවයන් ඇති තැනැත්තා එසෙයින් ම ගවයන් නිසා සතුටු වෙයි. පංච කාම කෙලෙස් උපධීන් මිනිසාට සතුට ගෙන දෙයි. යමෙක් පංච කාම උපධීන් නැතුව සිටියි ද, ඔහු සතුටට පත් නොවෙයි."

භාග්‍යවතුන් වහන්සේ පිළිතුරු වශයෙන් මෙසේ වදාළ සේක.

"සෝචති පුත්තේහි පුත්තිමා
ගෝමිකෝ ගෝහි තථේව සෝචති
උපධීහි නරස්ස සෝචනා
නහි සෝ සෝචති යෝ නිරූපධී'ති"

(සුත්ත නිපාතය - ධනිය සූත්‍රය)

"දරුවන් ඇති තැනැත්තා දරුවන් නිසා ශෝක කරයි. ගවයන් ඇති තැනැත්තා එසෙයින් ම ගවයන් නිසා ශෝක කරයි. පංච කාම කෙලෙස් උපධීන් මිනිසාට ශෝකය ගෙන දෙයි. යමෙක් පංච කාම උපධීන් නැතුව සිටියි ද, ඔහු ශෝක නොකරයි."

මේ කාරණයෙහි පසුබිම්ව ඇති දෙය මෙසේ වැටහෙයි.

මේ දෙසුමෙහි දී භාග්‍යවතුන් වහන්සේ බාහිර කාම වස්තූන්ට අයත් දේ 'උපධි' වශයෙන් වදාළ බවයි.

යම් පරිදි පවිටු මාර තෙමේ ගිජුකුළු පව්වෙන් මහත් වූ ගලක් භාග්‍යවතුන් වහන්සේ වෙත පෙරළුවේ ය. එයට භාග්‍යවතුන් වහන්සේ මෙසේ වදාළ සේක.

"සචේපි කේවලං සබ්බං
ගිජ්ඣකූටං චලෙස්සසි
නේව සම්මා විමුත්තානං
බුද්ධානං අත්ථි ඉඤ්ජිත'න්ති"

(සංයුත්ත නිකාය - මාර සංයුත්තය - පාසාණ සූත්‍රය)

"ඉදින් මුළුමහත් ගිජ්ඣකූට පර්වතයම සොළවන්නේ නමුත් සියළු කෙලෙසුන්ගෙන් මැනැවින් මිදුණු බුදුවරයන් වහන්සේලාට කම්පාවක් නැත්තේ ම ය."

"නභං චලෙය්‍ය පඨවී චලෙය්‍ය
සබ්බේව පාණා උදසන්තසෙය්‍යුං
සල්ලම්පි චේ උරසි පකම්පයෙය්‍යුං
උපධීසු තාණං න කරොන්ති බුද්ධා'ති"

(සංයුත්ත නිකාය - මාර සංයුත්තය - සප්ප සූත්‍රය)

"අහස පැලී ගියත්, පොළොව සැලී ගියත්, අහස පොළොව වැසී සියළු ප්‍රාණීහු තැතිගත්තත්, ඉදින් හදවතට හුලකින් පහර දෙන්නේ නමුත් බුදුවරු උපධීන් තුළ ජීවිත ආරක්ෂාව නොකරති."

මේ කාරණයට පසුබිම්ව ඇති දෙය මෙසේ වැටහෙයි. මේ දෙසුමෙහි දී භාග්‍යවතුන් වහන්සේ ශරීරය උපධි වශයෙන් වශයෙන් වදාළ බවයි.

යම් පරිදි භාග්‍යවතුන් වහන්සේ වදාළ සේක් ද;

"න තං දළ්හං බන්ධනමාහු ධීරා
යදායසං දාරුජං බබ්බජඤ්ච

සාරත්ත රත්තා මණිකුණ්ඩලේසු
පුත්තේසු දාරේසු ච යා අපෙක්ඛා'ති"

(සංයුත්ත නිකාය - කෝසල සංයුත්තය - බන්ධන සූත්‍රය)

"යම් කලෙක යකඩ දම්වැලෙන් හෝ දූව දඬුවෙන් හෝ බුබුස් තණ වලින් කළ කඹයෙන් හෝ සිරකොට කළ බන්ධනයක් ඇද්ද, එය දරුණු බන්ධනයක් යැයි නුවණැත්තෝ නොකීහ. මිණිමුතු අබරණ කෙරෙහි ද, දරුවන් කෙරෙහි ද, අඹුවන් කෙරෙහි ද රාගයෙන් බැඳී ගිය යම් අපේක්ෂාවක් ඇද්ද, මෙය ම දරුණු බන්ධනයකි."

මේ කාරණයට පසුබිම් ව ඇති දෙය මෙසේ වැටහෙයි. මේ දෙසුමේ දී භාග්‍යවතුන් වහන්සේ බාහිර උපභෝග - පරිභෝග වස්තු කෙරෙහි ඇති ආශාව බන්ධනයක් වශයෙන් වදාළ බව යි.

මෙසේත් වදාළ සේක;

"ඒතං දළ්හං බන්ධනමාහු ධීරා
ඕහාරිනං සිථිලං දුප්පමුඤ්චං
ඒතම්පි ඡෙත්වාන පරිබ්බජන්ති
අනපෙක්ඛිනෝ කාමසුඛං පහායා'ති"

(සංයුත්ත නිකාය - කෝසල සංයුත්තය - බන්ධන සූත්‍රය)

"උපභෝග - පරිභෝග කාමවස්තු පිළිබඳ ව රාගයෙන් ඇලී ගිය අපේක්ෂාව අපායට ඇද දමන, සියුම් වූ, මිදීමට දුෂ්කර වූ, දරුණු බන්ධනයකැයි නුවණැත්තෝ කීහ. කාමවස්තු කෙරෙහි අපේක්ෂා නැති අය මේ බන්ධනය සිඳ දමා කම්සැප අත්හැර පැවිදි වෙති."

මේ කාරණයට පසුබිම් ව ඇති දෙය මෙසේ වැටහෙයි. මේ දෙසුමේ දී භාග්‍යවතුන් වහන්සේ බාහිර උපභෝග - පරිභෝග වස්තු කෙරෙහි ඇති ආශාව දුරු කිරීම ගැන වදාළ බව යි.

මෙසේ ත් වදාළ සේක;

"ආතුරං අසුචිං පූතිං
දුග්ගන්ධං දේහ නිස්සිතං
පග්ඝරන්තං දිවා රත්තිං
බාලානං අභිනන්දිත'න්ති"

(ථේර ගාථා - කුල්ලත්ථේර ගාථා)

"රෝගී බවින් මැඩුණු, අපිරිසිදු, කුණු වූ, දුර්ගන්ධය ඇති ශරීරය ඇසුරු කොට දිවා රාත්‍රී වැගිරෙන්නා වූ අශුචි ඇති මේ කය අඥාන බාලයන් හට සතුටින් පිළිගැනීම ඇතිකරයි."

මේ කාරණයට පසුබිම්ව ඇති දෙය මෙසේ වැටහෙයි. මේ දෙසුමෙහිලා භාග්‍යවතුන් වහන්සේ ආධ්‍යාත්ම වස්තු කය හෙවත් තමා කෙරෙහි ඇති තණ්හාව දුරු කිරීම ගැන වදාළ බවයි.

මෙසේ ත් වදාළ සේක;

"උච්ඡින්ද සිනේහමත්තනෝ
කුමුදං සාරදිකං ව පාණිනා
සන්තිමග්ගමේව බ්‍රෑහය
නිබ්බානං සුගතේන දේසිත'න්ති"

(ධම්ම පදය - මග්ග වර්ගය)

"පායන කාලයෙහි හටගත් කුමුදු මලක් සිය අතින් කඩා දමන සෙයින් තමා ගැන ඇති තෘෂ්ණාව සිඳ දමන්න. කෙලෙස් සංසිඳීම ඇති කරවන ආර්ය අෂ්ටාංගික මාර්ගය ම වඩන්න. සුගතයන් වහන්සේ විසින් කෙලෙස් සංසිඳීම නිවන බව දෙසන ලද්දේ ය."

මේ කාරණයට පසුබිම් ව ඇති දෙය මෙසේ වැටහෙයි. භාග්‍යවතුන් වහන්සේ අධ්‍යාත්මික වස්තු කය හෙවත් තමා කෙරෙහි ඇති තෘෂ්ණාව දුරු කිරීම ගැන වදාළ බවයි. මෙය පසුබිම්ව ඇති දෙය හෙවත් නිදානය යි.

ඒ චතුබ්‍යූහ හාරයේදී එන පූර්වාපර සන්ධි යනු කුමක් ද?

මෙසේ ත් වදාළ සේක;

"කාමන්ධා ජාලසඤ්ඡන්නා
තණ්හා ඡදනඡාදිතා
පමත්තබන්ධුනා බද්ධා
මච්ඡා ව කුම්නාමුඛේ
ජරාමරණ මන්වෙන්ති
වච්ඡෝ ඛීරපකෝ'ව මාතර'න්ති"

(උදාන පාළි - දුතිය සත්ත සූත්‍රය)

"කාමයෙන් අන්ධ වූ, කාම දැලින් වෙළී ගිය, තෘෂ්ණා වැස්මෙන් වැසී ගිය, කෙමනකට හසුවූ මාළු රැලක් සෙයින් පමා වූවන්ගේ ඥාතියා වන මාරයාට බැඳුණු සත්වයෝ කිරි බොන වසු පැටවෙකු මව් දෙන කරා දුව යන සෙයින් ජරා මරණ පසුපස යති."

මේ වදාරණ ලද්දේ කාම තණ්හාවයි. ඒ කාම තණ්හාව කුමකින් පූර්වාපරයෙහි යෙදෙයි ද?

මෙසේත් වදාළ සේක;

රත්තෝ අත්ථං න ජානාති - රත්තෝ ධම්මං න පස්සති
අන්ධන්තමං තදා හෝති - යං රාගෝ සහතේ නර'න්ති

(............)

"රාගයට ඇලී ගිය තැනැත්තා යහපත නොදනියි. රාගයට ඇලී ගිය තැනැත්තා ධර්මය නොදකියි. යම් විටෙක රාගය මිනිසාව යටපත් කරයි ද, එකල්හී ඔහු තුළ කාමයෙන් අන්ධ වූ අඳුරක් ඇත්තේය."

මෙසේ අන්ධභාවය ද, වෙළී ගිය බව ද, ඒ තණ්හාව ගැන ම කියන ලද්දකි. කාමයෙන් අන්ධ වූ, තෘෂ්ණා දැලින් වෙළී ගිය, තෘෂ්ණා වැස්මෙන් වැසී ගිය යනුවෙන් යම් තණ්හාවක් ගැන වදාළ සේක් ද, **'රාගයෙන් ඇලී ගිය විට යහපත නොදකියි.**

රාගයෙන් ඇලී ගිය විට ධර්මය නොදකියි' යනුවෙන් යම් තණ්හාවක් ගැන වදාළ සේක් ද, කෙලෙසුන්ගේ නැගී සිටීම ගැන දක්වන මේ පදවලින් ඒ තෘෂ්ණාව ගැන ම කියන ලද්දේ ය. යම් අන්ධකාරයක් ඇද්ද, මෙය දුකෙහි හටගැනීමට හේතුවයි. යළි භවය ඇති කරදෙන යම් තණ්හාවක් ඇද්ද, එය යි.

'කාමයෝ' යනුවෙන් යමක් වදාළ සේක් ද, මේ ක්ලේශ කාමය හෙවත් සිතෙහි උපදින කාමය යි. කාම දැලින් වෙළී ගිය යනුවෙන් යමක් වදාළ සේක් ද, ඒ කාමයන්ගේ ම යෙදීම කාමරාග යේ මතුවීම දක්වන සේක. එහෙයින් සිතෙහි උපදින කාමාශාව වශයෙනුත්, ඒ කාම කෙලෙස් නැගී සිටීම වශයෙනුත් තෘෂ්ණා බන්ධනය වදාරණ ලද්දේ ය. මෙබඳු වූ යම් කෙනෙක් වෙත් ද, ඔවුහු ජරා මරණ කරා ම යළි යළි ත් යති. භාග්‍යවතුන් වහන්සේ විසින් යම් සේ තබන ලද ගාථා බලයෙන් **'ජරා මරණ පසුපස නැවත යති'** යනුවෙන් මේ සසර පැවැත්මේ මූලික කරුණ තණ්හාව බව දක්වන ලදී.

> **"යස්ස පපඤ්චා ඨිතී ච නත්ථි**
> **සන්දානං පළිඝං ච විතිවත්තෝ**
> **තං නිත්තණ්හං මුනිං චරන්තං**
> **න විජානාති සදේවකෝපි ලෝකෝ'ති"**

(උදාන පාළි - පපඤ්චක්ඛය සූත්‍රය)

"යමෙකු තුළ කෙලෙස් හැදෙන ස්වභාවයක් නොපවතියි ද, ඔහුගේ සිත කෙලෙස් හා අප්‍රකටව ක්‍රියාකාරී වීමක් නැද්ද, කෙලෙස් සමඟ වෙළී යාමක් හෝ නැද්ද, කෙලෙස් අගුල ඉක්මවා ඇද්ද, ඒ තෘෂ්ණා රහිතව හැසිරෙන මුනිවරයාට මරණින් මතු කුමක් වන්නේ දැයි දෙවියන් සහිත ලෝවැසියෝ නොදනිති."

මෙහි **'ප්‍රපඤ්ච හෙවත් කෙලෙස් හැදෙන ස්වභාවය'** යනු විශේෂයෙන් සකස් වන තෘෂ්ණා දෘෂ්ටි මාන්නයෙන් යුතුව රැස් කරන ලද සංස්කාරයෝ ය. **'කෙලෙස් පැවතීම'** යනු සිතෙහි අප්‍රකටව ක්‍රියාකාරීව ඇති ක්ලේශයෝ ය. **'කෙලෙස් වෙළී යාම'**

යනු තණ්හාව මතුවීම යි. එනම් තිස්හය වැදෑරුම් වූ සිතෙහි බලපවත්වන තෘෂ්ණා ජාලයේ හැසිරීම යි. 'අගුල' යනු මෝහය යි. කෙලෙස් හැදෙන ස්වභාවයෙන් යුතු යම් සංස්කාරයෝ වෙත් ද, සිතෙහි අප්‍රකට ව ක්‍රියාත්මක වන යම් කෙලෙස් ඇද්ද, සිතෙහි වෙළෙන යම් තෘෂ්ණා ඇද්ද, මුලා වන යම් මෝහ අගුල් ඇද්ද, මේ සියල්ල ඉක්මවා ගිය රහත් භික්ෂුව '**තෘෂ්ණා රහිත තැනැත්තා**' යැයි කියනු ලැබෙයි.

මෙසේ සිතෙහි ක්‍රියාත්මකව නැගී සිට රැස් වූ කෙලෙස් සංස්කාරයෝ මෙලොව වින්ද යුතු දිට්ඨධම්මවේදනීය කර්ම විපාක බවට පත්වෙති. නැතිනම් ඊළඟ ආත්මභාවයෙහි වින්ද යුතු උපපජ්ජවේදනීය කර්ම විපාක බවට පත්වෙති. නැතිනම් කවර හෝ උපතකදී නැවත නැවතත් වින්ද යුතු අපරාපරීය වේදනීය කර්ම විපාක බවට පත්වෙති. මෙසේ තෘෂ්ණාව තුන් අයුරකින් ඵලවිපාක ලබාදෙයි. එනම් මෙලොවදී හෝ ඊළඟ ආත්මභාවයේදී හෝ නැවත නැවත ලබන කවර හෝ උපතකදී ය.

භාග්‍යවතුන් වහන්සේ මෙසේ වදාළ සේක;

"ලෝභයෙන් සකස් වූ යම් කර්මයක් කයෙන්, වචනයෙන්, මනසින් කරයි ද, ඒ කර්මයේ විපාක මෙලොව දී හෝ ඊළඟ ආත්ම භාවයේ දී හෝ කවර හෝ උපතකදී නැවත නැවත විඳියි."

මෙය භාග්‍යවතුන් වහන්සේගේ පූර්වාපර දේශනාව සමඟ යෙදෙයි. එහි තෘෂ්ණාව නැගී සිටීමෙන් මෙලොව විපාක වින්ද යුතු කර්මයක් හෝ ඊළඟ ආත්මභාවයෙහි විපාක වින්ද යුතු කර්මයක් හෝ කවර හෝ උපතකදී නැවත නැවත විපාක වින්ද යුතු කර්මයක් හෝ වෙයි. මෙසේ කර්මය තුන් අයුරකින් විපාක දෙයි.

මෙසේ ත් වදාළ සේක;

"යම් කරුණකින් අඥාන බාලයා මෙහි සතුන් මරයි ද, සොරකම් කරයි ද, වැරදි කාම සේවනයෙහි යෙදෙයි ද, බොරු කියයි ද, කේළාම් කියයි ද, පරුෂ වචන කියයි ද, හිස් වචන

කියයි ද, අන් සතු දෙයට ලෝභ කරයි ද, කෝප වෙයි ද, මිසදිටු ගත්තෙක් වෙයි ද, ඔහුගේ ඒ දස අකුසල කර්මයෙහි විපාක මෙලොව දී හෝ ඵල දෙයි. ඊළඟ ආත්ම භාවයේදී හෝ ඵල දෙයි. කවර හෝ උපතකදී නැවත නැවත ඵල දෙයි."

මෙය භාග්‍යවතුන් වහන්සේගේ පූර්වාපර දේශනාව සමඟ සැසඳෙයි. එහිදී තෘෂ්ණාවේ මතුවීම නුවණින් මෙනෙහි කරමින් භාවනා බලයෙන් ප්‍රහාණය කළ යුත්තේ ය. සිතෙහි ක්‍රියාත්මක නැගී සිට රැස් වන කෙලෙස් සංස්කාරයෝ දස්සන බලයෙන් හෙවත් සෝවාන් මාර්ගඥානයෙන් ප්‍රහාණය කළ යුත්තාහ. තිස්භය වැදෑරුම්ව හැසිරෙන තෘෂ්ණා ජාලයෝ සමථ - විදර්ශනා - බොජ්ඣංග භාවනා බලයෙන් ප්‍රහාණය කළ යුත්තාහ. මෙසේ තෘෂ්ණාව පවා තුන් අයුරකින් ප්‍රහාණය වෙයි. යම් තෘෂ්ණාව නැති ස්වභාවයක් ඇද්ද, මෙය පංච ස්කන්ධයන්ගේ පැවැත්ම ඇති නිසාවෙන් සඋපාදිශේෂ නිබ්බාන ධාතුව වෙයි. රහත් භික්ෂුව පරිහරණය කළ ශරීරයෙහි බිඳීයාමක් ඇද්ද, මෙය පංච ස්කන්ධයන් පැවැත්මේ හේතුවෙන් තොර වූ අනුපාදිශේෂ නිබ්බාන ධාතුව යි.

තමා පසුපසින් හඹා එන හෙයින් සිතෙහි කෙලෙස් හැදෙන ස්වභාවය 'ප්‍රපඤ්ච' යැයි කියනු ලැබෙයි. භාග්‍යවතුන් වහන්සේ යම් කරුණකින් මෙය වදාළ සේක් ද යත්;

"අතීත - අනාගත - වර්තමාන වූ ඇසින් දැක්ක යුතු රූපය අරහයා තමා පසුපසින් කෙලෙස් හඹා එයි. හෙවත් එය ප්‍රපඤ්ච කරයි."

භාග්‍යවතුන් වහන්සේ යම් කරුණකින් මෙය වදාළ සේක් ද යත්;

"රාධයෙනි, අතීතයෙහි නිරුද්ධ වී ගිය රූපය ගැන අපේක්ෂා රහිත වන්න. අනාගතයේ නොහටගත් රූපය ගැන සතුටින් නොගන්න. වර්තමානයේ හටගෙන ඇති රූපය ගැන අවබෝධයෙන් ම එපාවීම පිණිස, නොඇල්ම පිණිස,

ඇල්ම නිරුද්ධ වීම පිණිස, අත්හැරීම පිණිස, දුරුකිරීම පිණිස පිළිපදින්න."

මෙය භාග්‍යවතුන් වහන්සේගේ පූර්වාපර දේශනාව සමඟ යෙදෙයි. මෙහි යම් කෙලෙස් හැදෙන ස්වභාවයක් ඇද්ද, යම් සංස්කාරයෝ වෙත් ද, අතීත - අනාගත - වර්තමානයෙහි යම් සතුටින් පිළිගැනීමක් ඇද්ද, මෙය අර්ථ වශයෙන් එකකි. එනමුත් වෙනත් වෙනත් පද වලින්, වෙනත් වෙනත් අකුරු වලින්, වෙනත් වෙනත් ව්‍යඤ්ජන වලින් අප්‍රමාණ ධර්ම දේශනාවෝ භාග්‍යවතුන් වහන්සේ විසින් වදාරණ ලද්දාහ.

මෙසේ සූත්‍රයෙන් සූත්‍රය සසඳා, පූර්වාපර දේශනාවෙහි ගැලපීම යොදවා සූත්‍ර දේශනාව විස්තර කරන ලද්දේ වෙයි. මේ පූර්වාපර සන්ධි ගැලපීම සතර අයුරකින් වෙයි. **අත්ථ සන්ධි, ව්‍යඤ්ජන සන්ධි, දේසනා සන්ධි** හා **නිද්දේස සන්ධි** වශයෙනි.

එහි අර්ථ සන්ධිය පද සයකින් යුක්ත වෙයි. '**සංකාසනා**' හෙවත් කෙටියෙන් පැවසීම ය. '**පකාසනා**' හෙවත් මූලික කරුණු පැවසීම ය. '**විවරණා**' හෙවත් විස්තර කිරීම ය. '**විභජනා**' හෙවත් බෙදා දැක්වීම ය. '**උත්තානීකම්මනා**' හෙවත් කරුණු ඉස්මතු කිරීම ය. '**පඤ්ඤත්ති**' හෙවත් පැණවීම ය.

ව්‍යඤ්ජන සන්ධිය ද පද සයකින් යුක්ත වෙයි. '**අක්ඛරං**' හෙවත් අකුරු ය. '**පදං**' හෙවත් නාමපද, ක්‍රියාපද ආදිය ය. '**ව්‍යඤ්ජන**' හෙවත් වාක්‍ය ආදිය ය. '**ආකාර**' හෙවත් වාක්‍ය ආදියේ ඇති ප්‍රභේදයෝ ය. '**නිරුත්ති**' හෙවත් නිර්වචන ය. '**නිද්දේස**' හෙවත් විස්තර කිරීම් ය.

දේසනා සන්ධියේ දී මෙසේ ය.

රහත් භික්ෂුවක් ධ්‍යාන වඩන විට පඨවි ධාතුව ඇසුරු කොට ධ්‍යාන නොවඩයි. එහෙත් පඨවි ධාතුවෙන් මිදී ධ්‍යානය වඩයි. ධ්‍යාන වඩන විට ආපෝ ධාතුව ඇසුරු කොට ධ්‍යාන නොවඩයි. එහෙත් ආපෝ ධාතුවෙන් මිදී ධ්‍යානය වඩයි. ධ්‍යාන වඩන විට තේජෝ ධාතුව ඇසුරු කොට ධ්‍යාන නොවඩයි.

එහෙත් තේජෝ ධාතුවෙන් මිදී ධ්‍යානය වඩයි. ධ්‍යාන වඩන විට වායෝ ධාතුව ඇසුරු කොට ධ්‍යාන නොවඩයි. එහෙත් වායෝ ධාතුවෙන් මිදී ධ්‍යානය වඩයි. ධ්‍යාන වඩන විට ආකාසානඤ්චායතනය ඇසුරු කොට ධ්‍යාන නොවඩයි. ....(පෙ).... ධ්‍යාන වඩන විට විඤ්ඤාණඤ්චායතනය ඇසුරු කොට ධ්‍යාන නොවඩයි. ....(පෙ).... ධ්‍යාන වඩන විට ආකිඤ්චඤ්ඤායතනය ඇසුරු කොට ධ්‍යාන නොවඩයි. ....(පෙ).... ධ්‍යාන වඩන විට නේවසඤ්ඤානාසඤ්ඤායතනය ඇසුරු කොට ධ්‍යාන නොවඩයි. ....(පෙ).... මෙලොව ඇසුරු කොට ධ්‍යාන නොවඩයි. පරලොව ඇසුරු කොට ධ්‍යාන නොවඩයි. එහෙත් ධ්‍යාන වඩයි. මෙලොව - පරලොව අතර යමක් දක්නා ලද්දේ ද, අසනා ලද්දේ ද, ආඝ්‍රානය කරන ලද්දේ ද - රස විඳින ලද්දේ ද - පහස ලබන ලද්දේ ද, සිතින් සිතන ලද්දේ ද, ලබන ලද්දේ ද, සොයන ලද්දේ ද, සිතින් නැවත නැවත සිතන ලද්දේ ද, එය ඇසුරු කොට ධ්‍යාන නොවඩයි. එහෙත් ධ්‍යාන වඩයි. දෙවියන් සහිත වූ, මරුන් සහිත වූ, බඹුන් සහිත වූ, ශ්‍රමණ බ්‍රාහ්මණයන් සහිත වූ, දෙව් මිනිස් ප්‍රජාවෙන් යුතු ලෝකයෙහි කිසිවෙකු විසින් මේ ක්ෂීණාශ්‍රව රහත් භික්ෂුව කිසිවක් ඇසුරු නොකළ සිතින් ධ්‍යාන වඩද්දී එසේ භාවනා කරන නිවන් අරමුණ නොදකින ලද්දේ වෙයි.

පව්ටු මාර තෙමේ පිරිනිවන් පෑ ගෝධික කුලපුත්‍රයන් වහන්සේගේ විඤ්ඤාණය සොයන්නේ යම් සේ නොදනියි ද, නොදකියි ද, ඒ ගෝධික කුලපුත්‍රයන් වහන්සේ තෘෂ්ණාව ප්‍රහාණයෙන් තමා පසුපස කෙලෙස් හඹා එන ස්වභාවය ඉක්මවා ගියේ උන්වහන්සේ තුළ දෘෂ්ටීන් ඇසුරකුත් නැති බව නිසා ය. ගෝධික තෙරුන්ගේ මේ ස්වභාවය යම් සේ ද, වක්කලී තෙරුන්ගේ ස්වභාවය ත් එසේ ය. දෙවියන් සහිත වූ, මරුන් සහිත වූ, බඹුන් සහිත වූ, ශ්‍රමණ බ්‍රාහ්මණයන් සහිත වූ දෙව් මිනිස් ප්‍රජාවෙන් යුතු ලෝකයා විසින් ලොවෙහි කිසිවෙකුට නොඇලෙන සිතින් ධ්‍යාන වඩන රහතන් වහන්සේලාගේ භාවනා අරමුණ නොදන්නා ලද්දේ ය. මෙය දේසනා සන්ධිය යි.

එහිදී නිද්දේස සන්ධිය යනු කුමක් ද? කෙලෙස් ඇසුරු

කරගත් සිත් ඇති පුද්ගලයන් පිළිබඳ ව අකුසල පක්ෂයෙන් විස්තර දැක්විය යුත්තේ ය. කෙලෙස් ඇසුරු නොකළ සිත් ඇති පුද්ගලයන් පිළිබඳ ව කුසල පක්ෂයෙන් විස්තර දැක්විය යුත්තේ ය. කෙලෙස් ඇසුරු කළ සිත් ඇති පුද්ගලයෝ කෙලෙසුන්ගෙන් දැක්විය යුත්තාහ. කෙලෙස් ඇසුරු නොකළ සිත් ඇති පුද්ගලයෝ පිරිසිදු භාවයෙන් දැක්විය යුත්තාහ.

කෙලෙස් ඇසුරු කරගත් සිත් ඇති පුද්ගලයෝ සසර පැවැත්ම තුළින් පෙන්වා දිය යුත්තාහ. කෙලෙස් ඇසුරු නොකළ සිත් ඇති පුද්ගලයෝ සසර නැවැත්ම තුළින් විස්තර කළ යුත්තාහ.

කෙලෙස් ඇසුරු කළ සිත් ඇති පුද්ගලයෝ තෘෂ්ණාව තුළිනුත්, අවිද්‍යාව තුළිනුත් පෙන්වා දිය යුත්තාහ. කෙලෙස් ඇසුරු නොකළ සිත් ඇති පුද්ගලයෝ සමථය තුළිනුත්, විදර්ශනාව තුළිනුත් පෙන්වා දිය යුත්තාහ.

කෙලෙස් ඇසුරු කළ සිත් ඇති පුද්ගලයෝ පවට ලැජ්ජා නැති බව තුළිනුත්, පවට භය නැති බව තුළිනුත් පෙන්වා දිය යුත්තාහ. කෙලෙස් ඇසුරු නොකළ සිත් ඇති පුද්ගලයෝ පවට ලැජ්ජාව තුළිනුත්, පවට භය තුළිනුත් පෙන්වා දිය යුත්තාහ.

කෙලෙස් ඇසුරු කළ සිත් ඇති පුද්ගලයෝ සිහිය නැති බව තුළිනුත්, නුවණ නැති බව තුළිනුත් පෙන්වා දිය යුත්තාහ. කෙලෙස් ඇසුරු නොකළ සිත් ඇති පුද්ගලයෝ සතිපට්ඨානයේ පිහිටුවා ගත් සිහිය තුළිනුත්, නුවණ තුළිනුත් පෙන්වා දිය යුත්තාහ.

කෙලෙස් ඇසුරු කළ සිත් ඇති පුද්ගලයෝ නුවණින් තොර බව තුළිනුත්, අයෝනිසෝ මනසිකාරය තුළිනුත් පෙන්වා දිය යුත්තාහ. කෙලෙස් ඇසුරු නොකළ සිත් ඇති පුද්ගලයෝ නුවණින් යුක්ත බව තුළිනුත්, යෝනිසෝ මනසිකාරය තුළිනුත් පෙන්වා දිය යුත්තාහ.

කෙලෙස් ඇසුරු කළ සිත් ඇති පුද්ගලයෝ කුසල් වැඩීමට හා අකුසල් දුරු කිරීමට ඇති කුසීත බවෙනුත්, අකීකරු බව තුළිනුත් පෙන්වා දිය යුත්තාහ. කෙලෙස් ඇසුරු නොකළ

සිත් ඇති පුද්ගලයෝ කුසල් වැඩීමටත්, අකුසල් දුරු කිරීමටත් පටන් ගත් වීරිය ඇති බවෙනුත්, කීකරු බව තුළිනුත් පෙන්වා දිය යුත්තාහ.

කෙලෙස් ඇසුරු කළ සිත් ඇති පුද්ගලයෝ ශ්‍රද්ධාව නැති කමෙනුත්, ප්‍රමාදයෙනුත් පෙන්වා දිය යුත්තාහ. කෙලෙස් ඇසුරු නොකළ සිත් ඇති පුද්ගලයෝ ශ්‍රද්ධාවෙනුත්, අප්‍රමාදයෙනුත් පෙන්වා දිය යුත්තාහ.

කෙලෙස් ඇසුරු කළ සිත් ඇති පුද්ගලයෝ අසද්ධර්මය ශ්‍රවණයෙනුත්, අසංවරයෙනුත් පෙන්වා දිය යුත්තාහ. කෙලෙස් ඇසුරු නොකළ සිත් ඇති පුද්ගලයෝ සද්ධර්මශ්‍රවණයෙනුත්, සංවරයෙනුත් පෙන්වා දිය යුත්තාහ.

කෙලෙස් ඇසුරු කළ සිත් ඇති පුද්ගලයෝ අන්සතු දෙයට ආශා කිරීම තුළිනුත්, ව්‍යාපාදය තුළිනුත් පෙන්වා දිය යුත්තාහ. කෙලෙස් ඇසුරු නොකළ සිත් ඇති පුද්ගලයෝ අන්සතු දෙයට ආශා නොකිරීම තුළිනුත්, තරහ නැති බව තුළිනුත් පෙන්වා දිය යුත්තාහ.

කෙලෙස් ඇසුරු කළ සිත් ඇති පුද්ගලයෝ නීවරණයන් ගෙනුත්, සංයෝජනයන්ගෙනුත් පෙන්වා දිය යුත්තාහ. කෙලෙස් ඇසුරු නොකළ සිත් ඇති පුද්ගලයෝ රාගය දුරුවීමෙන් වූ චිත්ත විමුක්තියෙනුත්, අවිද්‍යාව දුරුවීමෙන් වූ ප්‍රඥා විමුක්තියෙනුත් පෙන්වා දිය යුත්තාහ.

කෙලෙස් ඇසුරු කළ සිත් ඇති පුද්ගලයෝ උච්ඡේද දෘෂ්ටියෙනුත්, ශාස්වත දෘෂ්ටියෙනුත් පෙන්වා දිය යුත්තාහ. කෙලෙස් ඇසුරු නොකළ සිත් ඇති පුද්ගලයෝ සඋපාදිශේෂ වූත්, අනුපාදිශේෂ වූත් නිර්වාණ ධාතුව තුළින් පෙන්වා දිය යුත්තාහ.

මෙය විස්තර වශයෙන් පෙන්වා දීම හෙවත් නිද්දේස සන්ධිය යි.

එකරුණ නිසා ආයුෂ්මත් මහා කච්චායන තෙරණුවෝ

'නිරුක්තිය අභිප්‍රාය.....' යනාදී ගාථාව වදාළහ.

නියුත්තෝ චතුබ්‍යූහ හාරෝ
(චතුබ්‍යූහ හාරය යොදන ලදී.)

3.1.7. ආවට්ට හාර විභංගෝ

(ධර්මය වෙතට රැගෙන යාමේ දී කුසලයට විරුද්ධ දෙය දෙස කැරකී බැලීම බෙදා දක්වීමයි)

එහිදී 'ආවට්ට හාර' යනු කුමක් ද? මෙය 'එක් ආසන්න කාරණයක් වදාළ කල්හී....' ආදී වශයෙන් වදාළ ගාථාව යි.

"ආරභථ නික්ඛමථ - යුඤ්ජථ බුද්ධසාසනේ
ධුනාථ මච්චුනෝ සේනං - නළාගාරං'ව කුඤ්ජරෝ'ති"

(සංයුත්ත නිකාය - බ්‍රහ්ම සංයුත්තය - අරුණවතී සූත්‍රය)

"කුසල් උපදවා ගැනීමට ත්, අකුසල් දුරැලීමටත් වීර්යය අරඹව්! අකුසලයෙන් නික්මී කුසලය වෙත යව්! සීල, සමාධි, ප්‍රඥාවෙන් යුතු බුදු සසුනෙහි පිළිවෙතෙහි යෙදෙව්! හස්තිරාජයෙක් බටදඬු වලින් කරන ලද ගෙයක් පහසුවෙන් වනසා දමන ලෙසින් මාරයාගේ කෙලෙස් සේනාව නසා දමව්!"

'කුසල් උපදවා ගැනීමට ත්, අකුසල් දුරැලීමටත් වීර්යය අරඹව්! අකුසලයෙන් නික්මී කුසලය වෙත යව්!' යනු වීර්යයට ඇති ආසන්න කාරණය යි. **'බුදු සසුනෙහි පිළිවෙතෙහි යෙදෙව්'** යනු සමාධියට ආසන්න කාරණය යි. **'හස්තිරාජයෙක් බටදඬු වලින් කරන ලද ගෙයක් පහසුවෙන් වනසා දමන ලෙසින් මාරයාගේ කෙලෙස් සේනාව නසා දමව්!'** යනු ප්‍රඥාවට ආසන්න කාරණය යි.

'කුසල් උපදවා ගැනීමට ත්, අකුසල් දුරැලීමටත් වීර්යය අරඹව්! අකුසලයෙන් නික්මී කුසලය වෙත යව්!' යනු වීර්ය ඉන්ද්‍රියට ඇති ආසන්න කාරණය යි. **'බුදු සසුනෙහි පිළිවෙතෙහි යෙදෙව්'**

යනු සමාධි ඉන්ද්‍රියට ආසන්න කාරණය යි. **'හස්තිරාජයෙක් බටදඬු වලින් කරන ලද ගෙයක් පහසුවෙන් වනසා දමන ලෙසින් මාරයාගේ කෙලෙස් සේනාව නසා දමව්!'** යනු ප්‍රඥා ඉන්ද්‍රියට ආසන්න කාරණය යි. මෙය ආසන්න කාරණය ගැන දේශනාවය.

බුදු සසුන් පිළිවෙතෙහි නොයෙදෙන සත්වයන්ගේ යහපත පිණිස ත්, සසුන් පිළිවෙතෙහි යෙදෙන සත්වයන්ගේ යහපත පිණිස ත් මෙය ආරම්භය යි. බුදු සසුන් පිළිවෙතෙහි යම් කෙනෙක් නොයෙදෙත් ද, ඔවුහු ප්‍රමාදය මුල්කොට ගෙන නොයෙදෙති.

ඒ ප්‍රමාදය දෙවැදෑරුම් ය. එක් ප්‍රමාදයකට තණ්හාව මුල්වෙයි. අනිත් ප්‍රමාදයට අවිද්‍යාව මුල් වෙයි.

අවිද්‍යාව මූලික වූ ප්‍රමාදයෙහි දී; (1) යම් අඥාන බවකින් වැසී ගියේ පංචස්කන්ධය උපදින - නැසෙන ස්වභාවයෙන් යුක්ත බව නුවණින් නොදකියි ද, මෙය අවිද්‍යාව මූලික වූ ප්‍රමාදය යි.

තණ්හාව මූලික වූ යම් ප්‍රමාදයක් ඇද්ද, එය තුන් වැදෑරුම් වෙයි. (2) තමා ළඟ නැති භෝග සම්පත් උපදවා ගැනීම පිණිස එය සොයා යන තැනැත්තා ඒ හේතුවෙන් ප්‍රමාදයට පැමිණෙයි. (3) තමා ළඟ ඇති භෝග සම්පත් රැකගැනීම පිණිස ප්‍රමාදයට පැමිණෙයි. (4) පරිහරණය පිණිස වෙහෙසෙන්නා ඒ හේතුවෙන් ප්‍රමාදයට පැමිණෙයි.

ලෝකයෙහි මේ සතර අයුරින් වූ ප්‍රමාදය තිබෙයි. අවිද්‍යාවෙන් වන ප්‍රමාදය එකකි. තණ්හාවෙන් වන ප්‍රමාද තුනකි.

එහි අවිද්‍යාවෙන් වන ප්‍රමාදයට ආසන්න කාරණය නාමකාය යි. තෘෂ්ණාවෙන් වන ප්‍රමාදයට ආසන්න කාරණය රූපකාය යි. එයට හේතුව කුමක් ද? සතර මහා ධාතූන්ගෙන් හටගත් දේ කෙරෙහි තෘෂ්ණාවෙන් බැසගෙන සිටින්නවුන්ට අරූපී ධර්මයන්ගෙන් හටගත් දේ වන නාමකාය කෙරෙහි මුළාව ඇතිවේ. එහි රූපකාය යනු රූපස්කන්ධය යි. නාමකාය යනු වේදනා, සංඥා, සංස්කාර, විඤ්ඤාණ යන ස්කන්ධ සතරයි.

මේ පංච ස්කන්ධයෝ කවර උපාදානයක් නිසාවෙන් උපාදාන සහිත වෙත් ද? තෘෂ්ණාව නිසා ත්, අවිද්‍යාව නිසා ත් ය. එහි තෘෂ්ණාව උපාදාන දෙකකින් යුක්ත ය. කාම උපාදානයත්, සීලබ්බත උපාදානයත් ය. අවිද්‍යාව උපාදාන දෙකකින් යුක්ත ය. දිට්ඨි උපාදානය ත්, අත්තවාද උපාදානය ත් ය. මේ සතර උපාදාන නිසාවෙන් උපාදාන සහිත වූ යම් රූප, වේදනා, සංඥා, සංස්කාර, විඤ්ඤාණ යන ස්කන්ධයෝ වෙත් ද, දුක යනු මෙය ය. මේ සතර උපාදානයෝ වෙත් ද, දුක් උපදවන හේතුව මෙය යි. පංච ස්කන්ධය දුක ය. ඒ දුකේ ත්, දුක් උපදවන හේතුවේ ත්, පිරිසිඳ අවබෝධය පිණිස ත්, ප්‍රහාණය පිණිස ත් භාග්‍යවතුන් වහන්සේ දහම් දෙසන සේක. දුකෙහි පිරිසිඳ දැක්ම පිණිස ය. දුක් උපදවන හේතුවෙහි ප්‍රහාණය පිණිස ය.

එහිදී තෘෂ්ණාව මූලික ව හටගත් තුන් ආකාර වූ ප්‍රමාදය නිසා තමා ළඟ නැති භෝග සම්පත් උපදවා ගැනීමට ක්‍රම සොයයි. තමා ළඟ ඇති භෝග සම්පත් රැකගැනීමට ක්‍රම සොයයි. පරිභෝග කිරීමට ත් ක්‍රම සොයයි. මේ ත්‍රිවිධ තණ්හාව මුල් වූ ප්‍රමාදය ගැන මනා අවබෝධයකින් යුතුව, ප්‍රමාදයට පත්වෙන්නට නොදී සිත රැකගැනීම ත්, ප්‍රමාදය ඇති වන දේ කෙරෙහි සිතේ හැකිලීමක් ඇද්ද, මෙය සමථය යි.

එය ඇතිවන්නේ කෙසේ ද? යම් කලෙක කාමයන්ගේ ආශ්වාදය ආශ්වාදය වශයෙනුත්, ආදීනවය ආදීනවය වශයෙනුත්, නිස්සරණය නිස්සරණය වශයෙනුත් කාමයන්ගේ ඇති ලාමක බව ද, කාමයන් නිසා සත්වයාට ඇතිවන කිලුට ද, එයින් නිදහස් වීමේ අනුසස් දනියි ද, එහිලා යම් විමසීමක් - නැවත නැවත නුවණින් විමසීමක් ඇද්ද, මෙය විදර්ශනාව යි.

සමථය ත්, විදර්ශනාව ත් යන මේ ධර්ම දෙක ප්‍රගුණ කිරීමෙන් සම්පූර්ණත්වයට පත්වෙයි. මේ සමථ - විදර්ශනා ධර්ම දෙක දියුණු කරගන්නා කල්හී වෙනත් ධර්ම දෙකක් ප්‍රහීණ වී යයි. එනම්; තෘෂ්ණාව ත්, අවිද්‍යාවත් ය.

මේ තෘෂ්ණාව හා අවිද්‍යාව යන ධර්ම දෙක ප්‍රහාණය

වී ගිය කල්හි සතර උපාදානයෝ ම නිරුද්ධ වෙති. උපාදාන නිරුද්ධ වීමෙන් විපාක පිණිස කර්ම සකස් වීම නිරුද්ධ වෙයි. විපාක පිණිස කර්ම සකස් වීම නිරුද්ධ වීමෙන් ඉපදීම නිරුද්ධ වෙයි. ඉපදීම නිරුද්ධ වීමෙන් ජරා - මරණ - ශෝක - වැළපීම් - කායික දුක් - මානසික දුක් - සුසුම් හෙළීම් නිරුද්ධ වෙයි. මෙසේ කලින් පැවසූ සත්‍ය දෙකකි. දුක ත්, දුක් උපදවන හේතුව ත් ය. සමථය ත්, විදර්ශනාව ත් මාර්ගය යි. විපාක පිණිස කර්ම සකස් වීම නිරුද්ධ වී යාම නිවන යි. මේ චතුරාර්ය සත්‍යයෝ ය.

එනිසාවෙන් භාග්‍යවතුන් වහන්සේ '**කුසල් උපදවා ගැනීමට ත්, අකුසල් දුරලීමටත් වීර්යය අරඹව්! අකුසලයෙන් නික්මී කුසලය වෙත යව්! සීල, සමාධි, ප්‍රඥාවෙන් යුතු බුදු සසුනෙහි පිළිවෙතෙහි යෙදෙව්! හස්තිරාජයෙක් බටදඬු වලින් කරන ලද ගෙයක් පහසුවෙන් වනසා දමන ලෙසින් මාරයාගේ කෙලෙස් සේනාව නසා දමව්!**' යනුවෙන් වදාළ සේක.

"යථාපි මූලේ අනුපද්දවේ දළ්හේ
ඡින්නෝපි රුක්ඛෝ පුනරේව රූහති
ඒවම්පි තණ්හානුසයේ අනූහතේ
නිබ්බත්තති දුක්ඛමිදං පුනප්පුන'න්ති"

(ධම්ම පදය - තණ්හා වර්ගය)

"විනාශ කිරීමකට ලක් නොවූ දැඩි මුලක් තිබෙන විට ගසක් වුව ද, කැපූ නමුත් නැවතත් දළු ලා වැඩෙන්නේ යම් සේ ද, එසෙයින් ම සිතෙහි අප්‍රකටව ක්‍රියාත්මක වන තෘෂ්ණාව විනාශ නොකළ විට නැවත නැවතත් මේ දුක උපදියි."

මේ සිතෙහි අප්‍රකට ව ක්‍රියාකාරී ව පවතින තෘෂ්ණාව (තණ්හා අනුසය) යනු කුමක් ද? භව තෘෂ්ණාව සැඟවී පැවැත්ම යි. මේ භව තෘෂ්ණාවට යමක් ප්‍රත්‍ය වෙයි ද, මෙය අවිද්‍යාව යි. භව තෘෂ්ණාව යනු අවිද්‍යාව ප්‍රත්‍යයෙන් ම ඇතිවන දෙයකි. තෘෂ්ණාව ත්, අවිද්‍යාව ත් යන මේ දෙක කෙලෙස් ය. ඒ උපාදානයෝ සතරකි. ඒ සතරක් වූ උපාදාන නිසාවෙන් උපාදාන සහිත වූ

යම් ස්කන්ධයෝ වෙත් ද මෙය දුක ය. සතර උපාදාන යනු දුක් උපදවන හේතුවයි. පංචස්කන්ධය දුක ය. ඒ දුකත් දුක් උපදනා හේතුව ත් පිරිසිඳ දැකීම පිණිස, ප්‍රහාණය පිණිස භාග්‍යවතුන් වහන්සේ දහම් දෙසන සේක. ඒ දුකෙහි පිරිසිඳ දැකීමට ය. හේතුවෙහි ප්‍රහාණයට ය.

යමකින් සිතෙහි අප්‍රකට ව ක්‍රියාකාරී ව ඇති තෘෂ්ණාව නසයි ද, මෙය සමථය යි. යමෙකින් සිතෙහි අප්‍රකට ව පවතින තෘෂ්ණාව පැවතීමට තුඩුදුන් අවිද්‍යාව වළක්වයි ද, මෙය විදර්ශනාවයි. මේ සමථය ත් - විදර්ශනාව ත් යන ධර්ම දෙක ප්‍රගුණ කිරීමෙන් සම්පූර්ණත්වයට පත්වෙයි. ඒ සමථයෙහි ප්‍රතිඵලය රාගය දුරුවීමෙන් ඇතිවන චිත්ත විමුක්තිය යි. විදර්ශනාවේ ප්‍රතිඵලය අවිද්‍යාව දුරුවීමෙන් ඇතිවන ප්‍රඥා විමුක්තිය යි. මෙසේ කලින් පැවසූ ආර්ය සත්‍ය දෙක දුක ත්, දුක් උපදවන හේතුවත් ය. සමථය ත්, විදර්ශනාව ත් මාර්ගය යි. විමුක්ති දෙක දුක් නිරුද්ධ වීම යි. මේ චතුරාර්ය සත්‍යයෝ ය.

එහෙයින් භාග්‍යවතුන් වහන්සේ 'විනාශ කිරීමකට ලක් නොවූ දැඩි මුලක් තිබෙන විට ගසක් වුව ද, කැපූ නමුත් නැවතත් දළු ලා වැඩෙන්නේ යම් සේ ද, එසෙයින් ම සිතෙහි අප්‍රකටව ක්‍රියාත්මක වන තෘෂ්ණාව විනාශ නොකළ විට නැවත නැවතත් මේ දුක උපදියි' යනුවෙන් වදාළ සේක.

"සබ්බ පාපස්ස අකරණං - කුසලස්ස උපසම්පදා
සචිත්ත පරියෝදපනං - ඒතං බුද්ධානසාසන'න්ති"

(ධම්ම පදය - බුද්ධ වර්ගය)

"සියළු පව් නොකරන බව ද, කුසල ධර්මයන්ගේ උපදවා ගැනීම ද, තමන්ගේ සිත පිරිසිදු කරගැනීම ද යන මෙය බුදුවරුන්ගේ අනුශාසනාව යි."

'සියළු පව්' යනු තුන් වැදෑරුම් දුෂ්චරිතයෝ ය. කයෙන් වැරදි අයුරින් හැසිරීම ය. වචනයෙන් වැරදි අයුරින් හැසිරීම ය. මනසින් වැරදි අයුරින් හැසිරීම ය. ඒවා දස අකුසල කර්ම මාර්ග

යෝ ය. එනම්; සතුන් මැරීම ය. සොරකම් කිරීම ය. වැරදි කාම සේවනය ය. බොරු කීම ය. කේළාම් කීම ය. දරුණු වචන කීම ය. හිස් වචන කීම ය. අන් සතු දෙයට ආශා කිරීම ය. ව්‍යාපාදය ය. වැරදි දෘෂ්ටිය

මේ දස අකුසල කර්ම මාර්ගයෝ **චේතනා කර්මය** හා **සිතට අයත් කර්මය** වශයෙන් දෙවැදෑරුම් වෙති.

එහිලා යම් සතුන් මැරීමක් ඇද්ද, යම් කේළාම් කීමක් ඇද්ද, යම් දරුණු වචනයෙන් බැණ වැදීමක් ඇද්ද, මෙය ද්වේෂයෙන් හටගනියි. එහිලා යම් සොරකම් කිරීමක් ඇද්ද, යම් කාමයෙහි වරදවා හැසිරීමක් ඇද්ද, යම් බොරු කීමක් ඇද්ද, මෙය ලෝභයෙන් හටගනියි. එහිලා යම් හිස් වචන කීමක් ඇද්ද, මෙය මෝහයෙන් හටගනියි. මේ කරුණු සත චේතනා කර්මය යි. අන්සතු දෙයට යම් ආශා කිරීමක් ඇද්ද, මෙය ලෝභය නැමැති අකුසල මූලය යි. යම් ව්‍යාපාදයක් ඇද්ද, මෙය ද්වේෂය නැමැති අකුසල මූලය යි. යම් වැරදි දෘෂ්ටියක් ඇද්ද, මෙය මිථ්‍යා මාර්ගය යි. මේ තුන් කරුණ චෛතසික කර්මය හෙවත් සිතට අයත් කර්මය යි. එහෙයින් චේතනා කර්මය ය - සිතට අයත් කර්මය ය වශයෙන් කීහ.

අකුසල මූලයක් ක්‍රියාවෙහි යෙදවීමට යන විට සිව් වැදෑරුම් අගතියකට යයි. ඡන්දයෙනුත්, ද්වේෂයෙනුත්, භයෙනුත්, මෝහයෙනුත් ය. එහිලා ඡන්දයෙන් යම් අගතියකට යයි ද, මෙය ලෝභයෙන් හටගනියි. ද්වේෂයෙන් යම් අගතියකට යයි ද, මෙය ද්වේෂයෙන් හටගනියි. භයෙන් හා මෝහයෙන් යම් අගතියකට යයි ද, මෙය මෝහයෙන් හටගනියි.

එහි ඇති ලෝභය අසුභ භාවනාවෙන් ප්‍රහාණය වෙයි. ද්වේෂය මෛත්‍රී භාවනාවෙන් ප්‍රහාණය වෙයි. මෝහය ප්‍රඥාවෙන් ප්‍රහාණය වෙයි. එසෙයින් ම ලෝභය උපේක්ෂාවෙන් ප්‍රහාණය වෙයි. ද්වේෂය මෛත්‍රියෙනුත්, කරුණාවෙනුත් ප්‍රහාණය වෙයි. මෝහය මුදිතාවෙන් ප්‍රහාණය වෙයි.

එනිසා භාග්‍යවතුන් වහන්සේ **'සියළු පව් නොකරන බව ද, කුසල ධර්මයන්ගේ උපදවා ගැනීම ද, තමන්ගේ සිත පිරිසිදු කරගැනීම ද යන මෙය බුදුවරුන්ගේ අනුශාසනාව යි'** යනුවෙන් වදාළ සේක.

'සියළු පව්' යනු වැරදි බැව් අටකි. එනම්; වැරදි දෘෂ්ටිය ය. වැරදි සංකල්පනා ය. වැරදි වචන භාවිතය ය. වැරදි කායික ක්‍රියා ය. වැරදි දිවි පැවැත්ම ය. වැරදි උත්සාහය ය. වැරදි සිහිය ය. වැරදි සමාධිය ය. මෙය සියළු පාපය යැයි කියනු ලැබෙයි. මේ වැරදි ස්වභාව අට පිළිබඳ ව යම් නොකිරීමක්, නොකරන බවක්, නොහැසිරීමක් ඇද්ද, මෙය **'සියළු පව් නොකිරීම'** යැයි කියනු ලැබෙයි.

අට වැදෑරුම් වැරදි ස්වභාවයන් ප්‍රහාණය වී ගිය කල්හී, අට වැදෑරුම් නිවැරදි ස්වභාවයන් දියුණු වෙයි. අට වැදෑරුම් නිවැරදි ස්වභාවය වූ ආර්ය අෂ්ටාංගික මාර්ගය පිළිබඳ ව යම් කිරීමක්, කරන බවක්, හැසිරීමක් ඇද්ද මෙය **'කුසල් උපදවා ගැනීම'** යැයි කියනු ලැබෙයි.

'තමන්ගේ සිත පිරිසිදු කරගැනීම' යනු අතීතයෙහි නිවන් මග දියුණු කිරීමෙහි ක්‍රියාව දක්වන සේක. සිත පිරිසිදු වූ කල්හී පංචස්කන්ධයෝ පිරිසිදු කරන ලද්දාහු වෙති.

මෙසේ ත් භාග්‍යවතුන් වහන්සේ වදාළ සේක;

"මහණෙනි, සිත පිරිසිදු කරගැනීම පිණිස තථාගතයන් වෙත බඹසර වසන්නේ ය. සිත පිරිසිදු කරගැනීම දෙපරිදි ය. එනම්; නීවරණ ප්‍රහාණය ත්, සිතෙහි අප්‍රකට ව ක්‍රියාකාරී ව පවතින කෙලෙස් සහමුළින් ම නැසීම ත් ය. සිත පිරිසිදු කරන භූමි දෙකකි. දස්සනභූමිය හා භාවනාභූමිය යි."

එහිලා යම් පිරිසිඳ අවබෝධයකින් සිත පිරිසිදු කරයි ද, මෙය දුක ය. යමකින් පිරිසිදු කරයි ද, මෙය දුක් උපදවන හේතුව නැසීමෙනි. යමක් නිසා පිරිසිදු වෙයි ද, මෙය මාර්ගය යි. යමක් පිරිසිදු කරන ලද්දේ ද, මෙය නිරෝධය යි. මේ චතුරාර්ය සත්‍යයෝය.

එනිසා භාග්‍යවතුන් වහන්සේ 'සියළු පව් නොකිරීම....' යනාදී ගාථාව වදාළ සේක.

ධම්මෝ හවේ රක්ඛති ධම්මචාරිං
ඡත්තං මහන්තං යථා වස්සකාලේ
ඒසානිසංසෝ ධම්මේ සුචිණ්ණේ
න දුග්ගතිං ගච්ඡති ධම්මචාරී'ති

(ථේර ගාථා පාළි - ධම්මිකත්ථේර ගාථාව)

"ධර්මය ඒකාන්තයෙන් ම ධර්මයෙහි හැසිරෙන්නා ව රකියි. මහත් වර්ෂාවක් ඇති කල්හී ලොකු කුඩය එය දරා සිටින්නා ව රකින්නේ යම් සේ ද, එසේ ම ය. මැනැවින් පුරුදු කළ ධර්මයෙහි අනුසස් මෙය යි. ධර්මයෙහි හැසිරෙන කෙනා සතර අපාය ආදී දුගතියෙහි නොයයි."

'ධර්මය' යනු දෙපරිදි වෙයි. ඉන්ද්‍රිය සංවරය ත්, මාර්ගය ත් ය. 'දුගතිය' යනු දෙපරිදි වෙයි. දෙවියන් හා මිනිසුන් සමඟ සසඳා බලද්දී සතර අපායෝ දුගති වෙති. නිවන සමඟ සසඳා බලද්දී සියළු ඉපදීම් දුගතියකි.

එහිලා යමෙක් සංවර සීලය නොකඩ කොට ආරක්ෂා කිරීමක් කරයි ද, මේ මැනැවින් පුරුදු කළ ධර්මය එය පුරුදු කළ කෙනාව අපා දුකින් බේරා ගනියි.

භාග්‍යවතුන් වහන්සේ මෙසේ වදාළ සේක.

"මහණෙනි, සිල්වතා හට මේ උපදිනා තැන් දෙකකි. දෙව් ලොවත්, මිනිස් ලොවත් ය."

මෙසේ ත් නාලන්දා නියම්ගමෙහි දී අසිබන්ධකගේ පුත්‍ර වූ ගාමණී භාග්‍යවතුන් වහන්සේට මෙය පැවසුවේ ය.

"ස්වාමීනී, බටහිර භූමිවැසි බ්‍රාහ්මණවරු පැන් කෙණ්ඩි ඇතිව, සෙවෙල් මාලා ඇතිව, උදය - සවස දියට බැස පව් සෝදමින්, ගිනි දෙවි පුදති. ඔවුහු මියගිය, කළුරිය කළ උදවිය උඩට

යවති. උඩට යන ලෙස දැනුම් දෙති. ස්වර්ගයට යවති. ස්වාමීනී, භාග්‍යවතුන් වහන්සේ වනාහී යම් අයුරකින් සියළු ලෝකයා කය බිඳී මරණින් මතු සුගති සංඛ්‍යාත ස්වර්ග ලෝකයෙහි උපදින්නේ නම්, ඒ අයුරින් කරන්නට හැකි සේක් ද?"

"එසේ වී නම් ගාමණී, මෙහිලා ඔබෙන් ම එය අසමි. ඔබට යම් අයුරකින් සිතෙයි නම්, එසේ පිළිතුර දෙව. ගාමණී, ඒ කිමෙකැයි සිතහි ද? මෙලොව පුරුෂයෙක් සතුන් මරයි. සොරකම් කරයි. වැරදි කාම සේවනයෙහි යෙදෙයි. බොරු කියයි. කේලාම් කියයි. දරුණු වචනයෙන් බැණ වදියි. හිස් වචන කියයි. අන් සතු දෙයට ආශා කරයි. කෝප සිතින් සිටියි. මිසදිටුව සිටියි. මහාජන සමූහයා ඔහු වටා එකතු වී 'මේ පුරුෂ තෙමේ කය බිඳී මරණින් මතු සුගති සංඛ්‍යාත ස්වර්ග ලෝකයෙහි උපදීවා' යි ඉල්ලා සිටියි නම්, ස්තුති කරයි නම්, ඇඳිලි බැඳ වටකොට උත්සාහ කරයි නම්, ගාමණී, ඒ කිමෙකැයි සිතහි ද? කිම, ඒ පුරුෂයා මහාජන සමූහයාගේ ඉල්ලීම හේතුවෙන් හෝ ස්තුති කිරීම හේතුවෙන් හෝ ඇඳිලි බැඳ වටකොට උත්සාහ කිරීම හේතුවෙන් හෝ කය බිඳී මරණින් මතු සුගති සංඛ්‍යාත ස්වර්ග ලෝකයෙහි උපදින්නේද?"

"ස්වාමීනී, එය නොවේ ම ය."

"ගාමණී, එය මෙබඳු දෙයකි. පුරුෂයෙක් විශාල කළු ගලක් ගැඹුරු දිය විලක බහාලයි. එවිට මහාජන සමූහයා ඒ විශාල ගල අසලට එකතු වී 'භවත් මහා ගල, උඩට මතුවෙව! භවත් මහා ගල, ඉල්පී එව! භවත් මහා ගල, ගොඩබිමට නැගෙව!' යි ඉල්ලා සිටියි. ස්තුති කරයි. ඇඳිලි බැඳ වටකොට උත්සාහ කරයි. ගාමණී, ඒ කිමෙකැයි සිතහි ද? කිම, ඒ මහා ගල මහාජන සමූහයාගේ ඉල්ලීම හේතුවෙන් හෝ ස්තුති කිරීම හේතුවෙන් හෝ ඇඳිලි බැඳ වටකොට උත්සාහ කිරීම හේතුවෙන් හෝ උඩට මතුවේවිද? දියෙන් උඩට ඉල්පේවිද? ගොඩබිමට නැගේවිද?"

"ස්වාමීනී, එය නොවේ ම ය."

"එසෙයින් ම ගාමණී, මෙලොව පුරුෂයෙක් සතුන් මරයි.

සොරකම් කරයි. වැරදි කාම සේවනයෙහි යෙදෙයි. බොරු කියයි. කේලාම් කියයි. දරුණු වචනයෙන් බැණ වදියි. හිස් වචන කියයි. අන් සතු දෙයට ආශා කරයි. කෝප සිතින් සිටියි. මිසදිටුව සිටියි. මහාජන සමූහයා ඔහු වටා එකතු වී 'මේ පුරුෂ තෙමේ කය බිඳී මරණින් මතු සුගති සංඛ්‍යාත ස්වර්ග ලෝකයෙහි උපදීවා' යි ඉල්ලා සිටිය ද, ස්තුති කළ ද, ඇඳිලි බැඳ වටකොට උත්සාහ කළ ද, ඒ පුරුෂයා කය බිඳී මරණින් මතු අපාය, දුර්ගති, විනිපාත නම් වූ නිරයෙහි උපදින්නේ ය.

ගාමණී, ඒ කිමෙකැයි සිතහි ද? මෙහි පුරුෂයෙක් සතුන් මැරීමෙන් වැළකී සිටියි. ....(පෙ).... සම්මා දිට්ඨියෙන් යුක්ත වෙයි. කරුණු එසේ තිබිය දී මහාජන සමූහයා ඔහු වටා එකතු වී 'මේ පුරුෂ තෙමේ කය බිඳී මරණින් මතු අපාය, දුර්ගති, විනිපාත නම් වූ නිරයෙහි උපදීවා!'යි ඉල්ලා සිටියි නම්, ස්තුති කරයි නම්, ඇඳිලි බැඳ වටකොට උත්සාහ කරයි නම්, ගාමණී, ඒ කිමෙකැයි සිතහි ද? මහාජනයාගේ ඉල්ලීම් හේතුවෙන්, ස්තුති හේතුවෙන්, ඇඳිලි බැඳ වටකොට උත්සාහ කිරීම හේතුවෙන් ඒ පුරුෂයා කය බිඳී මරණින් මතු අපාය, දුර්ගති, විනිපාත නම් නිරයෙහි උපදින්නේද?"

"ස්වාමීනී, එය නොවේ ම ය."

"ගාමණී, එය මෙබඳු දෙයකි. පුරුෂයෙක් ගිතෙල් කළයක් හෝ තෙල් කළයක් හෝ ගැඹුරු දිය විලකට බස්සවා බිඳියි නම්, එවිට ඒ කළයේ බිඳී ගිය වළං කටු ඇද්ද, එය යටට බසින්නේ ය. එහි ගිතෙලක් හෝ තෙලක් හෝ තිබුණේ ද, එය උඩට මතුවෙන්නේ ය. එවිට මහාජන සමූහයා ඒ වටා එකතු වී 'භවත් ගිතෙල, තෙල, දියෙහි ගිලෙව! භවත් ගිතෙල, තෙල, දිය යටට ගිලෙව! භවත් ගිතෙල, තෙල දිය යටට යව!' යි ඉල්ලා සිටියි. ස්තුති කරයි. ඇඳිලි බැඳ වටකොට උත්සාහ කරයි. ගාමණී, ඒ කිමෙකැයි සිතහි ද? මහාජන සමූහයාගේ ඉල්ලීම හේතුවෙන්, ස්තුති හේතුවෙන්, ඇඳිලි බැඳ වටකොට උත්සාහ කිරීම හේතුවෙන් ඒ ගිතෙල හෝ තෙල හෝ දියෙහි ගිලේවි ද? දිය යට ගිලේවි ද? දිය යටට යාවි ද?"

"ස්වාමීනී, මෙය නොවේ ම ය."

"එසෙයින් ම ගාමණී, පුරුෂයෙක් සතුන් මැරීමෙන් වැළකී සිටියි. ....(පෙ).... සම්මා දිට්ඨියෙන් යුක්ත වෙයි. කරුණු එසේ තිබිය දී මහාජන සමූහයා ඔහු වටා එකතු වී 'මේ පුරුෂ තෙමේ කය බිඳී මරණින් මතු අපාය, දුර්ගති, විනිපාත නම් වූ නිරයෙහි උපදීවා!'යි ඉල්ලා සිටිය ද, ස්තුති කළ ද, ඇඳිලි බැඳ වටකොට උත්සාහ කළ ද ඒ පුරුෂයා කය බිඳී මරණින් මතු සුගති සංඛ්‍යාත ස්වර්ග ලෝකයෙහි උපදින්නේ ය."

මෙසේ මැනැවින් පුරුදු කළ ධර්මය සතර අපායෙන් බේරා ගනියි. ඒ ඉන්ද්‍රිය සංවරය ත්, මාර්ගය ත් යන දෙවැදෑරුම් ධර්ම මාර්ගයෙහි යම් තියුණු බවක් ඇද්ද, අතිශය බලවත් බවක් ඇද්ද, මැනැවින් පුරුදු කළ ඒ ධර්මය සුගති දුගති ආදි සියළු උපත් වලින් බේරා ගනියි.

"තස්මා රක්ඛිත චිත්තස්ස
සම්මා සංකප්ප ගෝචරෝ
සම්මා දිට්ඨී පුරෙක්ඛාරෝ
ඤත්වාන උදයබ්බයං
ථීනමිද්ධාභිභූ භික්ඛු
සබ්බා දුග්ගතියෝ ජහේ"

(උදාන පාළි - උද්ධත සූත්‍රය)

"එහෙයින් ඉන්ද්‍රිය සංවරයෙන් රැකගත් සිත් ඇති ව සිට, සම්මා සංකල්පනාව අරමුණු කොට, සම්මා දිට්ඨිය පෙරටු කොට, සියළු සංස්කාරයන්ගේ හටගැනීම ත් - නැසීම ත් අවබෝධ කොට, රහත් මාර්ගයෙන් නිදිමත හා අලස බව නැසූ නිකෙලෙස් භික්ෂුව සියළු දුගතීන් අත්හරින්නේ ය."

ඒ දෙසුමෙහි සඳහන් වන දුගතීන්ට හේතුව තණ්හාව ත්, අවිද්‍යාව ත් ය. ඒ උපාදානයෝ සතරකි. ඒ සතරක් වූ උපාදාන නිසාවෙන් උපාදාන සහිත වූ යම් ස්කන්ධයෝ වෙත් ද මෙය දුක ය. සතර උපාදාන යනු දුක් උපදවන හේතුවයි. පංචස්කන්ධය

දුක ය. ඒ දුකත් දුක් උපදනා හේතුව ත් පිරිසිඳ දැකීම පිණිස, ප්‍රහාණය පිණිස භාග්‍යවතුන් වහන්සේ දහම් දෙසන සේක. ඒ දුකෙහි පිරිසිඳ දැකීමට ය. හේතුවෙහි ප්‍රහාණයට ය.

එහි රූපවත් (සතර මහා ධාතූන්ගෙන් හටගත්) ඇස්, කන් ආදී පංච ඉන්ද්‍රියයෝ තෘෂ්ණාවට ආසන්න කාරණය යි. මනස නැමැති ඉන්ද්‍රිය අවිද්‍යාවට ආසන්න කාරණය යි. රූපවත් වූ ඇස්, කන් ආදී පංච ඉන්ද්‍රියයන් රකින තැනැත්තා සමාධිය වඩයි. තෘෂ්ණාවට ත් නිග්‍රහ කරයි. මනස නැමැති ඉන්ද්‍රිය රකින තැනැත්තා විදර්ශනා වඩයි. අවිද්‍යාවට ත් නිග්‍රහ කරයි. තෘෂ්ණාවට නිග්‍රහ කිරීමෙන් උපාදාන දෙකක් ප්‍රහාණය වෙති. කාම උපාදානය ත්, සීලබ්බත උපාදානය ත් ය. අවිද්‍යාවට නිග්‍රහ කිරීමෙන් උපාදාන දෙකක් ප්‍රහාණය වෙති. දිට්ඨි උපාදානය ත්, අත්තවාද උපාදානය ත් ය. සතර උපාදානයන් ප්‍රහාණය වීමෙන් ධර්ම දෙකක් සම්පූර්ණත්වයට පත්වෙති. සමථය ත් - විදර්ශනාව ත් ය. මෙය බ්‍රහ්මචරිය යැයි කියනු ලැබෙයි. ඒ බ්‍රහ්මචරියාවෙහි ඵලය යනු ශ්‍රමණ ඵල සතරකි. එනම්; සෝවාන් ඵලය ය. සකදාගාමී ඵලය ය. අනාගාමී ඵලය සහ අර්හත්වය වූ අග්‍ර ඵලය යි. මේ බ්‍රහ්මචරියාවේ ප්‍රතිඵල සතර යි. මෙසේ ත් කලින් කී සත්‍ය දෙක ය. එනම් දුක ත්, දුක් උපදවන හේතුව ත් ය. සමථය ත් - විදර්ශනාව ත්, බ්‍රහ්මචරියාව ත් මාර්ගය යි. බ්‍රහ්මචරියාවෙහි ඵලයන් ද, එයට අරමුණු වූ අසංඛත ධාතුවත් නිරෝධය යි. මේ චතුරාර්ය සත්‍යය යි.

ඒ දෙසුමෙහි දී පිරිසිඳ අවබෝධයෙන් යමෙකුව රැකගනියි ද, මෙය දුක ය. යමකින් බේරා ගනියි ද මෙය දුක් උපදවනා හේතුව ය. යමක් නිසාවෙන් රැකගනියි ද, මෙය මාර්ගය ය. යමෙකුව රැකගැනීම ය, මෙය නිරෝධය යි. මේ චතුරාර්ය සත්‍යයෝ ය.

එනිසා ආයුෂ්මත් මහා කච්චායන තෙරණුවෝ 'එක් ආසන්න කාරණයක් වදාළ කල්හී.....' යනාදී ගාථාව වදාළහ.

නියුත්තෝ ආවට්ට හාරෝ
(ආවට්ට හාරය යොදන ලදී.)

3.1.8. විභත්ති හාර විභංගෝ
(දහම් කරුණු විග්‍රහ කොට දක්වා ධර්මය වෙතට රැගෙන යාම බෙදා දැක්වීමයි)

එහිදී 'විභත්ති හාර' යනු කුමක් ද? මෙය 'ධර්මයට ආසන්න කාරණය ත්, එය පිහිටන භූමිය ත්....' ආදී වශයෙන් වදාළ ගාථාව යි.

සූත්‍ර දේශනා දෙඅයුරකි. එකක් වාසනාවට අයත් සූත්‍රය ය. අනික තියුණු අවබෝධයට අයත් සූත්‍රය ය.

ප්‍රතිපදාවෝ දෙකකි. පිනට අයත් ප්‍රතිපදාව සහ මාර්ගඵලයන්ට අයත් ප්‍රතිපදාව ය.

සිල් දෙකකි. සංවර සීලය ත්, ප්‍රහාණ සීලය ත් ය.

එහිදී භාග්‍යවතුන් වහන්සේ වාසනාවට අයත් සූත්‍රයෙහිදී පිනට අදාළ ප්‍රතිපදාව ගැන දේශනා කරන සේක. එවිට ඒ තැනැත්තා සංවර සීලයෙහි පිහිටියේ ඒ බ්‍රහ්මචරියාවෙන් බඹසර ඇත්තෙක් වෙයි. එහිලා භාග්‍යවතුන් වහන්සේ තියුණු අවබෝධයට අයත් සූත්‍රය මාර්ගඵලාවබෝධයට යොමුකොට දේශනා කරන සේක. එවිට ඒ තැනැත්තා ප්‍රහාණ සීලයෙහි සිටියේ ඒ බ්‍රහ්මචරියාවෙන් බඹසර ඇත්තෙක් වෙයි.

එහිලා වාසනාවට අයත් සූත්‍ර යනු කුමක් ද? දානය පිළිබඳ කථාව ය. සීලය පිළිබඳ කථාව ය. ස්වර්ගෝත්පත්තිය පිළිබඳ කථාව ය. කාමයන්ගේ ආදීනව ය. කාමයන්ගෙන් නික්ම යෑමේ අනුසස් ය යනාදී මෙය වාසනාව ගැන විග්‍රහ වෙන සූත්‍රය යි.

එහිලා තියුණු අවබෝධයට අයත් සූත්‍ර යනු කුමක් ද? යම් චතුරාර්ය සත්‍ය ධර්මයක පැවසීමක් ඇද්ද, මෙය තියුණු අවබෝධය ගැන විග්‍රහ වෙන සූත්‍රය යි.

වාසනාවට අයත් සූත්‍ර දේශනා තුළ ධර්මාවබෝධයක්

නැත්තේ ය. මාර්ගයක් නැත්තේ ය. ඵලයක් නැත්තේ ය. තියුණු අවබෝධයට අයත් සූත්‍ර දේශනා තුළ ධර්මාවබෝධයක් ඇත්තේ ය. මාර්ගයක් ඇත්තේ ය. ඵලයක් ඇත්තේ ය.

(ඉදිරියෙහිදී කියනු ලබන කෙලෙසී යාම ගැන විග්‍රහ වෙන සූත්‍රය ත්, නිවන් මග හික්මී අවසන් කළ සේඛ පුද්ගලයන් විග්‍රහ වෙන සූත්‍රය ත් යන සූත්‍ර දෙක ද එක්කොට) මේ සූත්‍ර සතරකි. මේ සතර සූත්‍රයෝ දේශනාවෙන්, ඵලයෙන්, සීලයෙන්, බ්‍රහ්මචරියාවෙන්, සියළු අයුරින් විමසීමෙන්, ධර්මයට ගෙන යන ක්‍රමයෙන් විමසා යුක්තියට ගෙන යාමෙන්, ඥානයෙහි භූමිය යම්තාක් ද ඒ තාක් යෙදිය යුත්තාහ.

එහි සමාන සාධාරණ ධර්මයෝ මොනවාද? සමාන සාධාරණ ධර්ම දෙකකි. නමින් සාධාරණ වූත්, වස්තුවෙන් සාධාරණ වූත් ධර්මයෝ ය.

ඒකාන්ත මිසදිටු ගත් සත්වයන්ගේත්, එසේ ඒකාන්ත නොවන සත්වයන්ගේත් තිබෙන්නා වූ සෝවාන් මාර්ගයෙන් හෙවත් දර්ශනයෙන් ප්‍රහාණය කළ යුතු කෙලෙස් ඔවුන්ට සාධාරණ වෙයි.

පෘථග්ජන පුද්ගලයාගේ ත්, සෝවාන් පුද්ගලයාගේ ත් තිබෙන්නා වූ කාමරාග, ව්‍යාපාද කෙලෙස් ඔවුන්ට සාධාරණ වෙයි.

පෘථග්ජනයාගේ ත්, අනාගාමී පුද්ගලයාගේ ත් උඩ බ්‍රහ්මලෝකයන් කරා ගෙන යන උද්ධම්භාගීය සංයෝජනයන් ඔවුන්ට සාධාරණ වෙයි.

ආර්ය ශ්‍රාවක තෙමේ යම් ලෞකික සමාපත්තියකට සමවදියි ද, ඒ සමාපත්ති සියල්ල රාගය දුරු නොකළවුන්ගේ සමවතට සාධාරණ වෙයි.

මෙසේ සමාන සාධාරණ ධර්මයෝ එකිනෙකා තුළ වෙන වෙනම ත්, තම තමන් තුළ ත් ඊට අදාළ බව ඉක්මවා නොයයි.

යමෙක් මේ ධර්මයන්ගෙන් යුක්ත වෙයි ද, ඔහු ඒ ධර්මය ඉක්මවා නොයයි. මේ සාධාරණ ධර්මයෝ ය.

එහි අන්‍යයන්ට සාධාරණ හෙවත් පොදු නොවූ අසාධාරණ ධර්මයෝ මොනවා ද? යම්තාක් දේශනාව ගෙන සෙවිය යුත්තාහ. එනම්; සේඛ හෙවත් නිවන් මග හික්මෙන ශ්‍රාවකයෝ ත්, අසේඛ හෙවත් නිවන් මග හික්මී අවසන් කළ රහත් ශ්‍රාවකයෝ ත් මෙන්ම ධර්මාවබෝධයට යෝග්‍ය වූත් - අයෝග්‍ය වූත් පුද්ගලයෝ ය.

සෝවාන් මාර්ගයෙහි සිටින්නහුට ත්, සෝවාන් ඵලයට පත්වූවහුට ත් කාමරාගය හා ව්‍යාපාදය සාධාරණ ය. ධර්මතාවය පොදු නොවෙයි. සෝවාන් මාර්ගයෙහි සිටින්නහුට ත්, අනාගාමී මාර්ගයෙහි සිටින්නහුට ත් උද්ධම්භාගීය සංයෝජන පොදු ය. ඔවුන් දෙදෙනා අතර ඇති ධර්මතාවය පොදු නැත. නිවන් මග හික්මෙන සියළු දෙනා සේඛ යන නමට සාධාරණ වෙති. නමුත් ඔවුන් ලබා ඇති මාර්ගඵලවල වෙනස්කම් නැමැති ධර්මතාවයන් පොදු නැත. පිළිවෙත් පුරන සියළු දෙනාට 'පිළිවෙතෙහි පිළිපන්නෝ ය' යන නාමය සාධාරණ ය. එහෙත් එයින් ලැබෙන ප්‍රතිඵල අනුව ධර්මතාවය පොදු නැත. ධර්මයෙහි හික්මෙන සියළු දෙනාට සේඛ සීලය සාධාරණ ය. එහෙත් ධර්මයෙහි හික්මෙන මට්ටම් අනුව එම ධර්මතාවය පොදු නැත. මෙසේ අන්‍යයන්ට සාධාරණ නොවූ කරුණු දකින්නා විසින් හීන - උත්කෘෂ්ට - මධ්‍යම වශයෙන් ගෙන සෙවිය යුත්තේ ය.

සෝවාන් මාර්ගඥානය හෙවත් දස්සනභූමිය ආර්ය මාර්ග යෙහි බැසගැනීමට ඇති ආසන්න කාරණය යි. භාවනාභූමිය ඉහළ මාර්ගඵලයන්ට පත්වීමට ඇති ආසන්න කාරණය යි. අවබෝධය හෙමින් සිදුවන දුක් ප්‍රතිපදාව සමථයට ආසන්න කාරණය යි. අවබෝධය වේගයෙන් සිදුවන සැප ප්‍රතිපදාව විදර්ශනාවට ආසන්න කාරණය යි.

දානමය පුණ්‍යක්‍රියාව යන කරුණ අනුන්ගෙන් ධර්මය ඇසීමට ඇති කාටත් පොදු ආසන්න කාරණය යි. සීලමය පුණ්‍යක්‍රියාව චින්තාමය ප්‍රඥාවට ඇති කාටත් පොදු ආසන්න

කාරණය යි. භාවනාමය පුණ්‍යක්‍රියාව යන කරුණ භාවනාමය ප්‍රඥාවට ඇති කාටත් පොදු ආසන්න කාරණය යි.

දානමය පුණ්‍යක්‍රියාව අනුන්ගෙන් ධර්මය ඇසීමට ත්, සුතමය ප්‍රඥාවට ත් කාටත් පොදු ආසන්න කාරණය යි. සීලමය පුණ්‍යක්‍රියාව චින්තාමය ප්‍රඥාවට ත්, යෝනිසෝ මනසිකාරය ත් කාටත් පොදු ආසන්න කාරණය යි. භාවනාමය පුණ්‍යක්‍රියාව යන කරුණ භාවනාමය ප්‍රඥාවට ත්, සම්මා දිට්ඨියට ත් ඇති කාටත් පොදු ආසන්න කාරණය යි.

ධර්මයේ හැසිරීමට සුදුසු පෙදෙසක වාසය කිරීම චිත්ත විවේකයට ත්, සමාධියට ත් කාටත් පොදු ආසන්න කාරණය යි. සත්පුරුෂ ආශ්‍රය ත්, ත්‍රිවිධ රත්නය කෙරෙහි ඇති නොසෙල්වෙන පැහැදීම ත්, සමථයට ඇති කාටත් පොදු ආසන්න කාරණය යි. තමා ව යහපතෙහි පිහිටුවා ගැනීම පවට ලැජ්ජාවට ත්, විදර්ශනාවට ත් ඇති කාටත් පොදු ආසන්න කාරණය යි.

අකුසල් අත්හැරීම ත්, කුසල් විමසීම ත් සමාධි ඉන්ද්‍රියට ඇති කාටත් පොදු ආසන්න කාරණය යි. මැනැවින් වදාරණ ලද ධර්මය ඇති බව කුසල් මුල් උපදවා ගැනීමට ත්, ඵල සමාපත්තියට ත් ඇති කාටත් පොදු ආසන්න කාරණය යි. සංඝයාගේ පිළිවෙත් සරු බව ත්, සංඝයාගේ යහපත් බවත් කාටත් පොදු ආසන්න කාරණය යි. භාග්‍යවතුන් වහන්සේ මුණගැසීම හෙවත් ශාස්තෘ සම්පත්තිය නොපැහැදුනවුන්ගේ පැහැදීම පිණිස ත්, පැහැදුනවුන්ගේ වඩා පැහැදීම පිණිසත් ඇති කාටත් පොදු ආසන්න කාරණය යි. නොනසන ලද ප්‍රාතිමෝක්ෂ සිල් ඇති බව දුසිල් පුද්ගලයන්ට නිග්‍රහ පිණිස ද, ප්‍රියශීලී පුද්ගලයන්ට පහසුව පිණිස ද ඇති කාටත් පොදු ආසන්න කාරණය යි.

එනිසා ආයුෂ්මත් මහා කච්චායන තෙරණුවෝ 'ධර්මයට ආසන්න කාරණය ත්, එය පිහිටන භූමිය ත්....' යන ගාථාව වදාළහ.

නියුත්තෝ විභත්ති භාරෝ
(විභත්ති හාරය යොදන ලදී.)

3.1.9. පරිවත්තන හාර විභංගෝ

(කුසල - අකුසල ධර්මයන්ගේ දියුණුවත් පරිහානියත් පෙන්වා දී ධර්ම වෙත රැගෙන යන පරිවර්තන හාරයේ බෙදා දැක්වීමයි)

එහිදී 'පරිවත්තන හාර' යනු කුමක් ද? මෙය 'කුසල අකුසල ධර්මයන් පිළිබඳ ව....' ආදී වශයෙන් වදාළ ගාථාව යි.

නිවැරදි දෘෂ්ටියෙන් යුක්ත පුද්ගලයා හට මිථ්‍යා දෘෂ්ටිය විනාශ වූයේ වෙයි. ඔහු තුළ මිථ්‍යා දෘෂ්ටිය හේතුවෙන් යම් පාපී අකුසල් දහම් උපදියි නම්, ඒවා ද විනාශ වූවාහු වෙති. නිවැරදි දෘෂ්ටිය ප්‍රත්‍යයෙන් ඔහු තුළ නොයෙක් කුසල් දහම් උපදිත් ද, ඒවා භාවනාවෙන් සම්පූර්ණත්වයට පත්වෙති.

නිවැරදි සංකල්පයෙන් යුක්ත පුද්ගලයා හට මිථ්‍යා සංකල්පය විනාශ වූයේ වෙයි. ඔහු තුළ මිථ්‍යා සංකල්පය හේතුවෙන් යම් පාපී අකුසල් දහම් උපදියි නම්, ඒවා ද විනාශ වූවාහු වෙති. නිවැරදි සංකල්පය ප්‍රත්‍යයෙන් ඔහු තුළ නොයෙක් කුසල් දහම් උපදිත් ද, ඒවා භාවනාවෙන් සම්පූර්ණත්වයට පත්වෙති. මෙසේ නිවැරදි වචන භාවිතයෙන් යුක්ත පුද්ගලයාට ....(පෙ).... නිවැරදි කායික ක්‍රියාවෙන් යුක්ත පුද්ගලයාට ....(පෙ).... නිවැරදි ජීවිකාවෙන් යුක්ත පුද්ගලයාට ....(පෙ).... නිවැරදි උත්සාහයෙන් යුක්ත පුද්ගලයාට ....(පෙ).... නිවැරදි සිහියෙන් යුක්ත පුද්ගලයාට ....(පෙ).... නිවැරදි සමාධියෙන් යුක්ත පුද්ගලයාට ....(පෙ).... නිවැරදි විමුක්තියෙන් යුක්ත පුද්ගලයාට ....(පෙ).... නිවැරදි විමුක්ති ඥානදර්ශනයෙන් යුක්ත පුද්ගලයා හට මිථ්‍යා විමුක්ති ඥානදර්ශනය විනාශ වූයේ වෙයි. ඔහු තුළ මිථ්‍යා විමුක්ති ඥානදර්ශනය හේතුවෙන් යම් පාපී අකුසල් දහම් උපදියි නම්, ඒවා ද විනාශ වූවාහු වෙති. නිවැරදි විමුක්ති ඥානදර්ශනය ප්‍රත්‍යයෙන් ඔහු තුළ නොයෙක් කුසල් දහම් උපදිත් ද, ඒවා භාවනාවෙන් සම්පූර්ණත්වයට පත්වෙති.

තව ද සතුන් මැරීමෙන් වැළකී සිටින කෙනෙකුට

සතුන් මැරීම ප්‍රහාණය වූයේ වෙයි. සොරකම් කිරීමෙන් වැළකී සිටින කෙනෙකුට සොරකම ප්‍රහාණය වූයේ වෙයි. බඹසර සිල් ඇති කෙනෙකුට අබ්‍රහ්මචාරී බව ප්‍රහාණය වූයේ වෙයි. සත්‍යය කියන්නෙකුට බොරු කීම ප්‍රහාණය වූයේ වෙයි. සමගි බස් කියන්නෙකුට කේළම ප්‍රහාණය වූයේ වෙයි. මෘදු බස් කියන්නෙකුට පරුෂ වචනයෙන් බැණ වැදීම ප්‍රහාණය වූයේ වෙයි. කල්යල් බලා වැදගත් වචන කතා කරන්නෙකුට හිස් වචනය ප්‍රහාණය වූයේ වෙයි. අන්සතු දෙයට ආශා නොකරන්නෙකුට අභිධ්‍යාව ප්‍රහාණය වූයේ වෙයි. තරහ නැති සිත් ඇත්තෙකුට ව්‍යාපාදය ප්‍රහාණය වූයේ වෙයි. සම්මා දිට්ඨියෙන් යුක්ත වූවෙකුට මිථ්‍යා දෘෂ්ටිය ප්‍රහාණය වූයේ වෙයි.

තව ද යම්කිසි කෙනෙක් ආර්ය අෂ්ටාංගික මාර්ගයට ගරහත් ද, ඔවුන් වෙත මෙලොව දී ම කරුණු සහිත ව ගැරහුම් ලබන වාද විවාදයෝ පැමිණෙති. 'ඒ භවත්හු සම්මා දිට්ඨි ධර්මයට ගරහති. ඒ ගැරහීම නිසා යම් මිථ්‍යා දෘෂ්ටික කෙනෙක් වෙත් ද, ඔවුහු ඒ භවතුන්ගේ පූජාවට ත්, ප්‍රශංසාවට ත් ලක්වූවාහු වෙති.' මෙසේ ඒ භවත්හු සම්මා දිට්ඨි ධර්මයට ගරහති. ....(පෙ).... සම්මා සංකල්ප ධර්මයට ගරහති. ....(පෙ).... සම්මා වාචා ධර්මයට ගරහති. ....(පෙ).... සම්මා කම්මන්ත ධර්මයට ගරහති. ....(පෙ).... සම්මා ආජීව ධර්මයට ගරහති. ....(පෙ).... සම්මා වායාම ධර්මයට ගරහති. ....(පෙ).... සම්මා සති ධර්මයට ගරහති. ....(පෙ).... සම්මා සමාධි ධර්මයට ගරහති. ....(පෙ).... සම්මා විමුක්ති ධර්මයට ගරහති. ....(පෙ).... සම්මා විමුක්ති ඥානදර්ශන ධර්මයට ගරහති. යම් කෙනෙක් මිථ්‍යා විමුක්ති ඥානදර්ශන ඇත්තාහු ද, ඒ භවතුන්ගේ පූජාවට ත්, ප්‍රශංසාවට ත් ලක්වූවෝ ඔවුහු ය.

තව ද යම්කිසි කෙනෙක් මෙසේ කීවාහු ද, 'කාමයෝ වැළඳිය යුත්තාහ. කාමයෝ පරිහරණය කළ යුත්තාහ. කාමයෝ සේවනය කළ යුත්තාහ. කාමයෝ නිතර සේවනය කළ යුත්තාහ. කාමයෝ දියුණු කළ යුත්තාහ. කාමයෝ බහුල ව භාවිත කළ යුත්තාහ' යනුවෙනි. එවිට කාමයන්ගෙන් වෙන්වීම ඔවුන් හට අධර්මය ය.

තව ද යම්කිසි කෙනෙක් මෙසේ කීවාහු ද, 'සිරුරට බොහෝ දුක් දී යෝග කිරීම ධර්මය' යි. ඔවුන් හට නිවන පිණිස පවතින මධ්‍යම ප්‍රතිපදාව අධර්මය යි.

තව ද යම්කිසි කෙනෙක් මෙසේ කීවාහු ද, 'කයට දුක් දීම ධර්මය' යි. ධාර්මික ව ලබන සමථ විදර්ශනා සැපය නම් වූ ධර්මය ඔවුන්ට අධර්මය යි.

තව ද සියළු සංස්කාරයන් පිළිබඳ ව අසුභ වශයෙන් දකිමින් වාසය කරන භික්ෂුවට සුභ සංඥාව ප්‍රහීණ වෙයි ද, දුක් වශයෙන් දකිමින් වාසය කරන භික්ෂුවට සැප සංඥාව ප්‍රහීණ වෙයි ද, අනිත්‍ය වශයෙන් දකිමින් වාසය කරන භික්ෂුවට නිත්‍ය සංඥාව ප්‍රහීණ වෙයි ද, අනාත්ම වශයෙන් දකිමින් වාසය කරන භික්ෂුවට ආත්ම සංඥාව ප්‍රහීණ වෙයි ද, යම් යම් ධර්මයක් රුචි කරයි නම් හෝ පැමිණෙයි නම් හෝ ඒ ඒ ධර්මයට විරුද්ධ වූ යමක් ඇද්ද, ඒ විරුද්ධ දෙය අයහපත් හෙයින් ධර්මය තුළින් දුවී යන්නේ වෙයි.

එනිසා ආයුෂ්මත් මහා කච්චායන තෙරණුවෝ 'කුසලාකුසල ධර්මයන් පිළිබඳ ව.....' යි ගාථාව වදාළහ.

නියුත්තෝ පරිවත්තන හාරෝ
(පරිවත්තන හාරය යොදන ලදී.)

3.1.10. වේවචන හාර විභංගෝ

(එක් ධර්මයකට සමාන අරුත් ඇති බොහෝ වචන තුළින් ධර්මය කරා ගෙන යාම බෙදා දැක්වීමයි)

එහිදී 'වේවචන හාර' යනු කුමක් ද? මෙය 'සමාන අරුත් ඇති වචන විග්‍රහ තුළින්....' ආදී වශයෙන් වදාළ ගාථාව යි.

භාග්‍යවතුන් වහන්සේ අන්‍යෝන්‍ය වශයෙන් බොහෝ සමාන අරුත් ඇති වචනයන්ගෙන් එක් ධර්මයක් විස්තර කරන සේක.

යම් සේ භාග්‍යවතුන් වහන්සේ මෙසේ වදාළ සේක් ද;

"ආසා පිහා ච අභිනන්දනා ච
අනේකධාතූසු සරා පතිට්ඨිතා
අඤ්ඤාණමූලප්පභවා පජප්පිතා
සබ්බා මයා බ්‍යන්තිකතා සමූලකා'ති"

(.................)

"ආශාවත්, ඉතා ප්‍රිය කිරීම ත්, සතුටත්, පිළිගැනීම ත්, නොයෙක් ධාතු ස්වභාවයන් තුළ පැතිර බැසගෙන පිහිටා ඇති අවිද්‍යා මූලයෙන් හටගත් සියළු තෘෂ්ණාවෝ මා විසින් සහමුලින් ම නසන ලද්දාහ."

'**ආසා**' නමින් කියනු ලබන්නේ අනාගතයේ යමක් ලබන්නට ප්‍රාර්ථනා කිරීම යි. අවශ්‍යයෙන් ම පැතූ දේ ලැබෙන්නේ යැයි ඔහුට ආශාව උපදියි. '**පිහා**' යනු වර්තමානයේ යමක් ලබන්නට ඇති ආශාව යි. තමාට වඩා උසස් කෙනෙකු දැක 'මම ත් මෙබඳු අයෙක් වන්නෙම් නම්' යි ඔහු තුළ එයට ඉතා ප්‍රිය බවක් උපදියි. තමන්ට ලැබුණු දෙය රැකගැනීම පිණිස සතුටින් පිළිගැනීම '**අභිනන්දනා**' නම් වෙයි. ප්‍රිය ඥාතියෙකු හෝ සතුටින් පිළිගනියි. ප්‍රිය වූ අරමුණක් හෝ සතුටින් පිළිගනියි. පිළිකුල් නොවන දෙයක් හෝ සතුටින් පිළිගනියි.

'**නොයෙක් ධාතු ස්වභාවය**' යනු මෙය යි. ඇස නැමැති ධාතු ස්වභාවය ය. රූප නැමැති ධාතු ස්වභාවය ය. ඇසේ විඤ්ඤාණය නැමැති ධාතු ස්වභාවය ය. කන නැමැති ධාතු ස්වභාවය ය. ශබ්ද නැමැති ධාතු ස්වභාවය ය. කනේ විඤ්ඤාණය නැමැති ධාතු ස්වභාවය ය. නාසය නැමැති ධාතු ස්වභාවය ය. ගන්ධ නැමැති ධාතු ස්වභාවය ය. නාසයේ විඤ්ඤාණය නැමැති ධාතු ස්වභාවය ය. දිව නැමැති ධාතු ස්වභාවය ය. රසය නැමැති ධාතු ස්වභාවය ය. දිවේ විඤ්ඤාණය නැමැති ධාතු ස්වභාවය ය. කය නැමැති ධාතු ස්වභාවය ය. පහස නැමැති ධාතු ස්වභාවය ය. කයේ විඤ්ඤාණය නැමැති ධාතු ස්වභාවය ය. මනස නැමැති

ධාතු ස්වභාවය ය. මනසේ උපදින අරමුණු නැමැති ධාතු ස්වභාවය ය. මනෝ විඤ්ඤාණය නැමැති ධාතු ස්වභාවය ය.

'බැසගෙන පිහිටා ඇති' යනු කෙනෙක් රූපය කෙරෙහි තෘෂ්ණාවෙන් බැසගෙන සිටිති. කෙනෙක් ශබ්දය කෙරෙහි තෘෂ්ණාවෙන් බැසගෙන සිටිති. කෙනෙක් ගන්ධය කෙරෙහි තෘෂ්ණාවෙන් බැසගෙන සිටිති. කෙනෙක් රසය කෙරෙහි තෘෂ්ණාවෙන් බැසගෙන සිටිති. කෙනෙක් පහස කෙරෙහි තෘෂ්ණාවෙන් බැසගෙන සිටිති. කෙනෙක් මනසෙහි උපදින අරමුණු කෙරෙහි තෘෂ්ණාවෙන් බැසගෙන සිටිති.

එහිලා ගිහි ජීවිතය හා බැඳුණු සය වැදෑරුම් දොම්නස් ය. ගිහි ජීවිතය හා බැඳුණු සය වැදෑරුම් සොම්නස් ය. නෙක්ඛම්මය හා බැඳුණු සය වැදෑරුම් දොම්නස් ය. නෙක්ඛම්මය හා බැඳුණු සය වැදෑරුම් සොම්නස් ය. මේ විඳීම් විසි හතර ඇත්තේ තෘෂ්ණාව පැත්තේ ය. මෙය තෘෂ්ණාව පිළිබඳ සමාන අරුත් ඇති වචනයෝය.

ගිහි ජීවිතය හා බැඳුණු සය වැදෑරුම් උපේක්ෂා විඳීමක් ඇත්තේ ය. මෙය දෘෂ්ටියට අයත් ය. ඒ තෘෂ්ණාව ම ප්‍රාර්ථනා ආකාරයෙන් යම් අරමුණු කෙරෙහි සතුටු වීම ත්, අරමුණු කෙරෙහි ප්‍රේමය ත්, අරමුණු තුළ බැසගැනීම ත් වෙයි ද, මෙය තෘෂ්ණාව පිළිබඳ සමාන අරුත් ඇති වචනයෝ ය.

සිත, මනස, විඤ්ඤාණය යන මෙය සිතට කියන සමාන අරුත් ඇති වචනයන් ය. මනස නැමැති ඉන්ද්‍රිය ය, මනස නැමැති ධාතු ස්වභාවය ය, මනස නැමැති ආයතනය ය, විශේෂයෙන් දැනගන්නා බව ය යනාදිය මනසට කියන සමාන අරුත් ඇති වචනයෝ ය.

ප්‍රඥා ඉන්ද්‍රිය ය, ප්‍රඥා බලය ය, අධිප්‍රඥා ශික්ෂාව ය, ප්‍රඥාව ය, ප්‍රඥා ස්කන්ධය ය, ධර්මය විමසීම හෙවත් ධම්මවිචය බොජ්ඣංගය ය, ඥානය ය, සම්මා දිට්ඨිය ය, නුවණින් නිශ්චය කිරීම ය, විදර්ශනාව ය, ධර්මය පිළිබඳ ඥානය ය, අර්ථය පිළිබඳ

ඥානය ය, ඒ ධර්ම අර්ථ අනුව ගිය අන්වයේ ඥානය ය, කෙලෙස් ක්ෂය වීම දන්නා ඥානය ය, කෙලෙස් ක්ෂය වීම පිණිස තවදුරටත් කළ යුතු දෙයක් නැතැයි දන්නා අනුප්පාදේ ඥානය ය, අවබෝධ නොකළ චතුරාර්ය සත්‍යය අවබෝධ කරන්නෙමි යි ඇතිවෙන අනඤ්ඤාතඤ්ඤස්සාමි ඉන්ද්‍රිය ය, අවබෝධ කරමින් සිටින බව දන්නා අඤ්ඤින්ද්‍රිය ය, අවබෝධ කොට අවසන් වූ බව දන්නා අඤ්ඤාතාවී ඉන්ද්‍රිය ය, දහම් ඇස ය, විද්‍යාව ය, අවබෝධය ය, සුවිශාල ඥානය ය, සොඳුරු ඥානය ය, ආලෝකය ය යනාදී යම්කිසි වචනයක් ඇද්ද, මෙබඳු ස්වභාව ඇති තවත් වචන ඇද්ද, මේ ප්‍රඥාවට කියන සමාන අරුත් ඇති වචනයෝ ය.

ශ්‍රද්ධා - විරිය - සති - සමාධි - ප්‍රඥා යන ඉන්ද්‍රිය ධර්ම පස ලෝකෝත්තර වෙයි. සියල්ල ප්‍රඥාව ය. කුසලයෙහි පිහිටන්නට අධිපතිවීම අර්ථයෙන් ශ්‍රද්ධාව ය. උත්සාහය පටන් ගන්නා බව අර්ථයෙන් වීර්යය ය. විවිධ අරමුණුවල ඉල්පෙන ස්වභාවය නැති බව යන අර්ථයෙන් සතිය ය. සිතේ නොවිසුරුණු බව යන අර්ථයෙන් සමාධිය ය. අවබෝධ කරවන බව යන අර්ථයෙන් ප්‍රඥාව ය.

මෙසේ බුද්ධානුස්සතියෙහි දී වදාරණ ලද්දේ ය.

"මේ මේ කරුණු නිසාවෙන් ඒ භාග්‍යවතුන් වහන්සේ අරහං වන සේක. සම්මා සම්බුද්ධ වන සේක. විජ්ජාචරණ සම්පන්න වන සේක. සුගත වන සේක. ලෝකවිදූ වන සේක. අනුත්තරෝ පුරිසදම්ම සාරථී වන සේක. සත්ථා දේවමනුස්සානං වන සේක. බුද්ධ වන සේක. භගවා වන සේක" යනුවෙනි.

ඒ භාග්‍යවතුන් වහන්සේ ඥානබලයෙන් සම්පූර්ණ ව ගිය සේක (**බලනිප්ඵත්තිගතෝ**). විශාරද බවට පත් වූ සේක (**වේසරජ්ජප්පත්තෝ**). සතර පටිසම්භිදා ලැබූ සේක (**අධිගතපටිසම්භිදා**). සතර කෙලෙස් යෝග ප්‍රහාණය කළ සේක (**චතුයෝග විප්පහීණෝ**). සතර අගතීන් ඉක්ම ගිය සේක (**අගතිගමන වීතිවත්තෝ**). කෙලෙස් හුල් උපුටා හල සේක (**උද්ධටසල්ලෝ**). කිසිදා කෙලෙසුන්ට ඇතිවිය නොහැකි පරිදි

ඉඳුරන් වසාගත් සේක (**නිරුළ්හවණෝ**). කෙලෙස් කටු මැඩලූ සේක (**මද්දිතකණ්ඨකෝ**). මතුවෙන්නට ඉඩ තිබූ සියළු කෙලෙස් නිවා දැමූ සේක (**නිබ්බාපිත පරියුට්ඨානෝ**). දිව්‍ය වූ ද මානුෂික වූ ද සියළු බන්ධන ඉක්මවා ගිය සේක (**බන්ධනාතීතෝ**). කෙලෙස් ගැට ලිහා දැමූ සේක (**ගන්ථවිනිවේඨනෝ**). කෙලෙස් බැස ගැනීම් ඉක්ම ගිය සේක (**අජ්ඣාසයවීතිවත්තෝ**). අන්ධකාරය බිඳ දැමූ සේක (**භින්නන්ධකාරෝ**). දහම් ඇස් ඇති සේක (**චක්ඛුමා**). අටලෝ දහම ඉක්මගිය සේක (**ලෝකධම්ම සමතික්කන්තෝ**). ඇලීම් ගැටීම්වලින් තොර වූ සේක (**අනුරෝධවිරෝධ විප්පයුත්තෝ**). ඉටු අනිටු අරමුණුවලට නොහැකිලෙන සේක (**ඉට්ඨානිට්ඨධම්මේසු අසංඛේපගතෝ**). සියළු බන්ධන ඉක්මගිය සේක (**බන්ධනාතිවත්තෝ**). කෙලෙස් යුද්ධය දිනා අවසන් කොට පසෙකින් තැබූ සේක (**ඨපිතසංගාමෝ**). ඉතා සොඳුරු වන සේක (**අභික්කන්තතරෝ**). නැණ පහන් දරණ සේක (**උක්කාධරෝ**). ප්‍රඥාලෝකය ලබාදෙන සේක (**ආලෝකකරෝ**). නැණ පහන් දල්වන සේක (**පජ්ජෝතකරෝ**). අඳුර දුරලන සේක (**තමෝනුදෝ**). කෙලෙස් දුරු කරන සේක (**රණඤ්ජහෝ**). අප්‍රමාණ වර්ණනා ඇති සේක (**අපරිමාණවණ්ණෝ**). පමණ නොකළ හැකි වර්ණනා ඇති සේක (**අප්පමෙය්‍යවණ්ණෝ**). සංඛ්‍යාවකට ගත නොහැකි තරම් වර්ණනා ඇති සේක (**අසංඛෙය්‍යවණ්ණෝ**). එළිය ඇති කරන සේක (**ආභංකරෝ**). ප්‍රභාව ඇතිකරන සේක (**පභංකරෝ**). ධර්මාලෝකයෙන් එළිය කරන සේක (**ධම්මෝභාසපජ්ජෝතකරෝ**) යනුවෙන් ද ඒ භාග්‍යවතුන් වහන්සේ පිළිබඳ ව මේ බුද්ධානුස්සතියට සමාන අරුත් ඇති වචනයෝ ය.

මෙසේ ධම්මානුස්සතියේ දී වදාරණ ලද්දේ ය.

"භාග්‍යවතුන් වහන්සේ විසින් ධර්මය මනාකොට වදාරණ ලද්දේ ය (**ස්වාක්ඛාතෝ**). මේ ජීවිතයේ දී ම තමන් තුළින් ධර්මය දැකගත යුත්තේ ය (**සන්දිට්ඨිකෝ**). කාලයකට අයත් නැත්තේ ය (**අකාලිකෝ**). ඇවිත් බලන්නැයි කිව හැක්කේ ය (**ඒහිපස්සිකෝ**). තමා තුළට පමුණුවා ගත යුත්තේ ය (**ඕපනයිකෝ**). නැණවතුන්

විසින් තම තම නැණ පමණින් දැක්ක යුත්තේ ය (**පච්චත්තං වේදිතබ්බෝ විඤ්ඤූහී**).

ඒ ධර්මය මාන මද නසා දමයි (**මදනිම්මදනෝ**). කෙලෙස් පිපාස දුරු කර දමයි (**පිපාසවිනයෝ**). තෘෂ්ණා ආලය නසා දමයි (**ආලයසමුග්ඝාතෝ**). සසර ගමන සිඳ දමයි (**වට්ටූපච්ඡේදෝ**). දුකට අයත් සියල්ල ඉවත් කොට හිස් කරයි (**සුඤ්ඤතෝ**). අති දුර්ලභ දෙයකි (**අතිදුල්ලභෝ**). තණ්හාව ගෙවා දමයි (**තණ්හක්ඛයෝ**). රාගය දුරු කරයි (**විරාගෝ**). දුක් උපදවන හේතූන් නිරුද්ධ කරයි (**නිරෝධෝ**). නිවීම ඇති කරයි (**නිබ්බානං**).

"අසංඛතං නන්තමනාසවඤ්ච
සච්චං ච පාරං නිපුණං සුදුද්දසං
අජජ්ජරං ධුවං අපලෝකිතඤ්ච
අනිදස්සනං නිප්පපඤ්චං ච සන්තන්'ති."

(....................)

"ඒ අමා නිවන හේතුඵලයෙන් නොසැකසුණේ ය (**අසංඛතං**). කෙළවරක් දැක්ක නොහැක්කේ ය (**අනන්තං**). ආශ්‍රවයන්ට අරමුණු නොවෙයි (**අනාසවං**). නොවෙනස්වන ස්වභාවය ඇත්තේ ය (**සච්චං**). සසරෙන් එතෙර ය (**පාරං**). ඉතා සියුම් නුවණින් දැක්ක යුත්තේ ය (**නිපුණං**). දැකීමට ඉතා දුෂ්කර ය (**සුදුද්දසං**). කිසිදා නොදිරයි (**අජජ්ජරං**). ස්ථිර ය (**ධුවං**). හට ගැනීම් - නැසීම් වලින් තොබිඳෙයි (**අපලෝකිතං**). නිදර්ශන රහිත ය (**අනිදස්සනං**). පසුපසින් කෙලෙස් හඹා ඒමක් නැත්තේ ය (**නිප්පපඤ්චං**). කෙලෙස් සංසිඳී ඇත්තේ ය (**සන්තං**)."

"අමතං පණීතං සිවං ච ඛේමං
තණ්හක්ඛයෝ අච්ඡරියඤ්ච අබ්භුතං
අනීතිකං අනීතිකධම්මං
නිබ්බානමේතං සුගතේන දේසිත'න්ති"

(..................)

"සුගතයන් වහන්සේ විසින් වදාරණ ලද ඒ අමා නිවන මරණයට කරුණු නොවන දෙයකි (**අමතං**). අතිශයින් ම උතුම් ය (**පණීතං**). සසර භය නැත්තේ ය (**සිවං**). උපද්‍රව නැති තැනකි (**ඛේමං**). තණ්හාව ක්ෂය වී ගිය තැන ය (**තණ්හක්ඛයෝ**). බොහෝ කලාතුරකින් දකින අසිරිමත් දෙයකි (**අච්ඡරියං**). අද්භූත දෙයකි (**අබ්භූතං**). අනතුරු නැති තැනකි (**අනීතිකං**). අනතුරු නැති ස්වභාවයෙන් යුක්ත දෙයකි (**අනීතිකධම්මං**)."

"අජාතං අභූතං අනුපද්දවං ච
අකතං අසෝකං අථෝ විසෝකං
අනුපසග්ගං අනුපසග්ගධම්මං
නිබ්බානමේතං සුගතේන දේසිත'න්ති"

(..................)

"සුගතයන් වහන්සේ විසින් වදාරණ ලද ඒ අමා නිවන නූපන් දෙයකි (**අජාතං**). හටනොගන්නා දෙයකි (**අභූතං**). උපද්‍රව නැති දෙයකි (**අනුපද්දවං**). කිසිවකින් නොකරන ලද දෙයකි (**අකතං**). ශෝක රහිත දෙයකි (**අසෝකං**). ශෝකය බැහැර වූ දෙයකි (**විසෝකං**). පීඩා රහිත දෙයකි (**අනුපසග්ගං**). පීඩා රහිත ස්වභාවයෙන් යුතු දෙයකි (**අනුපසග්ගධම්මං**)."

"ගම්භීරංචේව දුප්පස්සං
උත්තරං ච අනුත්තරං
අසමං අප්පටිසමං
ජෙට්ඨං සෙට්ඨන්ති වුච්චතී'ති"

(..................)

"ඒ අමා නිවන ගැඹුරු නුවණට අරමුණු වන දෙයකි (**ගම්භීරං**). ආර්ය මාර්ගයෙන් තොර ව නොදැකිය හැකි දෙයකි (**දුප්පස්සං**). සියළු ලොව තරණය කොට සිටි දෙයකි (**උත්තරං**). නිවනට වඩා උතුම් වෙනත් දෙයක් නැත්තේ ය (**අනුත්තරං**). නිවනට සමාන දෙයක් නැත්තේ ය (**අසමං**). නිවනට සම කළ හැකි කිසිවක් නැත්තේ ය (**අප්පටිසමං**). සියළු ගුණයන්ට වඩා වැඩිමහළු ය (**ජෙට්ඨං**). සියළු ගුණයන්ට වඩා ශ්‍රේෂ්ඨ ය (**සෙට්ඨං**) යැයි කියනු ලැබේ."

"ලේණං ච තාණං අරණං අනංගණං
අකාචමේතං විමලන්ති වුච්චති
දීපෝ සුඛං අප්පමාණං පතිට්ඨා
අකිඤ්චනං අප්පපඤ්චන්ති වුත්ත'න්ති"

(....................)

ඒ අමා නිවන සසර දුකින් පීඩිතවුන්ට රැකවරණය ඇති එකම තැන ය (**ලේණං**). සසර දුකින් බේරාගන්නා තැන ය (**තාණං**). කෙලෙස් නැති තැන ය (**අරණං**). උපක්ලේශ නැති තැන ය (**අනංගණං**). දොස් නැති තැන ය (**අකාච**). නිර්මල තැන ය (**විමලං**). සසර සැඩ සයුරට යට නොවන දූපත ය (**දීපෝ**). කෙලෙස් නැතිවීමෙන් සැප ලබන තැන ය (**සුඛං**). පමණ නොකළ හැකි තැන ය (**අප්පමාණං**). සසර සයුරෙහි නොගිලී පිහිටන තැන ය (**පතිට්ඨා**). රාගාදී කෙලෙස් නැති තැන ය (**අකිඤ්චනං**). පසුපසින් කෙලෙස් හඹා නොඑන තැන ය (**අප්පපඤ්චං**) යි වදාරණ ලද්දේ ය.

මේ ධම්මානුස්සතියට සමාන අරුත් ඇති වචනයෝ ය.

මෙසේ සංඝානුස්සතියේ දී වදාරණ ලද්දේ ය.

භාග්‍යවතුන් වහන්සේගේ ශ්‍රාවක සංඝ තෙමේ නිවැරදි ප්‍රතිපදාවට පිළිපන්නේ ය (**සුපටිපන්නො**). ආර්ය අෂ්ටාංගික මාර්ගය නැමැති නිවන වෙත යන ඍජු ප්‍රතිපදාවට පිළිපන්නෝ ය (**උජුපටිපන්නො**). අවබෝධය ඇතිවෙන ප්‍රතිපදාවට පිළිපන්නෝ ය (**ඤායපටිපන්නො**). යහපත් ධර්මය පවසන ප්‍රතිපදාවට පිළිපන්නෝ ය (**සාමීචිපටිපන්නො**). පුරුෂ යුගල වශයෙන් සිව් නමක් ද, පුරුෂ පුද්ගල වශයෙන් අට නමක් ද වන භාග්‍යවතුන් වහන්සේගේ ශ්‍රාවක සංඝ තෙමේ දුර සිට දන් පැන් ගෙනවුත් පිදීමට සුදුසු ය (**ආහුනෙය්‍යො**). ආගන්තුක සත්කාරයට සුදුසු ය (**පාහුනෙය්‍යො**). පින් සළකා දෙන දනට සුදුසු ය (**දක්ඛිණෙය්‍යො**). වැඳුම් පිදුම් ලැබීමට සුදුසු ය (**අඤ්ජලිකරණීයෝ**). ලොවෙහි උතුම් පින්කෙත ය (**අනුත්තරං පුඤ්ඤක්ඛෙත්තං ලෝකස්ස**).

භාග්‍යවතුන් වහන්සේගේ ශ්‍රාවක සංඝ තෙමේ සීලයෙන් යුක්ත ය (**සීලසම්පන්නෝ**). සමාධියෙන් යුක්ත ය (**සමාධිසම්පන්නෝ**). ප්‍රඥාවෙන් යුක්ත ය (**පඤ්ඤාසම්පන්නෝ**). විමුක්තියෙන් යුක්ත ය (**විමුත්තිසම්පන්නෝ**). විමුක්ති ඥානදර්ශයෙන් යුක්ත ය (**විමුත්තිඤාණදස්සනසම්පන්නෝ**). සත්වයන්ගේ සුවඳ හමන අරටුව ය (**සත්තානං සාරෝ**). සත්වයන්ගෙන් උඩට ම පෙරාගත් ප්‍රණීත ගුණ සම්පත ය (**සත්තානං මණ්ඩෝ**). ගුණධර්මයන් විසින් ම දෙව්මිනිස් සත්වයන් අතර උඩටම මතුකරන ලද්දේ ය (**සත්තානං උද්ධාරෝ**). සත්වයන් අතර අටලෝ දහමට නොසැලෙන ඉන්ද්‍රඛීලය ය (**සත්තානං ඒසිකා**). සත්වයන් අතර ගුණ සුවඳින් සුසෝභිත වූ සුවඳ කුසුම ය (**සත්තානං සුරභිපසූනං**). දෙවියන් විසිනුත්, මිනිසුන් විසිනුත් පුදන ලද්දේ ය (**පුජ්ජෝ දේවානං මනුස්සානං**) යනාදී වශයෙන් සංඝානුස්සතියට මේ සමාන අරුත් ඇති වචනයෝ ය.

මෙසේ සීලානුස්සතියේ දී වදාරණ ලද්දේ ය.

යම් මේ සමාදන් වූ සිල් පදයෝ (**සීලානි**) නොකැඩී තිබෙත් ද (**අඛණ්ඩානි**), සිදුරු ව නොතිබෙත් ද (**අච්ඡිද්දානි**), කැලැල් නොතිබෙත් ද (**අසබලානි**), අතරින් පතර නොබිඳී නොතිබෙත් ද (**අකම්මාසානි**), දොස් රහිත වෙත් ද (**අරියානි**), බුද්ධාදී සත්පුරුෂ උතුමන්ට ප්‍රියමනාප වෙත් ද (**අරියකන්තානි**), තෘෂ්ණාදාස භාවයෙන් නිදහස් ව තිබෙත් ද (**භුජිස්සානි**), බුද්ධාදී නුවණැතියන් විසින් පසස්නා ලද්දාහු ද (**විඤ්ඤුප්පසත්ථානි**), තෘෂ්ණා දෘෂ්ටි හා බැඳී නොපවතිත් ද (**අපරාමට්ඨානි**), සමාධිය පිණිස පවතිත් ද (**සමාධිසංවත්තනිකානි**), ගුණ අතර උතුම් වූ ප්‍රඥාව ශෝභමාන කරවන අලංකාරය සීලය යි (**අලංකාරෝ ච සීලං උත්තමංගෝපසෝභනතාය**). සියළු දුර්භාග්‍යයන් ඉක්මවා යන අර්ථයෙන් මහා නිධානය සීලය යි (**නිධානං ච සීලං සබ්බ දෝභග්ගසමතික්කමනට්ඨේන**). අකුණු සැර එළියෙන් හීය විදින ශිල්පය බඳු දෙය සීලය යි (**සිප්පඤ්ච සීලං අක්ඛණවේධිතාය**). සිල් පදයෙහි සීමාව ඉක්මවා නොයන අර්ථයෙන් වෙරළ බඳු සීලය යි (**වේලා ච සීලං අනතික්කමනට්ඨේන**). දිළිඳු බව

නසා දමන අර්ථයෙන් ධාන්‍යය සීලය යි (ධඤ්ඤං ච සීලං දාළිද්දෝපච්ඡේදනට්ඨේන). ධර්මය බැලීම පිණිස ඇති කැඩපත සීලය යි (ආදාසෝ ච සීලං ධම්මවෝලෝකනතාය). විශිෂ්ට ඥානය තුළින් ලොව දෙස බලන ප්‍රාසාදය සීලය යි (පාසාදෝ ච සීලං වෝලෝකනට්ඨේන). නිවන අවසාන කොට ඇති දස්සනභූමි, භාවනාභූමි ආදී සියළු භූමීන්ට අනුව පවතින සීලය යි (සබ්බභූමානුපරිවත්ති ච සීලං අමත පරියෝසානං). සීලානුස්සතියට මේ සමාන අරුත් ඇති වචනයෝ ය.

එසේ ම චාගානුස්සතියේ දී වදාරණ ලද්දේ ය.

යම් අවස්ථාවක ආර්‍යශ්‍රාවක තෙමේ ගිහිගෙයි වාසය කරයි ද, එහිදී ඔහු දීම පිණිස දැහැමින් සෙමෙන් ලත් ධනය අත්හැර සිටියි (මුත්තචාගෝ). දීම පිණිස සෝදාගත් අත් ඇතිව සිටියි (පයතපාණී). දන්දීමෙහි ඇලී සිටියි (වොස්සග්ගරතෝ). අන්‍යයන් විසින් ඉල්ලීමට සුදුසු වෙයි (යාචයෝගෝ). දන් බෙදීමෙහි ඇලුණේ වෙයි (දාන සංවිභාගරතෝ). චාගානුස්සතියට මේ සමාන අරුත් ඇති වචනයෝ ය.

එනිසා ආයුෂ්මත් මහා කච්චායන තෙරණුවෝ 'බොහෝ සමාන අරුත් ඇති වචනයෝ ය....' යනාදී ගාථාව වදාළහ.

නියුත්තෝ වේවචන හාරෝ
(වේවචන හාරය යොදන ලදී.)

3.1.11. පඤ්ඤත්ති හාර විභංගෝ

(එක් ධර්මයක් විවිධ ධර්මයන්ගේ දෙසීම තුළින් ධර්මය කරා ගෙන යාම බෙදා දැක්වීමයි)

එහිදී 'පඤ්ඤත්ති හාර' යනු කුමක් ද? මෙය 'භාග්‍යවතුන් වහන්සේ එක් ධර්මයක් පණවන සේක් නමුත් එය විවිධ ධර්මයන්ගෙන් දෙසන සේක....' ආදී වශයෙන් වදාළ ගාථාව යි.

භාග්‍යවතුන් වහන්සේගේ ප්‍රකෘති කථාවෙන් වදාරණු ලබන යම් දේශනාවක් ඇද්ද, මෙය අවබෝධ කළ යුතු කරුණු ඇතුළත් කොට කරනු ලබන පැණවීම යි. ප්‍රකෘති කථාවෙන් වදාරණු ලබන දේශනාව යනු කුමක් ද? චතුරාර්ය සත්‍යය යි. එය භාග්‍යවතුන් වහන්සේ 'මෙය දුකයි' යනුවෙන් වදාළ සේක. මෙය ප්‍රඥප්තිය හෙවත් පැණවීම යි.

පංච ස්කන්ධයන්ගේ, සය වැදෑරුම් ධාතුන්ගේ, දහඅට වැදෑරුම් ධාතුන්ගේ, දොළොස් වැදෑරුම් ආයතනයන්ගේ, දස වැදෑරුම් ඉන්ද්‍රියයන්ගේ විස්තර ඇතුළත් කරනු ලබන පැණවීම යි.

"ඉදින් මහණෙනි, කබලිංකාර ආහාරය කෙරෙහි කෙනෙකු තුළ රාගය තිබේ නම්, ආශ්වාදයෙන් විඳීම තිබේ නම්, තෘෂ්ණාව තිබේ නම්, ඒ තෘෂ්ණාව තුළ පිහිටි විඤ්ඤාණය වැඩුණේ වෙයි. යම් තෘෂ්ණාවක් තුළ පිහිටි විඤ්ඤාණය වැඩුණේ නම්, ඒ තෘෂ්ණාව තුළ පිහිටා වැඩෙන විඤ්ඤාණය තුළ නාමරූපයන්ගේ බැසගැනීම ඇත්තේ ය. යම් විඤ්ඤාණයක් තුළ නාමරූපයන්ගේ බැසගැනීමක් තිබේ නම්, ඒ විඤ්ඤාණයෙහි බැසගත් නාමරූපය තුළ සංස්කාරයන්ගේ වැඩී යාමක් ඇත්තේ ය. යම් නාමරූපයක් තුළ සංස්කාරයන්ගේ වැඩී යාමක් තිබේ නම්, ඒ වැඩී ගිය සංස්කාරයන් තුළ මතුවට ත් නැවත භවයක හටගැනීම ඇත්තේ ය. යම් වැඩී ගිය සංස්කාරයන් තුළ මතුවට ත් නැවත භවයක හටගැනීමක් තිබේ නම්, ඒ නැවත භවයක් පහළ වීම තුළ මතුවට ත් ඉපදීම - ජරාව - මරණය ඇත්තේ ය. යම් නැවත භවයක පහළ වීම තුළ මතුවටත් ඉපදීම - ජරාව - මරණය තිබේ නම්, මහණෙනි, එය ශෝකයෙන් යුක්ත ය. දාහයෙන් යුකත් ය. දැඩි පීඩාවෙන් යුක්ත යැයි කියමි.

ඉදින් මහණෙනි, ස්පර්ශ ආහාරය කෙරෙහි ....(පෙ).... මනෝ සංචේතනා ආහාරය කෙරෙහි ....(පෙ).... ඉදින් මහණෙනි, විඤ්ඤාණ ආහාරය කෙරෙහි කෙනෙකු තුළ රාගය තිබේ නම්, ආශ්වාදයෙන් විඳීම තිබේ නම්, තණ්හාව තිබේ නම්, ඒ තෘෂ්ණාව

තුළ පිහිටි විඤ්ඤාණය වැඩුණේ වෙයි. යම් තෘෂ්ණාවක් තුළ පිහිටි විඤ්ඤාණය වැඩුණේ නම්, ඒ තෘෂ්ණාව තුළ පිහිටා වැඩෙන විඤ්ඤාණයෙහි නාමරූපයන්ගේ බැසගැනීම ඇත්තේ ය. යම් විඤ්ඤාණයක් තුළ නාමරූපයන්ගේ බැසගැනීමක් තිබේ නම්, ඒ විඤ්ඤාණයෙහි බැසගත් නාමරූපය තුළ සංස්කාරයන්ගේ වැඩී යාමක් ඇත්තේ ය. යම් නාමරූපයක් තුළ සංස්කාරයන්ගේ වැඩී යාමක් තිබේ නම්, ඒ වැඩී ගිය සංස්කාරයන් තුළ මතුවට ත් නැවත භවයක හටගැනීම ඇත්තේ ය. යම් වැඩී ගිය සංස්කාරයන් තුළ මතුවට ත් නැවත භවයක හටගැනීමක් තිබේ නම්, ඒ නැවත භවයක් පහළ වීම තුළ මතුවට ත් ඉපදීම - ජරාව - මරණය ඇත්තේ ය. යම් නැවත භවයක පහළ වීම තුළ මතුවටත් ඉපදීම - ජරාව - මරණය තිබේ නම්, මහණෙනි, එය ශෝකයෙන් යුක්ත ය. දාහයෙන් යුක්ත ය. දැඩි පීඩාවෙන් යුක්ත යැයි කියමි.

ඉදින් මහණෙනි, කබලිංකාර ආහාරය කෙරෙහි කෙනෙකු තුළ රාගය නොතිබේ නම්, ආශ්වාදයෙන් විඳීම නොතිබේ නම්, තණ්හාව නොතිබේ නම්, ඒ තෘෂ්ණාව තුළ නොපිහිටි විඤ්ඤාණය නොවැඩුණේ වෙයි. යම් තෘෂ්ණාවක් තුළ නොපිහිටි විඤ්ඤාණය නොවැඩුණේ නම්, ඒ තෘෂ්ණාව තුළ නොපිහිටා නොවැඩුණු විඤ්ඤාණයෙහි නාමරූපයන්ගේ බැසගැනීම නැත්තේ ය. යම් විඤ්ඤාණයක් තුළ නාමරූපයන්ගේ බැසගැනීමක් නොතිබේ නම්, ඒ විඤ්ඤාණයෙහි නොබැසගත් නාමරූපය තුළ සංස්කාරයන්ගේ වැඩී යාමක් නැත්තේ ය. යම් නාමරූපයක් තුළ සංස්කාරයන්ගේ වැඩී යාමක් නොතිබේ නම්, ඒ නොවැඩී ගිය සංස්කාරයන් තුළ මතුවට ත් නැවත භවයක හටගැනීම නැත්තේ ය. යම් නොවැඩී ගිය සංස්කාරයන් තුළ මතුවට ත් නැවත භවයක හටගැනීමක් නොතිබේ නම්, ඒ නැවත භවයක් හටනොගැනීම තුළ මතුවට ත් ඉපදීම - ජරාව - මරණය නැත්තේ ය. යම් නැවත භවයක හටනොගැනීම තුළ මතුවටත් ඉපදීම - ජරාව - මරණය නොතිබේ නම්, මහණෙනි, එය ශෝකය නැති තැන ය. දාහය නැති තැන ය. දැඩි පීඩා වෙහෙස නැති තැන යැයි කියමි.

ඉදින් මහණෙනි, ස්පර්ශ ආහාරය කෙරෙහි කෙනෙකු

තුළ රාගය නොතිබේ නම්, ...(පෙ).... ඉදින් මහණෙනි, මනෝ සංචේතනා ආහාරය කෙරෙහි කෙනෙකු තුළ රාගය නොතිබේ නම්, ...(පෙ).... ඉදින් මහණෙනි, විඤ්ඤාණ ආහාරය කෙරෙහි කෙනෙකු තුල රාගය නොතිබේ නම්, ආශ්වාදයෙන් විඳීම නොතිබේ නම්, තණ්හාව නොතිබේ නම්, ඒ තෘෂ්ණාව තුළ නොපිහිටි විඤ්ඤාණය නොවැඩුණේ වෙයි. යම් තෘෂ්ණාවක් තුළ නොපිහිටි විඤ්ඤාණය නොවැඩුණේ නම්, ඒ තෘෂ්ණාව තුළ නොපිහිටා නොවැඩුණු විඤ්ඤාණයෙහි නාමරූපයන්ගේ බැසගැනීම නැත්තේ ය. යම් විඤ්ඤාණයක් තුළ නාමරූපයන්ගේ බැසගැනීමක් නොතිබේ නම්, ඒ විඤ්ඤාණයෙහි නොබැසගත් නාමරූපය තුළ සංස්කාරයන්ගේ වැඩී යාමක් නැත්තේ ය. යම් නාමරූපයක් තුළ සංස්කාරයන්ගේ වැඩී යාමක් නොතිබේ නම්, ඒ නොවැඩී ගිය සංස්කාරයන් තුළ මතුවට ත් නැවත භවයක හටගැනීම නැත්තේ ය. යම් නොවැඩී ගිය සංස්කාරයන් තුළ මතුවට ත් නැවත භවයක හටගැනීමක් නොතිබේ නම්, ඒ නැවත භවයක් හටනොගැනීම තුළ මතුවට ත් ඉපදීම - ජරාව - මරණය නැත්තේ ය. යම් නැවත භවයක හටනොගැනීම තුළ මතුවටත් ඉපදීම - ජරාව - මරණය නොතිබේ නම්, මහණෙනි, එය ශෝකය නැති තැන ය. දාහය නැති තැන ය. දූඩි පීඩා වෙහෙස නැති තැන යැයි කියමි.

මහණෙනි, අප්‍රමාදී ව නුවණින් හා සිහියෙන් යුක්ත ව සමාධිය දියුණු කරව්. මහණෙනි, සමාධිමත් සිත් ඇති භික්ෂුව සත්‍ය ස්වභාවය ඒ අයුරින් නුවණින් දනියි. කවර සත්‍ය ස්වභාවයක් නුවණින් දූනගන්නේ ද යත්; ඇස අනිත්‍ය යැයි ඇසෙහි සත්‍ය ස්වභාවය ඒ අයුරින් ම නුවණින් දූනගනියි. රූපයෝ අනිත්‍යයහ යි රූපයන්ගේ සත්‍ය ස්වභාවය ඒ අයුරින් ම නුවණින් දූනගනියි. ඇසේ විඤ්ඤාණය අනිත්‍යය යැයි එහි සත්‍ය ස්වභාවය ඒ අයුරින් ම නුවණින් දූනගනියි. ඇසේ ස්පර්ශය අනිත්‍ය යැයි ස්පර්ශයෙහි සත්‍ය ස්වභාවය ඒ අයුරින් ම නුවණින් දූනගනියි. ඇසේ ස්පර්ශය හේතුවෙන් යම් සැපක් හෝ දුකක් හෝ උපේක්ෂාවක් හෝ විඳින බවක් උපදියි ද, එය අනිත්‍යය යි එහි සත්‍ය ස්වභාවය ඒ අයුරින් ම නුවණින් දූනගනියි. කන අනිත්‍ය යැයි ....(පෙ).... නාසය අනිත්‍ය

යැයි ....(පෙ).... දිව අනිත්‍ය යැයි ....(පෙ).... කය අනිත්‍ය යැයි ....(පෙ).... මනස අනිත්‍ය යැයි එහි සත්‍ය ස්වභාවය ඒ අයුරින් ම නුවණින් දැනගනියි. මනසේ උපදින අරමුණු අනිත්‍ය යැයි එහි සත්‍ය ස්වභාවය ඒ අයුරින් ම නුවණින් දැනගනියි. මනසේ විඤ්ඤාණය අනිත්‍යය යැයි එහි සත්‍ය ස්වභාවය ඒ අයුරින් ම නුවණින් දැනගනියි. මනසේ ස්පර්ශය අනිත්‍ය යැයි ස්පර්ශයෙහි සත්‍ය ස්වභාවය ඒ අයුරින් ම නුවණින් දැනගනියි. මනසේ ස්පර්ශය හේතුවෙන් යම් සැපක් හෝ දුකක් හෝ උපේක්ෂාවක් හෝ විඳින බවක් උපදියි ද, එය අනිත්‍යය යි එහි සත්‍ය ස්වභාවය ඒ අයුරින් ම නුවණින් දැනගනියි."

භාග්‍යවතුන් වහන්සේගේ මෙම දේශනාව නිවන් මග දියුණු කරගැනීම පිළිබඳ පැණවීම යි. දුකෙහි පිරිසිඳ අවබෝධය පැණවීම යි. දුක් උපදවන හේතුවෙහි ප්‍රහාණය පැණවීම යි. ඒ දුක් උපදවන හේතුන්ගේ නිරුද්ධ වීම සාක්ෂාත් කිරීම පැණවීමයි.

"රාධයෙනි, රූපය උපතක් පිණිස එකතු වන්නට නොදී විසුරුවන්න! නසා දමන්න! විනාශ කර දමන්න! ක්‍රීඩා නොකළ හැකි දෙයක් කරන්න! ප්‍රඥාවෙන් යුක්තව තෘෂ්ණාව ක්ෂය වීම පිණිස පිළිපදින්න! තෘෂ්ණාව ක්ෂය වීමෙන් දුක් ක්ෂය වෙයි. දුක් ක්ෂය වීම නිවන යි. විඳීම ....(පෙ).... සඤ්ඤාව ....(පෙ).... සංස්කාර ....(පෙ).... විඤ්ඤාණය උපතක් පිණිස එකතු වන්නට නොදී විසුරුවන්න! නසා දමන්න! විනාශ කර දමන්න! ක්‍රීඩා නොකළ හැකි දෙයක් කරන්න! ප්‍රඥාවෙන් යුක්තව තෘෂ්ණාව ක්ෂය වීම පිණිස පිළිපදින්න! තෘෂ්ණාව ක්ෂය වීමෙන් දුක් ක්ෂය වෙයි. දුක් ක්ෂය වීම නිවන යි."

භාග්‍යවතුන් වහන්සේගේ මෙම දේශනාව දුක් උපදවන හේතුව නිරුද්ධ වීම පිළිබඳව නිරෝධය පැණවීම යි. ආශ්වාදය පිළිබඳ ව අවබෝධයෙන් ම එපාවීම පැණවීම යි. දුකෙහි පිරිසිඳ අවබෝධය පැණවීම යි. දුක් උපදවන හේතුවෙහි ප්‍රහාණය පැණවීම යි. නිවන් මග දියුණු කරගැනීම පැණවීම යි. දුක් උපදවන හේතුන්ගේ නිරුද්ධ වීම සාක්ෂාත් කිරීම පැණවීම යි.

"ඒ තැනැත්තා මේ දුක යැයි එහි සත්‍ය ස්වභාවය නුවණින් දැනගනියි. මේ දුක් උපදවන හේතුව යැයි එහි සත්‍ය ස්වභාව නුවණින් දැනගනියි. මේ දුක් උපදවන හේතුව නිරුද්ධ වීම යැයි එහි සත්‍ය ස්වභාවය නුවණින් දැනගනියි. මේ දුක් උපදවන හේතුව නිරුද්ධ වීම පිණිස පවතින ප්‍රතිපදාව යැයි එහි සත්‍ය ස්වභාවය නුවණින් දැනගනියි."

භාග්‍යවතුන් වහන්සේගේ මෙම දේශනාව චතුරාර්ය සත්‍යයේ අවබෝධය පැණවීම යි. දස්සනභූමිය හෙවත් සෝවාන් මාර්ගයෙහි ඇතුළත් වීම පැණවීම යි. සෝවාන් ඵලයෙහි සාක්ෂාත් කිරීම පැණවීම යි.

"ඒ තැනැත්තා මේවා ආශ්‍රවයෝ යැයි එහි සත්‍ය ස්වභාවය නුවණින් දැනගනියි. මේ ආශ්‍රවයන් උපදවන හේතුව යැයි එහි සත්‍ය ස්වභාවය නුවණින් දැනගනියි. මේ ආශ්‍රවයන් උපදවන හේතුවේ නිරුද්ධ වීම යැයි එහි සත්‍ය ස්වභාවය නුවණින් දැනගනියි. මේ ආශ්‍රවයන් උපදවන හේතුව නිරුද්ධ වීම පිණිස පවතින ප්‍රතිපදාව යැයි එහි සත්‍ය ස්වභාවය නුවණින් දැනගනියි."

භාග්‍යවතුන් වහන්සේගේ මෙම දේශනාව ආශ්‍රවයන් ක්ෂය වීමේ ඥානය ඉපදවීම පැණවීම යි. ක්ෂය වී ගිය ආශ්‍රවයන් නැවත හට නොගැනීම දන්නා ඥානයට ඇති ඉඩප්‍රස්ථා පැණවීම යි. නිවන් මගෙහි දියුණුව පැණවීම යි. දුකෙහි පිරිසිඳ දැනීම පැණවීම යි. දුක් උපදවන හේතුවෙහි ප්‍රහාණය පැණවීම යි. විරිය ඉන්ද්‍රියෙහි පටන් ගැනීම පැණවීම යි. ඉන්ද්‍රිය සංවරය තුළින් කෙලෙස් නැමැති ඉහඳ මැස්සන්ගේ බැහැර කිරීම පැණවීම යි. භාවනාභූමිය තුළ කුසල් දහම් ඇතුළත් කිරීම පැණවීම යි. පාපී අකුසල් දහම්වල නැසීම පැණවීම යි.

"මහණෙනි, (1) මේ දුක නම් වූ ආර්ය සත්‍යය යැයි මා හට පෙර නොඇසූ විරූ ධර්මයන් පිළිබඳ ව දහම් ඇස පහළ විය. ඥානය පහළ විය. ප්‍රඥාව පහළ විය. විද්‍යාව පහළ විය. ආලෝකය පහළ විය. මහණෙනි, (2) මේ දුක් උපදවන හේතුව නම් වූ ආර්ය සත්‍යය යැයි මා හට පෙර නොඇසූ විරූ ධර්මයන්

පිළිබඳ ව දහම් ඇස පහළ විය. ඥානය පහළ විය. ප්‍රඥාව පහළ විය. විද්‍යාව පහළ විය. ආලෝකය පහළ විය. මහණෙනි, (3) මේ දුක් උපදවන හේතුව නිරුද්ධ වීම නම් ආර්ය සත්‍යය යැයි මා හට පෙර නොඇසූ විරූ ධර්මයන් පිළිබඳ ව දහම් ඇස පහළ විය. ඥානය පහළ විය. ප්‍රඥාව පහළ විය. විද්‍යාව පහළ විය. ආලෝකය පහළ විය. මහණෙනි, (4) මේ දුක් උපදවන හේතුව නිරුද්ධ වීම පිණිස පවතින ප්‍රතිපදාව නම් ආර්ය සත්‍යය යැයි මා හට පෙර නොඇසූ විරූ ධර්මයන් පිළිබඳ ව දහම් ඇස පහළ විය. ඥානය පහළ විය. ප්‍රඥාව පහළ විය. විද්‍යාව පහළ විය. ආලෝකය පහළ විය."

භාග්‍යවතුන් වහන්සේගේ මෙම දේශනාව චතුරාර්ය සත්‍යය දේශනාව පැණවීම යි. සුතමය ප්‍රඥාවගේ ඇතුළත් වීම පැණවීම යි. අවබෝධ නොකළ දෙය අවබෝධ කරන්නෙමි යි යන අනඤ්ඤාතඤ්ඤස්සාමි යන ඉන්ද්‍රියයේ සාක්ෂාත් කිරීම පැණවීම යි. ධර්ම චක්‍රය කරකැවීම පැණවීම යි.

"මහණෙනි, (1) මේ දුක නම් වූ ආර්ය සත්‍යය පිරිසිඳ දැක්ක යුත්තේ යැයි මා හට පෙර නොඇසූ විරූ ධර්මයන් පිළිබඳ ව දහම් ඇස පහළ විය. ඥානය පහළ විය. ප්‍රඥාව පහළ විය. විද්‍යාව පහළ විය. ආලෝකය පහළ විය. මහණෙනි, (2) මේ දුක් උපදවන හේතුව නම් වූ ආර්ය සත්‍යය ප්‍රහාණය කළ යුත්තේ යැයි මා හට පෙර නොඇසූ විරූ ධර්මයන් පිළිබඳ ව දහම් ඇස පහළ විය. ඥානය පහළ විය. ප්‍රඥාව පහළ විය. විද්‍යාව පහළ විය. ආලෝකය පහළ විය. මහණෙනි, (3) මේ දුක් උපදවන හේතුව නිරුද්ධ වීම නම් ආර්ය සත්‍යය සාක්ෂාත් කළ යුත්තේ යැයි මා හට පෙර නොඇසූ විරූ ධර්මයන් පිළිබඳ ව දහම් ඇස පහළ විය. ඥානය පහළ විය. ප්‍රඥාව පහළ විය. විද්‍යාව පහළ විය. ආලෝකය පහළ විය. මහණෙනි, (4) මේ දුක් උපදවන හේතුව නිරුද්ධ වීම පිණිස පවතින ප්‍රතිපදාව නම් ආර්ය සත්‍යය වැඩිය යුතු යැයි මා හට පෙර නොඇසූ විරූ ධර්මයන් පිළිබඳ ව දහම් ඇස පහළ විය. ඥානය පහළ විය. ප්‍රඥාව පහළ විය. විද්‍යාව පහළ විය. ආලෝකය පහළ විය."

භාග්‍යවතුන් වහන්සේගේ මෙම දේශනාව මාර්ගය පිළිබඳ ප්‍රගුණ කිරීම පැණවීම යි. චින්තාමය ප්‍රඥාවගේ ඇතුළත් වීම පැණවීම යි. අවබෝධ කරමින් සිටීම නම් අඤ්ඤින්ද්‍රියයේ සාක්ෂාත් කිරීම පැණවීම යි. ධර්ම චක්‍රය කරකැවීම පැණවීම යි.

"මහණෙනි, (1) මේ දුක නම් වූ ආර්ය සත්‍යය පිරිසිඳ දන්නා ලද්දේ ය යැයි මා හට පෙර නොඇසූ විරූ ධර්මයන් පිළිබඳ ව දහම් ඇස පහළ විය. ඥානය පහළ විය. ප්‍රඥාව පහළ විය. විද්‍යාව පහළ විය. ආලෝකය පහළ විය. මහණෙනි, (2) මේ දුක් උපදවන හේතුව නම් වූ ආර්ය සත්‍යය ප්‍රහාණය කරන ලද්දේ ය යැයි මා හට පෙර නොඇසූ විරූ ධර්මයන් පිළිබඳ ව දහම් ඇස පහළ විය. ඥානය පහළ විය. ප්‍රඥාව පහළ විය. විද්‍යාව පහළ විය. ආලෝකය පහළ විය. මහණෙනි, (3) මේ දුක් උපදවන හේතුව නිරුද්ධ වීම නම් වූ ආර්ය සත්‍යය සාක්ෂාත් කරන ලද්දේ ය යැයි මා හට පෙර නොඇසූ විරූ ධර්මයන් පිළිබඳ ව දහම් ඇස පහළ විය. ඥානය පහළ විය. ප්‍රඥාව පහළ විය. විද්‍යාව පහළ විය. ආලෝකය පහළ විය. මහණෙනි, (4) මේ දුක් උපදවන හේතුව නිරුද්ධ වීම පිණිස පවතින ප්‍රතිපදාව නම් වූ ආර්ය සත්‍යය ප්‍රගුණ කරන ලද්දේ ය යැයි මා හට පෙර නොඇසූ විරූ ධර්මයන් පිළිබඳ ව දහම් ඇස පහළ විය. ඥානය පහළ විය. ප්‍රඥාව පහළ විය. විද්‍යාව පහළ විය. ආලෝකය පහළ විය."

භාග්‍යවතුන් වහන්සේගේ මෙම දේශනාව මාර්ගය ප්‍රගුණ වීම පැණවීම යි. භාවනාමය ප්‍රඥාවගේ ඇතුළත් වීම පැණවීම යි. අවබෝධය සම්පූර්ණ කිරීමෙන් පසු ඇතිවන අඤ්ඤාතාවී ඉන්ද්‍රියයේ සාක්ෂාත් කිරීම පැණවීම යි. ධර්ම චක්‍රය කරකැවීම පැණවීම යි.

"තුලමතුලං ච සම්භවං
භවසංඛාරමවස්සජි මුනි
අජ්ඣත්තරතෝ සමාහිතෝ
අභින්දි කවචමිවත්ත සම්භව'න්ති"

(දීඝ නිකාය - මහා පරිනිබ්බාන සූත්‍රය)

"මිනිය හැකි - නොහැකි දෙයෙහි සම්භවය ද, භව සංස්කාරයන් ද, අපගේ ශාක්‍යමුනීන්ද්‍රයන් වහන්සේ අත්හළ සේක. තමා තුළ වූ විමුක්තියෙහි ඇලුණු සමාහිත සිත් ඇති සේක්, යුද සෙන්පතියෙකු තමා හැඳ සිටින යුද සන්නාහකය බිඳ දමන සෙයින් ජීවිත සංස්කාර බිඳලූ සේක."

මෙහි **'මිනිය හැකි දේ'** යනු හේතුඵලයන්ගෙන් හටගත් සංස්කාර ධාතුවයි. **'නොමිනිය හැකි දේ'** යනු නිර්වාණ ධාතුව යි. **'මිනිය හැකි - නොමිනිය හැකි දෙයෙහි සම්භවය'** යනු සියළු ධර්මයන් පිළිබඳ ව භාග්‍යවතුන් වහන්සේ තුළ ඇති විශිෂ්ට ඥානය පැණවීම යි. ධම්ම පටිසම්භිදාවෙහි ඇතුළත් වීම පැණවීම යි. **'ශාක්‍ය මුනීන්ද්‍රයන් වහන්සේ භව සංස්කාර අත්හළ සේක'** යනු දුක් උපදවන හේතුවෙහි අත්හැරීම පැණවීම යි. දුකෙහි පිරිසිඳ දැකීම පැණවීම යි.

'තමා තුළ වූ විමුක්තියෙහි ඇලුණු සමාහිත සිත් ඇති සේක්' යනු කායගතාසතිය ප්‍රගුණ කිරීම පැණවීම යි. චිත්තේකාග්‍රතාවයෙහි ස්ථිර ව පිහිටීම පැණවීම යි. **'යුද සෙන්පතියෙකු තමා තුළ තිබූ යුද සන්නාහකයක් බිඳින සෙයින්'** යනු සිතෙහි කලකිරීම පැණවීම යි. සර්වඥතාඥානයෙහි වැළඳ ගැනීම පැණවීම යි. අවිද්‍යාව නැමැති බිත්තරවල පුපුරුවා වැනසීම පැණවීම යි.

එනිසා භාග්‍යවතුන් වහන්සේ 'මිනිය හැකි නොමිනිය හැකි දෙයෙහි සම්භවය වූ....' යනාදී ගාථාව වදාළ සේක.

**"යෝ දුක්ඛමද්දක්ඛි යතෝ නිදානං
කාමේසු සෝ ජන්තු කථං නමෙය්‍ය
කාමා හි ලෝකේ සංගෝති ඤත්වා
තේසං සතීමා විනයාය සික්ඛේ'ති"**

(සංයුත්ත නිකාය - මාර සංයුත්තය - සම්බහුල සූත්‍රය)

"යමෙක් දුකෙහි සත්‍ය ස්වභාවය දුටුවේ ද, යම් හේතුවකින් දුක උපදියි නම් එහි සත්‍ය ස්වභාවය ත් දුටුවේ ද, එබඳු පුරුෂයෙක්

කාමයන් කෙරෙහි කෙසේ නැමෙයිද? කාමයෝ වනාහී ලෝකයේ ඇති කෙලෙස් බන්ධන බව දන සිහියෙන් යුක්ත ව ඒ කාමයන් පිළිබඳ ආශාව දුරුකිරීම පිණිස හික්මෙයි.”

‘යමෙක් දුක’ යනු දුක පිළිබඳ ව සමාන අරුත් ඇති වචනය පැණවීම ත්, පිරිසිඳ දැකීම පැණවීම ත් ය. **‘යම් හේතුවකින් දුක උපදියි නම්’** යනු දුක උපදින හේතුවේ ප්‍රභවය පැණවීම යි. ප්‍රහාණය පැණවීම යි. **‘දුටුවේ ද’** යනු නුවණැසට සමාන අරුත් ඇති වචනය පැණවීම යි. අවබෝධය පැණවීම යි. **‘එබඳු පුරුෂයෙක් කාමයන් කෙරෙහි කෙසේ නැමෙයි ද’** යනු කාම තණ්හාව පිළිබඳ සමාන අරුත් ඇති වචනය පැණවීම යි. කාමයේ බැසගැනීම පැණවීම යි. **‘කාමයෝ වනාහී ලෝකයෙහි බන්ධනයන් බව දන’** යනු කාමයන් වැළඳගන්නා තැනැත්තාට කාමයන් ම සතුරුකම් කරන හෙයින් නුවණින් දැකීම පැණවීමයි.

කාමයෝ වනාහී ගිනි අඟුරු වළකට උපමා කොට ඇත්තාහ. උකුස්සන් පොරකන මස් වැදලි බඳු යැයි උපමා කොට ඇත්තාහ. ඇවිලගත් අඟුරු වළකට උපමා කොට ඇත්තාහ. බිහිසුණු ප්‍රපාතයකට උපමා කොට ඇත්තාහ. විෂ ඝෝර සර්පයන්ට උපමා කොට ඇත්තාහ.

‘සිහියෙන් යුක්ත ව ඒ කාමයන්ට ආශාව’ යනු කාමයන්ගේ ප්‍රහාණය පිළිබඳ බැහැර කිරීම පැණවීම යි. කායගතාසතියෙහි ඇතුළත් වීම පැණවීම යි. මාර්ගයෙහි ප්‍රගුණ කිරීම පැණවීම යි. **‘දුරු කිරීම පිණිස හික්මෙයි’** යනු රාගය දුරු කිරීමෙහි, ද්වේෂය දුරු කිරීමෙහි, මෝහය දුරු කිරීමෙහිලා අවබෝධය පැණවීම යි. **‘එබඳු පුරුෂයෙක්’** යනු ධර්මයෙහි යෙදෙන්නා පිළිබඳ සමාන අරුත් ඇති වචනය පැණවීම යි.

යම් කලෙක ධර්මයෙහි යෙදෙන්නා කාමයන් යනු බන්ධන විශේෂයක් බව දැනගනියි නම්, ඔහු කාමයන් පිළිබඳ ආශාව නූපදවීම පිණිස කුසල් දහම් උපදවයි. ඔහු නූපන් කුසල්දහම්වල ඉපදවීමට වෑයම් කරයි. මෙය තමන් ලබා නොගත් සමථ විදර්ශනා දියුණුව පිණිස වෑයම් කිරීම පැණවීම යි. තමන්

ලබාගත් ස්වල්පමාත්‍ර ගුණයෙන් සතුටු නොවී උතුම් ගුණ ඇතුළත් කරගැනීම පැණවීම යි. එහිදී ඒ ධර්මයෙහි යෙදෙන්නා කුසල් දහම් දිගටම පවත්වාගැනීම පිණිස වෑයම් කරයි. මෙය කුසල් දහම් ප්‍රගුණ කිරීම පිළිබඳ අප්‍රමාදී බව පැණවීම යි. විරිය ඉන්ද්‍රියයෙහි ඇතුළත් වීම පැණවීම යි. කුසල් දහම් රැකගැනීම පැණවීම යි. අධිචිත්ත ශික්ෂාව හෙවත් සමාධිය පිණිස හික්මීමෙහි දිගට ම පැවැත්ම පැණවීම යි.

එනිසා භාග්‍යවතුන් වහන්සේ 'යමෙක් දුක දුටුවේ ද, දුක් උපදවන හේතුව දුටුවේ ද....' යනාදී ගාථාව වදාළ සේක.

"මෝහ සම්බන්ධනෝ ලෝකෝ
භබ්බරූපෝව දිස්සති
උපධි සම්බන්ධනෝ බාලෝ
තමසා පරිවාරිතෝ
අස්සිරී විය ඛායති
පස්සතෝ නත්ථි කිඤ්චන'න්ති"

(උදාන පාළි - උදේන සූත්‍රය)

"අවිද්‍යා මෝහයෙන් බැඳී ගිය ලෝක සත්වයා බාහිරට පෙනෙන්නේ ඉතා හොඳින් සිටිනා සෙයිනි. කෙලෙස් උපධීන්ට බැඳී ගිය ඒ බාල ජන තෙමේ මෝහාන්ධකාරයෙන් හාත්පසින් වටකරන ලද්දේ වෙයි. නුවණැත්තෙකුට ඔහු ගැන වැටහෙන්නේ වාසනාව නැත්තෙකු හැටියට ය. නුවණින් දකින කෙනෙකුට මෙහි ගතයුතු සාරවත් කිසිවක් නැත්තේ ය."

'මෝහයෙන් බැඳී ගිය ලෝකය' යනු විපරීතයට පත් ව ගිය විපල්ලාසයන් පිළිබඳ ව දේශනාව පැණවීම යි. **'ඉතා හොඳින් සිටිනා සෙයක් බාහිරට පෙනෙයි'** යනු ලෝකයාගේ විපරීත බව පැණවීම යි. **'කෙලෙස් උපධීන්ට බැඳී ගිය බාල ජන තෙමේ'** යනු පවිටු ලාමක ආශාවන්ගේ ප්‍රණවය පැණවීම යි. කෙලෙස් නැඟී සිටීමේ කෘත්‍යය පැණවීම යි. කෙලෙසුන්ගේ බලවත්කම පැණවීම යි. සංස්කාරයන්ගේ වැඩීම පැණවීම යි. **'මෝහන්ධකාරයෙන්**

හාත්පසින් වටකරන ලද්දේ' යනු අවිද්‍යා අන්ධකාරය පිළිබඳ දේශනා පැණවීම යි. සමාන අරුත් ඇති වචන පැණවීම යි. **'ඔහු ගැන නුවණැත්තෙකුට වැටහෙන්නේ වාසනා නැත්තෙකු ලෙසට ය'** යනු දිවැස් ඇති තැනැත්තාගේ දැකීම පැණවීම යි. ප්‍රඥා ඇසෙහි ඇතුළත් බව පැණවීම යි. **'නුවණින් දකින කෙනෙකුට මෙහි ගත යුතු සාරවත් කිසිවක් නැත්තේ ය'** යනු සත්වයන්ගේ සත්‍ය ස්වභාවය පිළිබඳ අවබෝධය පැණවීම යි. රාගය යනු ක්ලේශයකි. ද්වේෂය යනු ක්ලේශයකි. මෝහය යනු ක්ලේශයකි.

එනිසා භාග්‍යවතුන් වහන්සේ 'අවිද්‍යා මෝහයෙන් බැඳී ගිය ලෝක සත්වයා....' යනාදී ගාථාව වදාළ සේක.

"මහණෙනි, නූපන්, නොහටගත්, කිසිවෙකු විසින් නොකරන ලද, හේතුඵල දහමින් සකස් නොවුණු නිර්වාණ ධාතුව ඇත්තේ ය. ඉදින් මහණෙනි, නූපන්, නොහටගත්, කිසිවෙකු විසින් නොකරන ලද, හේතුඵල දහමින් සකස් නොවුණු නිර්වාණ ධාතුව නොමැති නම් මේ ලෝකයෙහි උපන්, හටගත්, කරන ලද, හේතුඵල දහමින් සකස් වූ දෙයින් නිදහස් වීමක් නොපෙනෙන්නේ ය. මහණෙනි, යම් හෙයකින් නූපන්, නොහටගත්, කිසිවෙකු විසින් නොකරන ලද, හේතුඵල දහමින් සකස් නොවුණු නිර්වාණ ධාතුව ඇත්තේ ද, එහෙයින් හටගත්, කරන ලද, හේතුඵල දහමින් සකස් වූ දෙයින් නිදහස් වීමක් පෙනෙන්නේ ය" යි වදාළ සේක.

'ඉදින් මහණෙනි, නූපන්, නොහටගත්, කිසිවෙකු විසින් නොකරන ලද, හේතුඵල දහමින් සකස් නොවුණු නිර්වාණ ධාතුව නොමැති නම්' යනු නිවන පිළිබඳ දේශනාව පැණවීම යි. සමාන අරුත් ඇති වචන පැණවීම යි. **'මේ ලෝකයෙහි උපන්, හටගත්, කරන ලද, හේතුඵල දහමින් සකස් වූ දෙයින් නිදහස් වීමක් නොපෙනෙන්නේ ය'** යනු හේතුඵල දහමින් හටගත් සංඛතය පිළිබඳ ව සමාන වචන පැණවීම යි. එය ළංකොට පෙන්වීම පැණවීම යි. **'මහණෙනි, යම් හෙයකින් නූපන්, නොහටගත්, කිසිවෙකු විසින් නොකරන ලද, හේතුඵල දහමින් සකස් නොවුණු නිර්වාණ ධාතුව ඇත්තේ ද'** යනු නිවන පිළිබඳ සමාන අරුත් ඇති

වචන පැණවීම යි. යහපත ප්‍රකට කිරීම පැණවීම යි. සංසාරයෙන් නිදහස් වීම පැණවීම යි.

එනිසා භාග්‍යවතුන් වහන්සේ 'ඉදින් මහණෙනි, එය නොමැති නම්....' යනාදිය වදාළ සේක.

එනිසා ආයුෂ්මත් මහා කච්චායන තෙරණුවෝ 'භාග්‍යවතුන් වහන්සේ එක් ධර්මයක් පණවන සේක. විවිධ අයුරින් දෙසන සේක....' යනාදී ගාථාව වදාළහ.

නියුත්තෝ පඤ්ඤත්ති හාරෝ
(පඤ්ඤත්ති හාරය යොදන ලදී.)

3.1.12. ඕතරණ හාර විභංගෝ

(නිවන් මගට බැසගැනීමෙන් ධර්මය කරා ගෙන යාම බෙදා දැක්වීමයි)

එහිදී 'ඕතරණ හාර' යනු කුමක් ද? මෙය 'යම් පටිච්ච සමුප්පාදයක් ඇද්ද....' ආදී වශයෙන් වදාළ ගාථාව යි.

"උද්ධං අධෝ සබ්බධි විප්පමුත්තෝ
අයමහමස්මී'ති අනානුපස්සී
ඒවං විමුත්තෝ උදතාරි ඕඝං
අතිණ්ණපුබ්බං අපුනබ්භවායා'ති"

(උදාන පාළි - පඨම භද්දිය සූත්‍රය)

"උඩ - යට හැමතැනින් ම නිදහස් වූ රහත් භික්ෂුව 'මෙය මම වෙමි' යි ස්කන්ධ - ධාතු - ආයතන ආදිය තුළ කිසිවක් නොදකින්නේ, මෙසේ අවබෝධය තුළින් ම නිදහස් වූයේ, නැවත භවයක් නොහටගනු පිණිස මින් පෙර තරණය නොකළ විරූ කාම - භව - දිට්ඨි - අවිද්‍යා යන කෙලෙස් මහා සැඩපහර තරණය කළේ ය."

මේ දෙසුමෙහි 'උඩ' යනු රූප ධාතුව ත්, අරූප ධාතුව ත් ය. 'යට' යනු කාම ධාතුව ය. '**හැම තැනින් ම නිදහස් වූ**' යනු මේ තුන් ධාතුවෙන් නිදහස් වීම ය. මෙය නිවන් මග හික්මී අවසන් කොට ලබන විමුක්තිය හෙවත් අසේඛ විමුක්තිය යි. හික්මීම අවසන් කළ රහත් භික්ෂුවගේ ශ්‍රද්ධාදී ඉන්ද්‍රියයෝ වෙත් ද, මෙය ශ්‍රද්ධාදී ඉන්ද්‍රියයන් තුළින් බැසගැනීම යි. ඒ රහත් භික්ෂුව තුළ ඇති ශ්‍රද්ධාදී ඉන්ද්‍රියයන් යනු විද්‍යාවට අයත් ධර්මයෝ ය. විද්‍යාව ඉපදීමෙන් අවිද්‍යාව නිරුද්ධ වෙයි. අවිද්‍යාව නිරුද්ධ වීමෙන් සංස්කාරයෝ නිරුද්ධ වෙති. සංස්කාර නිරුද්ධ වීමෙන් විඤ්ඤාණය නිරුද්ධ වෙයි. විඤ්ඤාණය නිරුද්ධ වීමෙන් නාමරූප නිරුද්ධ වෙයි. නාමරූප නිරුද්ධ වීමෙන් ආයතන හය නිරුද්ධ වෙයි. ආයතන හය නිරුද්ධ වීමෙන් ස්පර්ශය නිරුද්ධ වෙයි. ස්පර්ශය නිරුද්ධ වීමෙන් විඳීම නිරුද්ධ වෙයි. විඳීම නිරුද්ධ වීමෙන් තෘෂ්ණාව නිරුද්ධ වෙයි. තෘෂ්ණාව නිරුද්ධ වීමෙන් උපාදාන නිරුද්ධ වෙයි. උපාදාන නිරුද්ධ වීමෙන් භවය නිරුද්ධ වෙයි. භවය නිරුද්ධ වීමෙන් ඉපදීම නිරුද්ධ වෙයි. ඉපදීම නිරුද්ධ වීමෙන් ජරා - මරණ - ශෝක - වැළපීම් - දුක්ඛ - දෝමනස්ස - උපායාසයෝ නිරුද්ධ වෙති. මෙසේ මුළුමහත් දුක්ඛස්කන්ධයාගේ නිරුද්ධ වීම වෙයි. මේ පටිච්ච සමුප්පාදය තුළින් බැසගැනීම යි.

රහත් භික්ෂුව තුළ ඇති ඒ ශ්‍රද්ධාදී පංච ඉන්ද්‍රියයෝ ත්‍රිවිධ ස්කන්ධයන්ගෙන් එක් වී ඇත්තාහ. එනම්; සීලස්කන්ධයෙන් ය. සමාධි ස්කන්ධයෙන් ය. ප්‍රඥා ස්කන්ධයෙන් ය. මෙය ස්කන්ධයන්ගෙන් බැසගැනීම යි.

රහත් භික්ෂුව තුළ ඇති ඒ ශ්‍රද්ධාදී පංච ඉන්ද්‍රියයෝ සංස්කාරයන් කෙළවර කොට ඇත්තාහ. යම් සංස්කාරයෝ අනාශ්‍රව වෙත් ද, භවයට අයත් නොවෙත් ද, ඒ සංස්කාරයෝ ධර්ම ධාතුව හා එක් වී ඇත්තාහ. මෙය ධාතූන්ගෙන් බැස ගැනීමයි.

ඒ ධර්ම ධාතුව අරමුණු නැමැති ආයතනය කෙළවර කොට ඇත්තේ ය. ඒ අරමුණු නැමැති ආයතනය අනාශ්‍රව වෙයි ද, භවයට අයත් නැත්තේ ද, මෙය ආයතනයන්ගෙන් බැසගැනීම යි.

'මේ මම වෙමි' යි කියා කිසිවක් පංචස්කන්ධය තුළ නොදක්නේ යනු මේ සක්කාය දිට්ඨිය සම්පූර්ණයෙන් නැතිවීම යි. එය නිවන් මග හික්මෙන්නාගේ සේඛ විමුක්තිය යි. නිවන් මග හික්මෙන සේඛ පුද්ගලයාගේ ශ්‍රද්ධා ආදී පංච ඉන්ද්‍රියයෝ වෙති. මෙය ශ්‍රද්ධාදී ඉන්ද්‍රියයන් තුළින් බැසගැනීම යි. ඒ රහත් භික්ෂුව තුළ ඇති ශ්‍රද්ධාදී ඉන්ද්‍රියයන් යනු විද්‍යාවට අයත් ධර්මයෝ යි. විද්‍යාව ඉපදීමෙන් අවිද්‍යාව නිරුද්ධ වෙයි. අවිද්‍යාව නිරුද්ධ වීමෙන් සංස්කාරයෝ නිරුද්ධ වෙති. සංස්කාර නිරුද්ධ වීමෙන් විඤ්ඤාණය නිරුද්ධ වෙයි. විඤ්ඤාණය නිරුද්ධ වීමෙන් නාමරූප නිරුද්ධ වෙයි. නාමරූප නිරුද්ධ වීමෙන් ආයතන හය නිරුද්ධ වෙයි. ආයතන හය නිරුද්ධ වීමෙන් ස්පර්ශය නිරුද්ධ වෙයි. ස්පර්ශය නිරුද්ධ වීමෙන් විඳීම නිරුද්ධ වෙයි. විඳීම නිරුද්ධ වීමෙන් තණ්හාව නිරුද්ධ වෙයි. තණ්හාව නිරුද්ධ වීමෙන් උපාදාන නිරුද්ධ වෙයි. උපාදාන නිරුද්ධ වීමෙන් භවය නිරුද්ධ වෙයි. භවය නිරුද්ධ වීමෙන් ඉපදීම නිරුද්ධ වෙයි. ඉපදීම නිරුද්ධ වීමෙන් ජරා - මරණ - ශෝක - වැළපීම් - දුක්ඛ - දෝමනස්ස - උපායාසයෝ නිරුද්ධ වෙති. මෙසේ මුළුමහත් දුක්ඛස්කන්ධයාගේ නිරුද්ධ වීම වෙයි. මේ පටිච්ච සමුප්පාදය තුළින් බැසගැනීම යි.

ඒ විද්‍යාව ම ප්‍රඥා ස්කන්ධය යි. මෙය ස්කන්ධයන් තුළින් බැසගැනීම යි. ඒ විද්‍යාව ම සංස්කාර කෙළවර කොට ඇත්තේ ය. යම් සංස්කාරයෝ අනාශ්‍රව වෙත් ද, භවයට අයත් නොවෙත් ද, ඒ සංස්කාරයෝ ධර්ම ධාතුව හා එක් වී ඇත්තාහ. මෙය ධාතූන් ගෙන් බැසගැනීම යි.

ඒ ධර්ම ධාතුව අරමුණු නම් වූ ආයතන කෙළවර කොට ඇත්තේ ය. ඒ අරමුණු නම් වූ ආයතනය අනාශ්‍රව වෙයි ද, භවයට අයත් නැත්තේ ද, මෙය ආයතනයන්ගෙන් බැසගැනීම යි.

සේඛ විමුක්තියෙනුත්, අසේඛ විමුක්තියෙනුත් විමුක්තියට පත් වූයේ, නැවත විමුක්තියක් ඇති නොවනු පිණිස මින් පෙර තරණය නොකළ විරූ සසර මහා සැඩපහර තරණය කළේ ය. එනිසා භාග්‍යවතුන් වහන්සේ 'උඩ - යට ආදී....' ගාථාව වදාළ සේක.

"කෙලෙස් ඇසුරෙන් යුක්ත වූවහුට කම්පනය ඇත්තේ ය. කෙලෙස් ඇසුර නැත්තහුට කම්පනයක් නැත්තේ ය. කම්පනයක් නැති කල්හී සංසිඳීම ඇත්තේ ය. සංසිඳීම ඇතිකල්හී කෙලෙසුන්ට අවනත වීමක් නැත්තේ ය. කෙලෙසුන්ට අවනත වීමක් නැති කල්හී එලොවින් මෙලොව ඒමක් - මෙලොවින් එලොව යාමක් නැත්තේ ය. එලොවින් මෙලොව ඒමක් - මෙලොවින් එලොව යාමක් නැති කල්හී චුතියක්, උපතක් නැත්තේ ය. චුතියක් උපතක් නැති කල්හී මෙලොව සිටීමක් හෝ පරලොව සිටීමක් හෝ දෙලොව අතර සිටීමක් හෝ නැත්තේ ය. මෙය සසර දුකෙහි අවසන් වීම යි."

'කෙලෙස් ඇසුරෙන් යුක්ත වූවහුට කම්පනය ඇත්තේ ය' යන ඇසුරු කිරීම දෙපරිදි වෙයි. තණ්හාව ඇසුරු කිරීම හා දෘෂ්ටි ඇසුරු කිරීම ය. එහිදී තෘෂ්ණාවට ඇලී වසන්නහුගේ යම් චේතනාවක් ඇද්ද, මෙය තෘෂ්ණා ඇසුරෙන් යුක්ත ය. දෘෂ්ටියට ඇලී වසන්නහුගේ යම් චේතනාවක් ඇද්ද, මෙය දෘෂ්ටි ඇසුරෙන් යුක්ත ය. චේතනා යනු සංස්කාරයෝ ය. සංස්කාර හේතුවෙන් විඤ්ඤාණය වෙයි. විඤ්ඤාණය හේතුවෙන් නාමරූප වෙයි. නාමරූප හේතුවෙන් සළායතන වෙයි. සළායතන හේතුවෙන් ස්පර්ශය වෙයි. ස්පර්ශය හේතුවෙන් විඳීම වෙයි. විඳීම හේතුවෙන් තෘෂ්ණාව වෙයි. තෘෂ්ණාව හේතුවෙන් භවය වෙයි. භවය හේතුවෙන් ඉපදීම වෙයි. ඉපදීම හේතුවෙන් ජරා - මරණ - ශෝක - වැළපීම් - දුක් - දොම්නස් - උපායාසයෝ හටගනිති. මෙය පටිච්ච සමුප්පාදයෙන් සසරට බැසගැනීම යි.

එහි තෘෂ්ණාවට ඇලී වසන්නහුගේ යම් විඳීමක් ඇද්ද, මෙය සැප විඳීම යි. දෘෂ්ටියට මුලා වී වසන්නහුගේ යම් විඳීමක් ඇද්ද, මෙය දුක්සැප රහිත විඳීම යි. මේ විඳීම් වේදනා ස්කන්ධය යි. මෙය ස්කන්ධයන්ගෙන් බැසගැනීම යි.

එහි සැප විඳීම යනු ඉන්ද්‍රියයන් දෙකකි. සැප ඉන්ද්‍රිය හා සොම්නස් ඉන්ද්‍රිය යි. දුක් සැප රහිත විඳීම යනු උපේක්ෂා ඉන්ද්‍රියය යි. මේ ඉන්ද්‍රියයන්ගෙන් බැසගැනීම යි.

එහි ඉන්ද්‍රියයෝ සංස්කාර කෙළවර කොට ඇත්තාහ. යම් සංස්කාරයෝ ආශ්‍රව සහිත වෙත් ද, භවයට අයත් ද, ඒ සංස්කාරයෝ ධර්ම ධාතුව හා එක්වී ඇත්තාහ. මෙය ධාතුන් ගෙන් බැසගැනීම යි.

යම් ධර්මධාතුවක් අරමුණු නම් වූ ආයතන කෙළවර කොට ඇත්තේ ද, යම් ආයතනයක් ආශ්‍රව සහිත ද, භවයට අයත් ද, මෙය ආයතනයන්ගෙන් බැසගැනීම යි.

'කෙලෙස් ඇසුරු කිරීමක් නැත්තහුට කම්පනයක් නැත්තේ ය' යනු සමථ වශයෙන් හෝ තෘෂ්ණාව සමඟ ඇසුරක් නැත්තේ, විදර්ශනා වශයෙන් හෝ දෘෂ්ටීන් සමඟ ඇසුරක් නැත්තේ හෝ වෙයි. යම් විදර්ශනාවක් ඇද්ද, මෙය විද්‍යාව යි. විද්‍යාව ඉපදීමෙන් අවිද්‍යාව නිරුද්ධ වෙයි. අවිද්‍යාව නිරුද්ධ වීමෙන් සංස්කාරයෝ නිරුද්ධ වෙති. සංස්කාර නිරුද්ධ වීමෙන් විඤ්ඤාණය නිරුද්ධ වෙයි. විඤ්ඤාණය නිරුද්ධ වීමෙන් නාමරූප නිරුද්ධ වෙයි. නාමරූප නිරුද්ධ වීමෙන් ආයතන හය නිරුද්ධ වෙයි. ආයතන හය නිරුද්ධ වීමෙන් ස්පර්ශය නිරුද්ධ වෙයි. ස්පර්ශය නිරුද්ධ වීමෙන් විඳීම නිරුද්ධ වෙයි. විඳීම නිරුද්ධ වීමෙන් තෘෂ්ණාව නිරුද්ධ වෙයි. තෘෂ්ණාව නිරුද්ධ වීමෙන් උපාදාන නිරුද්ධ වෙයි. උපාදාන නිරුද්ධ වීමෙන් භවය නිරුද්ධ වෙයි. භවය නිරුද්ධ වීමෙන් ඉපදීම නිරුද්ධ වෙයි. ඉපදීම නිරුද්ධ වීමෙන් ජරා - මරණ - ශෝක - වැළපීම් - දුක්ඛ - දෝමනස්ස - උපායාසයෝ නිරුද්ධ වෙති. මෙසේ මුළුමහත් දුක්ඛස්කන්ධයාගේ නිරුද්ධ වීම වෙයි. මේ පටිච්ච සමුප්පාදය තුළින් බැසගැනීම යි.

ඒ විදර්ශනාව ම ප්‍රඥා ස්කන්ධය යි. මෙය ස්කන්ධයන් ගෙන් බැසගැනීම යි.

ඒ විදර්ශනාව ම ඉන්ද්‍රිය දෙකකින් යුක්ත ය. විරිය ඉන්ද්‍රිය ත්, ප්‍රඥා ඉන්ද්‍රිය ත් ය. මෙය ඉන්ද්‍රියයන්ගෙන් බැසගැනීම යි.

ඒ විදර්ශනාව ම සංස්කාර කෙළවර කොට ඇත්තේ ය. යම් සංස්කාරයෝ අනාශ්‍රව වෙත් ද, භවයට අයත් නොවෙත් ද,

ඒ සංස්කාරයෝ ධර්ම ධාතුව හා එක් වී ඇත්තාහ. මෙය ධාතුන් ගෙන් බැසගැනීම යි.

ඒ ධර්ම ධාතුව අරමුණු නම් වූ ආයතන කෙළවර කොට ඇත්තේ ය. ඒ අරමුණු නම් වූ ආයතනය අනාශ්‍රව වෙයි ද, භවයට අයත් නැත්තේ ද, මෙය ආයතනයන්ගෙන් බැසගැනීම යි.

'සංසිඳීම ඇතිකල්හී' යනු දෙපරිදි වූ සංසිඳීමකි. කායික සංසිඳීම ත්, මානසික සංසිඳීම ත් ය. යම් කායික සැපයක් ඇද්ද, මෙය කායික සංසිඳීම යි. යම් මානසික සැපයක් ඇද්ද, මෙය සිතට අයත් සංසිඳීම යි. සංසිඳී ගිය කය ඇති කෙනා සැපයක් විඳියි. සැප ඇත්තහුගේ සිත සමාධිමත් වෙයි. සමාහිත සිත් ඇති කෙනා යමක ඇති සත්‍ය ස්වභාවය ඒ අයුරින් ම අවබෝධ කරයි. සත්‍ය ස්වභාවය අවබෝධ කරගන්නා ඒ සත්‍යය දුටු නිසාවෙන් ඒ කෙරෙහි කලකිරෙයි. කලකිරෙන්නේ නොඇලෙයි. නොඇලෙන්නේ නිදහස් වෙයි. නිදහස් වූ විට 'නිදහස් වූයෙමි' යි ඥානය ඇතිවෙයි. 'ඉපදීම ක්ෂය වූයේ ය. නිවන් මග බඹසර වාසය නිමා කරන ලදී. කළ යුත්ත කරන ලදී. නිවන පිණිස කළ යුතු වෙනත් දෙයක් නැතැ'යි දැනගනියි.

ඒ රහත් භික්ෂුව රූපය කෙරෙහි නොනැමෙයි. ශබ්දය කෙරෙහි නොනැමෙයි. ගන්ධය කෙරෙහි නොනැමෙයි. රසය කෙරෙහි නොනැමෙයි. පහස කෙරෙහි නොනැමෙයි. මනසේ උපදින අරමුණු කෙරෙහි නොනැමෙයි. රාගය ක්ෂය වූ නිසා ය. ද්වේෂය ක්ෂය වූ නිසා ය. මෝහය ක්ෂය වූ නිසා ය.

'තථාගතයන් වහන්සේ නමක්' පණවන්නෙක් යම් රූපයක් කරණ කොටගෙන වැඩසිටින හෝ හැසිරෙන හෝ තථාගත කෙනෙකු පණවන්නේ නම්, ඒ රූපය කෙරෙහි ඇති රාග - ද්වේෂ - මෝහ ක්ෂය වීමෙන්, නොඇල්මෙන්, තණ්හාව නිරුද්ධ වීමෙන්, තෘෂ්ණාව දුරු කිරීමෙන්, රූපය කෙරෙහි තිබූ කෙලෙස් නැති වීමෙන්, රූපයෙන් නිදහස් වූ තථාගත තෙමේ මරණින් මතු ඇත්තේ ය යන අදහසට නොඑළඹෙයි. මරණින් මතු නැත්තේ ය යන අදහසට ත් නොඑළඹෙයි. මරණින් මතු

ඇත්තේ වෙයි - නැත්තේ වෙයි යන අදහසට ත් නොඑළඹෙයි. මරණින් මතු නැත්තේ ය - නොම නැත්තේ ය යන අදහසට ත් නොඑළඹෙයි. ඒ මක් නිසාද යත්; තථාගතයන් වහන්සේ ගම්භීර වෙති. ප්‍රමාණ කළ නොහැකි වෙති. මිම්මකට ගත නොහැකි වෙති. නිවී ගියාහු ය යන සංඛ්‍යාවට යයි. රාගය ක්ෂය වූ නිසා ය. ද්වේෂය ක්ෂය වූ නිසා ය. මෝහය ක්ෂය වූ නිසා ය.

'තථාගතයන් වහන්සේ නමක්' පණවන්නෙක් යම් විඳීමක් කරණ කොටගෙන ....(පෙ).... යම් සංඥාවක් කරණ කොටගෙන ....(පෙ).... යම් සංස්කාරයන් කරණ කොටගෙන ....(පෙ).... 'තථාගතයන් වහන්සේ නමක්' පණවන්නෙක් යම් විඤ්ඤාණයක් කරණ කොටගෙන වැඩසිටින හෝ හැසිරෙන හෝ තථාගත කෙනෙකු පණවන්නේ නම්, ඒ විඤ්ඤාණය කෙරෙහි ඇති රාග - ද්වේෂ - මෝහ ක්ෂය වීමෙන්, නොඇල්මෙන්, තෘෂ්ණාව නිරුද්ධ වීමෙන්, තෘෂ්ණාව දුරු කිරීමෙන්, විඤ්ඤාණය කෙරෙහි තිබූ කෙලෙස් නැති වීමෙන්, විඤ්ඤාණයෙන් නිදහස් වූ තථාගත තෙමේ මරණින් මතු ඇත්තේ ය යන අදහසට නොඑළඹෙයි. මරණින් මතු නැත්තේ ය යන අදහසට ත් නොඑළඹෙයි. මරණින් මතු ඇත්තේ වෙයි - නැත්තේ වෙයි යන අදහසට ත් නොඑළඹෙයි. මරණින් මතු නැත්තේ ය - නොම නැත්තේ ය යන අදහසට ත් නොඑළඹෙයි. ඒ මක් නිසාද යත්; තථාගතයන් වහන්සේ ගම්භීර වෙති. ප්‍රමාණ කළ නොහැකි වෙති. මිම්මකට ගත නොහැකි වෙති. නිවී ගියාහු ය යන සංඛ්‍යාවට යයි. රාගය ක්ෂය වූ නිසා ය. ද්වේෂය ක්ෂය වූ නිසා ය. මෝහය ක්ෂය වූ නිසා ය.

'පැමිණෙයි' යනු එලොවින් මෙලොවට පැමිණීම ය. **'යෑම'** යනු මරණින් පසු වෙනත් භවයකට යාම ය. එලොවින් මෙලොවට ඒමක් - මෙලොවින් එලොවට යාමක් නැත්තේ ය යන අරුතයි. **'මෙලොවෙහි සිටීමක් නැත්තේ ය'** යනු ආධ්‍යාත්ම ආයතන සය තුළ නොපිහිටීම යි. **'පරලොවෙහි සිටීමක් නැත්තේ ය'** යනු බාහිර ආයතන සය තුළ නොපිහිටීම යි. **'දෙලොව අතර සිටීමක් නැත්තේ ය'** යනු ස්පර්ශයෙන් හටගන්නා දේ තුළ

ත් ආත්මයක් නොදැකීම යි. **'මේ සසර දුකෙහි අවසානය යි'** යන්නෙහි සසර දුක පටිච්ච සමුප්පාදය යි. ඒ පටිච්ච සමුප්පාදය දෙපරිදි ය. අවිද්‍යාව හේතුවෙන් සංස්කාර ඇතිවෙයි යනුවෙන් පටන් ගෙන ජරා මරණ තාක් ඇද්ද, එය ලෞකික පටිච්ච සමුප්පාදය යි. සිල්වතාට පසුතැවිලි නැතිබව උපදියි යන්නෙන් පටන් ගෙන නිවන පිණිස කළ යුතු වෙනත් දෙයක් නැත්තේ ය යි දැනගන්නේ ය යනුවෙන් අවසන් වෙයි ද, එය ලෝකෝත්තර පටිච්ච සමුප්පාදය යි.

එනිසා භාග්‍යවතුන් වහන්සේ 'කෙලෙස් ඇසුරෙන් යුක්ත වූවහුට කම්පනය ඇත්තේ ය....' යනාදී ගාථාව වදාළ සේක.

"යේ කේචි සෝකා පරිදේවිතාවා
දුක්ඛඤ්ච ලෝකස්මිං අනේකරූපං
පියං පටිච්ච පභවන්ති ඒතේ
පියේ අසන්තේ න භවන්ති ඒතේ"

(උදාන පාළි - විසාඛා සූත්‍රය)

"ලෝකයෙහි යම්කිසි ශෝක වැළපීම් වෙත් ද, නොයෙක් ස්වභාවයෙන් යුතු දුකකුත් වෙයි ද, මේ ශෝක වැළපීම් ආදිය උපදින්නේ ප්‍රිය වූ දේ නිසා ය. ප්‍රිය වූ දේ නැතිවිට ශෝක වැළපීම් ඇති නොවෙයි."

"තස්මාහි තේ සුඛිනෝ වීතසෝකා
යේසං පියං නත්ථි කුහිඤ්චි ලෝකේ
තස්මා අසෝකං විරජං පත්ථයානෝ
පියං න කයිරාථ කුහිඤ්චි ලෝකේ' ති"

(උදාන පාළි - විසාඛා සූත්‍රය)

"යම් කෙනෙකුන් හට ලෝකයෙහි ප්‍රිය වූ දෙයක් කිසිම තැනක නැද්ද, එනිසා ම දුරු වූ ශෝක ඇති ඒ රහතන් වහන්සේලා සැප සේ සිටිති. එහෙයින් ශෝක නැති, කෙලෙස් නැති නිවන පතමින් ලෝකයෙහි කිසි තැනක ප්‍රිය වූ දෙයක් ඇති නොකර ගන්නේ ය."

ලෝකයෙහි යම්කිසි ශෝක වැළපීම් වෙත් ද, නොයෙක් ස්වභාවයෙන් යුතු දුකකුත් වෙයි ද, මේ ශෝක වැළපීම් ආදිය උපදින්නේ ප්‍රිය වූ දේ නිසා ය යන මෙය දුක් විඳීම ය. ප්‍රිය වූ දෙය නැති විට ශෝක වැළපීම් ඇති නොවෙයි යන මෙය සැප විඳීම ය. මෙය වේදනා ස්කන්ධය යි. මෙය ස්කන්ධයන්ගෙන් බැසගැනීම යි. එමෙන් ම විඳීම් හේතුවෙන් තෘෂ්ණාව ඇතිවෙයි. තෘෂ්ණාව හේතුවෙන් ග්‍රහණය වීම වෙයි. ග්‍රහණය වීම හේතුවෙන් භවය වෙයි. භවය හේතුවෙන් ඉපදීම වෙයි. ඉපදීම හේතුවෙන් ජරා මරණ ශෝක වැළපීම් දුක් දොම්නස් උපායාසයෝ හටගනිති. මෙය පටිච්ච සමුප්පාදයෙන් බැසගැනීම යි.

එහි සැප වේදනාව ඉන්ද්‍රියයන් දෙකකින් යුක්ත ය. සැප ඉන්ද්‍රිය, සොම්නස් ඉන්ද්‍රිය වශයෙනි. දුක් වේදනාව ඉන්ද්‍රියයන් දෙකකින් යුක්ත ය. දුක් ඉන්ද්‍රිය, දොම්නස් ඉන්ද්‍රිය වශයෙනි. මෙය ඉන්ද්‍රියයන්ගෙන් බැසගැනීම යි. ඒ ඉන්ද්‍රියයෝ සංස්කාර කෙළවර කොට ඇත්තාහ. යම් සංස්කාරයෝ ආශ්‍රව සහිත වෙත් ද, භවයට අයත් වෙත් ද, ඒ සංස්කාරයෝ ධර්ම ධාතුව හා එක්ව තිබෙති. මෙය ධාතූන්ගෙන් බැසගැනීම යි.

ඒ ධර්ම ධාතුව අරමුණු නැමැති ආයතනය කෙළවර කොට ඇත්තේ ය. ඒ අරමුණු නැමැති ආයතනය අනාශ්‍රව වෙයි ද, භවයට අයත් නැත්තේ ද, මෙය ආයතනයන්ගෙන් බැසගැනීම යි.

"තස්මාහි තේ සුඛිනෝ වීතසෝකා
යේසං පියං නත්ථි කුහිඤ්චි ලෝකේ
තස්මා අසෝකං විරජං පත්ථයානෝ
පියං න කයිරාථ කුහිඤ්චි ලෝකේ' ති"

(උදාන පාළි - විසාඛා සූත්‍රය)

"යම් කෙනෙකුන් හට ලෝකයෙහි ප්‍රිය වූ දෙයක් කිසිම තැනක නැද්ද, එනිසා ම දුරු වූ ශෝක ඇති ඒ රහතන් වහන්සේලා සැප සේ සිටිති. එහෙයින් ශෝක නැති, කෙලෙස්

නැති නිවන පතමින් ලෝකයෙහි කිසි තැනක ප්‍රිය වූ දෙයක් ඇති නොකර ගන්නේ ය.”

මේ දෙසුමෙන් අදහස් කරන්නේ තෘෂ්ණාව නැතිකිරීම යි. තෘෂ්ණාව නිරුද්ධ වීමෙන් උපාදාන නිරුද්ධ වෙයි. උපාදාන නිරුද්ධ වීමෙන් භවය නිරුද්ධ වෙයි. භවය නිරුද්ධ වීමෙන් ඉපදීම නිරුද්ධ වෙයි. ඉපදීම නිරුද්ධ වීමෙන් ජරා - මරණ - ශෝක - වැලපීම් - දුක්ඛ - දෝමනස්ස - උපායාසයෝ නිරුද්ධ වෙති. මෙසේ මුළුමහත් දුක්ඛස්කන්ධයාගේ නිරුද්ධ වීම වෙයි. මේ පටිච්ච සමුප්පාදය තුළින් බැසගැනීම යි.

ඒ තෘෂ්ණාවේ ම ප්‍රහාණය සමථය යි. ඒ සමථය ඉන්ද්‍රියයන් දෙකකි. සති ඉන්ද්‍රිය ත්, සමාධි ඉන්ද්‍රිය ත් ය. මේ ඉන්ද්‍රියයන්ගේ බැසගැනීම යි. ඒ සමාධිය ම සමාධි ස්කන්ධය යි. මෙය ස්කන්ධයන්ගේ බැසගැනීම යි. ඒ සමථය සංස්කාර කෙළවර කොට ඇත්තේ ය.

යම් සංස්කාරයෝ අනාශ්‍රව වෙත් ද, භවයට අයත් නොවෙත් ද, ඒ සංස්කාරයෝ ධර්ම ධාතුව හා එක් වී ඇත්තාහ. මෙය ධාතුන්ගෙන් බැසගැනීම යි.

ඒ ධර්ම ධාතුව අරමුණු නැමැති ආයතනය කෙළවර කොට ඇත්තේ ය. ඒ අරමුණු නැමැති ආයතනය අනාශ්‍රව වෙයි ද, භවයට අයත් නැත්තේ ද, මෙය ආයතනයන්ගෙන් බැසගැනීම යි.

එනිසා භාග්‍යවතුන් වහන්සේ 'යම්කිසි දුරු වූ ශෝක ඇති....' යනාදී ගාථාව වදාළ සේක.

"කාමං කාමයමානස්ස - තස්ස චේ තං සමිජ්ඣති
අද්ධා පීතිමනෝ හෝති - ලද්ධා මච්චෝ යදිච්ඡතී' ති"

(සුත්ත නිපාතය - කාම සූත්‍රය)

"ඉෂ්ට, කාන්ත, මනාප, ප්‍රිය ස්වභාව ඇති කිසියම් කාම අරමුණක් කැමති වන තැනැත්තහුට ඉදින් එය තමාට ලැබෙයි

නම්, තමා කැමති වූ ඒ දේ ලබාගත් ඒ මනුෂ්‍යයා ඒකාන්තයෙන් ප්‍රීති සිතක් ඇත්තේ වෙයි."

"තස්ස චේ කාමයානස්ස - ඡන්ද ජාතස්ස ජන්තුනෝ
තේ කාමා පරිහායන්ති - සල්ල විද්ධෝ'ව රුප්පතී'ති"

(සුත්ත නිපාතය - කාම සූත්‍රය)

"ඉදින් කාමයන් කැමති ව, කාමයන් කෙරෙහි ආශාව උපදවාගෙන සිටින ඒ සත්වයාගේ ඒ කාමයෝ පිරිහී නැතිවී යත් නම්, ඔහු විෂ පෙවූ හුලකින් පහර කෑ කෙනෙකු සෙයින් හඬා වැළපෙයි"

"යෝ කාමේ පරිවජ්ජේති - සප්පස්සේ'ව පදා සිරෝ
සෝ'මං විසත්තිකං ලෝකේ - සතෝ සමතිවත්තතී'ති"

(සුත්ත නිපාතය - කාම සූත්‍රය)

"මැරෙනු නොකැමැති, ජීවත් වෙනු කැමති යමෙක් විෂඝෝර සර්පයෙකුගේ හිස අසලින් තම පාදය වහා ඉවත්කර ගන්නා සෙයින් යමෙක් පංච කාමයන් දුරු කරයි ද, ඔහු සිහියෙන් යුක්ත ව ලෝකය කෙරෙහි ඇති තෘෂ්ණාව ඉක්මවා යයි."

එහිලා ප්‍රීතිමත් සිත් ඇති බවක් ඇද්ද, මෙය ඇලීම යි. 'විස හුලකින් විදිනු ලැබූවකු සෙයින් වැනසෙයි' යන මෙය ගැටීම යි. ඇලීම - ගැටීම යන මේවා තෘෂ්ණාවට අයත් ය. තෘෂ්ණාවට ආසන්න කාරණය රූපවත් වූ දසායතනයන් ය. මෙය ආයතනයන්ගෙන් බැසගැනීම යි. ඒ රූපවත් වූ දසආයතනයෝ රූපකාය, නාමකාය හා එක් ව තිබෙත්. ඒ දෙක නාමරූප යි. නාමරූප හේතුවෙන් ආයතන හය ඇතිවෙයි. ආයතන හය හේතුවෙන් ස්පර්ශය ඇතිවෙයි. ස්පර්ශය හේතුවෙන් විඳීම් ඇතිවෙයි. විඳීම් හේතුවෙන් තෘෂ්ණාව ඇතිවෙයි. තෘෂ්ණාව හේතුවෙන් ග්‍රහණය වීම වෙයි. ග්‍රහණය වීම හේතුවෙන් භවය වෙයි. භවය හේතුව ඉපදීම වෙයි. ඉපදීම හේතුවෙන් ජරා මරණ ශෝක වැළපීම් දුක් දොම්නස් උපායාසයෝ හටගනිති. මෙය පටිච්ච සමුප්පාදයෙන් බැසගැනීම යි.

ඒ නාමරූපය පංචස්කන්ධය යි. එය ස්කන්ධයන්ගෙන් බැසගැනීම යි. ඒ නාමරූපය දහඅටක් වූ ධාතු ස්වභාවය යි. එහි යම් රූපකායක් රූපයෙන් හටගත් ඇස, කන, නාසය, දිව, කය යන ඉන්ද්‍රිය පසින් යුක්ත ද, යම් නාමකායක් අරූපයෙන් හටගත් වේදනා, සංඥා, චේතනා, ඵස්ස, මනසිකාර යන ඉන්ද්‍රිය පසින් යුක්ත ද, මේ දස ඉන්ද්‍රියයෝ ය. මේ ඉන්ද්‍රියයන් තුළින් බැස ගැනීම යි.

එහි යමක් මෙසේ වදාළ සේක් ද;

"යෝ කාමේ පරිවජ්ජේති - සප්පස්සේ'ව පදා සිරෝ
සෝ'මං විසත්තිකං ලෝකේ - සතෝ සමතිවත්තතී'ති"

(සුත්ත නිපාතය - කාම සූත්‍රය)

"මැරෙනු නොකැමැති, ජීවත් වෙනු කැමති යමෙක් විෂඝෝර සර්පයෙකුගේ හිස අසලින් තම පාදය වහා ඉවත්කර ගන්නා සෙයින් යමෙක් පංච කාමයන් දුරු කරයි ද, ඔහු සිහියෙන් යුක්ත ව ලෝකය කෙරෙහි ඇති තෘෂ්ණාව ඉක්මවා යයි."

මේ උපාදිසේස සහිත වූ නිර්වාණ ධාතුව යි. මෙය ධාතුන්ගෙන් බැසගැනීම යි. ඒ උපාදිසේස සහිත වූ නිර්වාණ ධාතුව යනු විද්‍යාව යි. විද්‍යාව ඉපදීමෙන් අවිද්‍යාව නිරුද්ධ වෙයි. අවිද්‍යාව නිරුද්ධ වීමෙන් සංස්කාරයෝ නිරුද්ධ වෙති. සංස්කාර නිරුද්ධ වීමෙන් විඤ්ඤාණය නිරුද්ධ වෙයි. විඤ්ඤාණය නිරුද්ධ වීමෙන් නාමරූප නිරුද්ධ වෙයි. නාමරූප නිරුද්ධ වීමෙන් ආයතන හය නිරුද්ධ වෙයි. ආයතන හය නිරුද්ධ වීමෙන් ස්පර්ශය නිරුද්ධ වෙයි. ස්පර්ශය නිරුද්ධ වීමෙන් විඳීම නිරුද්ධ වෙයි. විඳීම නිරුද්ධ වීමෙන් තෘෂ්ණාව නිරුද්ධ වෙයි. තෘෂ්ණාව නිරුද්ධ වීමෙන් උපාදාන නිරුද්ධ වෙයි. උපාදාන නිරුද්ධ වීමෙන් භවය නිරුද්ධ වෙයි. භවය නිරුද්ධ වීමෙන් ඉපදීම නිරුද්ධ වෙයි. ඉපදීම නිරුද්ධ වීමෙන් ජරා - මරණ - ශෝක - වැළපීම් - දුක්ඛ - දෝමනස්ස - උපායාසයෝ නිරුද්ධ වෙති. මෙසේ මුළුමහත් දුක්ඛස්කන්ධයාගේ නිරුද්ධ වීම වෙයි. මේ පටිච්ච සමුප්පාදය තුළින් බැසගැනීම යි.

ඒ විද්‍යාව ම ප්‍රඥා ස්කන්ධය යි. මෙය ස්කන්ධයන්ගෙන් බැසගැනීම යි.

ඒ විද්‍යාව ම ඉන්ද්‍රිය දෙකකින් යුක්ත ය. විරිය ඉන්ද්‍රිය ත්, ප්‍රඥා ඉන්ද්‍රිය ත් ය. මෙය ඉන්ද්‍රියයන්ගෙන් බැසගැනීම යි.

ඒ විද්‍යාව ම සංස්කාර කෙළවර කොට ඇත්තේ ය. යම් සංස්කාරයෝ අනාශ්‍රව වෙත් ද, භවයට අයත් නොවෙත් ද, ඒ සංස්කාරයෝ ධර්ම ධාතුව හා එක් වී ඇත්තාහ. මෙය ධාතුන් ගෙන් බැසගැනීම යි.

ඒ ධර්ම ධාතුව අරමුණු නම් වූ ආයතන කෙළවර කොට ඇත්තේ ය. ඒ අරමුණු නම් වූ ආයතනය අනාශ්‍රව වෙයි ද, භවයට අයත් නැත්තේ ද, මෙය ආයතනයන්ගෙන් බැසගැනීම යි.

එනිසා භාග්‍යවතුන් වහන්සේ 'කාම වස්තූන් කැමති කෙනා හට....' යනාදී ගාථාව වදාළ සේක.

මෙතෙකින් පටිච්ච සමුප්පාදය, ඉන්ද්‍රිය, ස්කන්ධ, ධාතු, ආයතන යන ධර්මයෝ එක්වීමෙන් බැසගන්නාහු වෙති.

මෙසේ පටිච්ච සමුප්පාදය, ඉන්ද්‍රිය, ස්කන්ධ, ධාතු, ආයතනයෝ නවාංග ශාස්තෘ ශාසනයෙහි බැස්සවිය යුත්තාහ.

එනිසා ආයුෂ්මත් මහා කච්චායන තෙරණුවෝ 'භාග්‍යවතුන් වහන්සේ එක් ධර්මයක් පණවන සේක. විවිධ අයුරින් දෙසන සේක....' යනාදී ගාථාව වදාළහ.

නියුත්තෝ ඕතරණො හාරෝ
(ඕතරණ හාරය යොදන ලදී.)

3.1.13. සෝධන හාර විභංගෝ
(විසඳන ලද ප්‍රශ්නයේ විසඳුම විමසීමෙන් ධර්මය කරා ගෙන යාම බෙදා දැක්වීමයි)

එහිදී 'සෝධන හාර' යනු කුමක් ද? මෙය 'ප්‍රශ්නයක් විසඳූ කල්හී....' ආදී වශයෙන් වදාළ ගාථාව යි.

යම් පරිදි ආයුෂ්මත් අජිත තෙරණුවෝ පාරායන වර්ගයෙහි භාග්‍යවතුන් වහන්සේගෙන් ප්‍රශ්නයක් විමසති.

"කේනස්සු නිවුතෝ ලෝකෝ (ඉච්චායස්මා අජිතෝ)
කේනස්සු නප්පකාසති
කිස්සාභිලේපනං බ්‍රෑසි
කිංසු තස්ස මහබ්භය'න්ති"

(සුත්ත නිපාතය - අජිත සූත්‍රය)

මෙසේ ආයුෂ්මත් අජිත තෙරණුවෝ අසති;

"ලෝක සත්වයා වැසී සිටින්නේ කුමකින් ද? කුමක් නිසාවෙන් එය ලෝකයාට නොතේරෙයි ද? ලෝක සත්වයා වටා තැවරී ඇති දෙය කුමක් දැයි වදාළ මැනැව. ලෝක සත්වයාට ඇති ලොකුම භය කුමක් ද?"

"අවිජ්ජාය නිවුතෝ ලෝකෝ (අජිතා'ති භගවා)
විවිච්ඡාපමාදා නප්පකාසති
ජප්පාභිලේපනං බ්‍රෑමි
දුක්ඛමස්ස මහබ්භය'න්ති"

(සුත්ත නිපාතය - අජිත සූත්‍රය)

භාග්‍යවතුන් වහන්සේ;

"අජිතයෙනි, චතුරාර්ය සත්‍යය නොදැනීම නම් වූ අවිද්‍යාවෙන් ලෝක සත්වයා වසාගෙන ඇත්තේ ය. සැකය ත්,

ප්‍රමාදය ත් නිසා එය ඔහුට නොතේරෙයි. ලෝක සත්වයා වටා තැවරී ඇති දෙය තෘෂ්ණාව යැයි කියමි. ඔහුට ඇති මහත් ම භය නම් දුක ය.”

‘ලෝක සත්වයා කුමකින් වැසී තිබෙයි ද?’ යන ප්‍රශ්නයට භාග්‍යවතුන් වහන්සේ ‘ලෝක සත්වයා අවිද්‍යාවෙන් වැසී ඇත්තේ යැ’ යි පිළිතුරු පදයකින් පිරිසිදු කරන සේක. එහි විස්තර තව ඇති නිසා විසඳුම පටන් ගත් කරුණ සම්පූර්ණයෙන් පිරිසිදු නොකළ සේක.

‘කුමක් නිසා එසේ වැසී ඇති බව ප්‍රකට නොවේ ද?’ යන ප්‍රශ්නයට භාග්‍යවතුන් වහන්සේ ‘සැකය ත්, ප්‍රමාදය ත් නිසා එසේ වැසී ඇති බව ඔහුට ප්‍රකට නොවෙයි’ යි පිළිතුරු පදයකින් පිරිසිදු කරන සේක. එහෙත් විස්තර තව ඇති නිසා විසඳුම පටන් ගත් කරුණ සම්පූර්ණයෙන් පිරිසිදු නොකළ සේක.

‘ලෝවැසියා කුමක් තවරාගෙන සිටියි ද?’ යන ප්‍රශ්නයට භාග්‍යවතුන් වහන්සේ ‘ලොව වටා තැවරී ඇති දෙය තෘෂ්ණාව යැ’ යි පිළිතුරු පදයකින් පිරිසිදු කරන සේක. එහෙත් විස්තර තව ඇති නිසා විසඳුම පටන් ගත් කරුණ සම්පූර්ණයෙන් පිරිසිදු නොකළ සේක.

‘ඔහුට ඇති මහත් භය කුමක් ද?’ යන ප්‍රශ්නයට භාග්‍යවතුන් වහන්සේ ‘ඔහුට ඇති මහත් භය දුක ය’ කියා පිළිතුරු පදයකින් පිරිසිදු කරන සේක. මෙසේ විස්තර කොට අවසන් වීම නිසා පටන් ගත් ප්‍රශ්නය පිරිසිදු කරන සේක.

එනිසා භාග්‍යවතුන් වහන්සේ ‘ලෝක සත්වයා අවිද්‍යාවෙන් වැසී ඇත්තේ ය....’ යනාදී ගාථාව වදාළ සේක.

“සවන්ති සබ්බධී සෝතා (ඉච්චායස්මා අජිතෝ)
සෝතානං කිං නිවාරණං
සෝතානං සංවරං බ්‍රෑහි
කේන සෝතා පිථීයරේ’ති”

(සුත්ත නිපාතය - අජිත සූත්‍රය)

ආයුෂ්මත් අජිත තෙරණුවෝ මෙසේ අසති:

"තෘෂ්ණා සැඩ පහරවල් හැම තැනින්ම ගලා බසිති. ඒ තෘෂ්ණා සැඩපහරවල් වැළැක්වීම යනු කුමක් ද? මේ තෘෂ්ණා සැඩ පහර පාලනය කිරීම ගැන වදාළ මැනැව. මේ තෘෂ්ණා සැඩ පහර ගලා බැසිය නොහැකි පරිද්දෙන් වසා දමන්නේ කුමකින් ද?"

"යානි සෝතානි ලෝකස්මිං (අජිතා'ති භගවා)
සති තේසං නිවාරණං
සෝතානං සංවරං බ්‍රෑමි
පඤ්ඤායේතේ පිථීයරේ'ති"

(සුත්ත නිපාතය - අජිත සූත්‍රය)

භාග්‍යවතුන් වහන්සේ;

"අජිතයෙනි, ලෝකයෙහි යම් තෘෂ්ණා සැඩ පහරවල් වෙත් ද, ඒවායෙහි වැළැක්වීම කරන්නේ සිහිය යි. ඒ සිහිය ම තෘෂ්ණා සැඩ වේගයන්ගේ පාලනය කරයි කියා කියමි. යළි නූපදින ලෙස තෘෂ්ණා සැඩ පහරවල් වසා දමන්නේ ප්‍රඥාවෙනි."

'කෙලෙස් සැඩපහර රූප ශබ්ද ආදී ආයතනයන් වෙත ගලා බසිති. ඒවායේ වැළැක්ම යනු කුමක් ද?' යන ප්‍රශ්නයට භාග්‍යවතුන් වහන්සේ 'ලෝකයෙහි යම් කෙලෙස් සැඩපහර ඇද්ද, ඒවායේ වැළැක්ම කරන්නේ සිහිය යි' යනුවෙන් පිළිතුරු පදයෙන් එම ප්‍රශ්නය පිරිසිඳු කරන සේක. පටන් ගත් ඒ සිව්පද ප්‍රශ්නය මුළුමනින් ම පිරිසිඳු නොකළ සේක.

'කෙලෙස් සැඩපහරේ සංවරය ගැන වදාළ මැනැව. කෙලෙස් සැඩ පහර රූප, ශබ්ද ආදියට වැටෙනු නොදී වසා දමන්නේ කුමකින් ද?' යන ප්‍රශ්නයට භාග්‍යවතුන් වහන්සේ 'ඒවායේ සංවරය සිහිය යැයි කියමි. ඒ කෙලෙස් සැඩපහර ප්‍රඥාවෙන් වසනු ලැබේ' වශයෙන් පිළිතුරු දෙමින් පටන් ගත් සම්පූර්ණ ප්‍රශ්නය විසඳා පිරිසිඳු කරන සේක.

එනිසා භාග්‍යවතුන් වහන්සේ 'ලෝකයෙහි යම් කෙලෙස් සැඩ පහර....' යනාදී ගාථාව වදාළ සේක.

"පඤ්ඤා චේව සතී ච (ඉච්චායස්මා අජිතෝ)
නාමරූපං ච මාරිස
ඒතං මේ පුට්ඨෝ පබ්‍රෑහි
කත්ථේ'තං උපරුජ්ඣතී' ති"

(සුත්ත නිපාතය - අජිත සූත්‍රය)

ආයුෂ්මත් අජිත තෙරණුවෝ මෙසේ අසති;

"දුක් නැති මුනිඳාණන් වහන්ස, ඒ ප්‍රඥාව ත්, සිහිය ත්, නාමරූප ත් යන මේ සියල්ල සම්පූර්ණයෙන් නිරුද්ධ වන්නේ කොතැනදී ද? මා විසින් අසන ලද මෙයට පිළිතුරු වදාරණ සේක්වා!"

"යමේතං පඤ්හං අපුච්ඡි
අජිත තං වදාමි තේ
යත්ථ නාමඤ්ච රූපඤ්ච
අසේසං උපරුජ්ඣති
විඤ්ඤාණස්ස නිරෝධේන
එත්ථේ'තං උපරුජ්ඣතී'ති"

(සුත්ත නිපාතය - අජිත සූත්‍රය)

"අජිතයෙනි, ඔබ යම් ප්‍රශ්නයක් ඇසුවෙහි ද, එය ඔබට විසඳා කියමි. යම් තැනකදී නාමය ත්, රූපය ත් ඉතුරුවක් නොතබා නිරුද්ධ වෙයි ද, (රහතන් වහන්සේගේ පිරිනිවන් පානා අවස්ථාවෙහිදී) විඤ්ඤාණය නිරුද්ධ වීම ත් සමඟ ම මෙහි දී මේ සියල්ල නිරුද්ධ වී යයි."

පටන් ගත් සම්පූර්ණ ප්‍රශ්නය පිළිතුරු ලැබීමෙන් පිරිසිදු බවට පත්වෙයි. එනිසා භාග්‍යවතුන් වහන්සේ 'යම් මේ ප්‍රශ්නයක් ඔබ ඇසුවෙහි ද....' යනුවෙන් යම් ප්‍රශ්නයක මෙසේ පටන් ගැනීම පිරිසිදු වෙයි ද, ඒ ප්‍රශ්නය විසඳන ලද්දේ වෙයි. යම් ප්‍රශ්නයක

පටන් ගැනීම පිරිසිදු නොවෙයි ද, තව ම ඒ ප්‍රශ්නය විසඳන ලද්දේ නොවෙයි.

එනිසා ආයුෂ්මත් මහා කච්චායන තෙරණුවෝ 'ප්‍රශ්නයක් විසඳූ කල්හී....' යනාදී ගාථාව වදාළහ.

නියුත්තෝ සෝධන හාරෝ
(සෝධන හාරය යොදන ලදී.)

3.1.14. අධිට්ඨාන හාර විභංගෝ
(ධර්මය සැක නොකිරීම තුළින් ධර්මය කරා ගෙන යාම බෙදා දැක්වීමයි)

එහිදී 'අධිට්ඨාන හාර' යනු කුමක් ද? මෙය 'එක් ස්වභාවයෙන් යුතු ධර්මයක් යම් විවිධ ස්වභාවයෙන් විස්තර කළ විට....' ආදී වශයෙන් වදාළ ගාථාව යි.

එහි යම් විවිධ අයුරින් විස්තර කරන ලද්දේ ද, ඒවා ඒ ඒ අයුරින් දැරිය යුත්තාහ.

දුක යනු එක් ස්වභාවයකින් යුතු දෙයකි. එහි දුක යනු කුමක් ද? ඉපදීම දුක ය. ජරාව දුක ය. ලෙඩ වීම දුක ය. මරණය දුක ය. අප්‍රියයන් හා එක්වීම දුක ය. ප්‍රියයන්ගෙන් වෙන්වීම දුක ය. කැමති වන්නා වූ යමක් නොලැබෙයි ද, එයත් දුක ය. සංක්ෂේපයෙන් කීවොත් පංච උපාදානස්කන්ධයෝ ම දුක් වෙති. රූපය දුකකි. විඳීම දුකකි. සංඥාව දුකකි. සංස්කාර දුකකි. විඤ්ඤාණය දුකකි. මේ දුකෙහි ඇති විවිධ ස්වභාවය යි.

දුක් උපදවන හේතුව එක් ස්වභාවයකින් යුතු දෙයකි. එහි දුක් උපදවන හේතුව යනු කුමක් ද? යම් මේ තෘෂ්ණාවක් නැවත භවයක් උපදවයි ද, ආශ්වාදයෙන් ඇලෙනසුළු වෙයි ද, ඒ ඒ තැන ඇති දේ සතුටින් පිළිගනියි ද, එය යි. එනම්; කාම තණ්හාව ය. භව තණ්හාව ය. විභව තණ්හාව ය. මේ දුක් උපදවන හේතුවේ

ඇති විවිධ ස්වභාවය යි.

දුක් උපදවන හේතුව නිරුද්ධ වීම එක් ස්වභාවයකින් යුතු දෙයකි. දුක් නිරුද්ධ වීම යනු කුමක් ද? ඒ තුන් වැදෑරුම් තණ්හාවේ ම ඉතිරියක් නැති ව, ඇල්මෙන් තොර ව නිරුද්ධ වීමක් වෙයි නම්, අත්හැරීමක් වෙයි නම්, දුරුකිරීමක් වෙයි නම්, එයින් නිදහස් වීමක් වෙයි නම්, ආලය නැති කිරීමක් වෙයි නම්, එය යි. මෙය දුක් උපදවන හේතුව නිරුද්ධ වීමෙහි ඇති විවිධත්වය යි.

දුක් උපදවන හේතු නිරුද්ධ වීම පිණිස පවතින ප්‍රතිපදාව යනු එක් ස්වභාවකින් යුතු දෙයකි. ඒ දුක් නිරුද්ධ වීම පිණිස පවතින ප්‍රතිපදාව යනු කුමක් ද? මේ ආර්ය අෂ්ටාංගික මාර්ගය ම ය. ඒ කුමක් ද යත්; නිවැරදි දෘෂ්ටිය ය. නිවැරදි සංකල්පනා ය. නිවැරදි වචන භාවිතය ය. නිවැරදි කායික ක්‍රියා ය. නිවැරදි දිවි පැවැත්ම ය. නිවැරදි වීර්යය ය. නිවැරදි සිහිය ය. නිවැරදි සමාධිය ය. මෙය දුක් උපදවන හේතුව නිරුද්ධ වීම පිණිස පවතින ප්‍රතිපදාවේ ඇති විවිධත්වය යි.

'මාර්ගය' යනු යමක් කරා ගෙන යාම නම් වූ එක් ස්වභාවකින් යුතු දෙයකි. මාර්ගය යනු කුමක් ද? නිරය කරා ගෙන යන්නා වූ මාර්ගය ය. තිරිසන් යෝනිය කරා ගෙන යන්නා වූ මාර්ගය ය. ප්‍රේත විෂය කරා ගෙන යන්නා වූ මාර්ගය ය. අසුර යෝනිය කරා ගෙන යන්නා වූ මාර්ගය ය. ස්වර්ගය කරා ගෙන යන්නා වූ මාර්ගය ය. මිනිස් ලොව කරා ගෙන යන්නා වූ මාර්ගය ය. නිවන කරා ගෙන යන්නා වූ මාර්ගය ය. මෙය මාර්ගයෙහි ඇති විවිධත්වය යි.

'නිරුද්ධ වීම' යනු එක් ස්වභාවයකින් යුතු දෙයකි. එහි නිරුද්ධ වීම යනු කුමක් ද? නුවණින් ප්‍රත්‍යවේක්ෂා කොට අකුසල් නැති කිරීම 'පටිසංඛා නිරෝධය' යි. හේතු ප්‍රත්‍යයන්ගෙන් හටගත් දේ ස්වාභාවිකව නිරුද්ධ වීම 'අප්පටිසංඛා නිරෝධය' යි. ඇල්ම නිරුද්ධ වීම 'අනුනය නිරෝධය' යි. ගැටීම නිරුද්ධ වීම 'පටිඝ නිරෝධය' යි. මානය නිරුද්ධ වීම 'මාන නිරෝධය'

යි. ගුණමකුකම නිරුද්ධ වීම 'මක්ඛ නිරෝධය' යි. තරඟයට වැඩ කිරීම නිරුද්ධ වීම 'පලාස නිරෝධය' යි. ඊර්ෂ්‍යාව නිරුද්ධ වීම 'ඉස්සා නිරෝධය' යි. මසුරුකම නිරුද්ධ වීම 'මච්ඡරිය නිරෝධය' යි. මෙසේ සියළු කෙලෙස් නිරුද්ධ වීම ය. මේ නිරුද්ධ වීමේ විවිධත්වය යි.

රූපය යනු එක් ස්වභාවයකින් යුතු දෙයකි. එහි රූපය යනු කුමක් ද? සතර මහා භූත රූප ත්, සතර මහා භූතයන් ගෙන් හටගත් රූපයන්ගේ පැණවීම යි. එහි සතර මහා භූත යනු මොනවා ද? පඨවි ධාතුව ය. ආපෝ ධාතුව ය. තේජෝ ධාතුව ය. වායෝ ධාතුව ය.

සංක්ෂේප වශයෙනුත්, විස්තර වශයෙනුත් දෙඅයුරින් ම ධාතූන් පිළිබඳ ව විමසා බැලීම කෙරෙයි. ධාතූන් පිළිබඳව විස්තර වශයෙන් විමසා බැලීම කෙරෙන්නේ කෙසේ ද? පඨවි ධාතුව විසි ආකාරයකින් විස්තර වශයෙන් පරීක්ෂා කර බලයි. ආපෝ ධාතුව දොළොස් ආකාරයකින් විස්තර වශයෙන් පරීක්ෂා කර බලයි. තේජෝ ධාතුව සිව් ආකාරයකින් විස්තර වශයෙන් පරීක්ෂා කර බලයි. වායෝ ධාතුව සය ආකාරයකින් විස්තර වශයෙන් පරීක්ෂා කර බලයි.

පඨවි ධාතුව කවර විසි අයුරකින් විස්තර වශයෙන් පරීක්ෂා කොට බලන්නේ ද යත්; මේ කයෙහි කෙස් ඇත්තේ ය. ලොම්, නිය, දත්, සම, මස්, නහර, ඇට, ඇටලොඳ, වකුගඩු, හදවත, අක්මාව, දලබුව, බඩදිව, පෙණහළු, මහාබඩවැල, කුඩාබඩවැල, බොක්කෙහි ඇති ආහාර, අශූචි බවට පැසී ගිය ආහාරය, හිස් කබල තුළ මොළය ඇත්තේ ය. මේ විසි අයුරින් පඨවි ධාතුව විස්තර වශයෙන් පරීක්ෂා කොට බලයි.

ආපෝ ධාතුව කවර දොළොස් අයුරකින් විස්තර වශයෙන් පරීක්ෂා කොට බලන්නේ ද යත්; මේ කයෙහි පිත ඇත්තේ ය. සෙම, සැරව, ලේ, ඩහදිය, තෙල්මන්ද, කඳුළු, වුරුණු තෙල්, කෙළ, සොටු, සඳමිදුළු, මූත්‍රා ඇත්තේ ය. මේ දොළොස් අයුරින් ආපෝ ධාතුව විස්තර වශයෙන් පරීක්ෂා කොට බලයි.

තේජෝ ධාතුව කවර සිව් අයුරකින් විස්තර වශයෙන් පරීක්ෂා කොට බලන්නේ ද යත්; යම් තේජෝ ධාතුවකින් තවයි නම්, යම් තේජෝ ධාතුවකින් දිරා යාමට පත් කරවයි නම්, යම් තේජෝ ධාතුවකින් දවයි නම්, කන ලද - බොන ලද - අනුභව කරන ලද - රස විඳින ලද දෙය යමකින් මැනැවින් දිරවා යයි නම්, මේ සිව් අයුරෙන් තේජෝ ධාතුව විස්තර වශයෙන් පරීක්ෂා කොට බලයි.

වායෝ ධාතුව කවර සය අයුරකින් විස්තර වශයෙන් පරීක්ෂා කොට බලන්නේ ද යත්; උඩු අතට යන වාතය ය. අධෝ මාර්ගයෙන් යන වාතය ය. කුසෙහි ඇති වාතය ය. යටි බඩේ ඇති වාතය ය. සිරුර පුරා ගමන් කරන වාතය ය. ආශ්වාස - ප්‍රශ්වාස වාතය ය. මේ සය අයුරින් වායෝ ධාතුව විස්තර වශයෙන් පරීක්ෂා කොට බලයි.

මෙලෙසට සතළිස් දෙඅයුරකින් විස්තර වශයෙන් ධාතූන් පිළිබඳ ව ස්වභාව වශයෙන් ඒවායේ වෙනස්කම් සළකා බැලීමෙන්, ගලපා බැලීමෙන්, හොඳින් වටහා ගැනීමෙන්, නැවත නැවත විමසා බැලීමෙන්, නුවණින් ප්‍රත්‍යවේක්ෂා කොට බැලීමෙන්, ශරීරය හෝ ශරීරයට අයත් කවර කොටසක් හෝ සිතෙන් අල්ලා ගැනීමට සුදුසු යැයි කිසිවක් නොදකියි. කුණුවතුර වළක් දෙස විමසා බලද්දී එහි ගතයුතු කිසිවක් නොදකින්නේ යම් සේ ද, කසල ගොඩක් දෙස විමසා බලද්දී එහි ගත යුතු කිසිවක් නොදකින්නේ යම් සේ ද, පිරුණු වැසිකිලි වළක් දෙස විමසා බලද්දී, එහි ගත යුතු කිසිවක් නොදකින්නේ යම් සේ ද, අමු සොහොනක් දෙස බලද්දී, එහි ගත යුතු කිසිවක් නොදකින්නේ යම් සේ ද, ඒ අයුරින් ම මේ දෙසාළිස් ආකාරයෙන් මෙසේ විස්තර වශයෙන් ධාතූන් පිළිබඳ ව එහි ඇති ස්වභාව වශයෙන් ද, ඒවායේ වෙනස්කම් සළකා බැලීමෙන් ද, ගලපා බැලීමෙන් ද, හොඳින් වටහා ගැනීමෙන් ද, නැවත නැවත විමසා බැලීමෙන් ද, නුවණින් ප්‍රත්‍යවේක්ෂා කොට බැලීමෙන් ද, ශරීරය හෝ ශරීරයට අයත් කවර කොටසක් හෝ ගත යුතු යැයි කිසිවක් නොදකියි.

එනිසා භාග්‍යවතුන් වහන්සේ වදාළ සේක;

"තමා තුළ වනාහී යම් පඨවී ධාතුවක් ඇද්ද, බාහිර යම් පඨවි ධාතුවක් ඇද්ද, මෙය පඨවි ධාතුව ම ය. ඒ පඨවි ධාතුව 'මෙය මගේ නොවෙයි, මෙය මම නොවෙමි, මෙය මාගේ ආත්මය නොවේ' යැයි දියුණු කළ නුවණින් යුතුව එහි ඇති සත්‍ය ස්වභාවය ඒ අයුරින් දැක්ක යුත්තේ ය. දියුණු කළ නුවණින් මේ පඨවි ධාතුවෙහි ඇති සත්‍ය ස්වභාවය ඒ අයුරින් ම දැක්ක විට පඨවි ධාතුව කෙරෙහි අවබෝධයෙන් ම එපාවීම ඇතිවෙයි. පඨවි ධාතුවෙහි සිත නොඇලෙයි.

තමා තුළ වනාහී යම් ආපෝ ධාතුවක් වේ නම්, බාහිර යම් ආපෝ ධාතුවක් වේ නම්, මෙය ආපෝ ධාතුව ම ය. ඒ ආපෝ ධාතුව ....(පෙ).... තමා තුළ වනාහී යම් තේජෝ ධාතුවක් වේ නම්, බාහිර යම් තේජෝ ධාතුවක් වේ නම්, මෙය තේජෝ ධාතුව ම ය. ඒ තේජෝ ධාතුව ....(පෙ).... තමා තුළ වනාහී යම් වායෝ ධාතුවක් වේ නම්, බාහිර යම් වායෝ ධාතුවක් වේ නම්, මෙය වායෝ ධාතුව ම ය. ඒ වායෝ ධාතුව 'මෙය මගේ නොවෙයි, මෙය මම නොවෙමි, මෙය මාගේ ආත්මය නොවේ' යැයි දියුණු කළ නුවණින් යුතුව එහි ඇති සත්‍ය ස්වභාවය ඒ අයුරින් දැක්ක යුත්තේ ය. දියුණු කළ නුවණින් මේ වායෝ ධාතුවෙහි ඇති සත්‍ය ස්වභාවය ඒ අයුරින් ම දැක්ක විට වායෝ ධාතුව කෙරෙහි අවබෝධයෙන් ම එපාවීම ඇතිවෙයි. වායෝ ධාතුවෙහි සිත නොඇලෙයි." මේ ධාතූන් පිළිබඳ විවිධත්වය යි.

අවිද්‍යාව යනු එක් ස්වභාවයකින් යුතු දෙයකි. එහි අවිද්‍යාව යනු කුමක් ද? දුක පිළිබඳ ව ඇති අනවබෝධය යි. දුක් හටගන්නා හේතූන් පිළිබඳ ව ඇති අනවබෝධය යි. දුක් උපදවන හේතු නිරුද්ධ වීම පිළිබඳ ව ඇති අනවබෝධය යි. දුක් නිරුද්ධ වන්නා ප්‍රතිපදාව පිළිබඳ ව ඇති අනවබෝධය යි. මේ ජීවිතය අතීතයේ පැවති ආකාරය පිළිබඳ ව ඇති අනවබෝධය යි. අනාගතයෙහි පවතින ආකාරය පිළිබඳ ව ඇති අනවබෝධය යි. ඒ අතීත - අනාගත දෙක පිළිබඳ ව ඇති අනවබෝධය යි. මේ හේතුප්‍රත්‍යයන්ගෙන් හටගන්නා දේ පිළිබඳ ව ඇති අනවබෝධය

යි. මෙබඳු යම් අනවබෝධයක් ඇත්නම්, නොදැක්මක් ඇත්නම්, නුවණින් වටහා නොගැනීමක් ඇත්නම්, අවබෝධ නොවීමක් ඇත්නම්, විශේෂිත වූ අවබෝධයක් නැත්නම්, ප්‍රතිවේධයක් නැත්නම්, සළකා බැලීමක් නැත්නම්, නුවණින් දැකීමක් නැත්නම්, නුවණින් ප්‍රත්‍යවේක්ෂා නොකිරීමක් ඇත්නම්, සම ව නොබැලීමක් ඇත්නම්, කෙලෙසුන්ගෙන් කිලුටු වූ බවක් ඇත්නම්, බාල බවක් ඇත්නම්, අඥාන බවක් ඇත්නම්, මුලාවෙන බවක් ඇත්නම්, බලවත් ව මුලාවෙන බවක් ඇත්නම්, දැඩි මුලාවක් ඇත්නම්, අවිද්‍යාවක් ඇත්නම්, අවිද්‍යාව නම් කෙලෙස් සැඩපහරක් ඇත්නම්, අවිද්‍යාවක යෙදී සිටීම නම් අවිද්‍යා යෝගයක් ඇත්නම්, සිතෙහි අප්‍රකට ව ක්‍රියාකාරී ව තිබෙන අවිද්‍යා අනුසයක් ඇත්නම්, අවිද්‍යාවෙහි මතුවීමක් ඇත්නම්, අවිද්‍යාව නම් දොර අගුලක් ඇත්නම්, මෝහය නැමැති අකුසල මූලයක් ඇත්නම්, මෙය යි. මේ අවිද්‍යාවෙහි ඇති විවිධත්වය යි.

විද්‍යාව යනු එක් ස්වභාවයකින් යුතු දෙයකි. එහි කවර විද්‍යාවක් ද යත්; දුක පිළිබඳ ව ඇති අවබෝධය යි. දුක් හටගන්නා හේතුන් පිළිබඳ ව ඇති අවබෝධය යි. දුක් උපදවන හේතු නිරුද්ධ වීම පිළිබඳ ව ඇති අවබෝධය යි. දුක් නිරුද්ධ වන්නා ප්‍රතිපදාව පිළිබඳ ව ඇති අවබෝධය යි. මේ ජීවිතය අතීතයේ පැවති ආකාරය පිළිබඳ ව ඇති අවබෝධය යි. අනාගතයෙහි පවතින ආකාරය පිළිබඳ ව ඇති අවබෝධය යි. ඒ අතීත - අනාගත දෙක පිළිබඳ ව ඇති අවබෝධය යි. මේ හේතුප්‍රත්‍යයන්ගෙන් හටගන්නා දේ පිළිබඳ ව ඇති අවබෝධය යි. මෙබඳු වූ යම් ප්‍රඥාවක් ඇත්නම්, නුවණින් දන්නා බවක් ඇත්නම්, නුවණින් විමසීමක් ඇත්නම්, හොඳින් විමසීමක් ඇත්නම්, ධර්මයන් විමසීමක් ඇත්නම්, නුවණින් සැළකීමක් ඇත්නම්, එහි වෙනස් ස්වභාවයන් පරීක්ෂා කොට බැලීමක් ඇත්නම්, හේතුප්‍රත්‍යයන් විමසා බැලීමක් ඇත්නම්, නුවණැති බවක් ඇත්නම්, නුවණින් විමසීමෙහි දක්ෂ බවක් ඇත්නම්, නුවණින් විමසීමෙහි නිපුණත්වයක් ඇත්නම්, විග්‍රහ කොට බැලීමක් ඇත්නම්, නුවණින් සිතීමක් ඇත්නම්, නුවණින් පිරික්සා බැලීමක් ඇත්නම්, පළල් ප්‍රඥාවක් ඇත්නම්, සොඳුරු

ප්‍රඥාවක් ඇත්නම්, මගපෙන්වන ප්‍රඥාවක් ඇත්නම්, විදර්ශනා ප්‍රඥාවක් ඇත්නම්, නුවණින් පිහිටා සිටින බවක් ඇත්නම්, නුවණින් මෙහෙයවන බවක් ඇත්නම්, ප්‍රඥාවක් ඇත්නම්, ප්‍රඥා ඉන්ද්‍රියයක් ඇත්නම්, ප්‍රඥා බලයක් ඇත්නම්, ප්‍රඥා ආයුධයක් ඇත්නම්, ප්‍රඥා ප්‍රාසාදයක් ඇත්නම්, ප්‍රඥා ආලෝකයක් ඇත්නම්, ප්‍රඥා එළියක් ඇත්නම්, ප්‍රඥා බැබලීමක් ඇත්නම්, ප්‍රඥා රත්නයක් ඇත්නම්, මුලා නැති බවක් ඇත්නම්, නුවණින් ධර්මය විමසීමක් ඇත්නම්, නිවැරදි දෘෂ්ටියක් ඇත්නම්, ධර්මය නුවණින් විමසීම නැමැති සම්බොජ්ඣංගයක් ඇත්නම්, නිවන් මගෙහි අංගයක් වූ නිවන් මගට අයත් ප්‍රඥාවක් ඇත්නම්, මෙය යි. මේ විද්‍යාවෙහි ඇති විවිධත්වය යි.

'සමාපත්ති' යනු එක් ස්වභාවයකින් යුතු දෙයකි. එහි කවර සමාපත්තියක් තිබේ ද? සංඥාව සහිත වූ සමාපත්තියක් ඇත්තේ ය. සංඥා රහිත සමාපත්තියක් ඇත්තේ ය. සංඥාව ඇත්තේ ත් නැති, නැත්තේත් නැති සමාපත්තියක් ඇත්තේ ය. ප්‍රකට වූ සමාපත්තියක් ඇත්තේ ය. නිරෝධ සමාපත්තියක් ඇත්තේ ය. මේ සමාපත්තිවල ඇති විවිධත්වය යි.

'ධ්‍යාන වඩන්නා' යනු එක් ස්වභාවයකින් යුතු දෙයකි. එහි කවර ධ්‍යාන වඩන්නෙක් වෙයි ද? නිවන් මග සේඛ ධ්‍යාන වඩන්නෙක් සිටියි. නිවන් මග හික්මී අවසන් වූ අසේඛ ධ්‍යාන වඩන්නෙක් සිටියි. සේඛ ත් නොවූ, අසේඛ ත් නොවූ පෘථග්ජන ධ්‍යාන වඩන්නෙක් සිටියි. ආජානේය අශ්වයෙකු බඳු ශ්‍රේෂ්ඨ ධ්‍යාන වඩන්නෙක් සිටියි. වල් අශ්වයෙකු බඳු ලාමක ධ්‍යාන වඩන්නෙක් සිටියි. දෘෂ්ටිය මුල්කොට ධ්‍යාන වඩන්නෙක් සිටියි. තෘෂ්ණාව මුල්කොට ධ්‍යාන වඩන්නෙක් සිටියි. ප්‍රඥාව මුල්කොට ධ්‍යාන වඩන්නෙක් සිටියි. මෙය ධ්‍යාන වඩන්නාගේ ඇති විවිධත්වය යි.

'සමාධිය' යනු එක් ස්වභාවයකින් යුතු දෙයකි. එහිලා කවර සමාධියක් තිබේ ද? අකුසල් මුල්කොට සිතෙහි ඇතිවෙන එකඟ බව 'සරණ සමාධිය' යි. කුසල් හෝ ලෝකෝත්තර අරමුණු

මුල්කොට සිතෙහි එකඟ බව 'අරණ සමාධිය' යි. පටිස සිතින් ඇතිකරගත් එකඟ බව 'සවේර සමාධිය' යි. මෙත්තා චේතෝ විමුක්තිය 'අවේර සමාධිය' යි. කෝපයෙන් ලත් එකඟ බව 'සබ්‍යාපජ්ඣ සමාධිය' යි. කෝප රහිත එකඟ බව 'අබ්‍යාපජ්ඣ සමාධිය' යි. ප්‍රීතිය සහිත එකඟ බව 'සප්පීතික සමාධිය' යි. ප්‍රීතිය රහිත එකඟ බව 'නිප්පීතික සමාධිය' යි. ලෞකික සමාධිය 'සාමිස සමාධිය' යි. ආමිස රහිත සමාධිය 'නිරාමිස සමාධිය' යි. වඩාත් වෙහෙසී ඇති කරගන්නා සමාධිය 'සසංඛාර සමාධිය' යි. සුළු උත්සාහයකින් ඇති කරගන්නා සමාධිය 'අසංඛාර සමාධිය' යි. විදර්ශනාව මුල්කොට ගත් සමාධිය 'ඒකංසභාවිත සමාධිය' යි. සමථ විදර්ශනා දෙකෙන් ලබාගත් සමාධිය 'උභයංසභාවිත සමාධිය' යි. රූපාරූප සමාධිය ත්, විදර්ශනා සමාධිය ත් තුළින් වැඩෙන සමාධිය 'උභතෝභාවන සමාධිය' යි. විතර්ක සහිත විචාර සහිත සමාධිය, විතර්ක රහිත විචාර යාන්තමට ඇති සමාධිය, විතර්ක රහිත විචාර රහිත සමාධිය, පිරිහී යන සමාධිය, නොපිරිහී දියුණු නොවී පවතින සමාධිය ය. දියුණුවට පත්වන සමාධිය ය. තියුණු ප්‍රඥාවට උපකාර වන සමාධිය ය. ලෞකික සමාධිය ය. ලෝකෝත්තර සමාධිය ය. මිථ්‍යා සමාධිය ය. නිවැරදි සමාධිය ය. මේ සමාධියේ ඇති විවිධත්වය යි.

'ප්‍රතිපදාව' හෙවත් වැඩපිළිවෙල එක් ස්වභාවයකින් යුතු දෙයකි. එහිලා කවර ප්‍රතිපදා තිබේ ද? පංච කාමයෙන් බැසගෙන තිබෙයි ද, කර්කශ වූ 'ආගාළ්හ ප්‍රතිපදාව' යි. තමාව පීඩාවට පත්කරගැනීම 'නිජ්ඣාම ප්‍රතිපදාව' යි. 'මධ්‍යම ප්‍රතිපදාව' ය. වීර්ය කිරීමේ දී සීත උෂ්ණ ආදිය ඉවසන්නට නොහැකි බව 'අක්ඛමා ප්‍රතිපදාව' ය. සීත ආදිය ඉවසන බව 'ඛමා ප්‍රතිපදාව' ය. කෙලෙස් විතර්ක සංසිඳවීම 'සමා ප්‍රතිපදාව' ය. ඉඳුරන් දමනය කිරීම 'දමා ප්‍රතිපදාව' ය. දුක් වූ ප්‍රතිපදාවෙන් සෙමෙන් අවබෝධ කිරීම 'දුක්ඛා පටිපදා දන්ධාභිඤ්ඤා' ය. දුක් වූ ප්‍රතිපදාවෙන් වහා අවබෝධ කිරීම 'දුක්ඛා පටිපදා ඛිප්පාභිඤ්ඤා' ය. සැප වූ ප්‍රතිපදාවෙන් සෙමෙන් අවබෝධ කිරීම 'සුඛා පටිපදා දන්ධාභිඤ්ඤා' ය. සැප වූ ප්‍රතිපදාවෙන් වහා අවබෝධ

කිරීම 'සුඛා පටිපදා ඛිප්පාභිඤ්ඤා' ය. මේ ප්‍රතිපදාවෙහි ඇති විවිධත්වයයි.

'කය' යනු එක් ස්වභාවයකින් යුතු දෙයකි. එහිලා කවර කයක් තිබේ ද? නාමකය ත්, රූපකය ත් ය. එහි කවර වූ රූප කයක් තිබේ ද? කෙස් ය. ලොම්, නිය, දත්, සම, මස්, නහර, ඇට, ඇටලොඳ, වකුගඩු, හදවත, අක්මාව, දලබුව, බඩදිව, පෙණහළු, මහාබඩවැල, කුඩාබඩවැල, බොක්කෙහි ඇති ආහාර, අශූචි බවට පැසී ගිය ආහාරය, හිස් කබල තුළ මොළය ය. මේ රූප කය යි. නාමකය යනු විඳීම් ය. සංඥා ය. චේතනා ය. සිත ය. ස්පර්ශය ය. මනසිකාරය ය. මේ නාම කය යි. මේ කයෙහි ඇති විවිධත්වයයි.

මෙසේ ඉපදීම ආදී යම්කිසි දෙයක් එයින් අන්‍ය වූ ජරා මරණ ආදිය දුක ගැන කතා කිරීමේ දී සමාන වෙයි ද, ඒ ඉපදීම ආදී දෙය දුක් ස්වභාවයෙන් එක ම ස්වභාවයකින් යුක්ත වෙයි. යම් යම් ජරා මරණ ආදියෙහි ඒ දුක නම් වූ ස්වභාවය ඒ ඒ දෙයින් විවිධත්වයෙන් පෙනෙයි. මෙසේ සූත්‍රයෙහි හෝ ගාථා රහිත දෙසුමෙහි හෝ ගාථාවෙහි හෝ අරුත් විමසන්නා විසින් අසන ලද කරුණු විමසිය යුත්තේ ය. 'කිම? මේ අසන්නේ එක් ස්වභාවයකින් යුතු දෙයක් ද? නැත්නම් විවිධත්වයෙන් යුතු දෙයක් ද?' වශයෙනි. ඉදින් විමසන ලද්දේ එක් ස්වභාවයෙන් යුතු දෙයක් නම් එක් ස්වභාවයකින් යුතුව පිළිතුරු දිය යුත්තේ ය. ඉදින් විමසන ලද්දේ විවිධත්වයෙන් යුතු දෙයක් නම් විවිධත්වයෙන් යුතු දෙයින් පිළිතුරු දිය යුත්තේ ය. ඉදින් සත්වයා යන නිශ්චයෙන් අසන ලද්දේ නම්, සත්වයා යන නිශ්චයෙන් විසඳිය යුත්තේ ය. ඉදින් ධර්මය යන නිශ්චයෙන් අසන ලද්දේ නම්, ධර්මය යන නිශ්චයෙන් විසඳිය යුත්තේ ය. යම් යම් අයුරකින් අසන ලද්දේ ද, ඒ ඒ අයුරින් විසඳිය යුත්තේ ය.

එනිසා ආයුෂ්මත් මහා කච්චායන තෙරණුවෝ 'ප්‍රශ්නයක් විසඳූ කල්හී....' යනාදී ගාථාව වදාළහ.

නියුත්තෝ අධිට්ඨාන හාරෝ
(අධිට්ඨාන හාරය යොදන ලදී.)

3.1.15. පරික්ඛාර හාර විභංගෝ
(ධර්මය කරා ගෙන යාමට හේතුඵල ධර්මයන් එකිනෙක උදව් වීම බෙදා දැක්වීමයි)

එහිදී 'පරික්ඛාර හාර' යනු කුමක් ද? මෙය 'යම් ධර්මයෝ යම් ධර්මයක් උපදවත් ද....' ආදී වශයෙන් වදාළ ගාථාව යි.

යම් හේතුප්‍රත්‍යයක් යම් ඵලයක් උපදවයි ද, ඒ උපන් ඵලයට කරුණු වූ හේතුව, එයට උපකාරී වූ දෙය හෙවත් පරිෂ්කාර කුමන ලක්ෂණයකින් යුතුද? උපද්දවන ලක්ෂණයෙන් යුතු බව ඒ ඵලයට අවශ්‍ය දෙය යි. ධර්මයෝ දෙකක් ඵලය උපදවති. හේතුව ත් ප්‍රත්‍යය ත් ය.

එහි හේතුව කවර ලක්ෂණයකින් යුක්ත ද? ප්‍රත්‍යය කවර ලක්ෂණයකින් යුක්ත ද? හේතුව යනු සියල්ලට පොදු නොවූ විශේෂ ලක්ෂණයකින් යුක්ත දෙය යි. ප්‍රත්‍යය යනු පොදු ලක්ෂණයන්ගෙන් යුක්ත දෙය යි.

එය කුමක් වැනි ද යත්; පැළයක් හටගැනීමට උදව් වෙන බීජය විශේෂ ලක්ෂණයකින් යුක්ත ය. එහෙත් පොළොව ත්, ජලය ත් සියළු පැළවලට පොදු ය. එහිදී පැළය වැඩීම සඳහා යම් පොළොවක්, ජලයක් උපකාරී වෙයි ද, එය ප්‍රත්‍යය යි. අදාළ ඵලය උපදවන හෙයින් බීජය පැළයට හේතුව යි.

එමෙන් ම, කළයකට කිරි දමන ලදුව එය මිදුණු කිරි බවට පත්වෙයි. එහෙත් කිරිවල ත්, මී කිරි වලත් එකම කාලයකදී එකට එකතු වීමක් ඇති නොවෙයි. එහෙයින් ම හේතුවේ ත්, ප්‍රත්‍යයේ ත් එක ම කාලයක එකට එකතු වීමක් නැත.

මේ සසරෙහි සැරිසරා යාම වනාහී හේතු සහිත ව, ප්‍රත්‍ය සහිත ව උපන් දෙයකි. වදාරණ ලද සේක් ම ය;

"අවිද්‍යාව ප්‍රත්‍යයෙන් සංස්කාරයෝ වෙති. සංස්කාර ප්‍රත්‍යයෙන් විඤ්ඤාණය වෙයි...." යනුවෙනි. මේ සියල්ල පටිච්ච

සමුප්පාදය යි.

මෙහි 'අවිද්‍යාව' යනු අවිද්‍යා හේතුව යි. වැරදි අයුරින් මෙනෙහි කිරීම ප්‍රත්‍යය යි. කලින් තිබූ අවිද්‍යාව පසුව ඇති වූ අවිද්‍යාවට හේතුව වෙයි. එහි කලින් තිබූ අවිද්‍යාව යනු ප්‍රකට නොවී ඇතුළෙන් ක්‍රියාත්මක වූ අවිද්‍යාව යි. පසුව ඇති වූ අවිද්‍යාව යනු උඩට මතුවූ අවිද්‍යාව යි. කලින් ප්‍රකට නොවී ඇතුළෙන් ක්‍රියාත්මක වූ අවිද්‍යාව පසුව උඩට මතු වී ගිය අවිද්‍යාවෙහි වැඩී යාමට හේතු වූයේ ය. පැළයට ළඟ ම ඇති හේතුව බීජය වූ පරිද්දෙනි. ඒ පැළයෙන් යම් තැනක යම් ගෙඩියක් උපදවයි ද, මෙය පැළය බීජය, පැළය බීජය..... යනාදී වශයෙන් පරම්පරා හේතුවෙන් ඇතිවූ හේතුවකි. මෙසේ හේතු දෙවැදෑරුම් වෙයි. එනම්; ළඟ ම ඇති හේතුව ත්, පරපුරෙන් පැමිණි හේතුව ත් ය. මෙසේ අවිද්‍යාවට ත් දෙවැදෑරුම් හේතුවක් ඇත්තේ ය. ළඟම ඇති හේතුව ත්, පරම්පරාවෙන් පැමිණි හේතුවත් ය.

එය මෙබඳු දෙයකි; පහන් බඳුනක් ඇත්තේ ය. පහන් වැටිත් ඇත්තේ ය. තෙලුත් ඇත්තේ ය. මේවා පහන් එළියට පොදු කරුණු හෙවත් ප්‍රත්‍යයෝ ය. නමුත් මේවා පහන් එළිය උපදවන ගින්න වැනි ස්වභාව හේතු නොවෙති. පහන් බඳුනකුත්, වැටිත්, තෙලත් තිබෙන නමුත් ගින්නක් නැතිව එය දල්වන්නට නොහැකි ය. එහෙයින් පහන් බඳුන, වැටිය, තෙල් යනු පහනට ඇති ප්‍රත්‍යයෝ හෙවත් පොදු කරුණු ය. පහන් එළිය මෙන් ගින්න ස්වභාව හේතුව වෙයි. මෙසේ ගින්නේ ස්වභාවය පහන් එළියට ලැබීම ස්වභාව හේතුව යි. පහන් බඳුන, වැටිය, තෙල් යන මේවා බාහිරින් ලද පොදු උපකාරයෝ ය. හෙවත් ප්‍රත්‍යයෝ ය. එසෙයින් ම හේතුව ආධ්‍යාත්මික දෙයකි. ප්‍රත්‍යය බාහිර දෙයකි. ඉපැද්දවීම හේතුවයි. උපන් දෙය අවට ඇති දේ ග්‍රහණයට ගැනීම ප්‍රත්‍යය යි. හේතුව විශේෂ දෙයකි. ප්‍රත්‍යය පොදු දෙයකි.

හේතුප්‍රත්‍ය ධර්මයන්ගේ නොසිඳී තිබීම යන්නෙහි අර්ථයක් ඇත්තේ ය. එනම්; ඒ හේතුප්‍රත්‍ය ධර්මයන් දිගට ම පවතින්නේ ය යන්නයි. හේතුප්‍රත්‍යයන්ගෙන් යමක් උපන්නේ ය යන අර්ථයක්

ඇද්ද, එහි තේරුම ඵලය හටගත් බව යි. විඤ්ඤාණය පිළිසිඳ ගත්තේ ය යන අර්ථයක් ඇද්ද, එහි තේරුම නැවත භවයක් ඇති වූයේ ය යන්නයි. නිවන් මගට බාධා කරදර ඇත්තේ ය යන අර්ථයක් ඇද්ද, එහි තේරුම කෙලෙස් නීවරණ මතුවී ඇති බවයි. කෙලෙස් සහමුලින් උදුරා නොදැම්මේ ය යන අර්ථයක් ඇද්ද, එහි තේරුම අප්‍රකටව කෙලෙස් ක්‍රියාකාරී ව ඇති බවයි. අවබෝධ නොකළේ ය යන අර්ථයක් ඇද්ද, එහි තේරුම අවිද්‍යාව ඇති බව යි. පිරිසිඳ නොදැක්කේ ය යන අර්ථයක් ඇද්ද, එහි තේරුම විඤ්ඤාණය බීජයක ස්වභාවයෙන් ඇති බව යි.

යම් තැනක හේතු ප්‍රත්‍ය ධර්මයන්ගේ ක්‍රියාකාරීත්වය නොසිඳී තිබෙයි නම්, එතැන පැවැත්ම දිගට ම තිබෙයි. යම් තැනක දිගට ම පැවැත්ම තිබෙයි නම්, එතැන ඉපදීම තිබෙයි. යම් තැනක ඉපදීම තිබෙයි නම්, එතැන ඵල හටගැනීම තිබෙයි. යම් තැනක ඵල හටගැනීම තිබෙයි නම්, එතැන විඤ්ඤාණයේ පිළිසිඳ ගැනීම තිබෙයි. යම්තැනක විඤ්ඤාණයේ පිළිසිඳ ගැනීමක් තිබෙයි නම්, එතැන නැවත භවයක් තිබෙයි. යම් තැනක නැවත භවයක් තිබෙයි නම්, එතැන නිවන් මගට බාධා කරදර තිබෙයි. යම් තැනක නිවන් මගට බාධා කරදර තිබෙයි නම්, එතැන කෙලෙස් නීවරණවල මතුවීම තිබෙයි. යම් තැනක කෙලෙස් නීවරණවල මතුවීමක් තිබෙයි නම්, එතැන කෙලෙස් සහමුලින් ම උදුරා නොදැමූ බව තිබෙයි. යම් තැනක කෙලෙස් සහමුලින් ම උදුරා නොදැමූ බව තිබෙයි නම්, එතැන කෙලෙස් අප්‍රකට ව ක්‍රියාකාරී ව තිබෙයි. යම් තැනක කෙලෙස් අප්‍රකට ව ක්‍රියාකාරී ව තිබෙයි නම්, එහි අනවබෝධය තිබෙයි. යම් තැනක අනවබෝධය තිබෙයි නම්, එහි අවිද්‍යාව තිබෙයි. යම් තැනක අවිද්‍යාව තිබෙයි නම්, එහි පිරිසිඳ නොදුටු ආශ්‍රව සහිත වූ විඤ්ඤාණය තිබෙයි. යම් තැනක පිරිසිඳ නුදුටු ආශ්‍රව සහිත වූ විඤ්ඤාණය තිබෙයි නම්, එහි තේරුම පැළවෙන බීජයක ස්වභාවයෙන් විඤ්ඤාණය තිබේ ය යන අරුත යි.

සීලස්කන්ධය සමාධිස්කන්ධයට ඇති උපකාරක ප්‍රත්‍යය යි. සමාධි ස්කන්ධය ප්‍රඥා ස්කන්ධයට ඇති උපකාරක ප්‍රත්‍යය

යි. ප්‍රඥා ස්කන්ධය විමුක්ති ස්කන්ධයට ඇති උපකාරක ප්‍රත්‍යය යි. විමුක්ති ස්කන්ධය විමුක්ති ඥානදර්ශන ස්කන්ධයට ඇති උපකාරක ප්‍රත්‍යය යි.

සත්පුරුෂයන්ගේ ඇසුරෙන් ධර්මය අසන බව ප්‍රීතිය ඇතිවීමට ඇති උපකාරක ප්‍රත්‍යය යි. ප්‍රීතිය ඇතිවෙන බව සමථ විදර්ශනා ධර්මයන් ඇති කරගැනීමට ඇති උපකාරක ප්‍රත්‍යය යි. සමථ විදර්ශනා ධර්මයන් ඇති කරගැනීම තමාව අවබෝධ කරගැනීමට ඇති උපකාරක ප්‍රත්‍යය යි.

එමෙන් ම ඇස ත්, රූප ත් උපකාර වීමෙන් ඇසේ විඤ්ඤාණය උපදියි. එහි ඇසේ විඤ්ඤාණයට උපකාරක ප්‍රත්‍යය වන්නේ ඇස යන ප්‍රධාන දෙය යි. රූපයෝ වනාහී අරමුණු වලින් උපකාර වීමෙන් ඇසේ විඤ්ඤාණයට උපකාරක ප්‍රත්‍යයෝ වෙති. ආලෝකය ඒ අරමුණ මත පතිත වීමෙන් ඇසේ විඤ්ඤාණයට උපකාරක ප්‍රත්‍යය වෙයි. මෙනෙහි කිරීම යනු ඊට අදාළව තිබෙන හේතුවයි. චේතනා පහළ කිරීම් වශයෙන් සංස්කාරයෝ ඇසේ විඤ්ඤාණයට උපකාරක ප්‍රත්‍යයෝ වෙති. එහි සංචේතනාව යනු ඊට අදාළව තිබෙන හේතුව යි. ඇසේ විඤ්ඤාණය නාමරූපයට උපකාරක ප්‍රත්‍යය වෙයි. විඤ්ඤාණය යනු ඊට අදාළව තිබෙන හේතුව යි. නාමරූපය ආයතන හයට උපකාරක ප්‍රත්‍යය වෙයි. නාමරූපය යනු ඊට අදාළව තිබෙන හේතුව යි. ආයතන හය ස්පර්ශයට උපකාරක ප්‍රත්‍යය වෙයි. ආයතන හය යනු ඊට අදාළව තිබෙන හේතුව යි. ස්පර්ශය විඳීමට උපකාරක ප්‍රත්‍යය වෙයි. ස්පර්ශය යනු ඊට අදාළව තිබෙන හේතුව යි. විඳීම තෘෂ්ණාවට උපකාරක ප්‍රත්‍යය වෙයි. විඳීම යනු ඊට අදාළව තිබෙන හේතුව යි. තෘෂ්ණාව දැඩි ග්‍රහණයට උපකාරක ප්‍රත්‍යය වෙයි. තෘෂ්ණාව යනු ඊට අදාළව තිබෙන හේතුව යි. දැඩි ග්‍රහණය භවයට උපකාරක ප්‍රත්‍යය වෙයි. දැඩි ග්‍රහණය යනු ඊට අදාළව තිබෙන හේතුව යි. භවය ඉපදීමට උපකාරක ප්‍රත්‍යය වෙයි. භවය යනු ඊට අදාළව තිබෙන හේතුව යි. ඉපදීම ජරා මරණයට උපකාරක ප්‍රත්‍යය වෙයි. ඉපදීම යනු ඊට අදාළව තිබෙන හේතුවයි. ජරා මරණ ශෝකයට උපකාරක ප්‍රත්‍යය වෙයි. ජරා මරණ යනු ඊට අදාළව තිබෙන

හේතුව යි. ශෝකය වැළපීමට උපකාරක ප්‍රත්‍යය වෙයි. ශෝකය යනු ඊට අදාළව තිබෙන හේතුව යි. වැළපීම දුකට උපකාරක ප්‍රත්‍යය වෙයි. වැළපීම යනු ඊට අදාළව තිබෙන හේතුව යි. දුක දොම්නසට උපකාරක ප්‍රත්‍යය වෙයි. දුක යනු ඊට අදාළව තිබෙන හේතුව යි. දොම්නස සුසුම් හෙළමින් වෙහෙසීමට උපකාරක ප්‍රත්‍යය වෙයි. දොම්නස යනු ඊට අදාළව තිබෙන හේතුව යි. මෙසේ යම්කිසි ළඟ ඇති දෙයට උදව් වෙන කරුණක් ඇද්ද ඒ සියල්ල අවශ්‍ය පිරිකර හෙවත් උපකාරක ධර්මයන් ය.

එනිසා ආයුෂ්මත් මහා කච්චායන තෙරණුවෝ 'යම් ධර්මයෝ යම් ධර්මයක් උපදවත් ද....' යනාදී ගාථාව වදාළහ.

නියුත්තෝ පරික්ඛාර හාරෝ
(පරික්ඛාර හාරය යොදන ලදී.)

3.1.16. සමාරෝපණ හාර විභංගෝ

(ධර්මය කරා ගෙන යාම පිණිස එකම අර්ථයක් සැපයෙන ධර්මයන් බෙදා දැක්වීමයි)

එහිදී 'සමාරෝපණ හාර' යනු කුමක් ද? මෙය 'යම් කුසල ධර්මයෝ යමකට මුල් වෙත් ද, ඉදින් ඒ තුළින් එකම අර්ථයක් සැපයෙන බව ශාක්‍ය මුනීන්ද්‍රයන් වහන්සේ විසින් පවසන ලද්දේ ය' ආදී වශයෙන් වදාළ ගාථාව යි.

එක් ආසන්න කාරණයක් තුළ ඊට අදාළ ආසන්න යම්තාක් කරුණු ඒ ධර්මයෙහි ඇතුළත් වෙත් නම්, ඒ සියල්ල මතුකොට දැක්විය යුත්තාහ. ආවට්ට හාරයෙහි සෙයින් බොහෝ ආසන්න කාරණයෝ ඇතුළත් කරවිය යුත්තාහ. එහි කරුණු මතු කිරීම සිව් වැදෑරුම් ය. ආසන්න කාරණය පැවසීම, විස්තර වචන පැවසීම, භාවනාව පැවසීම, ප්‍රහාණය පැවසීම වශයෙනි.

එහිලා ආසන්න කාරණය මගින් ධර්මය මතුකොට දැක්වීම යනු කුමක් ද?

"සබ්බ පාපස්ස අකරණං - කුසලස්ස උපසම්පදා
සචිත්ත පරියෝදපනං - ඒතං බුද්ධානසාසන'න්ති"

(ධම්ම පදය - බුද්ධ වර්ගය)

"සියළු පව් නොකරන බව ද, කුසල ධර්මයන්ගේ උපදවා ගැනීම ද, තමන්ගේ සිත පිරිසිදු කරගැනීම ද යන මෙය බුදුවරුන්ගේ අනුශාසනාව යි."

ඒ බුදුසසුනට ආසන්න කාරණය කුමක් ද? ත්‍රිවිධ සුචරිතය යි. එනම්; කයෙන් යහපතෙහි හැසිරීම ය. වචනයෙන් යහපතෙහි හැසිරීම ය. මනසින් යහපතෙහි හැසිරීම ය. මෙය ආසන්න කාරණය යි. එහි කයෙනුත්, වචනයෙනුත් යහපතෙහි යම් හැසිරීමක් ඇද්ද, මෙය සීල ස්කන්ධය යි. මනසින් යහපතෙහි හැසිරීමට අදාළ වූ යම් ලෝභ නැති බවක් ඇද්ද, යම් කෝප නැති බවක් ඇද්ද, මෙය සමාධි ස්කන්ධය යි. එහි යම් නිවැරදි දෘෂ්ටියක් ඇද්ද, මෙය ප්‍රඥා ස්කන්ධය යි. මෙය ආසන්න කාරණය යි.

එහි සීල ස්කන්ධය ත්, සමාධි ස්කන්ධය ත් සමථය යි. ප්‍රඥා ස්කන්ධය විදර්ශනාව යි. මෙය ආසන්න කාරණය යි. එහි සමථ භාවනාවෙන් ලැබෙන ඵලය රාගය දුරුවීමෙන් ලබන චිත්ත විමුක්තිය යි. විදර්ශනා භාවනාවෙන් ලැබෙන ඵලය අවිද්‍යාව දුරුවීමෙන් ලබන ප්‍රඥා විමුක්තිය යි. මෙය ආසන්න කාරණයයි.

වනයට අදාළ වූ ආසන්න කාරණය වනය ම ය. වනය කුමක් ද? වනයට අදාළ දෙය කුමක් ද? වනය යනු පංච කාම ගුණයෝ ය. වනයට අදාළ දෙය යනු තෘෂ්ණාව ය. වනය යනු ස්ත්‍රියක් ය, පුරුෂයෙක් ය කියා නිමිති ග්‍රහණය කර ගැනීම යි. වනයට අදාළ දෙය යනු ඒ ඒ ස්ත්‍රී පුරුෂයන්ගේ අඟපසඟ පිළිබඳ ව යම් යම් සටහන් සිතින් ග්‍රහණය කරගැනීම යි. 'අහෝ! ඇස කොයිතරම් අගේද! කන කොයිතරම් අගේද! නාසය කොයිතරම් අගේද! දිව කොයිතරම් අගේද! කය පිහිටා ඇති අයුරු කොයිතරම්

අගේද!' ආදී වශයෙනි. මෙය තෘෂ්ණාවට ආසන්න කාරණය යි.

වනය යනු පිරිසිඳ අවබෝධ නොකරන ලද ආධ්‍යාත්මික වූ ත්, බාහිර වූ ත් ආයතනයෝ ය. ඒ ආධ්‍යාත්මික - බාහිර ආයතන දෙක උපකාර වී සංයෝජනයෝ උපදිත් ද, මේ වනයට අදාළ දේ ය. මෙය සංයෝජනයට ආසන්න කාරණය යි.

වනය යනු අප්‍රකට ව ක්‍රියාකාරී ව ඇති කෙලෙස් ය. වනයට අදාළ දේ යනු ඒ කෙලෙස් ඉස්මතු වීම ය. මෙය අකුසලයට ආසන්න කාරණය යි.

එහෙයින් භාග්‍යවතුන් වහන්සේ 'වනය ත්, වනයට අදාළ දේ ත් සිඳ දමව්!' යනුවෙන් වදාළ සේක.

මෙය ආසන්න කරුණු මගින් ධර්මය ඉස්මතු කිරීම යි.

සමාන අරුත් ඇති වචන මගින් ධර්මය ඉස්මතු කිරීම යනු කුමක් ද?

රාගය දුරු කිරීමෙන් ලබන චිත්ත විමුක්තිය නිවන් මග යන්නහුගේ බලයකි. හෙවත් සේඛ බලයකි. අවිද්‍යාව දුරු කිරීමෙන් ලබන ප්‍රඥා විමුක්තිය යනු නිවන් මග හික්මී අවසන් වූ රහතුන්ගේ බලයකි. හෙවත් අසේඛ බලයකි. රාගය දුරු කිරීමෙන් ලබන චිත්ත විමුක්තිය අනාගාමී ඵලය යි. අවිද්‍යාව දුරු කිරීමෙන් ලබන ප්‍රඥා විමුක්තිය අග්‍ර ඵලය වන රහත් ඵලය යි. මෙය අනාගාමී බව හා රහත් බවට සමාන අරුත් ඇති වචනයන් ය.

රාගය දුරු කිරීමෙන් චිත්ත විමුක්තිය ලැබීම යනු කාම ධාතුව ඉක්මවා යාම යි. අවිද්‍යාව දුරු කිරීමෙන් ප්‍රඥා විමුක්තිය ලැබීම යනු කාම ධාතු - රූප ධාතු - අරූප ධාතු යන මුළු තුන් ධාතුවේ ම ඉක්මවා යාම යි. මෙය අනාගාමී, රහත් බවට සමාන අරුත් ඇති වචනයන් ය.

ප්‍රඥා ඉන්ද්‍රිය ය, ප්‍රඥා බලය ය, අධිප්‍රඥා ශික්ෂාව ය, ප්‍රඥා ස්කන්ධය ය, ධර්මය විමසීමේ සම්බොජ්ඣංගය ය, උපේක්ෂා

සම්බොජ්ඣංගය ය, ඥානය ය, නිවැරදි දෘෂ්ටිය ය, නුවණින් තීන්දු කිරීම ය, හොඳින් තීරණය කිරීම ය. පවට ලැජ්ජාව ය, විදර්ශනාව ය, හේතුඵල ධර්මතාවය පිළිබඳ අවබෝධය ය යන මේ සියල්ල ප්‍රඥාවට සමාන අරුත් දෙන වචනයන් ය.

මෙය සමාන අරුත් දෙන වචනයෙන් ධර්මය ඉස්මතු කිරීම යි.

භාවනාවෙන් ධර්මය ඉස්මතු කිරීම යනු කුමක් ද?

භාග්‍යවතුන් වහන්සේ යම් පරිදි වදාළ සේක් ද; 'එහෙයින් ඔබ භික්ෂුව, කෙලෙස් තවන වීර්යයෙන් යුතුව, මනා නුවණින් යුතුව, සිහියෙන් යුතුව, ලෝකය කෙරෙහි ඇති ලෝභය ත්, දොම්නස ත් දුරු කොට කය පිළිබඳ ව කායානුපස්සනාවෙන් වාසය කරව" යනුවෙනි.

මෙහි 'කෙලෙස් තවන වීර්යයෙන් යුතුව' යනු විරිය ඉන්ද්‍රිය යි. 'මනා නුවණින් යුතුව' යනු ප්‍රඥා ඉන්ද්‍රිය යි. 'සිහියෙන් යුතුව' යනු සති ඉන්ද්‍රිය ය. 'ලෝකය කෙරෙහි ඇති ලෝභය ත්, දොම්නස ත් දුරු කොට' යනු සමාධි ඉන්ද්‍රිය යි.

මෙසේ කය පිළිබඳ ව කායානුපස්සනාවෙන් වාසය කරන විට සතර සතිපට්ඨානයෝ භාවනාවෙන් සම්පූර්ණත්වයට පත් වී යති. ඒ මක් නිසාද යත්; වීර්යය, ප්‍රඥාව, සතිය, සමාධිය යන ඉන්ද්‍රියයන්ගේ ස්වභාවය එක ය. සතර සතිපට්ඨානය භාවනාවෙන් දියුණු කරන විට සතර සම්‍යක් ප්‍රධාන වීර්යයෝ භාවනාවෙන් සම්පූර්ණත්වයට පත් වී යති. සතර සම්‍යක් ප්‍රධාන වීර්යය භාවනාවෙන් දියුණු කරන විට සතර ඉර්ධිපාදයෝ භාවනාවෙන් සම්පූර්ණත්වයට පත් වී යති. ඉර්ධිපාදයන් භාවනාවෙන් දියුණු කරන විට පංච ඉන්ද්‍රියයෝ භාවනාවෙන් සම්පූර්ණත්වයට පත් වී යති. පංච ඉන්ද්‍රියයන් භාවනාවෙන් දියුණු කරන විට පංච බලයෝ භාවනාවෙන් සම්පූර්ණත්වයට පත් වී යති. පංච බලයන් භාවනාවෙන් දියුණු කරන විට සප්ත බොජ්ඣංගයෝ භාවනාවෙන් සම්පූර්ණත්වයට පත් වී යති. සප්ත බොජ්ඣංග

යන් භාවනාවෙන් දියුණු කරන විට ආර්ය අෂ්ටාංගික මාර්ගය භාවනාවෙන් සම්පූර්ණත්වයට පත් වී යයි. ඒ මක් නිසා ද යත්; සත්‍යාවබෝධයට අයත් සියළු බෝධි පාක්ෂික ධර්මයෝ නිවන කරා ගෙන යන ස්වභාවයෙන් එක් ලක්ෂණයකින් යුතු නිසා ය. මෙය භාවනාව තුළින් ධර්මය ඉස්මතු කිරීම යි.

ප්‍රහාණය තුළින් ධර්මය ඉස්මතු කිරීම යනු කුමක් ද?

කය පිළිබඳ ව කායානුපස්සනා භාවනාවෙන් වාසය කරන විට අසුභ දේ කෙරෙහි ඇති සුභ යන විපල්ලාසය දුරුකරයි. ඔහු තුළ කබලිංකාර ආහාරය පිළිබඳ ව පිරිසිඳ අවබෝධය ඇතිවෙයි. කාම උපාදානය උපාදාන රහිත බවට පත්වෙයි. කාමයන් කෙරෙහි යෙදීමෙන් වෙන් වෙයි. දැඩි ලෝභය නැමැති වෙලී සිටීමෙන් වෙන් වෙයි. කාම ආශ්‍රවයෙන් මිදී අනාශ්‍රව බවට පත්වෙයි. කාමය නැමැති වේගවත් සැඩ පහරෙන් එතෙර යයි. රාගය නැමැති හුලින් නිදහස් වී රාග හුල් නැති බවට පත්වෙයි. රූපයේ බැසගෙන පැවැති විඤ්ඤාණය පිරිසිඳ අවබෝධ වෙයි. රූප ධාතුව කෙරෙහි ඔහු තුළ වූ රාගය ප්‍රහීණ වෙයි. ආශාව තුළින් අගතියට නොයයි.

විඳීම් පිළිබඳ ව වේදනානුපස්සනා භාවනාවෙන් වාසය කරන විට දුක් දේ කෙරෙහි වූ සැප යන විපල්ලාසය දුරුකරයි. ඔහු තුළ ස්පර්ශ ආහාරය පිළිබඳ ව පිරිසිඳ අවබෝධය ඇතිවෙයි. භව උපාදානය උපාදාන රහිත බවට පත්වෙයි. භවයෙහි යෙදීමෙන් වෙන් වෙයි. කෝපයෙන් වෙලී සිටීමෙන් වෙන් වෙයි. භව ආශ්‍රවයෙන් මිදී අනාශ්‍රව බවට පත්වෙයි. භවය නැමැති වේගවත් සැඩ පහරෙන් එතෙර යයි. ද්වේෂය නැමැති හුලින් නිදහස් වී ද්වේෂ හුල් නැති බවට පත්වෙයි. වේදනාවෙහි බැසගෙන පැවැති විඤ්ඤාණය පිරිසිඳ අවබෝධ වෙයි. වේදනා ධාතුව කෙරෙහි ඔහු තුළ වූ රාගය ප්‍රහීණ වෙයි. ද්වේෂයෙන් අගතියට නොයයි.

සිත පිළිබඳ චිත්තානුපස්සනා භාවනාවෙන් වාසය කරන විට අනිත්‍ය දේ කෙරෙහි වූ නිත්‍ය යන විපල්ලාසය දුරුකරයි. ඔහු තුළ විඤ්ඤාණ ආහාරය පිළිබඳ ව පිරිසිඳ අවබෝධය ඇතිවෙයි.

දෘෂ්ටි උපාදානය උපාදාන රහිත බවට පත්වෙයි. දෘෂ්ටීන් කෙරෙහි යෙදීමෙන් වෙන් වෙයි. සීලබ්බත පරාමාසය නැමැති වෙලී සිටීමෙන් වෙන් වෙයි. දෘෂ්ටි ආශ්‍රවයෙන් මිදී අනාශ්‍රව බවට පත්වෙයි. දෘෂ්ටීන් නැමැති වේගවත් සැඩ පහරෙන් එතෙර යයි. මාන නැමැති හුලින් නිදහස් වී මාන හුල් නැති බවට පත්වෙයි. සංඥාවෙහි බැසගෙන පැවැති විඤ්ඤාණය පිරිසිඳ අවබෝධ වෙයි. සංඥා ධාතුව කෙරෙහි ඔහු තුළ වූ රාගය ප්‍රහීණ වෙයි. භය තුළින් අගතියට නොයයි.

ධර්මයන් පිළිබඳ ව ධම්මානුපස්සනා භාවනාවෙන් වාසය කරන විට අනාත්ම දේ කෙරෙහි වූ ආත්මය යන විපල්ලාසය දුරුකරයි. ඔහු තුළ මනෝසංචේතනා ආහාරය පිළිබඳ ව පිරිසිඳ අවබෝධය ඇතිවෙයි. අත්තවාද උපාදානය උපාදාන රහිත බවට පත්වෙයි. අවිද්‍යාවෙහි යෙදීමෙන් වෙන් වෙයි. 'මෙය ඇත්තක්' වශයෙන් අසත්‍යයට බැසගෙන වෙලී සිටීමෙන් වෙන් වෙයි. අවිද්‍යා ආශ්‍රවයෙන් මිදී අනාශ්‍රව බවට පත්වෙයි. අවිද්‍යාව නැමැති වේගවත් සැඩ පහරෙන් එතෙර යයි. මෝහය නැමැති හුලින් නිදහස් වී මෝහ හුල් නැති බවට පත්වෙයි. සංස්කාරයන් තුළ බැසගෙන පැවැති විඤ්ඤාණය පිරිසිඳ අවබෝධ වෙයි. සංස්කාර ධාතුව කෙරෙහි ඔහු තුළ වූ රාගය ප්‍රහීණ වෙයි. මෝහය තුළින් අගතියට නොයයි. මෙය ප්‍රහාණය මගින් ධර්මය ඉස්මතු කිරීම යි.

එහෙයින් 'යම් කුසල ධර්මයෝ යමකට මුල් වෙත් ද, ඉදින් ඒ තුළින් එකම අර්ථයක් සැපයෙන බව ශාක්‍ය මුනීන්ද්‍රයන් වහන්සේ විසින් පවසන ලද්දේ ය' යනුවෙන් මහා කච්චායන තෙරණුවෝ වදාළහ. ඒවා ඉස්මතු කොට පැවසිය යුතුය. මෙය සමාරෝපණ හාර නම් වෙයි.

නියුත්තෝ සමාරෝපණ හාරෝ
(සමාරෝපණ හාරය යොදන ලදී.)

3.2.1. දේසනාහාර සම්පාතෝ
(දේසනාහාරය එක්තැන් කිරීම)

"පළමුකොට ධර්මය වෙත රැගෙන යාම් දහසය යෙදිය යුත්තේ ය. 'දිසාලෝචනය' හෙවත් දිසාවන් දෙස බැලීමේ නය ක්‍රමයෙන් කුසලාකුසල ධර්මයන් දෙස හොඳින් බලා, 'අංකුස' නය ක්‍රමයෙන් ඉස්මතු කොට, 'නන්දියාවට්ට', 'තිපුක්ඛල', 'සීහවික්කීළිත' යන තුන් නය ක්‍රමයෙන් සූත්‍රය විස්තර කළ යුත්තේ ය" වශයෙන් මහා කච්චායන් වහන්සේ විසින් වදාරණ ලද්දේ ය. එහි විස්තර දැක්ක යුත්තේ කොහි ද? සොළොස් හාරයන් එක්තැන් කිරීමෙන් ය. එහිලා දේශනාව තුළින් ධර්මය වෙත රැගෙන යාම එක්තැන් කිරීම යනු කුමක් ද?

"අරක්ඛිතේන චිත්තේන - මිච්ඡා දිට්ඨි හතේන ච
ථීනමිද්ධාභිභූතේන - වසං මාරස්ස ගච්ඡති"

(................)

"ආරක්ෂාවක් නැති සිතින් යුතුව, මිථ්‍යා දෘෂ්ටියෙන් වැනසී ගිය, නිදිමතින් හා අලස බවින් යටකොට මැඩ ගන්නා ලද තැනැත්තා මාරයාගේ වසඟයට යයි."

'**ආරක්ෂාවක් නැති සිතින් යුතුව**' යනුවෙන් භාග්‍යවතුන් වහන්සේ කුමක් වදාරණ සේක් ද යත්; ප්‍රමාදය යි. එම ප්‍රමාදය නැවත නැවත සසරෙහි මැරි මැරී යාමට කාරණය යි. '**මිථ්‍යා දෘෂ්ටියෙන් වැනසී ගිය**' යනු යම් කලෙක අනිත්‍ය දේ නිත්‍ය යැයි දකියි ද, එය විපල්ලාසයකි. ඒ පෙරළී ගිය දැක්ම කවර ලක්ෂණයකින් යුක්ත ද? විපරීත දේ ග්‍රහණය කරගැනීමේ ලක්ෂණය විපල්ලාසය යි. ඔහු කුමක් පිළිබඳව පෙරළී ගිය දැක්ම හෙවත් විපල්ලාසය ඇත්තේ වෙයි ද? කරුණු තුනක් පිළිබඳ ව ය. සංඥාව පිළිබඳ ව ය. සිත පිළිබඳ ව ය. දෘෂ්ටිය පිළිබඳ ව ය. ඔහු විපල්ලාසය ඇති කරගන්නේ කොහෙන් ද? ආත්ම වාදයට කරුණු වූ සතර ගැන ය.

(1) රූපය ආත්මය වශයෙන් දකියි. (2) රූපයෙන් සැදුණු ආත්මයක් ඇතැයි දකියි. (3) ආත්මය තුළ රූපය ඇතැයි දකියි. (4) රූපය තුළ ආත්මය ඇතැයි දකියි. මෙසේ ම විඳීම ....(පෙ).... සංඥාව ....(පෙ).... සංස්කාර ....(පෙ).... (1) විඥ්ඥාණය ආත්මය වශයෙන් දකියි. (2) විඥ්ඥාණයෙන් සැදුණු ආත්මයක් ඇතැයි දකියි. (3) ආත්මය තුළ විඥ්ඥාණය ඇතැයි දකියි. (4) විඥ්ඥාණය තුළ ආත්මය ඇතැයි දකියි.

එහි රූපය යනු අසුභයෙහි සුභ යන විපල්ලාසයට කරුණු වූ පළමුවැන්න යි. විඳීම යනු දුකෙහි සැපය යන විපල්ලාසයට කරුණු වූ දෙවැන්න යි. සංඥා සහ සංස්කාර යනු අනාත්ම දෙයෙහි ආත්මය යන විපල්ලාසයට කරුණු වූ තුන්වැන්න යි. විඥ්ඥාණය යනු අනිත්‍යයෙහි නිත්‍යය යන විපල්ලාසයට කරුණු වූ සිව්වැන්න යි.

සිත කෙලෙසන ධර්ම දෙකකි; තෘෂ්ණාව ත්, අවිද්‍යාව ත් ය. තෘෂ්ණාවෙන් වැසී ගිය සිත දෙවැදෑරුම් විපල්ලාසයකින් පෙරළී යයි. අසුභයෙහි සුභ යන දැක්ම ත්, දුකෙහි සැප යන දැක්ම ත් ය. දෘෂ්ටියෙන් වැසී ගිය සිත දෙවැදෑරුම් විපල්ලාසයකින් පෙරළී යයි. අනිත්‍යයෙහි නිත්‍යය යන දැක්ම ත්, අනාත්මයෙහි ආත්මය යන දැක්මත් ය.

එහි යමෙක් දෘෂ්ටියකින් විපල්ලාසයට පත් දැක්මෙන් යුක්ත වෙයි ද, ඔහු අතීත රූපය ආත්මය වශයෙන් දකියි. අතීත විඳීම ආත්මය වශයෙන් දකියි. අතීත සංඥා ආත්මය වශයෙන් දකියි. අතීත සංස්කාර ආත්මය වශයෙන් දකියි. අතීත විඥ්ඥාණය ආත්මය වශයෙන් දකියි.

එහි යමෙක් තෘෂ්ණාවෙන් විපල්ලාසයට පත් දැක්මෙන් යුක්ත වෙයි ද, ඔහු අනාගත රූපය සතුටින් පිළිගනියි. අනාගත විඳීම සතුටින් පිළිගනියි. අනාගත සංඥා සතුටින් පිළිගනියි. අනාගත සංස්කාර සතුටින් පිළිගනියි. අනාගත විඥ්ඥාණය සතුටින් පිළිගනියි.

සිතට උපක්ලේශ වූ ධර්ම දෙකකි; තෘෂ්ණාව ත්, අවිද්‍යාව ත් ය. ඒ තෘෂ්ණා - අවිද්‍යා දෙකෙන් බැහැර වී පිරිසිදු බවට පත් සිත සියළු කෙලෙසුන්ගෙන් බැහැර ව පිරිසිදු වෙයි. අවිද්‍යාවෙන් වැසී ගිය, තෘෂ්ණාවෙන් බැඳී ගිය ඒ සත්වයන්ගේ සසර ගමනෙහි මුලින් පටන් ගත් තැනක් කිසිසේත් නොපෙනෙයි. සසරෙහි සැරිසරා යද්දී වරක් නිරයට යයි. වරක් තිරිසන් යෝනියට යයි. වරක් ප්‍රේත විෂයට යයි. වරක් අසුරයන් අතරට යයි. වරක් දෙවියන් අතරට යයි. වරක් මිනිසුන් අතරට යයි.

'නිදිමත හා අලස බවින් යටකොට මැඩ ගන්නා ලද' යන්නෙහි නිදිමත යනු සිතෙහි ඇති අදක්ෂ බව යි. වැඩකට නොයෙදිය හැකි බව යි. අලස බව යනු කයෙහි ඇති හැකිලී ගිය බව යි.

'මාරයාගේ වසඟයට යයි' යනු මාරයාට අයත් කෙලෙසුන්ගේ ත්, මාරයා නැමැති සත්වයාගේ ත් වසඟයට යාම යි. ඔහු එයින් වැසී ගියේ සසර දුකට මුහුණලා සිටියේ වෙයි.

භාග්‍යවතුන් වහන්සේ විසින් එම ගාථාවෙන් සත්‍ය දෙකක් දෙසන ලද්දාහු ය. දුක ත්, දුකෙහි හටගැනීමට හේතු වූ කරුණු ත් ය. භාග්‍යවතුන් වහන්සේ ඒවා පිරිසිඳ දැකීම පිණිස ත්, ප්‍රහාණය පිණිස ත් දහම් දෙසන සේක. දුක ගැන දහම් දෙසනු ලබන්නේ පිරිසිඳ දැකීම පිණිස ය. දුක් උපදවන හේතූන් ගැන දහම් දෙසනු ලබන්නේ ප්‍රහාණය කිරීම පිණිස ය. යමකින් දුක පිරිසිඳ දකියි ද, යමකින් දුක් උපදවන හේතුව ප්‍රහාණය කරයි ද, මෙය මාර්ගය යි. තෘෂ්ණාවේ ත්, අවිද්‍යාවේ ත් යම් ප්‍රහාණයක් ඇද්ද, මෙය දුක් උපදවන හේතුවෙහි නිරුද්ධ වීම යි. මේ චතුරාර්ය සත්‍යය යි.

එහෙයින් භාග්‍යවතුන් වහන්සේ 'ආරක්ෂාවක් නැති සිතින්....' යනාදී ගාථාව වදාළ සේක.

එහෙයින් ආයුෂ්මත් මහා කච්චාන තෙරණුවෝ 'ආශ්වාදය ත්, ආදීනවය ත්...' යනාදී ගාථාව වදාළහ.

නියුත්තෝ දේසනාහාර සම්පාතෝ
(දේසනාහාරය එක්තැන් කිරීම යොදන ලදී.)

3.2.2. විවයහාර සම්පාතෝ
(විවයහාරය එක්තැන් කිරීම)

එහි විචයහාරය එක්තැන් කිරීම යනු කුමක් ද? එහි තෘෂ්ණාව දෙවැදෑරුම් ය. කුසල් තෘෂ්ණාව වශයෙනුත්, අකුසල් තෘෂ්ණාව වශයෙනුත් ය. අකුසල් තෘෂ්ණාව සසර දුකට පමුණුවයි. කුසල් තෘෂ්ණාව කෙලෙස් ප්‍රහාණයට පමුණුවමින් තෘෂ්ණාව ප්‍රහාණය කරයි.

මාන්නය ත් දෙවැදෑරුම් ය. කුසල් මාන්නය, අකුසල් මාන්නය වශයෙනි. යම් මාන්නයක් ඇසුරු කොටගෙන මාන්නය නසයි ද, මෙම මාන්නය කුසල් ය. යම් මාන්නයක් වනාහී දුක් උපදවයි ද, මෙම මාන්නය අකුසල් ය.

එහිලා සසරෙන් නික්මීම ඇසුරු කළ මානසික දුකක් ඇද්ද, එනම්; 'ආර්යයන් වහන්සේලා ශාන්ත වූ අර්හත් ඵලය නැමැති යම් උතුම් දෙයක් සාක්ෂාත් කොට එයට පැමිණ වාසය කරත් ද, අහෝ! මම කවරදාක නම් ඒ රහත් ඵලය සාක්ෂාත් කොට එයට පැමිණි වසන්නෙම් දෝ!' යි ඔහුට රහත් බව පිණිස ආශාවක් උපදියි. ඒ ආශාව මුල්කොට මානසික දුක උපදියි. මේ තෘෂ්ණාව කුසල් ය. රාගය දුරු කිරීමෙන් යම් චිත්ත විමුක්තියක් ලබයි ද, එම චිත්ත විමුක්තිය අරමුණු කොට ඇතිවන තෘෂ්ණාව කුසලයකි. අවිද්‍යාව දුරු කිරීමෙන් යම් ප්‍රඥා විමුක්තියක් ලබයි ද, එම ප්‍රඥා විමුක්තිය තමාට ත් ලබාගැනීම අරමුණු කොට ඇතිවෙන තෘෂ්ණාව කුසලයකි.

ඒ ප්‍රඥා විමුක්තියට කුසල් රැස්වෙයි යනු කුමක් ද? මාර්ග අංග අට ය. එනම්; නිවැරදි දෘෂ්ටිය ය. නිවැරදි සංකල්පනා ය. නිවැරදි වචන භාවිතය ය. නිවැරදි කායික ක්‍රියා ය. නිවැරදි දිවි පැවැත්ම ය. නිවැරදි වීර්ය ය. නිවැරදි සිහිය ය. නිවැරදි සමාධිය ය. මෙය දැක්ක යුත්තේ කොහි ද? සම්පූර්ණත්වයට පත් වූ සතර වෙනි ධ්‍යානයෙහි ය. එවිට සතර වෙනි ධ්‍යානය තුළ

අංග අටකින් යුක්ත වූ සිත වඩයි. (1) නීවරණයන්ගෙන් බැහැර වී සිත පිරිසිදු බවට පත් වූ බව (**පරිසුද්ධං**) ය. (2) එනිසා ම සිත බබලන බව (**පරියෝදාතං**) ය. (3) ඒ සිතෙහි ඕළාරික කෙලෙස් නැති බව (**අනංගණං**) ය. (4) ඒ සිතෙහි උපක්ලේශ බැහැර වී ඇති බව (**විගතූපක්කිලේසං**) ය. (5) මෘදු බව (**මුදුං**) ය. (6) ධ්‍යානය මුල්කොට කරන ක්‍රියාවට යෝග්‍ය බව (**කම්මනියං**) ය. (7) ඒ සිත මැනැවින් සමාධිමත් ව පිහිටා ඇති බව (**ඨිතං**) ය. (8) ඒ සිත කිසිවකින් කම්පා නොවන බවට පත් වූ බව (**ආනෙඤ්ජප්පත්තං**) ය යන කරුණු අට යි.

මෙසේ අංග අටකින් සමන්විත කොට සතර වෙනි ධ්‍යාන සිත වඩන භික්ෂුව අට වැදැරුම් ගුණයෝ උපදවා ගනිති. අභිඥා සය ත්, මනෝමය ඉර්ධිය ත්, විදර්ශනා ඥානය ත් ය. ඒ සිත යමකින් පිරිසිදු වෙයි ද, එයින් බබලයි. යමකින් බබලයි ද, එයින් ඕළාරික කෙලෙස් නැතිවෙයි. යමකින් ඕළාරික කෙලෙස් නැතිවෙයි ද, එයින් උපක්ලේශ දුරුවෙයි. යමකින් උපක්ලේශ දුරුවෙයි ද, එයින් මෘදුවෙයි. යමකින් මෘදු වෙයි ද, එයින් ක්‍රියාවට යෝග්‍ය වෙයි. යම් මෘදු බවකින් ක්‍රියාවට යෝග්‍ය වෙයි ද, ඒ ක්‍රියාවට යෝග්‍ය බව තුළින් මැනැවින් පිහිටා සිටියි. යමකින් මැනැවින් පිහිටා සිටියි ද, එයින් අකම්පිත බවට පත්වෙයි. එහි තිබූ ඕළාරික හෙවත් ගොරෝසු කෙලෙස් ද, උපක්ලේශ හෙවත් සියුම් කෙලෙස් ද, තෘෂ්ණාවට අයත් ය. එහි තිබූ සිතෙහි සැලෙන බව ත්, සිත මැනැවින් නොපිහිටන බව ත් ඇද්ද, මේවා දෘෂ්ටියට අයත් ය.

ඉන්ද්‍රියයෝ සතරකි; දුක නැමැති ඉන්ද්‍රිය ය. දොම්නස නැමැති ඉන්ද්‍රිය ය. සැප නැමැති ඉන්ද්‍රිය ය. සොම්නස නැමැති ඉන්ද්‍රිය ය. මේ ඉන්ද්‍රියයෝ සතර වෙනි ධ්‍යානයෙහි දී නිරුද්ධ වෙති. එවිට ඔහු තුළ උපේක්ෂා ඉන්ද්‍රිය ඉතුරු වෙයි.

එසේ සතර වෙනි ධ්‍යානය මැනැවින් දියුණු කළ තැනැත්තා ඉන් මතුවට තිබෙන අරූප සමාපත්තිය වන ආකාසානඤ්චායතනය සංසිඳීගිය දෙයක් වශයෙන් මෙනෙහි කරයි. මෙසේ මතුවට ඇති

අරූප සමාපත්තිය සංසිඳී ගිය දෙයක් වශයෙන් මෙනෙහි කරද්දී සතර වෙනි ධ්‍යාන සංඥාව නොසංසිඳුණු, ගොරෝසු දෙයක් ලෙසින් ප්‍රකට වෙයි. ඒ රූප ධ්‍යානයෙහි ගොරෝසු සංඥාවට කළකිරෙයි. එවිට ඔහු සියළු අයුරින් රූප සංඥාව ඉක්මවා ගොස් ගොරෝසු සංඥාවන්ගේ නැතිවීමෙන් ආකාසානඤ්චායතනය සාක්ෂාත් කොට එයට පැමිණ වාසය කරයි. රූප ධ්‍යානයෙහි ඇති නොයෙක් සංඥාවන්ගේ ආකූල බව ඉක්මවා යයි. ඔහු තුළ ගොරෝසු සංඥාව නැති වී යයි. මෙසේ අරූප සමාපත්තියෙහි සමවැදී සිටින්නහුට රූප දැකීමේ ආලෝකය අතුරුදන් වෙයි.

ඒ සමාධිය අංග හයකින් යුක්ත කොට ප්‍රත්‍යවේක්ෂා කළ යුත්තේ ය. (1) මාගේ මනස තුළ සියළු ලෝකය කෙරෙහි ලෝභය නැත්තේ ය. (2) මාගේ සිත තුළ සියළු සත්වයන් කෙරෙහි තරහ නැති බවට පැමිණියේ ය. (3) මා විසින් වීර්යය පටන් ගන්නා ලද්දේ, දැඩි ව ගන්නා ලද්දේ වෙයි. (4) මාගේ කය සැහැල්ලු වූයේ, පීඩා රහිත වූයේ වෙයි. (5) මාගේ සිත විසිරී අවුල් නොවූයේ, මැනැවින් තැන්පත් ව ඇත්තේ ය. (6) මාගේ සිහිය මැනැවින් එළඹ සිටියේ, මුලාවෙක් නැත්තේ ය යන සය කරුණ යි.

එහි සියළු ලෝකය කෙරෙහි ලෝභ රහිත යම් සිතක් තිබේ ද, සියළු සත්වයන් කෙරෙහි තරහ නැති යම් සිතක් තිබේ ද, පටන්ගත් - දැඩි ව ගත් යම් වීර්යයක් තිබේ ද, පීඩා රහිත ව සැහැල්ලු බවට පත් වූ යම් කයක් තිබේ ද, මෙය සමාධියට අවශ්‍ය කාරණය යි. එහි මුලා නොවී මැනැවින් එළඹ සිටි යම් සිහියක් තිබේ ද, මෙය විදර්ශනාව යි.

එමෙන් ම ඒ සමාධිය පස් අයුරකින් දත යුත්තේ ය. (1) 'මේ සමාධියට සමවැදී සිටින අවස්ථාවෙහි සැප ඇති කරදෙන හෙයින් වර්තමානයෙහි ඇති සැපයකි' යනුවෙන් තමා තුළ ම ඤානදර්ශනය එළඹ සිටියේ වෙයි. (2) 'මේ සමාධිය මත්තෙහි සැප විපාක දෙන්නේ ය' යනුවෙන් තමා තුළ ම ඤානදර්ශනය එළඹ සිටියේ වෙයි. (3) 'මේ සමාධිය ආර්ය වූ නිරාමිස දෙයකි' යනුවෙන් තමා තුළ ම ඤානදර්ශනය එළඹ සිටියේ වෙයි. (4) 'මේ

සමාධිය අලාමක වූ බුද්ධාදී සත්පුරුෂයන් විසින් සේවනය කරන ලද්දේ ය' යනුවෙන් තමා තුළ ම ඥානදර්ශනය එළඹ සිටියේ වෙයි. (5) 'මේ සමාධිය ශාන්ත වෙයි. ප්‍රණීත වෙයි. අතිශයින් සංසිඳී යාමක් වෙයි. මනා වූ එකඟතාවයෙන් යුක්ත වූයේ වෙයි. බලහත්කාරයෙන් කෙලෙසුන්ට නිග්‍රහ කොට වළක්වා ලබා නොගත් දෙයක් වෙයි' යනුවෙන් තමා තුළ ම ඥානදර්ශනය එළඹ සිටියේ වෙයි. 'ඒ මේ සමාධියට වනාහී සිහියෙන් යුක්ත ව සමවදිමි. සිහියෙන් යුක්ත ව සමාධියෙන් නැගිටිමි' යනුවෙන් තමා තුළ ම ඥානදර්ශනය එළඹ සිටියේ වෙයි.

එහි යම් සමාධියක් වර්තමානයෙහි සැපවත් ද, යම් සමාධියක් මතුවට ත් සැප විපාක ඇත්තේ ද, මෙය සමථය යි. යම් සමාධියක් ආර්ය ද, නිරාමිස ද, යම් සමාධියක් අලාමක වූ බුද්ධාදී සත්පුරුෂයින් විසින් සේවනය කරන ලද්දේ ද, යම් සමාධියක් ශාන්ත ද, ප්‍රණීත ද, අතිශයින් සංසිඳී යාමක් වෙයි ද, මනා වූ එකඟතාවයෙන් යුක්ත වූයේ වෙයි ද, බලහත්කාරයෙන් කෙලෙසුන්ට නිග්‍රහ කොට වළක්වා ලබා නොගත් දෙයක් වෙයි ද, ඒ මේ සමාධියට සිහියෙන් යුක්ත ව සමවදිමි, සිහියෙන් යුක්තව සමාධියෙන් නැගිටිමි යන්නක් වෙයි ද, මෙය විදර්ශනාව යි.

ඒ සමාධිය පස් අයුරකින් දත යුත්තේ ය. (1) ප්‍රීතිය පතුරුවන බව ය. (2) සැපය පතුරුවන බව ය. (3) සිත පතුරුවන බව ය. (4) ආලෝකය පතුරුවන බව ය. (5) සමාධි නිමිත්ත ප්‍රත්‍යවේක්ෂා කරන බව ය. යම් සමාධියක ප්‍රීතිය පතුරුවන බවක් තිබේ ද, සැපය පතුරුවන බවක් තිබේ ද, සිත පතුරුවන බවක් තිබේ ද, මෙය සමථය යි. යම් සමාධියක ආලෝකය පතුරුවන බවක් තිබේ ද, සමාධියට අරමුණු වූ කරුණ ප්‍රත්‍යවේක්ෂා කරන බවක් තිබේ ද, මෙය විදර්ශනාව යි.

කසිණායතන දහයකි. පඨවි කසිණ ය. ආපෝ කසිණ ය. තේජෝ කසිණ ය. වායෝ කසිණ ය. නිල් කසිණ ය. කහ කසිණ ය. රතු කසිණ ය. සුදු කසිණ ය. ආකාස කසිණ ය. විඤ්ඤාණ කසිණ ය. එහි යම් පඨවි කසිණයක් තිබේ ද, ආපෝ කසිණයක්

තිබේ ද, තේජෝ කසිණයක් තිබේ ද, වායෝ කසිණයක් තිබේ ද, නිල් කසිණයක් තිබේ ද, කහ කසිණයක් තිබේ ද, රතු කසිණයක් තිබේ ද, සුදු කසිණයක් තිබේ ද, මේ අටක් වූ කසිණයෝ සමථය යි. යම් ආකාස කසිණයක් තිබේ ද, යම් විඥ්ඥාණ කසිණයක් තිබේ ද, මෙය විදර්ශනාව යි.

මෙසේ සියළු ආර්ය මාර්ගය යම් යම් ආකාරයකින් වදාරණ ලද්දේ ද, ඒ ඒ ආකාරයෙන් සමථ - විදර්ශනා වශයෙන් යෙදිය යුත්තේ ය. ඒ සමථ - විදර්ශනාව තුන් ධර්මයක් තුළ ඇතුළත් වෙයි. අනිත්‍ය තුළ ය. දුක තුළ ය. අනාත්මය තුළ ය. ඔහු සමථ - විදර්ශනා වඩන්නේ කෙලෙසුන්ගෙන් නිදහස් වන මාර්ග තුනක් වඩයි. කෙලෙසුන්ගෙන් නිදහස් වන මාර්ග තුන වඩන්නේ සීල - සමාධි - ප්‍රඥා යන ස්කන්ධ තුන වඩයි. ත්‍රිවිධ ස්කන්ධයන් වඩන්නේ ආර්ය අෂ්ටාංගික මාර්ගය වඩයි.

රාග චරිත පුද්ගලයා අධිසමාධියෙන් හික්මෙමින්, ලෝභය නැමැති අකුසල මූලය දුරු කරමින්, සැප විඳීමට හිතකර වූ ස්පර්ශයකට නොපැමිණෙමින්, සැප වේදනාව පිරිසිඳ දකිමින්, රාග කිලුට සෝදා හරිමින්, රාග දූහුවිලි ගසා දමමින්, රාග විෂ වමනය කරමින්, රාග ගින්න නිවමින්, රාග හුල උදුරාලමින්, රාග අවුල ලිහමින්, සංස්කාරයන්ගේ අනිත්‍යය විදර්ශනා කිරීම මුල්කොට අනිමිත්ත විමෝක්ෂයෙන් සසරෙන් එතෙරට යයි.

ද්වේෂ චරිත පුද්ගලයා අධිසීලයෙහි හික්මෙමින්, ද්වේෂය නැමැති අකුසල මූලය දුරු කරමින්, දුක් විඳීමට හිතකර වූ ස්පර්ශයකට නොපැමිණෙමින්, දුක් වේදනාව පිරිසිඳ දකිමින්, ද්වේෂ කිලුට සෝදා හරිමින්, ද්වේෂ දූහුවිලි ගසා දමමින්, ද්වේෂ විෂ වමනය කරමින්, ද්වේෂ ගින්න නිවමින්, ද්වේෂ හුල උදුරාලමින්, ද්වේෂ අවුල ලිහමින්, සංස්කාරයන්ගේ දුක විදර්ශනා කිරීම මුල්කොට අප්පණිහිත විමෝක්ෂයෙන් සසරෙන් එතෙරට යයි.

මෝහ චරිත පුද්ගලයා අධිප්‍රඥාවෙහි හික්මෙමින්, මෝහය නැමැති අකුසල මූලය දුරු කරමින්, දුක්සැප රහිත විඳීමට හිතකර

වූ ස්පර්ශයකට නොපැමිණෙමින්, දුක්සැප රහිත වේදනාව පිරිසිඳ දකිමින්, මෝහ කිලුට සෝදා හරිමින්, මෝහ දුහුවිලි ගසා දමමින්, මෝහ විෂ වමනය කරමින්, මෝහ ගින්න නිවමින්, මෝහ හුල උදුරාලමින්, මෝහ අවුල ලිහමින්, සංස්කාරයන්ගේ අනාත්ම බව විදර්ශනා කිරීම මුල්කොට සුඤ්ඤත විමෝක්ෂයෙන් සසරෙන් එතෙරට යයි.

එහි ශූන්‍යතා විමෝක්ෂ මාර්ගය ප්‍රඥා ස්කන්ධය යි. අනිමිත්ත විමෝක්ෂ මාර්ගය සමාධි ස්කන්ධය යි. අප්පණිහිත විමෝක්ෂ මාර්ගය සීල ස්කන්ධය යි. ඔහු තුන් විමෝක්ෂ මාර්ග යන් වඩන්නේ ත්‍රිවිධ ස්කන්ධයන් වඩයි. ත්‍රිවිධ ස්කන්ධයන් වඩන්නේ ආර්ය අෂ්ටාංගික මාර්ගය වඩයි. එනම්; යම් නිවැරදි වචන භාවිතයක් ඇද්ද, යම් නිවැරදි කායික ක්‍රියාවක් ඇද්ද, යම් නිවැරදි දිවි පෙවෙතක් ඇද්ද මෙය සීල ස්කන්ධය යි. යම් නිවැරදි වීර්යයක් ඇද්ද, යම් නිවැරදි සිහියක් ඇද්ද, යම් නිවැරදි සමාධියක් ඇද්ද, මෙය සමාධි ස්කන්ධය යි. යම් නිවැරදි දෘෂ්ටියක් ඇද්ද, යම් නිවැරදි සංකල්පයක් ඇද්ද, මෙය ප්‍රඥා ස්කන්ධය යි. එහි සීලස්කන්ධය ත්, සමාධි ස්කන්ධය ත් යනු සමථය යි. ප්‍රඥා ස්කන්ධය යනු විදර්ශනාව යි.

යමෙක් සමථ - විදර්ශනාව වඩයි ද, ඔහු තුළ භවයට අයත් අංග දෙකක් දියුණුවට යයි. කය ත්, සිත ත් ය. භවය නිරුද්ධ වන ප්‍රතිපදාව පද දෙකකින් යුක්ත ය. සීලය ත්, සමාධිය ත් ය. ඒ භික්ෂුව කය වඩන ලද්දේ, සීලය වඩන ලද්දේ වෙයි. සිත වඩන ලද්දේ, ප්‍රඥාව වඩන ලද්දේ වෙයි. කය වඩන විට ධර්ම දෙකක් දියුණුවට යයි. නිවැරදි කායික ක්‍රියාව ත්, නිවැරදි වීර්යය ත් ය. සීලය වඩන විට ධර්ම දෙකක් දියුණුවට යයි. නිවැරදි වචන භාවිතය ත්, නිවැරදි දිවි පැවැත්ම ත් ය. සිත වඩන විට ධර්ම දෙකක් දියුණුවට යයි. නිවැරදි සිහිය ත්, නිවැරදි සමාධිය ත් ය. ප්‍රඥාව වඩන විට ධර්ම දෙකක් දියුණුවට යයි. නිවැරදි දෘෂ්ටිය ත්, නිවැරදි සංකල්පනාව ත් ය.

එහි යම් නිවැරදි කායික ක්‍රියාවක් තිබේ ද, නිවැරදි වීර්යයක් තිබේ ද, එය කායිකව ත් වෙයි. මානසිකවත් වෙයි. ඒ

නිවැරදි කායික ක්‍රියාව නිවැරදි වීර්යයන් තුළ කය හා එකතු වූ යමක් තිබේ ද, එය කය මුල්කොට කුසල් වැඩෙන විට දියුණුවට යයි. සිත හා එකතු වූ යමක් තිබේ ද, එය සිත මුල්කොට කුසල් වැඩෙන විට දියුණුවට යයි. ඔහු සමථ - විදර්ශනා වඩන විට පස් වැදෑරුම් අවබෝධයක් ලබාගනියි. (1) වහා අවබෝධයකට පත්වෙයි. (2) කෙලෙස් මිදීමෙන් ලබන අවබෝධය ලබයි. (3) මහත් සේ අවබෝධයකට පත්වෙයි. (4) විපුල වූ අවබෝධයකට පත්වෙයි. (5) අවබෝධ කළ යුතු කිසිවක් ඉතුරු නොකොට අවබෝධ කරන්නේ වෙයි. එහි සමථය වහා අවබෝධය ත්, මහත් සේ ලබන අවබෝධය ත්, විපුලව ලබන අවබෝධය ත් ලබයි. විදර්ශනාවෙන් කෙලෙසුන්ගෙන් මිදීමෙන් ලබන අවබෝධය ත්, අවබෝධ කළ යුතු කිසිවක් ඉතුරු නොකොට අවබෝධ කිරීම ත් ලබයි.

එහි යම් ශාස්තෘන් වහන්සේ නමක් දහම් දෙසන සේක් ද, ඒ දසබලයන් වහන්සේ අවවාද දීම් වශයෙන් සිය ශ්‍රාවකයන් නොරවටන සේක. උන්වහන්සේ තුන් අයුරකින් අවවාද කරන සේක. (1) (සරණාගමන, සීල, සමාධි ආදී) මෙය කරව්! (2) (සමථයෙන් විදර්ශනාවෙන්) මේ උපායෙන් කරව්! (3) මෙය කරන්නා වූ ඔබලාට හිතසුව පිණිස වන්නේ ය යනුවෙනි.

එසේ අවවාද ලද ඒ ශ්‍රාවකයා ඒ අයුරින් කරන විට, ඒ අයුරින් පිළිපදින විට, ඒ භූමියට නොපැමිණෙන්නේ ය යන කරුණ දකින්නට නොලැබෙන දෙයකි. එසේ අවවාද ලද, එසේ අනුශාසනා ලද ඒ ශ්‍රාවකයා සීල ස්කන්ධය සම්පූර්ණ නොකරන විට ඒ භූමියට පැමිණෙන්නේ ය යන කරුණ ත් දකින්නට නොලැබෙන දෙයකි. එසේ අවවාද ලද, එසේ අනුශාසනා ලද ඒ ශ්‍රාවකයා සීල ස්කන්ධය සම්පූර්ණ කරන විට ඒ භූමියට පැමිණෙන්නේ ය යන කරුණ ත් දකින්නට ලැබෙන දෙයකි.

'සම්මා සම්බුදු බව ප්‍රතිඥා දෙන ඔබ විසින් මේ මේ ධර්මයෝ අවබෝධ නොකරන ලද්දාහ' යි කරුණු සහිත ව ශාස්තෘන් වහන්සේට චෝදනා කළ හැක්කේ ය යන කරුණ දකින්නට නොලැබෙයි.

'ආශ්‍රවයන් ක්ෂය කළ බව ප්‍රතිඥා දෙන ඔබ විසින් මේ මේ ආශ්‍රවයෝ ක්ෂය නොකරන ලද්දාහ' යි කරුණු සහිත ව ශාස්තෲන් වහන්සේට චෝදනා කළ හැක්කේ ය යන කරුණ දකින්නට නොලැබෙයි.

'යම් දුක් ක්ෂය වීමක් උදෙසා ඔබ විසින් ධර්මය දෙසන ලද්දේ ද, ඒ ධර්මය පිළිපදින්නහුට මැනැවින් දුක් ක්ෂය වීම පිණිස එය නොපවතින්නේ ය' යි කරුණු සහිත ව ශාස්තෲන් වහන්සේට චෝදනා කළ හැක්කේ ය යන කරුණ දකින්නට නොලැබෙයි.

'ඔබගේ ශ්‍රාවකයෙක් වනාහී ඔබ විසින් දෙසන ලද ධර්මයට අනුකූල ව හැසිරෙන විට, නිවැරදි ප්‍රතිපදාවෙහි හැසිරෙන විට, ධර්මයට අනුව ම හැසිරෙන විට ඔහු කලින්ට වඩා පසුවට උදාර වූ විශේෂ අධිගමයන් සාක්ෂාත් නොකරන්නේ ය' යි කරුණු සහිත ව ශාස්තෲන් වහන්සේට චෝදනා කළ හැක්කේ ය යන කරුණ දකින්නට නොලැබෙයි.

'ඔබ විසින් මාර්ගඵලාවබෝධයට අන්තරායකර යැයි පවසන ලද යම් ධර්මයෝ වෙත් ද, ඒවා සේවනය කරන කෙනෙකුට මාර්ගඵලාවබෝධයට අන්තරායක් නැත්තේ ය' යි කරුණු සහිත ව ශාස්තෲන් වහන්සේට චෝදනා කළ හැක්කේ ය යන කරුණ දකින්නට නොලැබෙයි.

'නිවනට පැමිණීමට හේතු නොවන යම් ධර්මයෝ වෙත් ද, ඒ ධර්මයන් සේවනය කරන තැනැත්තහුට ඒවා මැනැවින් දුක් ක්ෂය කිරීම පිණිස පවතින්නාහ' යි යන කරුණ දකින්නට නොලැබෙයි.

'නිවනට පැමිණීමට හේතු වන යම් ධර්මයෝ වෙත් ද, ඒ ධර්මයන් පිළිපදින තැනැත්තහුට ඒවා මැනැවින් දුක් ක්ෂය කිරීම පිණිස පවතින්නාහ' යි යන කරුණ දකින්නට ලැබෙයි.

'ශ්‍රාවකයෙක් වනාහී උපාදිශේෂ සහිත වූයේ, අනුපාදිශේෂ නිර්වාණ ධාතුවට පැමිණෙන්නේ ය' යන කරුණ දකින්නට නොලැබෙයි.

'ආර්ය සම්මා දිට්ඨිය ලද සෝවාන් ශ්‍රාවකයා සිය මව ජීවිතයෙන් තොර කරන්නේ ය. සිය මවට අතින් හෝ පයින් හෝ අධික ව හිංසා කරන්නේ ය' යන කරුණ දකින්නට නොලැබෙයි. 'පෘථග්ජනයා මව ජීවිතයෙන් තොර කරන්නේ ය. සිය මවට අතින් හෝ පයින් හෝ අධික ව හිංසා කරන්නේ ය' යන කරුණ දකින්නට ලැබෙයි.

'ආර්ය සම්මා දිට්ඨිය ලද සෝවාන් ශ්‍රාවකයා සිය පියා ජීවිතයෙන් තොර කරන්නේ ය. සිය පියාට අතින් හෝ පයින් හෝ අධික ව හිංසා කරන්නේ ය' යන කරුණ දකින්නට නොලැබෙයි. 'පෘථග්ජනයා පියා ජීවිතයෙන් තොර කරන්නේ ය. සිය පියාට අතින් හෝ පයින් හෝ අධික ව හිංසා කරන්නේ ය' යන කරුණ දකින්නට ලැබෙයි.

'ආර්ය සම්මා දිට්ඨිය ලද සෝවාන් ශ්‍රාවකයා රහතුන් ජීවිතයෙන් තොර කරන්නේ ය. රහතුන්ට අතින් හෝ පයින් හෝ අධික ව හිංසා කරන්නේ ය' යන කරුණ දකින්නට නොලැබෙයි. 'පෘථග්ජනයා රහතුන් ජීවිතයෙන් තොර කරන්නේ ය. රහතුන්ට අතින් හෝ පයින් හෝ අධික ව හිංසා කරන්නේ ය' යන කරුණ දකින්නට ලැබෙයි.

'ආර්ය සම්මා දිට්ඨිය ලද සෝවාන් ශ්‍රාවකයා සංඝභේද කරන්නේ ය හෝ සංඝයා අතර සංඝභේදයට උත්සාහ කරන්නේ ය හෝ' යන කරුණ දකින්නට නොලැබෙයි. 'පෘථග්ජනයා සංඝභේද කරන්නේ ය හෝ සංඝයා අතර සංඝභේදයට උත්සාහ කරන්නේ ය හෝ' යන කරුණ දකින්නට ලැබෙයි.

'ආර්ය සම්මා දිට්ඨිය ලද සෝවාන් ශ්‍රාවකයා දුෂ්ට සිතින් තථාගතයන් වහන්සේගේ කයෙහි ලේ සොලවන්නේ ය යන කරුණ ත්, පිරිනිවන් පෑ තථාගතයන් වහන්සේගේ ස්ථූපය දුෂ්ට සිතින් බිඳින්නේ ය' යන කරුණ ත් දකින්නට නොලැබෙයි. 'පෘථග්ජනයා දුෂ්ට සිතින් තථාගතයන් වහන්සේගේ කයෙහි ලේ සොලවන්නේ ය යන කරුණ ත්, පිරිනිවන් පෑ තථාගතයන් වහන්සේගේ ස්ථූපය දුෂ්ට සිතින් බිඳින්නේ ය' යන කරුණ ත්

දකින්නට ලැබෙයි.

'ආර්ය සම්මා දිට්ඨිය ලද සෝවාන් ශ්‍රාවකයා සිය පණ රැක ගැනීම උදෙසාවත් අන්‍ය ශාස්තෘවරයෙකු 'මේ මාගේ ශාස්තෘවරයා ය' කියා අදහාගෙන පෙන්වන්නේ ය' යන කරුණ දකින්නට නොලැබෙයි. 'පෘථග්ජනයා අන්‍ය ශාස්තෘවරයෙකු 'මේ මාගේ ශාස්තෘවරයා ය' කියා අදහාගෙන පෙන්වන්නේ ය' යන කරුණ දකින්නට ලැබෙයි.

'ආර්ය සම්මා දිට්ඨිය ලද සෝවාන් ශ්‍රාවකයා පින් සළකා දන් දීම පිණිස මේ බුදු සසුනෙන් බාහිර අන් කෙනෙකු සොයන්නේ ය යන කරුණ දකින්නට නොලැබෙයි. 'පෘථග්ජනයා පින් සළකා දන් දීම පිණිස මේ බුදු සසුනෙන් බාහිර අන් කෙනෙකු සොයන්නේ ය' යන කරුණ දකින්නට ලැබෙයි.

'ආර්ය සම්මා දිට්ඨිය ලද සෝවාන් ශ්‍රාවකයා ගුප්ත ඇදහිලිවල ඇති මංගල කරුණු වලින් පිරිසිදු බව අදහන්නේ ය' යන කරුණ දකින්නට නොලැබෙයි. 'පෘථග්ජනයා ගුප්ත ඇදහිලිවල ඇති මංගල කරුණු වලින් පිරිසිදු බව අදහන්නේ ය' යන කරුණ දකින්නට ලැබෙයි.

ස්ත්‍රියක් සක්විති රජු වන්නේ ය යන කරුණ දකින්නට නොලැබෙයි. පුරුෂයෙක් සක්විති රජු වන්නේ ය යන කරුණ දකින්නට ලැබෙයි.

ස්ත්‍රියක් සක් දෙවිඳු වන්නේ ය යන කරුණ දකින්නට නොලැබෙයි. පුරුෂයෙක් සක් දෙවිඳු වන්නේ ය යන කරුණ දකින්නට ලැබෙයි.

ස්ත්‍රියක් පවිටු මාරයා වන්නේ ය යන කරුණ දකින්නට නොලැබෙයි. පුරුෂයෙක් පවිටු මාරයා වන්නේ ය යන කරුණ දකින්නට ලැබෙයි.

ස්ත්‍රියක් මහා බ්‍රහ්මයා වන්නේ ය යන කරුණ දකින්නට නොලැබෙයි. පුරුෂයෙක් මහා බ්‍රහ්මයා වන්නේ ය යන කරුණ

දකින්නට ලැබෙයි.

ස්ත්‍රියක් තථාගත අර්හත් සම්මා සම්බුදු වන්නේ ය යන කරුණ දකින්නට නොලැබෙයි. පුරුෂයෙක් තථාගත අර්හත් සම්මා සම්බුදු වන්නේ ය යන කරුණ දකින්නට ලැබෙයි.

තථාගත අර්හත් සම්මා සම්බුදුවරු දෙනමක් පෙර පසු නොවී එක් අවස්ථාවෙහි එක් ලෝකධාතුවක උපදින්නාහ. ධර්මය හෝ දෙසන්නාහ යන කරුණ දකින්නට නොලැබෙයි. එක් තථාගත අර්හත් සම්මා සම්බුදුවරයෙක් පමණක් එක් ලෝකධාතුවක උපදින්නේ ය. ධර්මය දේශනා කරන්නේ ය යන කරුණ දකින්නට ලැබෙයි.

සිත, කය, වචනය යන තුනෙන් කරන දුෂ්චරිතයන්ගේ ඉෂ්ට, කාන්ත, ප්‍රියමනාප විපාක ලැබෙන්නේ ය යන කරුණ දකින්නට නොලැබෙයි. සිත, කය, වචනය යන තුනෙන් කරන දුෂ්චරිතයන්ගේ අනිෂ්ට, අකාන්ත, අප්‍රිය අමනාප විපාක ලැබෙන්නේ ය යන කරුණ දකින්නට ලැබෙයි.

සිත, කය, වචනය යන තුනෙන් කරන සුචරිතයන්ගේ අනිෂ්ට, අකාන්ත, අප්‍රිය අමනාප විපාක ලැබෙන්නේ ය යන කරුණ දකින්නට නොලැබෙයි. සිත, කය, වචනය යන තුනෙන් කරන සුචරිතයන්ගේ ඉෂ්ට, කාන්ත, ප්‍රිය මනාප විපාක ලැබෙන්නේ ය යන කරුණ දකින්නට ලැබෙයි.

එක්තරා ශ්‍රමණයෙක් වේවා, බ්‍රාහ්මණයෙක් වේවා, නැතිගුණ පෙන්වන කුහකයෙක් වූයේ, ලාභාපේක්ෂාවෙන් විස්මිත දේ කියන ලපකයෙක් වූයේ, නිමිති කියන නේමිත්තකයෙක් වූයේ, ඒ කුහක, ලපක, නේමිත්තක ගති පෙරටුකොට සිතට උපක්ලේශ වූ, ප්‍රඥාව දුර්වල කරන, පංච නීවරණ ප්‍රහාණය නොකොට සතර සතිපට්ඨානය තුළ සිහිය නොපිහිටුවාගෙන වාසය කරන්නේ, සප්ත බොජ්ඣංග දියුණු නොකොට, අනුත්තර වූ සම්මා සම්බෝධියෙන් අභිසම්බෝධිය කරන්නේ ය යන කරුණ දකින්නට නොලැබෙයි.

එක්තරා ශ්‍රමණයෙක් වේවා, බ්‍රාහ්මණයෙක් වේවා, සියළු දොස් බැහැර කොට, සිතට උපක්ලේශ වූ, ප්‍රඥාව දුර්වල කරන, පංච නීවරණ ප්‍රහාණය කොට සතර සතිපට්ඨානය තුළ සිහිය පිහිටුවාගෙන වාසය කරන්නේ, සප්ත බොජ්ඣංග දියුණු කොට, අනුත්තර වූ සම්මා සම්බෝධියෙන් අභිසම්බෝධිය කරන්නේ ය යන කරුණ දකින්නට ලැබෙයි. මෙහි හේතු වශයෙන් විය හැකි තැන් වශයෙන් පරිපූර්ණ වශයෙන් ලබන යම් ඤාණයක් ඇද්ද මෙය ප්‍රථම තථාගත බලය වූ 'ඨානාඨාන ඤාණය' යැයි කියනු ලැබේ. (1)

විය හැකි - නොහැකි බව දන්නා ස්ථාන - අස්ථානයට අයත් සියල්ල ක්ෂය වී යන ධර්මයෝ ය. නැසී යන ධර්මයෝ ය. නොඇලීම ඇති කරන ධර්මයෝ ය. ඇල්ම නිරුද්ධ වන ධර්මයෝ ය. ඇතැම් කෙනෙක් සුගතියට යන්නාහ. ඇතැම් කෙනෙක් දුගතියට යන්නාහ. ඇතැම් කෙනෙක් නිවනට යන්නාහ.

භාග්‍යවතුන් වහන්සේ මෙසේ වදාළ සේක.

"සබ්බේ සත්තා මරිස්සන්ති
මරණන්තං හි ජීවිතං
යථා කම්මං ගමිස්සන්ති
පුඤ්ඤපාප ඵලූපගා'ති"

(සංයුත්ත නිකාය - කෝසල සංයුත්තය - අය්‍යකා සූත්‍රය)

"සියළු සත්වයෝ මැරෙන්නාහ. ජීවිතය මරණයෙන් කෙළවර කොට ඇත්තේ ම ය. පින් - පව් විපාක ඵලයට පැමිණ කර්මානුරූප ව පරලොව යන්නාහ."

"නිරයං පාපකම්මන්තා
පුඤ්ඤකම්මා ච සුග්ගතිං
අපරේ ච මග්ගං භාවෙත්වා
පරිනිබ්බන්ති අනාසවා'ති"

(................)

"පාප කර්ම කළ පුද්ගලයෝ නිරයෙහි ද, පුණ්‍ය කර්ම කළ පුද්ගලයෝ සුගතියෙහි ද උපදින්නාහ. අන්‍ය වූ සසර බිය දකින සත්වයෝ ආර්ය මාර්ගය දියුණු කොට, ආශ්‍රව රහිත ව පිරිනිවී යති."

'**සියළු සත්වයෝ**' යනු ආර්ය වූත්, අනාර්ය වූත් පංච ස්කන්ධය තුළ සිටින්නා වූත්, පංච ස්කන්ධය ඉක්මවා සිටින්නා වූ ත් සත්වයෝ ය. '**මැරෙන්නාහ**' යනු දෙවැදෑරුම් මරණයෙන් ය. සෙමෙන් සිදුවන මරණයෙන් හා ඉක්මනින් සිදුවන මරණයෙන් ය. පංච උපාදානස්කන්ධය තුළ සිටින්නවුන්ට ඉක්මනින් සිදුවන මරණය වෙයි. පංච ස්කන්ධය ඉක්මවා සිටින්නවුන්ට සෙමෙන් සිදුවන මරණය වෙයි.

'**ජීවිතය මරණය කෙළවර කොට ඇත්තේ ය**' යනු ආයුෂ ගෙවී යාමෙන් ඇස්, කන් ආදී ඉන්ද්‍රියයන්ගේ බිඳී යාමෙන් ජීවිතය අවසන් වීම මරණයෙන් කෙළවර වීම යි. '**කර්මානුරූප ව පරලොව යන්නාහ**' යනු කර්මය තමා අයත් කොට ඇති දෙය බව යි. '**පින් පව් විපාක වලට පැමිණ**' යනු කර්මයන්ගේ ඵලය තමාට ප්‍රත්‍යක්ෂ ව දකින්නට ලැබෙන බව ත්, එයින් වෙන් නොවී වාසය කරන බව ත් ය. '**පාප කර්ම කළ පුද්ගලයෝ නිරයෙහි ද**' යනු අපුඤ්ඤාභිසංස්කාර හෙවත් විශේෂයෙන් රැස්කළ පව් ඇති බව ය. '**පුණ්‍ය කර්ම කළ පුද්ගලයෝ සුගතියෙහි ද**' යනු පුඤ්ඤාභිසංස්කාර හෙවත් විශේෂයෙන් රැස්කළ පින් ඇති බව ය. '**අන්‍ය වූ සසර බිය දකින්නෝ ආර්ය මාර්ගය දියුණු කොට ආශ්‍රව රහිත ව පිරිනිවෙති**' යනු සියළු සංස්කාරයන්ගේ ඉක්මවා යෑම යි.

එහෙයින් භාග්‍යවතුන් වහන්සේ 'සියළු සත්වයෝ..... පිරිනිවෙති' යන ගාථාවන් වදාළ සේක.

"සියළු සත්වයෝ මැරෙන්නාහ. ජීවිතය මරණය කෙළවර කොට ඇත්තේ ම ය. පින් - පව් විපාක ඵලයට පැමිණ කර්මානුරූප ව පරලොව යන්නාහ. පාප කර්ම කළ පුද්ගලයෝ නිරයෙහි උපදිති" යනු කාමසුඛල්ලිකානුයෝගය වූ ආගාළ්හ

ප්‍රතිපදාව ත්, විශේෂයෙන් තමා දැවීම වූ අත්තකිලමථානුයෝගය වූ නිජ්ඣාම ප්‍රතිපදාව ත් ය. "අනාය වූ සසර බිය දකින්නෝ ආර්ය මාර්ගය දියුණු කොට ආශ්‍රව රහිත ව පිරිනිවෙති" යනු මධ්‍යම ප්‍රතිපදාව යි.

"සියළු සත්වයෝ මැරෙන්නාහ. ජීවිතය මරණය කෙළවර කොට ඇත්තේ ම ය. පින් - පව් විපාක ඵලයට පැමිණ කර්මානුරූප ව පරලොව යන්නාහ. පාප කර්ම කළ පුද්ගලයෝ නිරයෙහි උපදිති" යන මෙය සත්වයන්ගේ කෙලෙසීයාම යි. මෙසේ සංසාරය උපදවයි.

"සියළු සත්වයෝ මැරෙන්නාහ. ජීවිතය මරණය කෙළවර කොට ඇත්තේ ම ය. පින් - පව් විපාක ඵලයට පැමිණ කර්මානුරූප ව පරලොව යන්නාහ. පාප කර්ම කළ පුද්ගලයෝ නිරයෙහි උපදිති" යනු මේ සසර සැරිසරා යන තුන් අයුරු වූ පැවැත්ම යි. එනම්; දුකෙහි පැවැත්ම ය. කර්මයන්ගේ පැවැත්ම ය. කෙලෙසුන්ගේ පැවැත්ම ය.

"අනාය වූ සසර බිය දකින්නෝ ආර්ය මාර්ගය දියුණු කොට ආශ්‍රව රහිත ව පිරිනිවී යති" යනු ඒ තුන් අයුරු වූ පැවතීම්වල නොපැවැත්ම යි.

"සියළු සත්වයෝ මැරෙන්නාහ. ජීවිතය මරණය කෙළවර කොට ඇත්තේ ම ය. පින් - පව් විපාක ඵලයට පැමිණ කර්මානුරූප ව පරලොව යන්නාහ. පාප කර්ම කළ පුද්ගලයෝ නිරයෙහි උපදිති" යනු පාප කර්මයන්ගේ නපුරු විපාකය හෙවත් ආදීනවය යි. 'පුණ්‍ය කර්ම කළ පුද්ගලයෝ සුගතියෙහි උපදිති' යනු පුණ්‍ය කර්මයන්ගේ සතුට, සොම්නස ලැබීම හෙවත් ආශ්වාදය යි.

"අනාය වූ සසර බිය දකින්නෝ ආර්ය මාර්ගය දියුණු කොට ආශ්‍රව රහිත ව පිරිනිවී යති" යනු තෘෂ්ණාව නැතිකොට නිදහස් වීම හෙවත් නිස්සරණය යි.

"සියළු සත්වයෝ මැරෙන්නාහ. ජීවිතය මරණය

කෙළවර කොට ඇත්තේ ම ය. පින් - පව් විපාක ඵලයට පැමිණ කර්මානුරූප ව පරලොව යන්නාහ. පාප කර්ම කළ පුද්ගලයෝ නිරයෙහි උපදිති" යනු හේතුව ත් ඵලය ත් ය. පංච ස්කන්ධය ඵලය යි. තෘෂ්ණාව හේතුව යි.

"අන්‍ය වූ සසර බිය දකින්නෝ ආර්ය මාර්ගය දියුණු කොට ආශ්‍රව රහිත ව පිරිනිවී යති" යනු මාර්ගය ත්, ඵලය ත් ය.

"සියළු සත්වයෝ මැරෙන්නාහ. ජීවිතය මරණය කෙළවර කොට ඇත්තේ ම ය. පින් - පව් විපාක ඵලයට පැමිණ කර්මානුරූප ව පරලොව යන්නාහ. පාප කර්ම කළ පුද්ගලයෝ නිරයෙහි උපදිති" යන මෙය සත්වයන්ගේ කෙලෙසීයාම යි. ඒ කෙලෙසී යාම තුන් අයුරු ය. තෘෂ්ණාවෙන් කෙලෙසී යාම ත්, දෘෂ්ටීන්ගෙන් කෙලෙසී යාම ත්, දුෂ්චරිතයෙන් කෙලෙසී යාම ත් ය. එහි තෘෂ්ණාවෙන් කෙලෙසී යාම ත්‍රිවිධ තෘෂ්ණාව තුළින් විස්තර දැක්විය යුත්තේ ය. කාම තෘෂ්ණාවෙනුත්, භව තෘෂ්ණාවෙනුත්, විභව තෘෂ්ණාවෙනුත් කෙලෙසී යාම ගැන ය. යම් යම් කරුණකින් තෘෂ්ණාවෙන් බැසගන්නේ ද, ඒ ඒ කරුණෙන් විස්තර දැක්විය යුත්තේ ය. ඒ තෘෂ්ණාව ගැන විස්තරය යනු තිස් හය වැදෑරුම් තෘෂ්ණා ජාලය යි.

යම් යම් කරුණු හේතුවෙන් 'මෙය ම සත්‍යය ය. අන් මත හිස් ය' යි දෘෂ්ටි වශයෙන් බැසගන්නේ ද, ඒ ඒ කරුණෙන් විස්තර දැක්විය යුත්තේ ය. ඒ දෘෂ්ටීන් ගැන විස්තර යනු දෙසැටක් වූ මිථ්‍යා දෘෂ්ටිය යි.

එහි දුෂ්චරිතයෙන් කෙලෙසී යාම ගැන චේතනා කර්මයෙනුත්, චෛතසික කර්මයෙනුත් විස්තර දැක්විය යුත්තේ ය. ත්‍රිවිධ දුෂ්චරිතය තුළින් ය. කාය දුෂ්චරිතයෙනුත්, වචී දුෂ්චරිතයෙනුත්, මනෝ දුෂ්චරිතයෙනුත් ය. එහි විස්තරය යනු දස අකුසල කර්ම මාර්ගයෝ ය.

"අන්‍ය වූ සසර බිය දකින්නෝ ආර්ය මාර්ගය දියුණු කොට ආශ්‍රව රහිත ව පිරිනිවී යති" යන මෙය කෙලෙසුන් ප්‍රහාණය

කොට පිරිසිදු වීම යි. මේ පිරිසිදු වීම තුන් අයුරු ය. තෘෂ්ණාවෙන් කෙලෙසී යාම සමථයෙන් පිරිසිදු වෙයි. ඒ සමථය සමාධි ස්කන්ධය යි. දෘෂ්ටියෙන් කෙලෙසී යාම විදර්ශනාවෙන් පිරිසිදු වෙයි. ඒ විදර්ශනාව ප්‍රඥා ස්කන්ධය යි. දුෂ්චරිතයෙන් කෙලෙසී යාම සුචරිතයෙන් පිරිසිදු වෙයි. ඒ සුචරිතය සීල ස්කන්ධය යි.

"සියළු සත්වයෝ මැරෙන්නාහ. ජීවිතය මරණය කෙළවර කොට ඇත්තේ ම ය. පින් - පව් විපාක ඵලයට පැමිණ කර්මානුරූප ව පරලොව යන්නාහ. පාප කර්ම කළ පුද්ගලයෝ නිරයෙහි උපදිති" යනු පාපී ප්‍රතිපදාව යි. 'පුණ්‍ය කර්ම කළ පුද්ගලයෝ සුගතියෙහි උපදිති' යනු පුණ්‍ය ප්‍රතිපදාව යි.

"අන්‍ය වූ සසර බිය දකින්නෝ ආර්ය මාර්ගය දියුණු කොට ආශ්‍රව රහිත ව පිරිනිවී යති" යනු පින් පව් ඉක්මවා යෑමේ ප්‍රතිපදාව යි. එහි යම් පුණ්‍ය ප්‍රතිපදාවක් ඇද්ද, යම් පාපී ප්‍රතිපදාවකුත් ඇද්ද, සියළු තැන උපත කරා ගෙන යාම යන අර්ථයෙන් මේ එක් ප්‍රතිපදාවකි. එයින් එක් ප්‍රතිපදාවකින් සතර අපායට ගෙන යයි. අනෙක් ප්‍රතිපදාවෙන් දිව්‍යලෝකවලට ගෙන යයි. යම් පින් පව් ඉක්මවීමේ ප්‍රතිපදාවක් ඇද්ද, මෙය ඒ ඒ දිව්‍ය මනුෂ්‍ය ආත්මභාවයන්හිදී ම නිවන කරා ගෙන යන ප්‍රතිපදාව යි.

ගොඩවල් හෙවත් රාසි තුනකි; මිථ්‍යා ස්වභාවයට නියම වූ ගොඩකි. නිවැරදි ස්වභාවයට නියම වූ ගොඩකි. ඒකාන්ත කොට කිව නොහැකි වූ ගොඩකි. එහි මිථ්‍යා ස්වභාවයට නියම වූ යම් ගොඩක් ඇද්ද, නිවැරදි ස්වභාවයට නියම වූ යම් ගොඩක් ඇද්ද, ඒ ඒ තැන ගෙනයන්නේ එක් ප්‍රතිපදාවකි. එහි ඒකාන්ත කොට කිව නොහැකි වූ යම් ගොඩක් ඇද්ද, මෙය සියළු තැන්වලට ගෙන යන ප්‍රතිපදාව යි. ඒ මක් නිසාද යත්; නිරයෙහි ඉපදීමට අදාළ කරුණ උපකාර ලද විට, හෙවත් ප්‍රත්‍යයක් ලද විට නිරයෙහි උපදින්නේ ය. තිරිසන් යෝනියෙහි ඉපදීමට අදාළ කරුණ උපකාර ලද විට, හෙවත් ප්‍රත්‍යයක් ලද විට තිරිසන් යෝනියෙහි උපදින්නේ ය. ප්‍රේත විෂයෙහි ඉපදීමට අදාළ කරුණ උපකාර ලද විට, හෙවත්

ප්‍රත්‍යයක් ලද විට ප්‍රේත විෂයෙහි උපදින්නේ ය. අසුර නිකායෙහි ඉපදීමට අදාළ කරුණු උපකාර ලද විට, හෙවත් ප්‍රත්‍යයක් ලද විට අසුර නිකායෙහි උපදින්නේ ය. දෙව්ලොව ඉපදීමට අදාළ කරුණු උපකාර ලද විට, හෙවත් ප්‍රත්‍යයක් ලද විට දෙව්ලොව උපදින්නේ ය. මනුලොව ඉපදීමට අදාළ කරුණු උපකාර ලද විට, හෙවත් ප්‍රත්‍යයක් ලද විට මිනිසුන් අතර උපදින්නේ ය. පිරිනිවන් පෑමට අදාළ කරුණු උපකාර ලද විට, හෙවත් ප්‍රත්‍යයක් ලද විට පිරිනිවන් පාන්නේ ය. එහෙයින් මෙය සියළු තැන්වලට ගෙන යන ප්‍රතිපදාව යි. මේ ප්‍රතිපදාවේ හේතු වශයෙන්, විය හැකි තැන් වශයෙන් සම්පූර්ණ කොට දන්නා යම් ඥානයක් ඇද්ද, මෙය වනාහී සියළු තැනට ගෙන යන ප්‍රතිපදාව පිළිබඳ ඥානය හෙවත් '**සබ්බත්ථගාමිනී පටිපදා ඥානය**' යැයි කියනු ලැබේ. මෙසේ දෙවැනි තථාගත බලය යි. (2)

සියළු තැනට ගෙන යන ප්‍රතිපදාව යනු අනේක ධාතු ස්වභාවයෙන් යුක්ත වූ ලෝකය යි. ඒ ඒ තැනට ගෙන යන්නා වූ ප්‍රතිපදාව නා නා ධාතු ස්වභාවයෙන් යුක්ත වූ ලෝකය යි.

එහි අනේකධාතු ස්වභාවයෙන් යුක්ත ලෝකය යනු කුමක් ද? ඇස නම් වූ ධාතු ස්වභාවය ය. රූප නම් වූ ධාතු ස්වභාවය ය. ඇසේ විඤ්ඤාණය නම් වූ ධාතු ස්වභාවය ය. කන නම් වූ ධාතු ස්වභාවය ය. ශබ්ද නම් වූ ධාතු ස්වභාවය ය. කනේ විඤ්ඤාණය නම් වූ ධාතු ස්වභාවය ය. නාසය නම් වූ ධාතු ස්වභාවය ය. ගන්ධය නම් වූ ධාතු ස්වභාවය ය. නාසයේ විඤ්ඤාණය නම් වූ ධාතු ස්වභාවය ය. දිව නම් වූ ධාතු ස්වභාවය ය. රස නම් වූ ධාතු ස්වභාවය ය. දිවේ විඤ්ඤාණය නම් වූ ධාතු ස්වභාවය ය. කය නම් වූ ධාතු ස්වභාවය ය. පහස නම් වූ ධාතු ස්වභාවය ය. කයේ විඤ්ඤාණය නම් වූ ධාතු ස්වභාවය ය. මනස නම් වූ ධාතු ස්වභාවය ය. මනසෙහි උපදින අරමුණු නම් වූ ධාතු ස්වභාවය ය. මනෝ විඤ්ඤාණය නම් වූ ධාතු ස්වභාවය ය.

පඨවි ධාතුව ය. ආපෝ ධාතුව ය. තේජෝ ධාතුව ය. වායෝ ධාතුව ය. ආකාස ධාතුව ය. විඤ්ඤාණ ධාතුව ය. කාම

ධාතුව ය. ව්‍යාපාද ධාතුව ය. විහිංසා ධාතුව ය. නෙක්ඛම්ම ධාතුව ය. අව්‍යාපාද ධාතුව ය. අවිහිංසා ධාතුව ය. දුක්ඛ ධාතුව ය. දෝමනස්ස ධාතුව ය. අවිද්‍යා ධාතුව ය. සුඛ ධාතුව ය. සෝමනස්ස ධාතුව ය. උපේක්ෂා ධාතුව ය. රූප ධාතුව ය. අරූප ධාතුව ය. නිරෝධ ධාතුව ය. සංඛාර ධාතුව ය. නිර්වාණ ධාතුව ය. මේ අනේක ධාතු ස්වභාවයෙන් යුතු ලෝකය යි.

එහි නා නා ධාතු ස්වභාවයෙන් යුක්ත ලෝකය යනු කුමක් ද? ඇස නම් වූ ධාතු ස්වභාවය වෙනස් දෙයකි. රූප නම් වූ ධාතු ස්වභාවය වෙනස් දෙයකි. ඇසේ විඤ්ඤාණය නම් වූ ධාතු ස්වභාවය වෙනස් දෙයකි. (සියල්ල මෙසේ ය.) නිර්වාණ ධාතු ස්වභාවය වෙනස් දෙයකි. මේ නා නා ධාතු ස්වභාවයෙන් යුතු ලෝකය යි.

මෙසේ මේ අනේක ධාතු ස්වභාවයෙන් යුතු, නා නා ධාතු ස්වභාවයෙන් යුතු ලෝකය පිළිබඳ ව හේතු වශයෙන්, විය හැකි තැන් වශයෙන් සම්පූර්ණයෙන් දන්නා යම් ඥානයක් ඇද්ද, මෙය **'අනේක ධාතු - නා නා ධාතු ඥානය'** යැයි කියනු ලැබේ. මෙය තුන්වෙනි තථාගත බලය යි. (3)

අනේක ධාතු - නා නා ධාතු ස්වභාවයෙන් යුතු ලෝකයෙහි සත්වයෝ යම් යම් වූ ධාතුවක් පිළිබඳ ව ස්ථිර ලෙස සිතා සිටිත් ද, ඒ ඒ ධාතු ස්වභාවය කෙරෙහි සිත දැඩි ලෙස පිහිටුවති. තෘෂ්ණාවෙන් එයට පිවිසෙති. ඇතැම් කෙනෙක් රූපයට ඇලී ගියාහු ය. ඇතැම් කෙනෙක් ශබ්දයට ඇලී ගියාහු ය. ඇතැම් කෙනෙක් ගන්ධයට ඇලී ගියාහු ය. ඇතැම් කෙනෙක් රසයට ඇලී ගියාහු ය. ඇතැම් කෙනෙක් පහසට ඇලී ගියාහු ය. ඇතැම් කෙනෙක් සිතට සිතෙන අරමුණු වලට ඇලී ගියාහු ය. ඇතැම් කෙනෙක් ස්ත්‍රීන්ට ඇලී ගියාහු ය. ඇතැම් කෙනෙක් පුරුෂයන්ට ඇලී ගියාහු ය. ඇතැම් කෙනෙක් දන් දීමට ඇලී ගියාහු ය. ඇතැම් කෙනෙක් ළාමක දෙයට ඇලී ගියාහු ය. ඇතැම් කෙනෙක් උසස් දෙයට ඇලී ගියාහු ය. ඇතැම් කෙනෙක් දෙවියන්ට ඇලී ගියාහු ය. ඇතැම් කෙනෙක් මිනිසුන්ට ඇලී ගියාහු ය. ඇතැම් කෙනෙක් නිවනට ඇලී ගියාහු ය.

මේ ඇලී යාම පිළිබඳ ව හේතු වශයෙන් - විය හැකි තැන් වශයෙන් සම්පූර්ණ වශයෙන් දන්නා යම් ඥානයක් ඇද්ද, 'ඒ තුළින් මොහු හික්මවිය හැක්කේ ය. මොහු හික්මවිය නොහැක්කේ ය. මෙතෙමේ සුගතියට යන්නෙකි. මෙතෙමේ දුගතියට යන්නෙකි' යනුවෙන් දකිනා ඥානය යි. මෙය සත්වයන්ගේ නා නා විධ අයුරින් ඇලුණු ස්වභාවය දන්නා බව නම් වූ ඥානය යි. මෙය '**සත්තානං නානාධිමුත්තිකතා ඥානය**' යැයි කියනු ලැබේ. මෙය සිව්වෙනි තථාගත බලය යි. (4)

ඒ සත්වයෝ යම් යම් අයුරකින් ඇලී ගියාහු වෙත් ද, ඒ ඇල්මට අනුරූප වූ ඒ ඒ ක්‍රියාවන් පුරුදු කොට පවත්වති. ඔවුහු සය අයුරකින් ක්‍රියාවන් හෙවත් කර්මය පුරුදු කොට පවත්වති. ඇතැම් කෙනෙක් ලෝභ වශයෙන් ය. ඇතැම් කෙනෙක් ද්වේෂ වශයෙන් ය. ඇතැම් කෙනෙක් මෝහ වශයෙන් ය. ඇතැම් කෙනෙක් ශ්‍රද්ධා වශයෙන් ය. ඇතැම් කෙනෙක් වීර්යය වශයෙන් ය. ඇතැම් කෙනෙක් ප්‍රඥා වශයෙන් ය. මෙසේ ක්‍රියාවන් පුරුදු කොට පැවැත්වීම ඇති කල්හී කර්මය දෙඅයුරකින් වෙයි. සසරට ගෙන යන්නා වූ කර්මය ද, නිවනට ගෙන යන්නා වූ කර්මය ද වශයෙනි.

ඒ කර්ම සමාදානයෙහි දී ලෝභ වශයෙන්, ද්වේෂ වශයෙන්, මෝහ වශයෙන් යම් කර්මයක් කරයි ද, මෙය පව් විපාක ඇති පාප කර්මයකි. එහි ශ්‍රද්ධා වශයෙන්, වීර්යය වශයෙන් යම් කර්මයක් කරයි ද, මෙය සැප විපාක ඇති පුණ්‍ය කර්මයකි. එහි ද ලෝභ වශයෙනුත්, ද්වේෂ වශයෙනුත්, මෝහ වශයෙනුත්, ශ්‍රද්ධා වශයෙනුත්, වීර්යය වශයෙනුත් යම් කර්මයක් කරයි ද, මෙය පින් පව් විපාක ඇති පින් පව් කර්මයකි. එහි වීර්යය වශයෙන්, ප්‍රඥා වශයෙන් යම් කර්මයක් කරයි ද, මෙය පව් ත් නොවන පිනුත් නොවන විපාක ඇති පින් පව් නොවන කර්මයකි. උතුම් කර්මයකි. ශ්‍රේෂ්ඨ කර්මයකි. කර්මය ක්ෂය වීම පිණිස පවතියි.

ක්‍රියාවන් පුරුදු කොට පැවැත්වීම හෙවත් කර්ම සමාදානයෝ සතරකි. (1) වර්තමානයෙහි සැප ඇති නමුත් මතු

ජීවිතයෙහි දුක් විපාක ඇති කර්ම සමාදානයක් ඇත්තේ ය. (2) වර්තමානයෙහි දුක් ඇති නමුත් මතු ජීවිතයෙහි සැප විපාක ඇති කර්ම සමාදානයක් ඇත්තේ ය. (3) වර්තමානයෙහි ත් දුක් ඇති, මතු ජීවිතයෙහි ත් දුක් විපාක ඇති කර්ම සමාදානයක් ඇත්තේ ය. (4) වර්තමානයෙහි ත් සැප ඇති, මතු ජීවිතයෙහි ත් සැප විපාක ඇති කර්ම සමාදානයක් ඇත්තේ ය.

මෙබඳු වූ යම් කර්ම සමාදානයක් ඇද්ද, 'මේ පුද්ගලයා විසින් අකුසල කර්ම සමාදානයක් රැස්කරන ලද්දේ ය. තවම විපාක නොදුන්නේ ය. නමුත් විපාක පිණිස එළඹ සිටියේ ය. මොහු තුළ අපා දුකින් එතෙර වන ආර්ය මාර්ගයට තමා ව ගන්නට හැකියාවක් නැත්තේ ය' යනුවෙන් දන්නා භාග්‍යවතුන් වහන්සේ ඔහුට අවවාද නොකරන සේක. දේවදත්ත, කෝකාලික, ලිච්ඡවි පුත්‍ර සුනක්ඛත්ත යන මොවුන් එවැනි අය යි.

මිථ්‍යා ස්වභාවයට නියම වූ, අන්‍ය වූ යම් සත්වයෝ හෝ වෙත් ද, 'මේ පුද්ගලයන්ගේ ද රැස් කරන ලද අකුසලය තව ම සම්පූර්ණ වීමට නොගියේ ය. ඉදිරියෙහි දී සම්පූර්ණ වීමට යන්නේ ය. ඉදිරියෙහි දී ඵලය උපදවන්නේ ය. ඉදිරියෙහි දී නිවන් මග වැසෙන්නේ ය. ඉදිරියෙහි දී ධර්මයෙහි හික්මීමට ඇති පුළුවන්කම ඉක්මවා යන්නේ ය' යි දන්නා භාග්‍යවතුන් වහන්සේ අකුසල කර්මය අසම්පූර්ණ වූ ඔවුන් හට අවවාද කරන සේක. ගවයෙකුගේ හැසිරීමෙන් යුතුව ගෝව්‍රතය සමාදන්ව සිටි පුණ්ණ ත්, සුනඛයෙකුගේ හැසිරීමෙන් යුතුව සුනඛව්‍රතය සමාදන් ව සිටි අචේල ත් යන මොවුන් එවැනි අය යි.

'මේ පුද්ගලයාගේ අකුසල සමාදන් වීම තුළ නිවන් මග වැසෙන්නේ ය. ඉදිරියෙහි දී අකුසලය සම්පූර්ණ වන්නේ ය. ඉදිරියෙහි දී ඵලය උපදින්නේ ය. ඉදිරියෙහි දී නිවන් මග වැසෙන්නේ ය. ඉදිරියෙහි දී ධර්මයෙහි හික්මීමට ඇති පුළුවන්කම ඉක්මවා යන්නේ ය' මෙසේ අසම්පූර්ණ වූ අකුසලය සම්පූර්ණ වීමට පෙර භාග්‍යවතුන් වහන්සේ ඔහුට අවවාද කරන සේක. ආයුෂ්මත් අංගුලිමාලයන් වහන්සේට මෙනි.

සියළු කර්මයන්ගේ මෘදු බව, මධ්‍යස්ථ බව, පමණ ඉක්මවා ගිය බව ඇත්තේ ය. එහි රූපාරූප ධ්‍යානයන්ට අයත් ආනෙඤ්ජාභිසංස්කාරයෝ මෘදු ය. ඉතිරි කුසල සංස්කාරයෝ මධ්‍යස්ථ ය. අකුසල සංස්කාරයෝ පමණ ඉක්මවා ගිය බව යි.

ඒ කර්ම සමාදානයන් පිළිබඳ ව හේතු වශයෙන් විය හැකි තැන් වශයෙන්, සම්පූර්ණ වශයෙන් යම් ඥානයක් ඇද්ද, එහි 'මේ කර්මය මේ ආත්ම භාවයෙහි විපාක වින්ද යුත්තේ ය. මේ කර්මය ඊළඟ ආත්ම භාවයෙහි දී විපාක වින්ද යුත්තේ ය. මේ කර්මය මතු භවයන්හි ඕනෑම ආත්ම භාවයක දී විපාක වින්ද යුත්තේ ය. මේ කර්මය නිරයෙහි ඉපිද විපාක වින්ද යුත්තේ ය. මේ කර්මය තිරිසන් යෝනියෙහි ඉපිද විපාක වින්ද යුත්තේ ය. මේ කර්මය ප්‍රේතයන් අතර ඉපිද විපාක වින්ද යුත්තේ ය. මේ කර්මය අසුරයන් අතර ඉපිද විපාක වින්ද යුත්තේ ය. මේ කර්මය දෙවියන් අතර ඉපිද විපාක වින්ද යුත්තේ ය. මේ කර්මය මිනිස් ලොව ඉපිද විපාක වින්ද යුත්තේ ය' වශයෙනි. මෙය '**අතීත - අනාගත - වර්තමාන කර්ම සමාදානයන් පිළිබඳ ව හේතු වශයෙන්, තැන් වශයෙන්, සම්පූර්ණ වශයෙන් කර්ම විපාකයන්ගේ විවිධත්වය පිළිබඳ ඥානය**' යැයි කියනු ලැබේ. මෙය තථාගතයන් වහන්සේගේ පස්වෙනි බලය යි. (5)

ඒ අයුරින් කර්මයන් පුරුදු කොට පැවැත්වීම හෙවත් කර්ම සමාදානයන්ගේ, එසේ පුරුදු කොට පවත්වන ලද ධ්‍යානයන්ගේ, අකුසල් වලින් මිදෙන අවස්ථාවන් හෙවත් විමෝක්ෂයන්ගේ, සමාධි - සමාපත්ති ආදියෙහි මේ කෙලෙසී යාම ය. මේ පිරිසිදු වීම ය. මේ නැගිටීම ය. මෙසේ කෙලෙසී යන්නේ ය. මෙසේ පිරිසිදු වන්නේ ය. මෙසේ නැගී සිටින්නේ ය යනුවෙන් දන්නා යම් ඥානයක් ඇද්ද, එම ඥානය කිසිවකින් වැසී නැති හෙයින් අනාවරණ ඥානය යි.

එහි ධ්‍යානයෝ කෙතෙක් ද? ධ්‍යාන සතරකි. විමෝක්ෂයෝ කෙතෙක් ද? විමෝක්ෂ එකොළොසක් ද ඇත්තේ ය. අටක් ද ඇත්තේ ය. සතක් ද ඇත්තේ ය. තුනක් ද ඇත්තේ ය. දෙකක්

ද ඇත්තේ ය. සමාධි කෙතෙක් ද? සමාධි තුනකි. විතර්ක සහිත විචාර සහිත සමාධි ය. විතර්ක රහිත විචාර මාත්‍ර සමාධි ය. විතර්ක රහිත විචාර රහිත සමාධි ය. සමාපත්ති කෙතෙක් ද? සමාපත්ති පසකි. සංඥා සමාපත්ති ය. අසංඥා සමාපත්ති ය. නේවසංඥානාසංඥා සමාපත්ති ය. ප්‍රකට වූ සමාපත්ති ය. නිරෝධ සමාපත්ති ය.

මේවායෙහි කෙලෙසී යාම යනු කුමක් ද? ප්‍රථම ධ්‍යානයෙහි කෙලෙසී යාම කාමරාගය ත්, ව්‍යාපාදය ත් ය. කුකුළාගේ ධ්‍යාන වැඩීම බඳු කුක්කුට ධ්‍යානය යැයි කියන ලද පළවෙනි - දෙවෙනි ධ්‍යාන දෙකත්, යම්කිසි පිරිහී යන ස්වභාව ඇති සමාධියක් ඇද්ද, මෙය කෙලෙසීයාම යි.

එහි පිරිසිදු වීම යනු කුමක් ද? ප්‍රථම ධ්‍යානයට අදාළ වනුයේ නීවරණයන්ගෙන් බැහැර වී පිරිසිදු වීම යි. කුක්කුට ධ්‍යානය යැයි කියන ලද පළවෙනි - දෙවෙනි ධ්‍යාන දෙක ද, යම්කිසි විශේෂයෙන් දියුණු වන ස්වභාවයෙන් යුතු සමාධියකුත් ඇද්ද, මෙය නීවරණයන්ගෙන් පිරිසිදු වීම ය.

එහි නැගී සිටීම යනු කුමක් ද? සමාපත්තියකින් නැගී සිටීමේ යම් කුසලතාවක් ඇද්ද, මෙය නැගී සිටීම යි.

මෙහිලා හේතු වශයෙන්, විය හැකි තැන් වශයෙන්, සම්පූර්ණ වශයෙන් යම් ඥානයක් ඇද්ද, මෙය '**සියළු ධ්‍යාන - විමෝක්ෂ - සමාධි - සමාපත්තිවල කෙලෙසී යාම ත්, පිරිසිදු වීම ත්, නැගී සිටීම පිළිබඳව ත් ඥානය**' යැයි කියනු ලැබේ. මෙය තථාගතයන් වහන්සේගේ සය වෙනි තථාගත බලය යි. (6)

ඒ සමාධියට පරිවාර ධර්මයෝ තුනකි; (1) ශ්‍රද්ධාදී ඉන්ද්‍රියයෝ ය. (2) ශ්‍රද්ධාදී බලයෝ ය. (3) සම්‍යක් ප්‍රධාන වීර්යයෝ ය. මෙසේ මේ ඉන්ද්‍රියයන්ගේ මෘදු බව, මධ්‍යස්ථ බව, ඉතාමත් වැඩි බව ඇත්තේ ය. 'මොහු මෘදු ඉන්ද්‍රිය ඇත්තෙකි. මොහු මධ්‍යස්ථ ඉන්ද්‍රිය ඇත්තෙකි. මොහු තියුණු බවට පත් ඉන්ද්‍රිය ඇත්තෙකි' වශයෙනි. එහිදී භාග්‍යවතුන් වහන්සේ තියුණු බවට

ගිය ඉන්ද්‍රිය ඇත්තහුට සංක්ෂේප වූ අවවාදයෙන් අවවාද කරන සේක. භාග්‍යවතුන් වහන්සේ මධ්‍යස්ථ බවට ගිය ඉන්ද්‍රිය ඇත්තහුට සංක්ෂේපයෙනුත් විස්තර වශයෙනුත් අවවාදයෙන් අවවාද කරන සේක. භාග්‍යවතුන් වහන්සේ මෘදු බවට ගිය ඉන්ද්‍රිය ඇත්තහුට විස්තර වශයෙන් අවවාදයෙන් අවවාද කරන සේක.

එහිදී භාග්‍යවතුන් වහන්සේ තියුණු බවට ගිය ඉන්ද්‍රියයන් ඇත්තහුට මෘදු දේශනාවකින් කරුණු දක්වන සේක. භාග්‍යවතුන් වහන්සේ මධ්‍යස්ථ බවට ගිය ඉන්ද්‍රියයන් ඇත්තහුට මෘදු වූත්, තියුණු වූත් දේශනාවකින් කරුණු දක්වන සේක. භාග්‍යවතුන් වහන්සේ මෘදු බවට ගිය ඉන්ද්‍රියයන් ඇත්තහුට තියුණු දේශනාවකින් කරුණු දක්වන සේක.

එහිදී භාග්‍යවතුන් වහන්සේ තියුණු බවට ගිය ඉන්ද්‍රියයන් ඇත්තහුට සමථයෙන් කරුණු දක්වන සේක. භාග්‍යවතුන් වහන්සේ මධ්‍යස්ථ බවට ගිය ඉන්ද්‍රියයන් ඇත්තහුට සමථයෙනුත්, විදර්ශනාවෙනුත් කරුණු දක්වන සේක. භාග්‍යවතුන් වහන්සේ මෘදු බවට ගිය ඉන්ද්‍රියයන් ඇත්තහුට විදර්ශනාවෙන් කරුණු දක්වන සේක.

එහිදී භාග්‍යවතුන් වහන්සේ තියුණු බවට ගිය ඉන්ද්‍රිය ඇත්තහුට තෘෂ්ණාව දුරු කිරීම හෙවත් නිස්සරණයෙන් කරුණු දක්වන සේක. භාග්‍යවතුන් වහන්සේ මධ්‍යස්ථ බවට ගිය ඉන්ද්‍රිය ඇත්තහුට ආදීනව දැක්වීමෙනුත්, නිස්සරණය දැක්වීමෙනුත් කරුණු දක්වන සේක. භාග්‍යවතුන් වහන්සේ මෘදු බවට ගිය ඉන්ද්‍රිය ඇත්තහුට ආශ්වාදයෙනුත්, ආදීනවයෙනුත්, නිස්සරණයෙනුත් කරුණු දක්වන සේක.

එහිදී භාග්‍යවතුන් වහන්සේ තියුණු බවට ගිය ඉන්ද්‍රිය ඇත්තහුට අධිප්‍රඥාවෙහිලා හික්මවීම පණවන සේක. භාග්‍යවතුන් වහන්සේ මධ්‍යස්ථ බවට ගිය ඉන්ද්‍රිය ඇත්තහුට අධිචිත්තයෙහිලා හික්මවීම පණවන සේක. භාග්‍යවතුන් වහන්සේ මෘදු බවට ගිය ඉන්ද්‍රිය ඇත්තහුට අධිසීලයෙහිලා හික්මවීම පණවන සේක.

මේ ඉන්ද්‍රියයන්ගේ හීන - මධ්‍යම - උත්කෘෂ්ටතා ඇති පුද්ගලයන් පිළිබඳ ව හේතු වශයෙන්, විය හැකි තැන් වශයෙන්, සම්පූර්ණ වශයෙන් දන්නා යම් ඥානයක් ඇද්ද, 'මොහු මේ මෘදු, මධ්‍යම, උත්කෘෂ්ට අනුශාසනයෙන් මේ වෙලාවෙහි දී මේ දස්සනභූමියට ද, මේ භාවනාභූමියට ගියේ ය. මොහු මෙබඳු ධාතු ස්වභාවයෙන් යුක්ත ය. මෙබඳු චිත්තාකල්පයන්ගෙන් යුක්ත ය. මොහු තුළ මෙබඳු අයුරින් සිතෙහි අප්‍රකට ව ක්‍රියාත්මක වන කෙලෙස් ඇත්තේ ය' වශයෙන් දන්නා සේක. මෙය බාහිර සත්වයන්ගේ, බාහිර පුද්ගලයන්ගේ ඉන්ද්‍රියයන් තුළ ඇති අඩු-වැඩි බව දන්නා '**ඉන්ද්‍රියපරෝපරියත්ත වේමත්තතා ඥානය**' යි කියනු ලැබේ. මෙය තථාගතයන් වහන්සේගේ සත්වෙනි බලය යි. (7)

එහිදී නොයෙක් අයුරින් පෙර ජීවිතය ගත කළ ආකාරය සිහි කරන සේක. එනම්; එක් උපතක් ද, උපත් දෙකක් ද, උපත් තුනක් ද, උපත් හතරක් ද, උපත් පහක් ද, උපත් දහයක් ද, උපත් විස්සක් ද, උපත් තිහක් ද, උපත් සතළිහක් ද, උපත් පනහක් ද, උපත් සියයක් ද, උපත් දහසක් ද, උපත් සිය දහසක් ද, නොයෙක් උපත් සිය ගණනක් ද, නොයෙක් උපත් දහස් ගණනක් ද, නොයෙක් උපත් සිය දහස් ගණනක් ද, නොයෙක් නැසෙන කල්පයන් ද, නොයෙක් වැඩෙන කල්පයන් ද, නොයෙක් නැසෙන - වැඩෙන කල්පයන් ද සිහි කරන සේක. 'අසවල් තැන මෙබඳු නමින් සිටියෙමි. මෙබඳු ගෝත්‍ර නමින්, මෙබඳු පැහැයෙන්, මෙබඳු ආහාර ඇතිව, මෙබඳු සැප දුක් විඳිමින් සිට මෙසේ ආයුෂ අවසන් කළෙමි. ඒ මම එයින් චුත ව අසවල් තැන උපන්මි. එහි ද මෙබඳු නමින් සිටියෙමි. මෙබඳු ගෝත්‍ර නමින්, මෙබඳු පැහැයෙන්, මෙබඳු ආහාර ඇතිව, මෙබඳු සැප දුක් විඳිමින් සිට මෙසේ ආයුෂ අවසන් කළෙමි. ඒ මම එයින් චුත ව මෙහි උපන්නෙමි' වශයෙන් මෙසේ ආකාර සහිත ව, මූලික තොරතුරු සහිත ව, නොයෙක් ලෙසින් පෙර ජීවිතය ගත කළ ආකාරය සිහි කරන සේක.

එහිදී දෙවියන් අතර ගිය සත්වයන් කෙරෙහි ද, මිනිසුන් අතරට ගිය සත්වයන් කෙරෙහි ද, සතර අපායට ගිය සත්වයන් කෙරෙහි ද, 'මේ පුද්ගලයාගේ ලෝභාදී අකුසල මූලයෝ උත්සන්න

ව ඇත්තාහ. අලෝභාදී කුසල මූලයෝ අල්ප ව ඇත්තාහ. මේ පුද්ගලයාගේ අලෝභාදී කුසල මූලයෝ උත්සන්න ව ඇත්තාහ. ලෝභාදී අකුසල මූලයෝ මඳ ව ඇත්තාහ. යම් ධර්මයෝ උත්සන්න වෙත් ද, යම් ධර්මයෝ අල්ප වෙත් ද, මේ පුද්ගලයා විසින් ශ්‍රද්ධාදී ඉන්ද්‍රියයෝ රැස් කරන ලද්දාහ. මේ පුද්ගලයා විසින් ශ්‍රද්ධාදී ඉන්ද්‍රියයෝ රැස් නොකරන ලද්දාහ. මේ පුද්ගලයා විසින් අසවල් කල්ප කෝටියේ දී හෝ කල්ප ලක්ෂයේදී හෝ කල්ප දහසෙහි හෝ කල්ප සියයෙහි හෝ අසවල් කල්පයෙහි හෝ අසවල් අන්තර් කල්පයෙහි හෝ අසවල් අර්ධ කල්පයෙහි හෝ අසවල් වසරෙහි හෝ අර්ධ වසරෙහි හෝ මාසයෙහි හෝ පක්ෂයෙහි හෝ අසවල් දවසෙහි හෝ අසවල් මොහොතෙහි හෝ මේ ප්‍රමාදයෙන්, මේ අකුසලයන් හෝ මේ ප්‍රසාදයෙන්, මේ කුසල් හෝ රැස් කරන ලද්දාහ වශයෙනි. භාග්‍යවතුන් වහන්සේ ඒ ඒ භවය සිහි කරන සේක් ඉතිරි නැතිව දන්නා සේක. මෙසේ තථාගතයන් වහන්සේගේ අටවෙනි ඥාන බලය යි. (8)

එහිදී යම්හෙයකින් සාමාන්‍ය මිනිස් දැක්ම ඉක්මවා ගිය පිරිසිදු දිවැසින් සත්වයන් චුත වෙන අයුරු ත්, උපදින අයුරු ත්, හීන - උසස් - සුරූපී - විරූපී - සුගති - දුගතියෙහි කර්මානුරූපව උපදින අයුරු ත් දන්නා සේක. 'ඒකාන්තයෙන් මේ භවත් සත්වයෝ කාය දුෂ්චරිතයෙන් ගතකොට, වචී දුෂ්චරිතයෙන් ගත කොට, මනෝ දුෂ්චරිතයෙන් ගතකොට, ආර්යයන් වහන්සේලාට ගැරහීම් කොට, මිථ්‍යා දෘෂ්ටික ව සිට, මිසදිටු කර්මයන් සමාදන් ව සිට, ඔවුහු කය බිඳී මරණින් මතු අපාය - දුර්ගති - විනිපාත නම් නිරයෙහි උපන්නාහ. ඒකාන්තයෙන් මේ භවත් සත්වයෝ කාය සුචරිතයෙන් ගතකොට, වචී සුචරිතයෙන් ගත කොට, මනෝ සුචරිතයෙන් ගතකොට, ආර්යයන් වහන්සේලාට ගැරහීම් නොකොට, සම්‍යක් දෘෂ්ටික ව සිට, සම්දිටු කර්මයන් සමාදන් ව සිට, ඔවුහු කය බිඳී මරණින් මතු සුගති සංඛ්‍යාත දෙව්ලොව උපන්නාහ.

එහිදී ස්වර්ගයට ගිය සත්වයන් කෙරෙහි ද, අපායට ගිය සත්වයන් කෙරෙහි ද මෙසේ දන්නා සේක. 'මේ පුද්ගලයා විසින්

මෙබඳු කර්මයක් අසවල් කල්ප කෝටියේ දී රැස් කරන ලද්දේ ය. අසවල් කල්ප ලක්ෂයේදී හෝ කල්ප දහසෙහි හෝ කල්ප සියයෙහි හෝ අසවල් කල්පයෙහි හෝ අසවල් අන්තර් කල්පයෙහි හෝ අසවල් අර්ධ කල්පයෙහි හෝ අසවල් වසරෙහි හෝ අර්ධ වසරෙහි හෝ මාසයෙහි හෝ පක්ෂයෙහි හෝ අසවල් දවසෙහි හෝ අසවල් මොහොතෙහි හෝ මේ ප්‍රමාදයෙන්, මේ අකුසලයෙන් හෝ මේ ප්‍රසාදයෙන්, මේ කුසල් හෝ රැස් කරන ලද්දාහ' වශයෙන් දන්නා ඥානයක් ඇද්ද, **'පෙර විසූ කඳපිළිවෙල දන්නා ඥානය'** ත්, **'දිවැස් නුවණ'** ත් යනු භාග්‍යවතුන් වහන්සේගේ මේ ඥාන දෙකකි. මෙසේ තථාගතයන් වහන්සේගේ නවවෙනි ඥාන බලය යි. (9)

එහිදී භාග්‍යවතුන් වහන්සේ විසින් යම් සර්වඥතා ඥානයක් ලබන ලද්දේ ද, සියළු ධර්මයෝ අවබෝධ කරනු ලද්දාහු ද, කෙලෙස් රහිත වූ, අවිද්‍යා මල රහිත වූ සර්වඥතා ඥානයක් උපන්නේ ද, බෝධි මූලයේ දී මාරයාගේ බල පරාක්‍රමය නසන ලද්දේ ය. මෙය භාග්‍යවතුන් වහන්සේගේ දසවෙනි බලය වූ සියළු **'ආශ්‍රවයන් ක්ෂය වී ගිය බව දන්නා ඥානය'** යි. (10)

භාග්‍යවත් බුදුරජාණන් වහන්සේලා තථාගත දසබලයෙන් සමන්විත වන සේක.

නියුත්තෝ විචයහාර සම්පාතෝ
(විචයහාරය එක්තැන් කිරීම යොදන ලදී.)

3.2.3. යුත්තිහාර සම්පාතෝ
(යුක්තිහාරය එක්තැන් කිරීම)

එහි යුක්තිහාරය එක්තැන් කිරීම යනු කුමක් ද?

"තස්මා රක්ඛිත චිත්තස්ස
සම්මා සංකප්ප ගෝචරෝ
සම්මා දිට්ඨි පුරෙක්ඛාරෝ

ඤත්වාන උදයබ්බයං
ථිනමිද්ධාභිභූ භික්ඛු
සබ්බා දුග්ගතියෝ ජහේ'ති"

(..................)

"එහෙයින් ආරක්ෂා කරගත් සිතක් ඇතිව, නිවැරදි සංකල්පනාවන් අරමුණු කරගෙන, නිවැරදි දෘෂ්ටිය පෙරට ගෙන, සංස්කාරයන්ගේ ඇතිවීම - නැතිවීම නුවණින් දැන, නිදිමත හා අලස බව නැසූ භික්ෂුව සියළු දුගතීන් දුරු කරන්නේ ය."

'ආරක්ෂා කරගත් සිතක් ඇතිව, නිවැරදි කල්පනාවන් අරමුණු කරගෙන' යන්නෙහි තේරුම රැකගත් සිතක් ඇතිව, නිවැරදි සංකල්පනා අරමුණු කොට සිටින අයෙක් වන්නේ ය යන්නයි. නිවැරදි සංකල්පනා ඇති කෙනා නිවැරදි දෘෂ්ටිකයෙක් වන්නේ ය යන අර්ථය ඇත්තේ ය. නිවැරදි දෘෂ්ටිය පෙරට ගෙන වාසය කරන්නේ, සංස්කාරයන්ගේ ඇතිවීම - නැතිවීම නුවණින් ප්‍රත්‍යක්ෂ කරන්නේ ය යන අරුත යෙදෙයි. සංස්කාරයන්ගේ ඇතිවීම - නැතිවීම නුවණින් ප්‍රත්‍යක්ෂ කරන තැනැත්තා සියළු දුගතීන් දුරු කරන්නේ ය යන අරුත යෙදෙයි. සියළු දුගතීන් දුරු කරන තැනැත්තා සියළු අපාය දුගතීන්ට වැටෙන භය ඉක්මවා යන්නේ ය යන අරුත යි.

නියුත්තෝ යුත්තිහාර සම්පාතෝ
(යුක්තිහාරය එක්තැන් කිරීම යොදන ලදී.)

3.2.4. පදට්ඨානහාර සම්පාතෝ
(පදට්ඨානහාරය එක්තැන් කිරීම)

එහි පදට්ඨානහාරය එක්තැන් කිරීම යනු කුමක් ද?

'එහෙයින් ආරක්ෂා කරගත් සිත් ඇතිව, නිවැරදි සංකල්පනා අරමුණු කොට......' යනාදී ගාථාව යි.

එහි '**ආරක්ෂා කරගත් සිතක් ඇතිව**' යනු ත්‍රිවිධ සුචරිතයට ආසන්න කරුණ යි. '**නිවැරදි සංකල්පනා අරමුණු කොට**' යනු සමථයට ආසන්න කරුණ යි. '**නිවැරදි දෘෂ්ටිය පෙරට ගෙන**' යනු විදර්ශනාවට ආසන්න කරුණ යි. '**සංස්කාරයන්ගේ ඇතිවීම - නැතිවීම නුවණින් දැන**' යනු දස්සනභූමියට හෙවත් සෝවාන් මාර්ගයට ආසන්න කරුණ යි. '**නිදිමත හා අලස බව නැසූ භික්ෂුව**' යනු වීරියට ආසන්න කරුණ යි. '**සියළු දුගතීන් දුරුකරන්නේ ය**' යනු භාවනාභූමියට ආසන්න කරුණ යි.

නියුත්තෝ පදට්ඨානහාර සම්පාතෝ
(පදට්ඨානහාරය එක්තැන් කිරීම යොදන ලදී.)

3.2.5. ලක්ඛණහාර සම්පාතෝ
(ලක්ඛණහාරය එක්තැන් කිරීම)

එහි ලක්ඛණහාරය එක්තැන් කිරීම යනු කුමක් ද?

'එහෙයින් ආරක්ෂා කරගත් සිත් ඇතිව, නිවැරදි සංකල්පනා අරමුණු කොට....' යනාදී ගාථාව යි.

එහි '**ආරක්ෂා කරගත් සිත් ඇතිව, නිවැරදි සංකල්පනා අරමුණු කොට**' යන මෙය සතිය නැමැති ඉන්ද්‍රිය යි. සති ඉන්ද්‍රිය ගත් කල්හී ශ්‍රද්ධා ආදී අනිත් ඉන්ද්‍රියයනුත් ගන්නා ලද්දේ වෙයි. '**නිවැරදි දෘෂ්ටිය පෙරටු කොට**' යනු නිවැරදි දෘෂ්ටිය ගත් කල්හී ආර්ය අෂ්ටාංගික මාර්ගය ගන්නා ලද්දේ වෙයි. එයට හේතුව කුමක් ද? නිවැරදි දෘෂ්ටියෙන් නිවැරදි සංකල්පනා උපදියි. නිවැරදි සංකල්පනාවෙන් නිවැරදි වචන භාවිතය උපදියි. නිවැරදි වචන භාවිතයෙන් නිවැරදි කායික ක්‍රියා උපදියි. නිවැරදි කායික ක්‍රියාවෙන් නිවැරදි දිවි පෙවෙත උපදියි. නිවැරදි දිවි පෙවෙතෙන් නිවැරදි වීරිය උපදියි. නිවැරදි වීරියෙන් නිවැරදි සිහිය උපදියි. නිවැරදි සිහියෙන් නිවැරදි සමාධිය උපදියි. නිවැරදි සමාධියෙන් නිවැරදි විමුක්තිය උපදියි. නිවැරදි විමුක්තියෙන් නිවැරදි විමුක්ති

ඥානදර්ශනය උපදියි.

නියුත්තෝ ලක්ඛණහාර සම්පාතෝ
(ලක්ඛණහාරය එක්තැන් කිරීම යොදන ලදී.)

3.2.6. චතුබ්‍යූහහාර සම්පාතෝ
(චතුබ්‍යූහහාරය එක්තැන් කිරීම)

එහි චතුබ්‍යූහහාරය එක්තැන් කිරීම යනු කුමක් ද?

'එහෙයින් ආරක්ෂා කරගත් සිත් ඇතිව, නිවැරදි සංකල්පනා අරමුණු කොට.....' යනාදී ගාථාව යි.

එහි **'ආරක්ෂා කරගත් සිත් ඇතිව, නිවැරදි සංකල්පනා අරමුණු කොට'** යනු සිත රකිනා ලද්දේ වෙයි. අකුසලයන්ට යටවෙන්නට නොදී කුසලයෙහි රඳවාගැනීම පිණිස පාලනය කරයි යනු මෙහි අර්ථ විග්‍රහය යි. මේ ගාථාවෙහි දී භාග්‍යවතුන් වහන්සේගේ අදහස වූයේ කුමක් ද? 'යම් කෙනෙක් දුගති උපත්වලින් නිදහස් වෙන්නට කැමති වන්නාහු ද, ඔවුහු ධර්මයෙහි හැසිරෙන්නෝ වන්නාහ.' මෙහිලා භාග්‍යවතුන් වහන්සේගේ අදහස වූයේ මෙය යි. කෝකාලික තෙමේ සාරිපුත්ත, මහා මොග්ගල්ලාන ස්ථවිරෝත්තමයන් වහන්සේලා කෙරෙහි සිත දූෂිත කරගෙන පදුම නිරයෙහි උපන්නේ ය. භාග්‍යවතුන් වහන්සේ සිහිය නැමැති ආරක්ෂාවෙන් යුතු සිතින් වැඩසිටි සේක. සූත්‍රයෙහි දී **'සිහිය තුළින් සිත රැකගත යුත්තේ ය'** යනුවෙන් වදාළ සේක.

නියුත්තෝ චතුබ්‍යූහහාර සම්පාතෝ
(චතුබ්‍යූහහාරය එක්තැන් කිරීම යොදන ලදී.)

3.2.7. ආවට්ටහාර සම්පාතෝ
(ආවට්ටහාරය එක්තැන් කිරීම)

එහි ආවට්ටහාරය එක්තැන් කිරීම යනු කුමක් ද?

'එහෙයින් ආරක්ෂා කරගත් සිත් ඇතිව, නිවැරදි සංකල්පනා අරමුණු කොට.....' යනාදී ගාථාව යි.

එහි 'ආරක්ෂා කරගත් සිත් ඇතිව, නිවැරදි සංකල්පනා අරමුණු කොට' යනු සමථය යි. 'නිවැරදි දෘෂ්ටිය පෙරටු කොට ගෙන' යනු විදර්ශනාව යි. 'සංස්කාරයන්ගේ ඇතිවීම - නැතිවීම නුවණින් දැන' යනු දුක පිරිසිඳ දැකීම යි. 'නිදිමත හා අලස බව නැසූ භික්ෂුව' යනු දුකෙහි හටගැනීම ප්‍රහාණය කිරීම යි. 'සියළු දුගති දුරු කරන්නේ ය' යනු දුක නිරුද්ධ වීම යි. මේ චතුරාර්ය සත්‍යය යි.

නියුත්තෝ ආවට්ටහාර සම්පාතෝ
(ආවට්ටහාරය එක්තැන් කිරීම යොදන ලදී.)

3.2.8. විභත්තිහාර සම්පාතෝ
(විභක්තිහාරය එක්තැන් කිරීම)

එහි විභක්තිහාරය එක්තැන් කිරීම යනු කුමක් ද?

'එහෙයින් ආරක්ෂා කරගත් සිත් ඇතිව, නිවැරදි සංකල්පනා අරමුණු කොට.....' යනාදී ගාථාව යි.

කුසල පක්ෂය කුසලයට අයත් දෙයින් ද විස්තර දැක්විය යුත්තේ ය. අකුසල පක්ෂය අකුසලයට අයත් දෙයින් ද විස්තර දැක්විය යුත්තේ ය.

නියුත්තෝ විභත්තිහාර සම්පාතෝ
(විභක්තිහාරය එක්තැන් කිරීම යොදන ලදී.)

3.2.9. පරිවත්තනහාර සම්පාතෝ
(පරිවර්තනහාරය එක්තැන් කිරීම)

එහි පරිවර්තනහාරය එක්තැන් කිරීම යනු කුමක් ද?

'එහෙයින් ආරක්ෂා කරගත් සිත් ඇතිව, නිවැරදි සංකල්පනා අරමුණු කොට.....' යනාදී ගාථාව යි.

සමථ - විදර්ශනාවන් දියුණු කළ කල්හී අකුසලයට විරුද්ධ වීම් වශයෙන් නිරෝධය පළවෙයි. පිරිසිඳ අවබෝධ කරගන්නා ලද දෙය දුක වෙයි. ප්‍රහාණය කරන ලද දෙය දුක් උපදවන හේතුව වෙයි. දියුණු කරන ලද දෙය මාර්ගය වෙයි.

නියුත්තෝ පරිවත්තනහාර සම්පාතෝ
(පරිවර්තනහාරය එක්තැන් කිරීම යොදන ලදී.)

3.2.10. වේවචනහාර සම්පාතෝ
(වේවචනහාරය එක්තැන් කිරීම)

එහි වේවචනහාරය එක්තැන් කිරීම යනු කුමක් ද?

'එහෙයින් ආරක්ෂා කරගත් සිත් ඇතිව, නිවැරදි සංකල්පනා අරමුණු කොට.....' යනාදී ගාථාව යි.

එහි **'ආරක්ෂා කරගත් සිත් ඇතිව'** යනු සිත ය. මනස ය. විඤ්ඤාණය ය. මනස නැමැති ඉන්ද්‍රිය ය. මනස නැමැති ආයතනය ය. විශේෂයෙන් දැනීම ය. විශේෂයෙන් දන්නා බව ය. මේ සමාන අරුත් ඇති වචන හෙවත් වේවචනය යි. **'නිවැරදි සංකල්පනා අරමුණු කොට'** යනු නෙක්ඛම්ම සංකල්පනා ය. අව්‍යාපාද සංකල්පනා ය. අවිහිංසා සංකල්පනා ය. මේ සමාන අරුත් ඇති වචන හෙවත් වේවචන යි. **'නිවැරදි දෘෂ්ටිය පෙරට**

ගෙන' යනු නිවැරදි දෘෂ්ටිය නම් ප්‍රඥා ආයුධය ය. ප්‍රඥා කඩුව ය. ප්‍රඥා රත්නය ය. ප්‍රඥා බැබළීම ය. ප්‍රඥා කෙවිට ය. ප්‍රඥා ප්‍රාසාදය ය. මේ සමාන අරුත් ඇති වචන හෙවත් වේවචන යි.

නියුත්තෝ වේවචනහාර සම්පාතෝ
(වේවචනහාරය එක්තැන් කිරීම යොදන ලදී.)

3.2.11. පඤ්ඤත්තිහාර සම්පාතෝ
(ප්‍රඥප්තිහාරය එක්තැන් කිරීම)

එහි ප්‍රඥප්තිහාරය එක්තැන් කිරීම යනු කුමක් ද?

'එහෙයින් ආරක්ෂා කරගත් සිත් ඇතිව, නිවැරදි සංකල්පනා අරමුණු කොට.....' යනාදී ගාථාව යි.

එහි **'ආරක්ෂා කරගත් සිත් ඇතිව'** යනු ආසන්න කාරණය සිහිය බව පැණවීම යි. **'නිවැරදි සංකල්පනා අරමුණු කොට'** යනු සමථ භාවනා දියුණු කරගැනීම බව පැණවීම යි. **'නිවැරදි දෘෂ්ටිය පෙරට ගෙන'** යනු සංස්කාරයන්ගේ ඇතිවීම - නැතිවීම නුවණින් දුන දස්සනභූමියෙහි බැසගැනීම පැණවීම යි. **'නිදිමත හා අලස බව නැසූ භික්ෂුව'** යනු දුක් උපදවන හේතුවෙහි ඉතුරු නැතිව ප්‍රහාණය පැණවීම යි. **'සියළු දුගති දුරු කරන්නේ ය'** යනු නිවන් මග දියුණු කිරීම පැණවීම යි.

නියුත්තෝ පඤ්ඤත්තිහාර සම්පාතෝ
(ප්‍රඥප්තිහාරය එක්තැන් කිරීම යොදන ලදී.)

3.2.12. ඕතරණහාර සම්පාතෝ
(ඕතරණහාරය එක්තැන් කිරීම)

එහි ඕතරණහාරය එක්තැන් කිරීම යනු කුමක් ද?

'එහෙයින් ආරක්ෂා කරගත් සිත් ඇතිව, නිවැරදි සංකල්පනා අරමුණු කොට.....' යනාදී ගාථාව යි.

එහි **'ආරක්ෂා කරගත් සිත් ඇතිව, නිවැරදි සංකල්පනා අරමුණු කොට, නිවැරදි දෘෂ්ටිය පෙරට ගෙන'** යනු නිවැරදි දෘෂ්ටිය ගත් කල්හී ශ්‍රද්ධාදී ඉන්ද්‍රියයෝ ගන්නා ලද්දාහු වෙති. මෙය ඉන්ද්‍රියයන් තුළින් ධර්මයට බැසගැනීම යි. ඒ ශ්‍රද්ධාදී ඉන්ද්‍රියයෝ විද්‍යාව ය. විද්‍යාව ඉපදීමෙන් අවිද්‍යාව නිරුද්ධ වෙයි. අවිද්‍යාව නිරුද්ධ වීමෙන් සංස්කාරයෝ නිරුද්ධ වෙති. සංස්කාර නිරුද්ධ වීමෙන් විඤ්ඤාණය නිරුද්ධ වෙයි ....(පෙ).... මෙසේ මුළු මහත් දුක් රැස ම නිරුද්ධ වෙයි. මේ පටිච්ච සමුප්පාදය තුළින් ධර්මයට බැසගැනීම යි. ඒ ශ්‍රද්ධාදී පංච ඉන්ද්‍රියයෝ ම ත්‍රිවිධ ස්කන්ධයන්ගෙන් සකස් වී ඇත්තාහ. සීල ස්කන්ධයෙනුත්, සමාධි ස්කන්ධයෙනුත්, ප්‍රඥා ස්කන්ධයෙනුත් ය. මෙය ස්කන්ධයන් තුළින් ධර්මයට බැසගැනීම යි. ඒ ශ්‍රද්ධාදී පංච ඉන්ද්‍රියයෝ ම සංස්කාරයන්ට ඇතුළත් වූවාහු වෙති. යම් සංස්කාරයෝ අනාශ්‍රව වෙත් ද, භවයට අයත් අංගයෝ නොවෙති. ඒ සංස්කාරයෝ ධර්ම ධාතුවෙන් සකස් වී ඇත්තාහ. මෙය ධාතූන් තුළින් ධර්මයට බැස ගැනීම යි. ඒ ධර්ම ධාතුව ධර්මය නැමැති ආයතනයට ඇතුළත් වෙයි. යම් ආයතනයක් අනාශ්‍රව ද, එය භවයට අයත් අංගයක් නොවෙයි. මෙය ආයතන තුළින් භවයට බැසගැනීම යි.

නියුත්තෝ ඕතරණහාර සම්පාතෝ
(ඕතරණහාරය එක්තැන් කිරීම යොදන ලදී.)

3.2.13. සෝධනහාර සම්පාතෝ

(සෝධනහාරය එක්තැන් කිරීම)

එහි සෝධනහාරය එක්තැන් කිරීම යනු කුමක් ද?

'එහෙයින් ආරක්ෂා කරගත් සිත් ඇතිව, නිවැරදි සංකල්පනා අරමුණු කොට.....' යනාදී ගාථාව යි.

යම් දෙසුමක පටන් ගැනීම අර්ථ වශයෙන් පිරිසිදු ද, එපමණකින් ප්‍රශ්නය විසඳන ලද්දේ වෙයි. යම් දෙසුමක වනාහී පටන් ගත් දෙය තවමත් අර්ථ වශයෙන් විස්තර නොවී, විස්තර ව නොතිබෙයි ද, ඒ තාක් ඒ ප්‍රශ්නය නොවිසඳන ලද්දේ වෙයි.

නියුත්තෝ සෝධනහාර සම්පාතෝ
(සෝධනහාරය එක්තැන් කිරීම යොදන ලදී.)

3.2.14. අධිට්ඨානහාර සම්පාතෝ

(අධිට්ඨානහාරය එක්තැන් කිරීම)

එහි අධිට්ඨානහාරය එක්තැන් කිරීම යනු කුමක් ද?

'එහෙයින් ආරක්ෂා කරගත් සිත් ඇතිව, නිවැරදි සංකල්පනා අරමුණු කොට.....' යනාදී ගාථාව යි.

එහි **'ආරක්ෂා කරගත් සිත් ඇතිව'** යනු එක් ස්වභාවයකින් යුතු දෙයකි. සිත, මනස, විඤ්ඤාණය යනු මෙහි විවිධත්වය යි. **'නිවැරදි සංකල්පනා අරමුණු කොට'** යනු එක් ස්වභාවයකින් යුතු දෙයකි. නෙක්ඛම්ම සංකල්පනා, අව්‍යාපාද සංකල්පනා, අවිහිංසා සංකල්පනා යනු මෙහි විවිධත්වය යි. **'නිවැරදි දෘෂ්ටිය පෙරට ගෙන'** යනු එක් ස්වභාවයකින් යුතු දෙයකි. නිවැරදි දෘෂ්ටිය යනු දුක පිළිබඳ අවබෝධඥානය යි. දුක් උපදවන හේතුව පිළිබඳ අවබෝධඥානය යි. දුක් උපදවන හේතුන්ගේ නිරුද්ධ වීම පිළිබඳ අවබෝධඥානය යි. දුක් උපදවන හේතුන්ගේ නිරුද්ධ වීම පිණිස පවතින මාර්ගය පිළිබඳ අවබෝධඥානය යි. හේතුන් පිළිබඳ අවබෝධඥානය යි. හේතුන්ගෙන් හටගන්නා ධර්මයන් පිළිබඳ අවබෝධඥානය යි. හේතුවේ පැවැත්මට උපකාරී වන ප්‍රත්‍යයන් පිළිබඳ අවබෝධඥානය යි. ඒ ප්‍රත්‍යයන්ගෙන් හටගත් ධර්මයන් පිළිබඳ අවබෝධඥානය යි. ඒ ඒ ධර්මයෙහි ඇති සත්‍ය ස්වභාවය ඒ අයුරින් ම දකිනා යම් යථාභූත ඥානදර්ශනයක් තිබේ ද, අවබෝධයක් තිබේ ද, ප්‍රතිවේධයක් තිබේ ද, සත්‍යාවබෝධයට පැමිණීමක් තිබේ ද, මේ මෙහි විවිධත්වය යි.

'සංස්කාරයන්ගේ ඇතිවීම - නැතිවීම නුවණින් දැන' යනු එක් ස්වභාවයකින් යුක්ත බව යි. සංස්කාරයන්ගේ ඇතිවීම දන්නා ඥානයෙන් අවිද්‍යාව ප්‍රත්‍යයෙන් සංස්කාර ඇතිවන බවත්, සංස්කාර ප්‍රත්‍යයෙන් විඤ්ඤාණ ඇතිවන බවත්, විඤ්ඤාණය ප්‍රත්‍යයෙන් ....(පෙ).... මෙසේ මුළු මහත් දුක් රැස ම හටගන්නා ආකාරය දනියි. සංස්කාරයන්ගේ නැතිවීම දන්නා ඥානයෙන් අවිද්‍යාව නිරුද්ධ වීමෙන් සංස්කාර නිරුද්ධ වෙන බවත්, සංස්කාර නිරුද්ධ වීමෙන් විඤ්ඤාණය නිරුද්ධ වෙන බවත්, විඤ්ඤාණය නිරුද්ධ වීමෙන් ....(පෙ)..... මෙසේ මුළු මහත් දුක් රැස ම නිරුද්ධ වන ආකාරය දනියි. මේ මෙහි විවිධත්වය යි.

'නිදිමත හා අලස බව නැසූ භික්ෂුව' යනු එක් ස්වභාවයකින් යුතු දෙයකි. සිතේ අලස බව යනු සිතෙහි යම් වැඩකට අයෝග්‍ය බවක් තිබේ ද, එය යි. නිදිමත යනු කයෙහි යම් හැකිලී ගිය බවක් තිබේ ද, එය යි. මේ මෙහි විවිධත්වය යි. **'සියළු දුගතීන් දුරු කරන්නේ ය'** යනු දෙව් මිනිස් ලෝකය සමඟ ගලපා බලද්දී සතර අපාය දුගතිය යි. නිවන සමඟ ගලපා බලද්දී සියළු උපත් දුගතිය යි. මේ මෙහි විවිධත්වය යි.

නියුත්තෝ අධිට්ඨානහාර සම්පාතෝ
(අධිෂ්ඨානහාරය එක්තැන් කිරීම යොදන ලදී.)

3.2.15. පරික්ඛාරහාර සම්පාතෝ
(පරික්ඛාරහාරය එක්තැන් කිරීම)

එහි පරික්ඛාරහාරය එක්තැන් කිරීම යනු කුමක් ද?

'එහෙයින් ආරක්ෂා කරගත් සිත් ඇතිව, නිවැරදි සංකල්පනා අරමුණු කොට.....' යනාදී ගාථාව යි.

මෙහි උපකාරී වන දෙය හෙවත් පිරිකර යනු සමථය හා විදර්ශනාව යි.

නියුත්තෝ පරික්ඛාරහාර සම්පාතෝ
(පරික්ඛාරහාරය එක්තැන් කිරීම යොදන ලදී.)

3.2.16. සමාරෝපණහාර සම්පාතෝ
(සමාරෝපණහාරය එක්තැන් කිරීම)

එහි සමාරෝපණහාරය එක්තැන් කිරීම යනු කුමක් ද?

"එහෙයින් ආරක්ෂා කරගත් සිතක් ඇතිව, නිවැරදි සංකල්පනාවන් අරමුණු කරගෙන, නිවැරදි දෘෂ්ටිය පෙරට ගෙන, සංස්කාරයන්ගේ ඇතිවීම - නැතිවීම නුවණින් දැන, නිදිමත හා අලස බව නැසූ භික්ෂුව සියළු දුගතීන් දුරු කරන්නේ ය."

එහෙයින් **'ආරක්ෂා කරගත් සිතක් ඇතිව'** යනු ත්‍රිවිධ සුචරිතයට ආසන්න කාරණය යි. සිත රැකගත් කල්හී කායික ක්‍රියාවත්, වාචසික ක්‍රියාවත්, මානසික ක්‍රියාවත් රැකගත්තේ වෙයි. **'නිවැරදි දෘෂ්ටිය පෙරටු කොට'** යනු නිවැරදි දෘෂ්ටිය දියුණු කරගත් විට ආර්ය අෂ්ටාංගික මාර්ගය දියුණු කරගත්තේ වෙයි. ඒ මක් නිසා ද යත්; නිවැරදි දෘෂ්ටියෙන් නිවැරදි සංකල්පනා උපදියි. නිවැරදි සංකල්පනාවෙන් නිවැරදි වචන භාවිතය උපදියි. නිවැරදි වචන භාවිතයෙන් නිවැරදි කායික ක්‍රියා උපදියි. නිවැරදි කායික ක්‍රියාවෙන් නිවැරදි දිවි පෙවෙත උපදියි. නිවැරදි දිවිපෙවෙතෙන් නිවැරදි වීරිය උපදියි. නිවැරදි වීරියෙන් නිවැරදි සිහිය උපදියි. නිවැරදි සිහියෙන් නිවැරදි සමාධිය උපදියි. නිවැරදි සමාධියෙන් නිවැරදි විමුක්තිය උපදියි. නිවැරදි විමුක්තියෙන් නිවැරදි විමුක්ති ඥානදර්ශනය උපදියි. මෙය අනුපාදිසේස නිවන සාක්ෂාත් කළ පුද්ගලයා ත්, අනුපාදිසේස නිර්වාණ ධාතුවත් වෙයි.

නියුත්තෝ සමාරෝපණහාර සම්පාතෝ
(සමාරෝපණහාරය එක්තැන් කිරීම යොදන ලදී.)

එහෙයින් ආයුෂ්මත් මහා කච්චායන තෙරණුවෝ "පළමුකොට ධර්මය වෙත රැගෙන යාම් දහසය යෙදිය යුත්තේ ය. 'දිසාලෝචනය' හෙවත් දිසාවන් දෙස බැලීමේ නය ක්‍රමයෙන් කුසලාකුසල ධර්මයන් දෙස හොඳින් බලා, 'අංකුස' නය ක්‍රමයෙන් ඉස්මතු කොට, 'නන්දියාවට්ට', 'තිපුක්ඛල', 'සීහවික්කීළිත' යන

තුන් නය ක්‍රමයෙන් සූත්‍රය විස්තර කළ යුත්තේ ය” වශයෙන් වදාළහ.

නියුත්තෝ හාරසම්පාතෝ
(හාරසම්පාතය යොදන ලද්දේ ය.)

3.3.1.-5. නය සමුට්ඨානං
(න්‍යාය හෙවත් සූත්‍ර දේශනාව විස්තර කරන ක්‍රමය මතු කිරීම යි)

එහි සූත්‍ර දේශනාව විස්තර කරන ක්‍රමය මතු කිරීම හෙවත් නය සමුට්ඨාන යනු කුමක් ද? අවිද්‍යාවේ ත්, තෘෂ්ණාවේ ත් මුලින් පටන් ගත් කෙළවරක් නොපෙනෙයි. එහි වසාගත් කෙළවර අවිද්‍යාව යි. බැඳී ඇති දේ තෘෂ්ණාව යි. අවිද්‍යාවෙන් වැසී ගිය සත්වයෝ අවිද්‍යාව හා එක්වූවාහු, අවිද්‍යාව පක්ෂයෙන් ලත් මෙහෙයවීමෙන් හැසිරෙති. ඔවුහු දෘෂ්ටි චරිතයෝ (දෘෂ්ටීන්ට හසුවෙන ගතිගුණ ඇත්තෝ) යි කියනු ලබත්. මේ බුදු සසුනෙන් බැහැර ව දෘෂ්ටි චරිත ඇති පැවිද්දෝ අත්තකිලමථානුයෝගයෙහි හෙවත් තමාට දුක් පීඩා ඇතිකරවන ප්‍රතිපදාවන්හී යෙදී වාසය කරත්.

මේ බුදු සසුනෙන් බැහැර තෘෂ්ණා චරිත ඇති පැවිද්දෝ කාමසුඛල්ලිකානුයෝගයෙහි යෙදී වාසය කරත්. එහිදී යම් හෙයකින් දෘෂ්ටි චරිත ඇත්තෝ මේ බුදු සසුනෙන් බැහැර පැවිදි වූ කල්හී අත්තකිලමථානුයෝගයෙහි යෙදී වසත් නම්, තෘෂ්ණා චරිත ඇත්තෝ මේ බුදු සසුනෙන් බැහැර පැවිදි වූ කල්හී කාමසුඛල්ලිකානුයෝගයෙහි යෙදී වසත් නම්, එයට කරුණ කුමක් ද? මේ බුදු සසුනෙන් බැහැර චතුරාර්ය සත්‍යය බෙදා වෙන්කොට පෙන්වීමක් නැති නිසා ය. චතුරාර්ය සත්‍යය දේශනාවක් බාහිර සසුනක කොයින් ද? සමථ විදර්ශනා දියුණු කරවන කුසලතාවක් බාහිර සසුනක කොයින් ද? කෙලෙසුන් සංසිඳවීමේ සැපයක් බාහිර සසුනක කොයින් ද?

කෙලෙසුන් සංසිඳවීමෙන් ලබන සැපය ගැන අවබෝධයක් නැති ඔවුහු මිසදිටුවෙන් විපරීත වූ සිත් ඇතිව මෙසේ කීවාහු ය. 'සැපයෙන් සැප ලැබීමක් නැත්තේ ය. කයට දුක් දීමෙන් ම සැපයක් උපදවා ගත යුත්තේ ය. යමෙක් පංච කාමයන් සේවනය කරයි ද, ඔහු ලෝකය වඩයි. යමෙක් ලෝකය වඩයි ද, ඔහු බොහෝ පින් රැස් කරයි' යනුවෙනි. මෙබඳු සංඥා ඇති, මෙබඳු දෘෂ්ටි ඇති ඔවුහු කයට දුක් දෙමින්, සැප පතමින්, කාමයන් තුළ පින් සංඥාවෙන් යුක්ත ව අත්තකිලමථානුයෝගයෙහි යෙදෙමින්, කාමසුඛල්ලිකානුයෝගයෙහි යෙදෙමින් වාසය කරත්.

ඔවුහු ඒ වැටහීම ඇතිව, අවිද්‍යා - තෘෂ්ණා සංඛ්‍යාත රෝගය වඩත්. කෙලෙස් ගඩුව වඩත්. කෙලෙස් හුල් වඩත්. ඔවුහු රෝගයෙන් ආතුර ව, ගඩුවෙන් පීඩිත ව, හුලෙන් විදුම් කන ලදු ව, නිරය - තිරිසන් යෝනිය - ප්‍රේත විෂය - අසුර ලෝකය ආදියෙහි උඩට මතුවීම ත් යටට ගිලීම ත් කරමින් එහි ම හැපෙමින්, එහි ම නැසෙමින්, දුක් විඳිමින් අවිද්‍යා - තෘෂ්ණා රෝගයට, ගඩුවට, හුලට බෙහෙතක් නොලබත්. එහි අත්තකිලමථානුයෝගය ත්, කාමසුඛල්ලිකානුයෝගයත් යනු පුද්ගලයාගේ කෙලෙසීයාම යි. සමථයත් විදර්ශනාවත් යනු පිරිසිදු වීම යි.

අත්තකිලමථානුයෝගය ත්, කාමසුඛල්ලිකානුයෝගය ත් යනු රෝගය යි. සමථය ත්, විදර්ශනාව ත් යනු රෝග නසන බෙහෙත යි. අත්තකිලමථානුයෝගය ත්, කාමසුඛල්ලිකානුයෝගය ත් යනු ගඩුවයි යි. සමථය ත්, විදර්ශනාව ත් යනු ගඩුව නසන බෙහෙත යි. අත්තකිලමථානුයෝගය ත්, කාමසුඛල්ලිකානුයෝගය ත් යනු හුල යි. සමථය ත්, විදර්ශනාව ත් යනු හුල් උදුරා දමන බෙහෙත යි.

එහි කෙලෙසීයාම යනු දුකයි. තෘෂ්ණාව යනු දුක් උපදවන හේතුව යි. තෘෂ්ණා නිරුද්ධවීම දුකෙහි නිරුද්ධ වීම යි. සමථය ත් විදර්ශනාව ත් දුක් නිරුද්ධ වන ප්‍රතිපදාව යි. මේ චතුරාර්ය සත්‍යය යි. දුක පිරිසිඳ දැක්ක යුත්තේ ය. දුකෙහි හේතුව ප්‍රහාණය කළ යුත්තේ ය. දුක් නසන මග වැඩිය යුත්තේ ය. දුක් නිරුද්ධ වීම සාක්ෂාත් කළ යුත්තේ ය.

එහිදී දෘෂ්ටි චරිත ඇති පුද්ගලයෝ රූපය ආත්මය වශයෙන් ළංකර ගනිති. විඳීම ....(පෙ).... සංඥාව ....(පෙ).... සංස්කාර ....(පෙ).... විඤ්ඤාණය ආත්මය වශයෙන් ළංකර ගනිති.

තෘෂ්ණා චරිත ඇති පුද්ගලයෝ රූපයෙන් හැදී ඇති ආත්මයක් හෝ ආත්මය තුළ රූපය ඇත්තේ ය හෝ රූපයෙහි ආත්මය ඇත්තේ ය හෝ සිතා රූපය ළංකර ගනිති. විඳීමෙන් හැදී ඇති ආත්මයක් හෝ ....(පෙ).... සංඥාවෙන් හැදී ඇති ආත්මයක් හෝ ....(පෙ).... සංස්කාරයන්ගෙන් හැදී ඇති ආත්මයක් හෝ ....(පෙ).... විඤ්ඤාණයෙන් හැදී ඇති ආත්මයක් හෝ ආත්මය තුළ විඤ්ඤාණය ඇත්තේ ය හෝ විඤ්ඤාණයෙහි ආත්මය ඇත්තේය හෝ සිතා විඤ්ඤාණය ළංකර ගනිති.

මෙය පංච ස්කන්ධය විසි අයුරකින් දෘෂ්ටි ගත වීම හෙවත් සක්කාය දිට්ඨිය යැයි කියනු ලැබෙයි.

ඒ සක්කාය දිට්ඨියට විරුද්ධ දෙය ලෝකෝත්තර සම්මා දිට්ඨිය යි. ඒ ලෝකෝත්තර සම්මා දිට්ඨිය අනුව යන්නා වූ නිවැරදි සංකල්පනා, නිවැරදි වචන භාවිතය, නිවැරදි කායික ක්‍රියා, නිවැරදි දිවිපෙවෙත, නිවැරදි වීර්යය, නිවැරදි සිහිය, නිවැරදි සමාධිය ඇත්තේ ය. මෙය ආර්ය අෂ්ටාංගික මාර්ගය යි. ඒ අංගයෝ සීල ස්කන්ධය, සමාධි ස්කන්ධය, ප්‍රඥා ස්කන්ධය වශයෙන් තුන් වැදෑරුම් වෙති. සීල ස්කන්ධය ත්, සමාධි ස්කන්ධය ත් යනු සමථය යි. ප්‍රඥා ස්කන්ධය යනු විදර්ශනාව යි. එහි පංච උපාදානස්කන්ධය හෙවත් සක්කාය යනු දුක ය. ඒ පංච උපාදානස්කන්ධය උපදවන හේතුව දුක්ඛ සමුදය යි. ඒ පංච උපාදානස්කන්ධය උපදවන හේතුව නිරුද්ධ වීම දුක්ඛ නිරෝධය යි. ආර්ය අෂ්ටාංගික මාර්ගය දුක් නිරුද්ධ වීම පිණිස ඇති ප්‍රතිපදාවයි.

ඒ සක්කාය දිට්ඨිය තුළ යම් කෙනෙක් රූපය ආත්මය යි සිතා රූපය ළංකර ගනිත් ද, විඳීම ....(පෙ).... සංඥාව ....(පෙ).... සංස්කාර ....(පෙ).... විඤ්ඤාණය ආත්මය යි සිතා විඤ්ඤාණය ළංකර ගනිත් ද, මොවුහු මරණින් මතු සත්වයා නැසීමට යන්නේ

ය යන උච්ඡේද දෘෂ්ටිය පණවන්නෝ යැයි කියනු ලැබෙති.

යම් කෙනෙක් රූපයෙන් හැදී ඇති ආත්මයක් හෝ ආත්මය තුළ රූපය ඇත්තේ ය හෝ රූපයෙහි ආත්මය ඇත්තේ ය හෝ සිතා රූපය ළංකර ගනිත් ද, විඳීමෙන් හැදී ඇති ආත්මයක් හෝ ....(පෙ).... සංඥාවෙන් හැදී ඇති ආත්මයක් හෝ ....(පෙ).... සංස්කාරයන්ගෙන් හැදී ඇති ආත්මයක් හෝ ....(පෙ).... විඤ්ඤාණයෙන් හැදි ඇති ආත්මයක් හෝ ආත්මය තුළ විඤ්ඤාණය ඇත්තේ ය හෝ විඤ්ඤාණයෙහි ආත්මය ඇත්තේය හෝ සිතා විඤ්ඤාණය ළංකර ගනිත් ද, මොවුහු මරණින් මතු සත්වයා සදාකාලික වෙයි යන ශාස්වත දෘෂ්ටිය පණවන්නෝ යැයි කියනු ලැබෙති.

එහි 'මරණින් මතු සත්වයා නැති වන්නේ ය' යන උච්ඡේද වාදය ත්, 'මරණින් මතු සත්වයා සදාකාලික වන්නේ ය' යන ශාස්වත වාදය ත් දෙක ම අන්තයෝ ය. මේ සසරේ පැවැත්ම යි. මේ අන්තයන්ට ප්‍රතිපක්ෂ වූ මධ්‍යම ප්‍රතිපදාව නම් ආර්ය අෂ්ටාංගික මාර්ගය යි. මෙය සසරේ නැවැත්ම යි. එහි සසර පැවැත්ම දුක ය. එයට ඇලීම් නැමැති තෘෂ්ණාව දුක් උපදවන හේතුව යි. තෘෂ්ණාව නිරුද්ධ වීම දුකෙහි නිරුද්ධ වීම යි. ආර්ය අෂ්ටාංගික මාර්ගය දුක නිරුද්ධ වන මාර්ගය යි. මේ චතුරාර්ය සත්‍යය යි. දුක පිරිසිඳ දැක්ක යුත්තේ ය. දුකෙහි හේතුව ප්‍රහාණය කළ යුත්තේ ය. මාර්ගය වැඩිය යුත්තේ ය. නිරෝධය සාක්ෂාත් කළ යුත්තේ ය.

එහි උච්ඡේදවාදය ත්, ශාස්වත වාදය ත් එක්කොට කියන කල්හී විසි වැදෑරුම් සක්කාය දෘෂ්ටිය යි. විස්තර වශයෙන් කියන කල්හී දෙසැටක් දෘෂ්ටිගතයෝ ය. එයට ප්‍රතිපක්ෂ ව සතළිස් තුනක් වූ බෝධිපාක්ෂික ධර්මයෝ ය. අෂ්ට විමෝක්ෂයෝ ය. දස කසිණායතනයෝ ය. දෙසැටක් දෘෂ්ටිගතික වූ මෝහ ජාලය අනාදිමත් කාලයක සිට නැති නොවී පවතියි. සතළිස් තුනක් වූ බෝධිපාක්ෂික ධර්මයෝ ඒ මෝහජාලය පළා දමන ඥානවජ්‍රය යි. එහි මෝහය අවිද්‍යාව ය. ජාලය භව තෘෂ්ණාව ය. එහෙයින්

අවිද්‍යාවේ ත්, භව තෘෂ්ණාවේ ත් පූර්වයෙහි පටන් ගත් කෙළවරක් නොපෙනේ යි කියනු ලැබේ.

එහි දෘෂ්ටි චරිතයා මේ සසුනෙහි පැවිදි වූයේ කෙලෙස් නසා දැමීමෙහි නිරතුරු ව යොමු වූයේ වෙයි. කෙලෙස් නැසීම හෙවත් සල්ලේඛයෙහි තියුණු ගෞරව ඇත්තේ වෙයි.

තෘෂ්ණා චරිතයා මේ සසුනෙහි පැවිදි වූයේ ශික්ෂාපදයන් රැකීමට නිරතුරු ව යොමු වූයේ වෙයි. ශික්ෂාව පිළිබඳ තියුණු ගෞරව ඇත්තේ වෙයි.

දෘෂ්ටි චරිතයා නිවන් මගට නියම වූයේ, ධර්මයෙහි බැසගන්නා විට ධම්මානුසාරී වෙයි. තෘෂ්ණා චරිතයා නිවන් මගට නියම වූයේ ධර්මයෙහි බැසගන්නා විට සද්ධානුසාරී වෙයි.

දෘෂ්ටි චරිතයා සැප ප්‍රතිපදාවෙන් සෙමෙන් අවබෝධ කිරීමෙනුත් වහා අවබෝධ කිරීමෙනුත් සසරෙන් එතෙරට යයි. එහි තෘෂ්ණා චරිතයා දුක් ප්‍රතිපදාවෙන් සෙමෙන් අවබෝධ කිරීමෙනුත් වහා අවබෝධ කිරීමෙනුත් සසරෙන් එතෙරට යයි. එයට හේතුව කුමක් ද? යම් හෙයකින් තෘෂ්ණා චරිතයා දුක් වූ ප්‍රතිපදාවෙන් සෙමෙන් අවබෝධ කිරීමෙනුත්, වහා අවබෝධ කිරීමෙනුත් එතෙර වෙයි ද, ඔහු විසින් කාමයන් සිතින් අත්නොහළ හෙයින් කාමයන් අත්හරිද්දී දුක සේ අත්හරියි. අවබෝධ කිරීමත් සෙමෙන් සිදුවෙයි. යම් මේ දෘෂ්ටි චරිතයෙක් ඇද්ද, මොහු මුල පටන් ම කාමයන් ගෙන් වැඩක් නැති කෙනෙක් වෙයි. මොහු කාමයන් අත්හරිද්දී වහා අත්හරියි. ධර්මය ත් වහා අවබෝධ කරයි.

දුක් වූ ප්‍රතිපදාව ත් දෙවැදෑරුම් ය. සෙමෙන් අවබෝධ වීම ත්, වහා අවබෝධ වීම ත් වශයෙනි. සැප වූ ප්‍රතිපදාව ත් දෙවැදෑරුම් ය. සෙමෙන් අවබෝධ වීම ත්, වහා අවබෝධ වීම ත් වශයෙනි.

අවබෝධ කරන සත්වයෝ ත් දෙවැදෑරුම් ය. ශ්‍රද්ධාදී ඉන්ද්‍රියයන් මෘදු ව පිහිටා ඇති බව ත්, ශ්‍රද්ධා දී ඉන්ද්‍රියයන් තියුණු ව පිහිටා ඇති බව ත් ය.

යම් කෙනෙක් ශ්‍රද්ධාදී ඉන්ද්‍රියයන් මෘදු ව සිටිත් ද ඔවුහු කෙලෙසුන්ගෙන් සෙමෙන් මිදෙති. සෙමෙන් ම ධර්මය ත් අවබෝධ කරති. යම් කෙනෙක් ශ්‍රද්ධාදී ඉන්ද්‍රියයන් තියුණු ව සිටිත් ද ඔවුහු කෙලෙසුන්ගෙන් වහා මිදෙති. වහා ම ධර්මය ත් අවබෝධ කරති. මේ ප්‍රතිපදා සතර යි.

යම්කිසි කෙනෙක් සසරෙන් නික්ම ගියාහු ද, නික්ම යත් ද, අනාගතයෙහි සසරෙන් නික්ම යන්නාහු ද, ඔවුහු මේ සතර ප්‍රතිපදාවෙන් එකකින් ම නික්ම යති. මෙසේ අනවබෝධයෙන් යුතු ජනයා විසින් සේවනය කරන ලද, බාල ජනයන්ගේ සිත් බැඳ තබන්නා වූ, රාගයෙන් ඇලී වසන්නා වූ, ආශ්වාදයෙන් යුතු භව තෘෂ්ණාවෙන් මුදවා ධර්මය කරා ගෙන ඒම පිණිස සතර ප්‍රතිපදාවෙන් යුතු ආර්ය මාර්ගය බුදුවරයන් වහන්සේලා පණවන සේක. මෙය 'නන්දියාවට්ට න්‍යාය භූමිය' යැයි කියනු ලැබේ. එහෙයින් තෘෂ්ණාවේ ත්, අවිද්‍යාවේ ත්, සමථයේ ත් ආදී වශයෙන් වදාළ සේක.

ගාථා රහිත දේශනාවන් තුළ ඒ ඒ තැන යම් කුසලාකුසල ධර්මයෝ වදාරණ ලද්දාහු ද, ඒවා සිතින් විමසා බැලීම දිසාලෝචන නමින් දක්වන ලද්දේ ය. ඒ දිසාලෝචනයෙන් දෙඅයුරකින් විමසා බැලිය යුත්තේ ය. ලෝකයේ පැවැත්මට අනුව යාම ත්, ලෝකයේ නැවැත්මට අනුව යාමත් වශයෙනි. පැවැත්ම යනු සංසාරය යි. නොපැවැත්ම යනු නිවන යි. කර්මක්ලේශයෝ සසරට හේතුවයි. එහිදී කර්මය චේතනාවට අයත් ද, සිතට අයත් දැයි විස්තර කළ යුත්තේ ය. එය කෙසේ දැක්ක යුතු ද? විපාක ලැබෙන ලෙස රැස් කිරීමෙනි. සියළුම කෙලෙස් සතර විපල්ලාසයන්ගෙන් විස්තර කළ යුත්තාහ. ඒ විපල්ලාස කොහි දැක්ක යුතුද? දස වස්තුක කෙලෙස් වශයෙන් ය. කවර දස වස්තුක කෙලෙස් රාශියක් ද යත්; (1) සතරක් වූ ආහාරයෝ ය. (2) සතරක් වූ විපල්ලාසයෝ ය. (3) සතරක් වූ උපාදානයෝ ය. (4) සතරක් වූ කෙලෙස් යෙදවීම් ය. (5) සතරක් වූ කෙලෙස් ගැටගැසීම් ය. (6) සතරක් වූ ආශ්‍රවයෝ ය. (7) සතරක් වූ කෙලෙස් සැඩපහරවල් ය. (8) සතරක් වූ කෙලෙස් හුල් ය. (9) සතරක් වූ විඤ්ඤාණට්ඨිති හෙවත් විඤ්ඤාණයෙහි

පැවැත්වීම් ය. (10) සතරක් වූ අගතියට යාම් ය.

පළමුව ඇති කබලිංකාර ආහාරයෙහි අසුභයෙහි සුභ සංඥාව පළමු විපල්ලාසය යි. දෙවනුව ඇති ස්පර්ශ ආහාරයෙහි දුකෙහි සැප සංඥාව දෙවෙනි විපල්ලාසය යි. තෙවනුව ඇති විඤ්ඤාණ ආහාරයෙහි අනිත්‍යයෙහි නිත්‍ය සංඥාව තෙවෙනි විපල්ලාසය යි. සිව්වෙනි ව ඇති මනෝසංචේතනා ආහාරයෙහි අනාත්මයෙහි ආත්ම සංඥාව සිව්වෙනි විපල්ලාසය යි.

පළමු විපල්ලාසය වූ අසුභයෙහි සුභ සංඥාව තුළ කාමයට ග්‍රහණය වීම හෙවත් පළමු කාම උපාදානය වෙයි. දෙවෙනි විපල්ලාසය වූ දුකෙහි සැප සංඥාවෙහි දෘෂ්ටීන්ට ග්‍රහණය වීම හෙවත් දෙවෙනි දිට්ඨි උපාදානය වෙයි. තෙවෙනි විපල්ලාසය වූ අනිත්‍යයෙහි නිත්‍ය සංඥායෙහි සීලව්‍රතයන්ට ග්‍රහණය වීම හෙවත් සීලබ්බත උපාදානය තුන්වැන්න යි. සිව්වෙනි විපල්ලාසය වූ අනාත්මයෙහි ආත්ම සංඥාවෙහි ආත්ම දෘෂ්ටියට ග්‍රහණය වීම හෙවත් සිව්වෙනි අත්තවාද උපාදානය යි.

පළමුව ඇති කාම උපාදානයෙහි කාමයන්හි යෙදීම පළමු කාම යෝගය යි. දෙවනුවට ඇති දෘෂ්ටි උපාදානයෙහි භවයෙහි යෙදීම දෙවෙනි භව යෝගය යි. තෙවනුවට ඇති සීලබ්බත උපාදානයෙහි දෘෂ්ටීන්හි යෙදීම තුන්වෙනි දෘෂ්ටි යෝගය යි. සිව්වෙනි අත්තවාද උපාදානයෙහි අවිද්‍යාවෙහි යෙදීම සිව්වෙනි අවිද්‍යා යෝගය යි.

පළමුව ඇති කාම යෝගයෙහි දැඩි ලෝභයෙන් කය ගැටගැසී යාම හෙවත් අභිජ්ඣා කායගන්ථය පළමුවැන්න යි. දෙවනුවට ඇති භව යෝගයෙහි ව්‍යාපාදයෙන් කය ගැටගැසී යාම හෙවත් ව්‍යාපාද කායගන්ථය දෙවැන්න යි. තෙවනුවට ඇති දෘෂ්ටි යෝගයෙහි සීලබ්බත පරාමාසයට කය ගැටගැසී යාම හෙවත් සීලබ්බත පරාමාස කායගන්ථය තෙවැන්න යි. සිව්වෙනි අවිද්‍යා යෝගයෙහි 'මෙය ම සත්‍යය යැ' යි කියා මිසදිටුවට දැඩි ව පිවිසීමෙන් යුතුව කය ගැටගැසී යාම ඉදංසච්චාභිනිවේස කායගන්ථය යි.

පළමුවෙනි අභිජ්ඣා කායගන්ථයෙහි කාම ආශ්‍රවය පළමු වැන්න යි. දෙවෙනි ව්‍යාපාද කායගන්ථයෙහි භව ආශ්‍රවය දෙවැන්න යි. තුන්වෙනි සීලබ්බත පරාමාස කායගන්ථයෙහි දිට්ඨි ආශ්‍රවය තුන්වැන්න යි. සිව්වෙනි ඉදංසච්චාභිනිවේස කාය ගන්ථයෙහි අවිද්‍යා ආශ්‍රවය සිව්වැන්න යි.

පළමුවෙනි කාම ආශ්‍රවයෙහි කාමයට වේගයෙන් ගසාගෙන යාම පළමුවෙනි කාම ඕඝය යි. දෙවෙනි භව ආශ්‍රවයෙහි භවයට වේගයෙන් ගසාගෙන යාම දෙවෙනි භව ඕඝය යි. තුන්වෙනි දෘෂ්ටි ආශ්‍රවයෙහි දෘෂ්ටීන්ට වේගයෙන් ගසාගෙන යාම තුන්වෙනි දෘෂ්ටි ඕඝය යි. සිව්වෙනි අවිද්‍යා ආශ්‍රවයෙහි අවිද්‍යාවට වේගයෙන් ගසාගෙන යාම සිව්වෙනි අවිද්‍යා ඕඝය යි.

කාම ඕඝයෙහි රාග හුල ඇනී යාම පළමු රාග සල්ලය යි. දෙවෙනි භව ඕඝයෙහි ද්වේෂ හුල ඇනී යාම දෙවෙනි ද්වේෂ සල්ලය යි. තුන්වෙනි දෘෂ්ටි ඕඝයෙහි මාන හුල ඇනී යාම තුන්වෙනි මාන සල්ලය යි. සිව්වෙනි අවිද්‍යා ඕඝයෙහි මෝහ හුල ඇනී යාම සිව්වෙනි මෝහ සල්ලය යි.

පළමු රාග හුලෙහි දී විඤ්ඤාණය රූපයෙහි බැසගෙන සිටියි. එය පළමු විඤ්ඤාණට්ඨිතිය යි. දෙවෙනි ද්වේෂ හුලෙහි දී විඤ්ඤාණය වේදනාවෙහි බැසගෙන සිටියි. මෙය දෙවෙනි විඤ්ඤාණට්ඨිතිය යි. තුන්වෙනි මාන හුලෙහි දී විඤ්ඤාණය සංඥාවෙහි බැසගෙන සිටියි. මෙය තුන්වෙනි විඤ්ඤාණට්ඨිතිය යි. සිව්වෙනි මෝහ හුලෙහි දී විඤ්ඤාණය සංස්කාරයන් තුළ බැසගෙන සිටියි. මෙය සිව්වෙනි විඤ්ඤාණට්ඨිතිය යි.

පළමු විඤ්ඤාණට්ඨිතියේ දී ඡන්දයෙන් අගතියට යාම වෙයි. දෙවෙනි විඤ්ඤාණට්ඨිතියේ දී ද්වේෂයෙන් අගතියට යාම වෙයි. තුන්වෙනි විඤ්ඤාණට්ඨිතියේ දී භයෙන් අගතියට යාම වෙයි. සිව්වෙනි විඤ්ඤාණට්ඨිතියේ දී මෝහයෙන් අගතියට යාම වෙයි.

එහි යම් කබලිංකාර ආහාරයක් ඇද්ද, යම් ස්පර්ශ ආහාරයක්

ඇද්ද, මේ ආහාරයෝ තෘෂ්ණා චරිතයාට උපක්ලේශයෝ ය. යම් මනෝසංචේතනා ආහාරයක් ඇද්ද, යම් විඤ්ඤාණ ආහාරයක් ඇද්ද මේ ආහාරයෝ දෘෂ්ටි චරිතයාට උපක්ලේශයෝ ය.

අසුභයෙහි සුභ යන යම් විපල්ලාසයක් ඇද්ද, දුකෙහි සැප යන යම් විපල්ලාසයක් ඇද්ද, මේ විපල්ලාසයෝ තෘෂ්ණා චරිතයාට උපක්ලේශයෝ ය. අනිත්‍යයෙහි නිත්‍යය යන යම් විපල්ලාසයක් ඇද්ද, අනාත්මයෙහි ආත්මය යන යම් විපල්ලාසයක් ඇද්ද, මේ විපල්ලාසයෝ දෘෂ්ටි චරිතයාට උපක්ලේශයෝ ය.

එහි යම් කාම උපාදානයක් ඇද්ද, යම් භව උපාදානයක් ඇද්ද, මේ උපාදානයෝ තෘෂ්ණා චරිතයාට උපක්ලේශයෝ ය. යම් දෘෂ්ටි උපාදානයක් ඇද්ද, යම් අත්තවාද උපාදානයක් ඇද්ද, මේ උපාදානයෝ දෘෂ්ටි චරිතයාට උපක්ලේශයෝ ය.

එහි යම් කාම යෝගයක් ඇද්ද, යම් භව යෝගයක් ඇද්ද, මේ යෝගයෝ තෘෂ්ණා චරිතයාට උපක්ලේශයෝ ය. යම් දෘෂ්ටි යෝගයක් ඇද්ද, යම් අවිද්‍යා යෝගයක් ඇද්ද, මේ යෝගයෝ දෘෂ්ටි චරිතයාට උපක්ලේශයෝ ය.

එහි යම් අභිජ්ඣා කායගන්ථයක් ඇද්ද, යම් ව්‍යාපාද කායගන්ථයක් ඇද්ද, මේ ගන්ථයෝ තෘෂ්ණා චරිතයාට උපක්ලේශයෝ ය. යම් සීලබ්බත පරාමාස කායගන්ථයක් ඇද්ද, යම් ඉදංසච්චාභිනිවේස කායගන්ථයක් ඇද්ද, මේ ගන්ථයෝ දෘෂ්ටි චරිතයාට උපක්ලේශයෝ ය.

එහි යම් කාම ආශ්‍රවයක් ඇද්ද, යම් භව ආශ්‍රවයක් ඇද්ද, මේ ආශ්‍රවයෝ තෘෂ්ණා චරිතයාට උපක්ලේශයෝ ය. යම් දෘෂ්ටි ආශ්‍රවයක් ඇද්ද, යම් අවිද්‍යා ආශ්‍රවයක් ඇද්ද, මේ ආශ්‍රවයෝ දෘෂ්ටි චරිතයාට උපක්ලේශයෝ ය.

එහි යම් රාග හුලක් ඇද්ද, යම් ද්වේෂ හුලක් ඇද්ද, මේ හුල් තෘෂ්ණා චරිතයාට උපක්ලේශයෝ ය. යම් මාන හුලක් ඇද්ද, යම් මෝහ හුලක් ඇද්ද, මේ හුල් දෘෂ්ටි චරිතයාට උපක්ලේශයෝය.

එහි රූපයේ බැසගෙන පිහිටි යම් විඤ්ඤාණයක් ඇද්ද, වේදනාවෙහි බැසගෙන පිහිටි යම් විඤ්ඤාණයක් ඇද්ද, මේ විඤ්ඤාණට්ඨිති තෘෂ්ණා චරිතයාට උපක්ලේශයෝ ය. සංඥාවේ බැසගෙන පිහිටි යම් විඤ්ඤාණයක් ඇද්ද, සංස්කාරයන් තුළ බැසගෙන පිහිටි යම් විඤ්ඤාණයක් ඇද්ද, මේ විඤ්ඤාණට්ඨිති දෘෂ්ටි චරිතයාට උපක්ලේශයෝ ය.

එහි යම් ඡන්දයෙන් අගතියට යාමක් ඇද්ද, යම් ද්වේෂයෙන් අගතියට යාමක් ඇද්ද, මේ අගතිගමනයෝ තෘෂ්ණා චරිතයාට උපක්ලේශයෝ ය. යම් භයෙන් අගතියට යාමක් ඇද්ද, මෝහයෙන් අගතියට යාමක් ඇද්ද, මේ අගතිගමනයෝ දෘෂ්ටි චරිතයාට උපක්ලේශයෝ ය.

එහි කබලිංකාර ආහාරයෙහි අසුභයෙහි සුභ යන හැඟීම විපල්ලාසයකි. ස්පර්ශ ආහාරයෙහි දුකෙහි සැප යන හැඟීම විපල්ලාසයකි. විඤ්ඤාණ ආහාරයෙහි අනිත්‍යයෙහි නිත්‍යය යන හැඟීම විපල්ලාසයකි. මනෝ සංචේතනා ආහාරයෙහි අනාත්මයෙහි ආත්මය යන හැඟීම විපල්ලාසයකි.

පළමු විපල්ලාසයෙහි සිටියේ කාමයන් දැඩි ව ග්‍රහණය කරයි. මෙය කාම උපාදානය යි කියනු ලැබේ. දෙවෙනි විපල්ලාසයෙහි සිටියේ අනාගත භවය දැඩි ව ග්‍රහණය කරයි. මෙය භව උපාදානය යැයි කියනු ලැබේ. තුන්වෙනි විපල්ලාසයෙහි සිටියේ සංසාරය සතුටින් පිළිගැනීමේ දෘෂ්ටිය දැඩි ව ග්‍රහණය කරයි. මෙය දෘෂ්ටි උපාදානය යි කියනු ලැබේ. සිව්වෙනි විපල්ලාසයෙහි සිටියේ මේ ආත්මය කවරෙකුගේ දැයි ආත්ම හැඟීම දැඩි ව ග්‍රහණය කරයි. මෙය අත්තවාද උපාදානය යැයි කියනු ලැබේ.

කාමයන්ට දැඩි ව ග්‍රහණය වීමෙන් සත්වයා කාමයන් සමඟ යොදවනු ලබයි. මේ කාම යෝගය යි. භවයට දැඩි ව ග්‍රහණය වීමෙන් සත්වයා භවයන්හි යොදවනු ලබයි. මේ භව යෝගය යි. දෘෂ්ටීන්ට දැඩි ව ග්‍රහණය වීමෙන් සත්වයා පවිටු දෘෂ්ටියෙහි යොදවනු ලබයි. මෙය දෘෂ්ටි යෝගය යි. ආත්ම වාදයට දැඩි ව ග්‍රහණය වීමෙන් සත්වයා අවිද්‍යාවෙහි යොදවනු ලබයි. මෙය

අවිද්‍යා යෝගය යි.

පළමු කාමයෝගයෙහි සිටියේ දැඩි ලෝභයෙන් කය ගැට ගැසී යයි. මෙය අභිජ්ඣා කාය ගන්ථය යැයි කියනු ලැබේ. දෙවෙනි භවයෝගයෙහි සිටියේ ව්‍යාපාදයෙන් කය ගැටගැසී යයි. මෙය ව්‍යාපාද කායගන්ථය යැයි කියනු ලැබේ. තුන්වෙනි දිට්ඨි යෝගයෙහි සිටියේ සීලබ්බත පරාමාසයෙන් කය ගැටගැසී යයි. මෙය සීලබ්බත පරාමාස කායගන්ථය යැයි කියනු ලැබේ. සිව්වෙනි අවිද්‍යා යෝගයෙහි සිටියේ මෙය ම සත්‍යය යැයි බැස ගැනීමෙන් කය ගැටගැසී යයි. මෙය ඉදංසච්චාභිනිවේස කාය ගන්ථය යැයි කියනු ලැබේ.

මෙසේ අභිජ්ඣා ආදියෙන් කය ගැටගැසී ගිය පුද්ගලයා තුළ ක්ලේශයෝ වැගිරෙති. කුමන අයුරින් ක්ලේශයෝ වැගිරෙත් ද? අප්‍රකට ලෙස ක්‍රියාකාරී වීමෙන් හෝ ඉඩ ලද තැන කෙලෙස් ඉස්මතු වීමෙන් ය. ඒ ආශ්‍රවයන් තුළ අභිජ්ඣා කාය ගන්ථයෙන් කාම ආශ්‍රවය උපදියි. ව්‍යාපාද කායගන්ථයෙන් භවාශ්‍රවය උපදියි. සීලබ්බත පරාමාස කායගන්ථයෙන් දිට්ඨිආශ්‍රවය උපදියි. ඉදංසච්චාභිනිවේස කායගන්ථයෙන් අවිද්‍යා ආශ්‍රවය උපදියි.

ඒ පුද්ගලයා තුළ මේ සතර ආශ්‍රවයන් විපුල බවට පත් ව ගිය විට වේගවත් සැඩ පහරකට හසු වූ සෙයින් ගසා ගෙන යයි. මෙසේ ආශ්‍රවයන්ගේ විපුල බවින් වේගවත් කෙලෙස් සැඩ පහරේ විපුල බව වෙයි. එහි කාම ආශ්‍රවයෙන් වේගයෙන් කාමයට ගසාගෙන යයි. එය කාම ඕඝය යි. භව ආශ්‍රවයෙන් වේගයෙන් භවයට ගසාගෙන යයි. එය භව ඕඝය යි. දිට්ඨි ආශ්‍රවයෙන් වේගයෙන් දෘෂ්ටීන්ට ගසාගෙන යයි. එය දෘෂ්ටි ඕඝය යි. අවිද්‍යා ආශ්‍රවයෙන් වේගයෙන් අවිද්‍යාවට ගසාගෙන යයි. එය අවිද්‍යා ඕඝය යි.

ඒ පුද්ගලයා තුළ මේ සතර ඕඝයෝ අප්‍රකට අයුරින් සිත ඇතුළට පිවිස හදවතේ කිඳාබැස සිටිත් ද, එකරුණෙන් හුල් යැයි කියනු ලැබේ. එහි කාම ඕඝයෙන් රාග හුල හටගත්තේ ය. භව ඕඝයෙන් ද්වේෂ හුල හටගත්තේ ය. දෘෂ්ටි ඕඝයෙන් මාන හුල

හටගත්තේ ය. අවිද්‍යා ඕඝයෙන් මෝහ හුල හටගත්තේ ය.

ඒ පුද්ගලයා තුළ මේ සතර හුල් වලින් වටකොට ගන්නා ලද විඤ්ඤාණය රූපය තුළ, විඳීම තුළ, සංඥාව තුළ, සංස්කාර තුළ පිහිටා සිටියි. එහි රාග හුලින් ලද ආශ්වාදයෙන් පොළඹවන ලද විඤ්ඤාණයෙන් රූපයෙහි බැසගත් විඤ්ඤාණට්ඨිතිය වෙයි. ද්වේෂ හුලින් ලද ආශ්වාදයෙන් පොළඹවන ලද විඤ්ඤාණයෙන් වේදනාවෙහි බැසගත් විඤ්ඤාණට්ඨිතිය වෙයි. මාන හුලින් ලද ආශ්වාදයෙන් පොළඹවන ලද විඤ්ඤාණයෙන් සංඥාවෙහි බැසගත් විඤ්ඤාණට්ඨිතිය වෙයි. මෝහ හුලින් ලද ආශ්වාදයෙන් පොළඹවන ලද විඤ්ඤාණයෙන් සංස්කාරයන්හි බැසගත් විඤ්ඤාණට්ඨිතිය වෙයි.

මේ සිව් වැදෑරුම් විඤ්ඤාණට්ඨිති වලින් අනුබල ලද ඒ පුද්ගලයාගේ විඤ්ඤාණය ඡන්දයෙන්, ද්වේෂයෙන්, භයෙන්, මෝහයෙන් අගතියට යයි. එසේ අගතියට යාමේ දී රාගය කරණ කොටගෙන ඡන්දයෙන් අගතියට යයි. ද්වේෂය කරණ කොටගෙන ද්වේෂයෙන් අගතියට යයි. භය කරණ කොටගෙන භයෙන් අගතියට යයි. මෝහය කරණ කොටගෙන මෝහයෙන් අගතියට යයි. මෙසේ චේතනාවෙන් යුතු කර්මය ත්, සිතට අයත් වූ කර්මය ත් වශයෙන් දසවස්තුක ක්ලේශයෝ වෙති. සසර පැවැත්මට හේතුව මෙය යි. මේ අයුරින් සියළු ක්ලේශයෝ සතර විපල්ලාසයෙන් විස්තර කළ යුත්තාහ.

එහි මේ සිව්දිසාවෝ ය. කබලිංකාර ආහාරය, අසුභයෙහි සුභ යන විපල්ලාසය, කාම උපාදානය, කාම යෝගය, අභිජ්ඣා කායගන්ථය, කාම ආශ්‍රවය, කාම ඕඝය, රාග හුල, රූපයෙහි බැසගෙන සිටින විඤ්ඤාණය, ඡන්දයෙන් අගතියට යාම යන මේ දස කරුණ පළමු දිශාව යි.

ස්පර්ශ ආහාරය, දුකෙහි සැප යන විපල්ලාසය, භව උපාදානය, භව යෝගය, ව්‍යාපාද කායගන්ථය, භව ආශ්‍රවය, භව ඕඝය, ද්වේෂ හුල, විඳීමෙහි බැසගෙන සිටින විඤ්ඤාණය, ද්වේෂයෙන් අගතියට යාම යන මේ දස කරුණ දෙවෙනි දිශාවයි.

විඤ්ඤාණ ආහාරය, අනිත්‍යයෙහි නිත්‍යය යන විපල්ලාසය, දෘෂ්ටි උපාදානය, දෘෂ්ටි යෝගය, සීලබ්බත පරාමාස කායගන්ථය, දෘෂ්ටි ආශ්‍රවය, දෘෂ්ටි ඕඝය, මාන හුල, සංඥාවෙහි බැසගෙන සිටින විඤ්ඤාණය, භයෙන් අගතියට යාම යන මේ දස කරුණ තුන්වෙනි දිශාව යි.

මනෝසංචේතනා ආහාරය, අනාත්මයෙහි ආත්මය යන විපල්ලාසය, අත්තවාද උපාදානය, අවිද්‍යා යෝගය, ඉදංසච්චාභිනිවේස කායගන්ථය, අවිද්‍යා ආශ්‍රවය, අවිද්‍යා ඕඝය, මෝහ හුල, සංස්කාරයන්හි බැසගෙන සිටින විඤ්ඤාණය, මෝහයෙන් අගතියට යාම යන මේ දස කරුණ සිව්වෙනි දිශාවයි.

එහි යම් කබලිංකාර ආහාරයක් ඇද්ද, අසුභයෙහි සුභ යන යම් විපල්ලාසයක් ඇද්ද, යම් කාම උපාදානයක්, කාම යෝග යක්, අභිජ්ඣා කායගන්ථයක්, කාම ආශ්‍රවයක්, කාම ඕඝයක්, රාග හුලක්, රූපයෙහි බැසගෙන සිටින විඤ්ඤාණයක්, ඡන්දයෙන් අගතියට යාමක් ඇද්ද, මේ දස වැදෑරුම් සූත්‍ර පදයන්හි අර්ථය එක ය. ව්‍යඤ්ජන ලක්ෂණයෙන් පමණක් වෙනස් ය. පළමු දිශාවෙන් කියන ලද මේ දස ධර්මයෝ රාග චරිතයාට උපක්ලේශයෝ ය.

එහි යම් ස්පර්ශ ආහාරයක් ඇද්ද, දුකෙහි සැප යන යම් විපල්ලාසයක් ඇද්ද, යම් භව උපාදානයක්, භව යෝගයක් ව්‍යාපාද කායගන්ථයක්, භව ආශ්‍රවයක්, භව ඕඝයක්, ද්වේෂ හුලක්, වේදනාවෙහි බැසගෙන සිටින විඤ්ඤාණයක්, ද්වේෂයෙන් අගතියට යාමක් ඇද්ද, මේ දස වැදෑරුම් සූත්‍ර පදයන්හි අර්ථය එක ය. ව්‍යඤ්ජන ලක්ෂණයෙන් පමණක් වෙනස් ය. දෙවෙනි දිශාවෙන් කියන ලද මේ දස ධර්මයෝ ද්වේෂ චරිතයාට උපක්ලේශයෝ ය.

එහි යම් විඤ්ඤාණ ආහාරයක් ඇද්ද, අනිත්‍යයෙහි නිත්‍යය යන යම් විපල්ලාසයක් ඇද්ද, යම් දිට්ඨි උපාදානයක්, දෘෂ්ටි යෝග යක්, සීලබ්බත පරාමාස කායගන්ථයක්, දෘෂ්ටි ආශ්‍රවයක්, දෘෂ්ටි ඕඝයක්, මාන හුලක්, සංඥාවෙහි බැසගෙන සිටින විඤ්ඤාණයක්, භයෙන් අගතියට යාමක් ඇද්ද, මේ දස වැදෑරුම් සූත්‍ර පදයන්හි

අර්ථය එක ය. ව්‍යඤ්ජන ලක්ෂණයෙන් පමණක් වෙනස් ය. තෙවෙනි දිශාවෙන් කියන ලද මේ දස ධර්මයෝ මඳ ප්‍රඥා ඇති දෘෂ්ටි චරිතයාට උපක්ලේශයෝ ය.

එහි යම් මනෝසංචේතනා ආහාරයක් ඇද්ද, අනාත්මයෙහි ආත්මය යන යම් විපල්ලාසයක් ඇද්ද, යම් අත්තවාද උපාදානයක්, අවිද්‍යා යෝගයක්, ඉදංසච්චාභිනිවේස කායගන්ථයක්, අවිද්‍යා ආශ්‍රවයක්, අවිද්‍යා ඕසයක්, මෝහ හුලක්, සංස්කාරයන් තුළ බැසගෙන සිටින විඤ්ඤාණයක්, මෝහයෙන් අගතියට යාමක් ඇද්ද, මේ දස වැදෑරුම් සූත්‍ර පදයන්හි අර්ථය එක ය. ව්‍යඤ්ජන ලක්ෂණයෙන් පමණක් වෙනස් ය. සිව්වෙනි දිශාවෙන් කියන ලද මේ දස ධර්මයෝ තියුණු ප්‍රඥා ඇති දෘෂ්ටි චරිතයාට උපක්ලේශයෝ ය.

එහි යම් කබලිංකාර ආහාරයක් ඇද්ද, යම් ස්පර්ශ ආහාරයක් ඇද්ද, මේ ආහාරයෝ සංස්කාරයන්ගේ දුක්ඛ ලක්ෂණය විදර්ශනා කොට අප්පණිහිත විමෝක්ෂ මාර්ගයෙන් පිරිසිඳ දැකීමකට යති. විඤ්ඤාණ ආහාරය සංස්කාරයන්ගේ අනාත්ම ලක්ෂණය විදර්ශනා කොට ශූන්‍යතා විමෝක්ෂ මාර්ගයෙන් පිරිසිඳ දැකීමකට යයි. මනෝසංචේතනා ආහාරය සංස්කාරයන්ගේ අනිත්‍ය ලක්ෂණ විදර්ශනා කොට අනිමිත්ත විමෝක්ෂ මාර්ගයෙන් පිරිසිඳ දැකීමට යයි.

එහි අසුභයෙහි සුභ ය යන යම් විපල්ලාසයක් ඇද්ද, දුකෙහි සැප ය යන යම් විපල්ලාසයක් ඇද්ද, මේ විපල්ලාසයෝ සංස්කාරයන්ගේ දුක්ඛ ලක්ෂණය විදර්ශනා කොට අප්පණිහිත විමෝක්ෂ මාර්ගයෙන් නැසීමට යති. අනිත්‍යයෙහි නිත්‍ය යන යම් විපල්ලාසයක් ඇද්ද, මේ විපල්ලාසය අනාත්ම ලක්ෂණය විදර්ශනා කොට ශූන්‍යතා විමෝක්ෂ මාර්ගයෙන් නැසීමට යයි. අනාත්මයෙහි ආත්ම යන යම් විපල්ලාසයක් ඇද්ද, මේ විපල්ලාසය අනිත්‍ය ලක්ෂණය විදර්ශනා කොට අනිමිත්ත විමෝක්ෂ මාර්ග යෙන් නැසීමට යයි.

එහි කාම උපාදානයත් භව උපාදානය ත් සංස්කාරයන්ගේ

දුක්ඛ ලක්ෂණය විදර්ශනා කොට අප්පණිහිත විමෝක්ෂ මාර්ග යෙන් ප්‍රහාණයට යති. දෘෂ්ටි උපාදානය සංස්කාරයන්ගේ අනාත්ම ලක්ෂණය විදර්ශනා කොට ශූන්‍යතා විමෝක්ෂ මාර්ගයෙන් ප්‍රහාණයට යයි. අත්තවාද උපාදානය සංස්කාරයන්ගේ අනිත්‍ය ලක්ෂණය විදර්ශනා කොට අනිමිත්ත විමෝක්ෂ මාර්ගයෙන් ප්‍රහාණයට යයි.

එහි කාම යෝගය ත්, භව යෝගය ත් සංස්කාරයන්ගේ දුක්ඛ ලක්ෂණය විදර්ශනා කොට අප්පණිහිත විමෝක්ෂ මාර්ග යෙන් ප්‍රහාණයට යති. දෘෂ්ටි යෝගය සංස්කාරයන්ගේ අනාත්ම ලක්ෂණය විදර්ශනා කොට ශූන්‍යතා විමෝක්ෂ මාර්ගයෙන් ප්‍රහාණයට යයි. අවිද්‍යා යෝගය සංස්කාරයන්ගේ අනිත්‍ය ලක්ෂණය විදර්ශනා කොට අනිමිත්ත විමෝක්ෂ මාර්ගයෙන් ප්‍රහාණයට යයි.

එහි අභිජ්ඣා කායගන්ථය ත්, ව්‍යාපාද කායගන්ථය ත් සංස්කාරයන්ගේ දුක්ඛ ලක්ෂණය විදර්ශනා කොට අප්පණිහිත විමෝක්ෂ මාර්ගයෙන් ප්‍රහාණයට යති. සීලබ්බත පරාමාස කායගන්ථය සංස්කාරයන්ගේ අනාත්ම ලක්ෂණය විදර්ශනා කොට ශූන්‍යතා විමෝක්ෂ මාර්ගයෙන් ප්‍රහාණයට යයි. ඉදං සච්චාභිනිවේස කායගන්ථය සංස්කාරයන්ගේ අනිත්‍ය ලක්ෂණය විදර්ශනා කොට අනිමිත්ත විමෝක්ෂ මාර්ගයෙන් ප්‍රහාණයට යයි.

එහි කාම ආශ්‍රවය ත්, භව ආශ්‍රවය ත් සංස්කාරයන්ගේ දුක්ඛ ලක්ෂණය විදර්ශනා කොට අප්පණිහිත විමෝක්ෂ මාර්ග යෙන් ප්‍රහාණයට යති. දෘෂ්ටි ආශ්‍රවය සංස්කාරයන්ගේ අනාත්ම ලක්ෂණය විදර්ශනා කොට ශූන්‍යතා විමෝක්ෂ මාර්ගයෙන් ප්‍රහාණයට යයි. අවිද්‍යා ආශ්‍රවය සංස්කාරයන්ගේ අනිත්‍ය ලක්ෂණය විදර්ශනා කොට අනිමිත්ත විමෝක්ෂ මාර්ගයෙන් ප්‍රහාණයට යයි.

එහි කාම ඕඝය ත්, භව ඕඝය ත් සංස්කාරයන්ගේ දුක්ඛ ලක්ෂණය විදර්ශනා කොට අප්පණිහිත විමෝක්ෂ මාර්ගයෙන් ප්‍රහාණයට යති. දෘෂ්ටි ඕඝය සංස්කාරයන්ගේ අනාත්ම ලක්ෂණය

විදර්ශනා කොට ශූන්‍යතා විමෝක්ෂ මාර්ගයෙන් ප්‍රහාණයට යයි. අවිද්‍යා ඕඝය සංස්කාරයන්ගේ අනිත්‍ය ලක්ෂණය විදර්ශනා කොට අනිමිත්ත විමෝක්ෂ මාර්ගයෙන් ප්‍රහාණයට යයි.

එහි රාග හුල ත්, ද්වේෂ හුල ත් සංස්කාරයන්ගේ දුක්ඛ ලක්ෂණය විදර්ශනා කොට අප්පණිහිත විමෝක්ෂ මාර්ගයෙන් ප්‍රහාණයට යති. මාන හුල සංස්කාරයන්ගේ අනාත්ම ලක්ෂණය විදර්ශනා කොට ශූන්‍යතා විමෝක්ෂ මාර්ගයෙන් ප්‍රහාණයට යයි. මෝහ හුල සංස්කාරයන්ගේ අනිත්‍ය ලක්ෂණය විදර්ශනා කොට අනිමිත්ත විමෝක්ෂ මාර්ගයෙන් ප්‍රහාණයට යයි.

එහි රූපයෙහි බැසගෙන සිටින විඥ්ඥාණය ත්, විඳීමෙහි බැසගෙන සිටින විඥ්ඥාණය ත් සංස්කාරයන්ගේ දුක්ඛ ලක්ෂණය විදර්ශනා කොට අප්පණිහිත විමෝක්ෂ මාර්ගයෙන් ප්‍රහාණයට යති. සංඥාවෙහි බැසගෙන සිටින විඥ්ඥාණය සංස්කාරයන්ගේ අනාත්ම ලක්ෂණය විදර්ශනා කොට ශූන්‍යතා විමෝක්ෂ මාර්ග යෙන් ප්‍රහාණයට යයි. සංස්කාරයන් තුළ බැසගෙන සිටින විඥ්ඥාණය සංස්කාරයන්ගේ අනිත්‍ය ලක්ෂණය විදර්ශනා කොට අනිමිත්ත විමෝක්ෂ මාර්ගයෙන් ප්‍රහාණයට යයි.

එහි ඡන්දයෙන් අගතියට යාම ත්, ද්වේෂයෙන් අගතියට යාම ත් සංස්කාරයන්ගේ දුක්ඛ ලක්ෂණය විදර්ශනා කොට අප්පණිහිත විමෝක්ෂ මාර්ගයෙන් ප්‍රහාණයට යති. භයෙන් අගතියට යාම සංස්කාරයන්ගේ අනාත්ම ලක්ෂණය විදර්ශනා කොට ශූන්‍යතා විමෝක්ෂ මාර්ගයෙන් ප්‍රහාණයට යයි. මෝහයෙන් අගතියට යාම සංස්කාරයන්ගේ අනිත්‍ය ලක්ෂණය විදර්ශනා කොට අනිමිත්ත විමෝක්ෂ මාර්ගයෙන් ප්‍රහාණයට යයි.

මෙසේ සියළු ලෝකයන්ගේ පැවැත්ම අනුව යන ධර්මයෝ ත්‍රිවිධ විමෝක්ෂ මාර්ගයෙන් තුන් ලොවෙන් නික්ම යති. එහිලා මෙය සසරෙන් නික්ම යාම යි.

සතරක් වූ ප්‍රතිපදාවෝ ය. සතරක් වූ සතිපට්ඨානයෝ ය. සතරක් වූ ධ්‍යානයෝ ය. සතරක් වූ විහාරයෝ ය. සතරක් වූ

සම්‍යක්ප්‍රධානයෝ ය. සතරක් වූ ආශ්චර්ය අද්භූත ධර්මයෝ ය. සතරක් වූ අධිෂ්ඨානයෝ ය. සතරක් වූ සමාධි භාවනාවෝ ය. සතරක් වූ සැපයට අයත් ධර්මයෝ ය. සතරක් වූ අප්‍රමාණයෝය.

පළමු ප්‍රතිපදාව පළමු සතිපට්ඨානය යි. දෙවෙනි ප්‍රතිපදාව දෙවෙනි සතිපට්ඨානය යි. තුන්වෙනි ප්‍රතිපදාව තුන්වෙනි සතිපට්ඨානය යි. සිව්වෙනි ප්‍රතිපදාව සිව්වෙනි සතිපට්ඨානය යි.

පළමු සතිපට්ඨානය පළමු ධ්‍යානය යි. දෙවෙනි සතිපට්ඨානය දෙවෙනි ධ්‍යානය යි. තුන්වෙනි සතිපට්ඨානය තුන්වෙනි ධ්‍යානය යි. සිව්වෙනි සතිපට්ඨානය සිව්වෙනි ධ්‍යානයයි.

පළමු ධ්‍යානය පළමු දිව්‍ය විහාරය යි. දෙවෙනි ධ්‍යානය දෙවෙනි බ්‍රහ්ම විහාරය යි. තුන්වෙනි ධ්‍යානය තුන්වෙනි ආර්ය විහාරය යි. සතරවෙනි ධ්‍යානය සතරවෙනි ආනෙඤ්ජ විහාරයයි.

පළමු විහාරය පළමු සම්‍යක් ප්‍රධානය යි. දෙවෙනි විහාරය දෙවෙනි සම්‍යක් ප්‍රධානය යි. තුන්වෙනි විහාරය තුන්වෙනි සම්‍යක් ප්‍රධානය යි. සිව්වෙනි විහාරය සිව්වෙනි සම්‍යක් ප්‍රධානය යි.

පළමු සම්‍යක්ප්‍රධානය පළමු ආශ්චර්ය අද්භූත ධර්මය යි. දෙවෙනි සම්‍යක්ප්‍රධානය දෙවෙනි ආශ්චර්ය අද්භූත ධර්මය යි. තුන්වෙනි සම්‍යක්ප්‍රධානය තුන්වෙනි ආශ්චර්ය අද්භූත ධර්මය යි. සිව්වෙනි සම්‍යක්ප්‍රධානය සිව්වෙනි ආශ්චර්ය අද්භූත ධර්මය යි.

පළමු ආශ්චර්ය අද්භූත ධර්මය පළමු අධිෂ්ඨානය යි. දෙවෙනි ආශ්චර්ය අද්භූත ධර්මය දෙවෙනි අධිෂ්ඨානය යි. තුන්වෙනි ආශ්චර්ය අද්භූත ධර්මය තුන්වෙනි අධිෂ්ඨානය යි. සිව්වෙනි ආශ්චර්ය අද්භූත ධර්මය සිව්වෙනි අධිෂ්ඨානය යි.

පළමු අධිෂ්ඨානය පළමු සමාධි භාවනාව යි. දෙවෙනි අධිෂ්ඨානය දෙවෙනි සමාධි භාවනාව යි. තුන්වෙනි අධිෂ්ඨානය තුන්වෙනි සමාධි භාවනාව යි. සිව්වෙනි අධිෂ්ඨානය සිව්වෙනි සමාධි භාවනාව යි.

පළමු සමාධි භාවනාව පළමු සැපයට අයත් ධර්මය යි. දෙවෙනි සමාධි භාවනාව දෙවෙනි සැපයට අයත් ධර්මය යි. තුන්වෙනි සමාධි භාවනාව තුන්වෙනි සැපයට අයත් ධර්මය යි. සිව්වෙනි සමාධි භාවනාව සිව්වෙනි සැපයට අයත් ධර්මය යි.

පළමු සැපයට අයත් ධර්මය පළමු අප්‍රමාණය යි. දෙවෙනි සැපයට අයත් ධර්මය දෙවෙනි අප්‍රමාණය යි. තුන්වෙනි සැපයට අයත් ධර්මය තුන්වෙනි අප්‍රමාණය යි. සිව්වෙනි සැපයට අයත් ධර්මය සිව්වෙනි අප්‍රමාණය යි.

පළමු ප්‍රතිපදාව දියුණු කරගත් විට, බහුල ව ප්‍රගුණ කරගත් විට පළමු සතිපට්ඨානය සම්පූර්ණ කරයි. දෙවෙනි ප්‍රතිපදාව දියුණු කරගත් විට, බහුල ව ප්‍රගුණ කරගත් විට දෙවෙනි සතිපට්ඨානය සම්පූර්ණ කරයි. තුන්වෙනි ප්‍රතිපදාව දියුණු කරගත් විට, බහුල ව ප්‍රගුණ කරගත් විට තුන්වෙනි සතිපට්ඨානය සම්පූර්ණ කරයි. සිව්වෙනි ප්‍රතිපදාව දියුණු කරගත් විට, බහුල ව ප්‍රගුණ කරගත් විට සිව්වෙනි සතිපට්ඨානය සම්පූර්ණ කරයි.

පළමු සතිපට්ඨානය දියුණු කරගත් විට, බහුල ව ප්‍රගුණ කරගත් විට පළමු ධ්‍යානය සම්පූර්ණ කරයි. දෙවෙනි සතිපට්ඨානය දියුණු කරගත් විට, බහුල ව ප්‍රගුණ කරගත් විට දෙවෙනි ධ්‍යානය සම්පූර්ණ කරයි. තුන්වෙනි සතිපට්ඨානය දියුණු කරගත් විට, බහුල ව ප්‍රගුණ කරගත් විට තුන්වෙනි ධ්‍යානය සම්පූර්ණ කරයි. සිව්වෙනි සතිපට්ඨානය දියුණු කරගත් විට, බහුල ව ප්‍රගුණ කරගත් විට සිව්වෙනි ධ්‍යානය සම්පූර්ණ කරයි.

පළමු ධ්‍යානය දියුණු කරගත් විට, බහුල ව ප්‍රගුණ කරගත් විට පළමු විහාරය සම්පූර්ණ කරයි. දෙවෙනි ධ්‍යානය දියුණු කරගත් විට, බහුල ව ප්‍රගුණ කරගත් විට දෙවෙනි විහාරය සම්පූර්ණ කරයි. තුන්වෙනි ධ්‍යානය දියුණු කරගත් විට, බහුල ව ප්‍රගුණ කරගත් විට තුන්වෙනි විහාරය සම්පූර්ණ කරයි. සිව්වෙනි ධ්‍යානය දියුණු කරගත් විට, බහුල ව ප්‍රගුණ කරගත් විට සිව්වෙනි විහාරය සම්පූර්ණ කරයි.

පළමු විහාරය දියුණු කරගත් විට, බහුල ව ප්‍රගුණ කරගත් විට නූපන් පාපී අකුසල් දහම් නූපදවීම සම්පූර්ණ කරයි. දෙවෙනි විහාරය දියුණු කරගත් විට, බහුල ව ප්‍රගුණ කරගත් විට උපන් පාපී අකුසල් දහම්වල ප්‍රහාණය සම්පූර්ණ කරයි. තුන්වෙනි විහාරය දියුණු කරගත් විට, බහුල ව ප්‍රගුණ කරගත් විට නූපන් කුසල් දහම්වල උපත සම්පූර්ණ කරයි. සිව්වෙනි විහාරය දියුණු කරගත් විට, බහුල ව ප්‍රගුණ කරගත් විට උපන් කුසල් දහම්වල පිහිටා තිබීම ත්, නොනැසීම ත්, වැඩිදියුණුව ත් සම්පූර්ණ කරයි.

පළමු සම්‍යක්ප්‍රධානය දියුණු කරගත් විට, බහුල ව ප්‍රගුණ කරගත් විට මාන්නය ප්‍රහාණය වීම සම්පූර්ණ වෙයි. දෙවෙනි සම්‍යක්ප්‍රධානය දියුණු කරගත් විට, බහුල ව ප්‍රගුණ කරගත් විට තෘෂ්ණාව ප්‍රහාණය වීම සම්පූර්ණ වෙයි. තුන්වෙනි සම්‍යක්ප්‍රධානය දියුණු කරගත් විට, බහුල ව ප්‍රගුණ කරගත් විට අවිද්‍යාව ප්‍රහාණය වීම සම්පූර්ණ වෙයි. සිව්වෙනි සම්‍යක්ප්‍රධානය දියුණු කරගත් විට, බහුල ව ප්‍රගුණ කරගත් විට භවය සංසිඳීම සම්පූර්ණ වෙයි.

මාන ප්‍රහාණය දියුණු කරගත් විට, බහුල ව ප්‍රගුණ කරගත් විට සත්‍ය අධිෂ්ඨානය සම්පූර්ණ වෙයි. තෘෂ්ණාව ප්‍රහාණය දියුණු කරගත් විට, බහුල ව ප්‍රගුණ කරගත් විට ත්‍යාග අධිෂ්ඨානය සම්පූර්ණ වෙයි. අවිද්‍යාව ප්‍රහාණය දියුණු කරගත් විට, බහුල ව ප්‍රගුණ කරගත් විට ප්‍රඥා අධිෂ්ඨානය සම්පූර්ණ වෙයි. භවය සංසිඳීම දියුණු කරගත් විට, බහුල ව ප්‍රගුණ කරගත් විට උපසම අධිෂ්ඨානය සම්පූර්ණ වෙයි.

සත්‍ය අධිෂ්ඨානය දියුණු කරගත් විට, බහුල ව ප්‍රගුණ කරගත් විට ඡන්ද සමාධිය සම්පූර්ණ වෙයි. ත්‍යාග අධිෂ්ඨානය දියුණු කරගත් විට, බහුල ව ප්‍රගුණ කරගත් විට විරිය සමාධිය සම්පූර්ණ වෙයි. ප්‍රඥා අධිෂ්ඨානය දියුණු කරගත් විට, බහුල ව ප්‍රගුණ කරගත් විට චිත්ත සමාධිය සම්පූර්ණ වෙයි. උපසම අධිෂ්ඨානය දියුණු කරගත් විට, බහුල ව ප්‍රගුණ කරගත් විට වීමංසා සමාධිය සම්පූර්ණ වෙයි.

ඡන්ද සමාධිය දියුණු කරගත් විට, බහුල ව ප්‍රගුණ කරගත් විට ඉන්ද්‍රිය සංවරය සම්පූර්ණ වෙයි. විරිය සමාධිය දියුණු කරගත් විට, බහුල ව ප්‍රගුණ කරගත් විට තපස සම්පූර්ණ වෙයි. චිත්ත සමාධිය දියුණු කරගත් විට, බහුල ව ප්‍රගුණ කරගත් විට බුද්ධිය සම්පූර්ණ වෙයි. වීමංසා සමාධිය දියුණු කරගත් විට, බහුල ව ප්‍රගුණ කරගත් විට සියළු කෙලෙස් උපධීන් දුරුලීම සම්පූර්ණ වෙයි.

ඉන්ද්‍රිය සංවරය දියුණු කරගත් විට, බහුල ව ප්‍රගුණ කරගත් විට මෛත්‍රිය සම්පූර්ණ වෙයි. තපස දියුණු කරගත් විට, බහුල ව ප්‍රගුණ කරගත් විට කරුණාව සම්පූර්ණ වෙයි. බුද්ධිය දියුණු කරගත් විට, බහුල ව ප්‍රගුණ කරගත් විට මුදිතාව සම්පූර්ණ වෙයි. සියළු කෙලෙස් උපධීන් දුරුලීම දියුණු කරගත් විට, බහුල ව ප්‍රගුණ කරගත් විට උපේක්ෂාව සම්පූර්ණ වෙයි.

එහි මේ සිව් දිශාවෝ ය. පළමු ප්‍රතිපදාව, පළමු සතිපට්ඨානය, පළමු ධ්‍යානය, පළමු විහාරය, පළමු සම්‍යක් ප්‍රධානය, පළමු ආශ්චර්ය අද්භූත ධර්මය, සත්‍ය අධිෂ්ඨානය, ඡන්ද සමාධිය, ඉන්ද්‍රිය සංවරය, මෛත්‍රිය ය. මෙසේ පළමු දිශාව ය.

දෙවෙනි ප්‍රතිපදාව, දෙවෙනි සතිපට්ඨානය, දෙවෙනි ධ්‍යානය, දෙවෙනි විහාරය, දෙවෙනි සම්‍යක් ප්‍රධානය, දෙවෙනි ආශ්චර්ය අද්භූත ධර්මය, ත්‍යාග අධිෂ්ඨානය, විරිය සමාධිය, තපස, කරුණාව ය. මෙසේ දෙවෙනි දිශාව ය.

තුන්වෙනි ප්‍රතිපදාව, තුන්වෙනි සතිපට්ඨානය, තුන්වෙනි ධ්‍යානය, තුන්වෙනි විහාරය, තුන්වෙනි සම්‍යක් ප්‍රධානය, තුන්වෙනි ආශ්චර්ය අද්භූත ධර්මය, ප්‍රඥා අධිෂ්ඨානය, චිත්ත සමාධිය, බුද්ධිය, මුදිතාව ය. මෙසේ තුන්වෙනි දිශාව ය.

සිව්වෙනි ප්‍රතිපදාව, සිව්වෙනි සතිපට්ඨානය, සිව්වෙනි ධ්‍යානය, සිව්වෙනි විහාරය, සිව්වෙනි සම්‍යක් ප්‍රධානය, සිව්වෙනි ආශ්චර්ය අද්භූත ධර්මය, උපසම අධිෂ්ඨානය, වීමංසා සමාධිය, සියළු කෙලෙස් උපධි දුරුලීම, උපේක්ෂාව ය. මෙසේ සිව්වෙනි

දිශාව ය.

එහි පළමු ප්‍රතිපදාව, පළමු සතිපට්ඨානය, පළමු ධ්‍යානය, පළමු විහාරය, පළමු සම්‍යක් ප්‍රධානය, පළමු ආශ්චර්ය අද්භූත ධර්මය, සත්‍ය අධිෂ්ඨානය, ඡන්ද සමාධිය, ඉන්ද්‍රිය සංවරය, මෛත්‍රිය ය යන මේ දස වැදෑරුම් සූත්‍ර පදයන්ගේ අර්ථය එක ය. ව්‍යඤ්ජන ලක්ෂණ වශයෙන් පමණක් වෙනස් ය. මෙය රාග චරිතයාට ඇති බෙහෙත යි.

දෙවෙනි ප්‍රතිපදාව, දෙවෙනි සතිපට්ඨානය, දෙවෙනි ධ්‍යානය, දෙවෙනි විහාරය, දෙවෙනි සම්‍යක් ප්‍රධානය, දෙවෙනි ආශ්චර්ය අද්භූත ධර්මය, ත්‍යාග අධිෂ්ඨානය, විරිය සමාධිය, තපස, කරුණාව ය යන මේ දස වැදෑරුම් සූත්‍ර පදයන්ගේ අර්ථය එක ය. ව්‍යඤ්ජන ලක්ෂණ වශයෙන් පමණක් වෙනස් ය. මෙය ද්වේෂ චරිතයාට ඇති බෙහෙත යි.

තුන්වෙනි ප්‍රතිපදාව, තුන්වෙනි සතිපට්ඨානය, තුන්වෙනි ධ්‍යානය, තුන්වෙනි විහාරය, තුන්වෙනි සම්‍යක් ප්‍රධානය, තුන්වෙනි ආශ්චර්ය අද්භූත ධර්මය, ප්‍රඥා අධිෂ්ඨානය, චිත්ත සමාධිය, බුද්ධිය, මුදිතාව ය යන මේ දස වැදෑරුම් සූත්‍ර පදයන්ගේ අර්ථය එක ය. ව්‍යඤ්ජන ලක්ෂණ වශයෙන් පමණක් වෙනස් ය. මෙය මඳ නුවණ ඇති දෘෂ්ටි චරිතයාට ඇති බෙහෙත යි.

සිව්වෙනි ප්‍රතිපදාව, සිව්වෙනි සතිපට්ඨානය, සිව්වෙනි ධ්‍යානය, සිව්වෙනි විහාරය, සිව්වෙනි සම්‍යක් ප්‍රධානය, සිව්වෙනි ආශ්චර්ය අද්භූත ධර්මය, උපසම අධිෂ්ඨානය, වීමංසා සමාධිය, සියළු කෙලෙස් උපධි දුරලීම, උපේක්ෂාව ය යන මේ දස වැදෑරුම් සූත්‍ර පදයන්ගේ අර්ථය එක ය. ව්‍යඤ්ජන ලක්ෂණ වශයෙන් පමණක් වෙනස් ය. මෙය තියුණු නුවණ ඇති දෘෂ්ටි චරිතයාට ඇති බෙහෙත යි.

එහි දුක් වූ ප්‍රතිපදාවෙන් සෙමෙන් වන අවබෝධයක් ඇද්ද, දුක් වූ ප්‍රතිපදාවෙන් වහා වන අවබෝධයක් ඇද්ද, මෙය සංස්කාරයන්ගේ දුක්ඛ ලක්ෂණය විදර්ශනා කොට ලබන අප්පණිහිත විමෝක්ෂ මාර්ගය යි.

සැප වූ ප්‍රතිපදාවෙන් සෙමෙන් වන අවබෝධයක් ඇද්ද, මෙය සංස්කාරයන්ගේ අනාත්ම ලක්ෂණය විදර්ශනා කොට ලබන ශූන්‍යතා විමෝක්ෂ මාර්ගය යි.

සැප වූ ප්‍රතිපදාවෙන් වහා වන අවබෝධයක් ඇද්ද, මෙය සංස්කාරයන්ගේ අනිත්‍ය ලක්ෂණය විදර්ශනා කොට ලබන අනිමිත්ත විමෝක්ෂ මාර්ගය යි.

එහි කය පිළිබඳ කායික ස්වභාවයන් අනුව දකින සතිපට්ඨානය ත්, විඳීම් පිළිබඳ ව විඳින ස්වභාවය අනුව දකින සතිපට්ඨානය ත්, මෙය සංස්කාරයන්ගේ දුක්ඛ ලක්ෂණය විදර්ශනා කොට ලබන අප්පණිහිත විමෝක්ෂ මාර්ගය යි.

සිත පිළිබඳ චිත්ත ස්වභාවය අනුව දකින සතිපට්ඨානයක් ඇද්ද, මෙය සංස්කාරයන්ගේ අනාත්ම ලක්ෂණය විදර්ශනා කොට ලබන ශූන්‍යතා විමෝක්ෂ මාර්ගය යි.

ධර්මයන් පිළිබඳ ව ධර්ම ස්වභාවය අනුව දකින සතිපට්ඨානයක් ඇද්ද, මෙය සංස්කාරයන්ගේ අනිත්‍ය ලක්ෂණය විදර්ශනා කොට ලබන අනිමිත්ත විමෝක්ෂ මාර්ගය යි.

එහි පළමු ධ්‍යානය ත්, දෙවෙනි ධ්‍යානය ත් අප්පණිහිත විමෝක්ෂ මාර්ගය යි. තුන්වෙනි ධ්‍යානය ශූන්‍යතා විමෝක්ෂ මාර්ගය යි. සිව්වෙනි ධ්‍යානය අනිමිත්ත විමෝක්ෂ මාර්ගය යි.

පළමු විහාරය ත්, දෙවෙනි විහාරය ත් අප්පණිහිත විමෝක්ෂ මාර්ගය යි. තුන්වෙනි විහාරය ශූන්‍යතා විමෝක්ෂ මාර්ගය යි. සිව්වෙනි විහාරය අනිමිත්ත විමෝක්ෂ මාර්ගය යි.

පළමු සම්‍යක්ප්‍රධානය ත්, දෙවෙනි සම්‍යක්ප්‍රධානය ත් අප්පණිහිත විමෝක්ෂ මාර්ගය යි. තුන්වෙනි සම්‍යක්ප්‍රධානය ශූන්‍යතා විමෝක්ෂ මාර්ගය යි. සිව්වෙනි සම්‍යක්ප්‍රධානය අනිමිත්ත විමෝක්ෂ මාර්ගය යි.

මාන්නය ප්‍රහාණය ත්, තෘෂ්ණාව නැසීම ත් අප්පණිහිත විමෝක්ෂ මාර්ගය යි. අවිද්‍යා ප්‍රහාණය ශූන්‍යතා විමෝක්ෂ මාර්ගය

යි. භවය සංසිඳීම අනිමිත්ත විමෝක්ෂ මාර්ගය යි.

සත්‍ය අධිෂ්ඨානය ත්, ත්‍යාග අධිෂ්ඨානය ත් අප්පණිහිත විමෝක්ෂ මාර්ගය යි. ප්‍රඥා අධිෂ්ඨානය ශූන්‍යතා විමෝක්ෂ මාර්ගය යි. උපසම අධිෂ්ඨානය අනිමිත්ත විමෝක්ෂ මාර්ගය යි.

ඡන්ද සමාධිය ත්, විරිය සමාධිය ත් අප්පණිහිත විමෝක්ෂ මාර්ගය යි. චිත්ත සමාධිය ශූන්‍යතා විමෝක්ෂ මාර්ගය යි. වීමංසා සමාධිය අනිමිත්ත විමෝක්ෂ මාර්ගය යි.

ඉන්ද්‍රිය සංවරය ත්, තපස ත් අප්පණිහිත විමෝක්ෂ මාර්ගය යි. බුද්ධිය ශූන්‍යතා විමෝක්ෂ මාර්ගය යි. සියළු කෙලෙස් උපධි දුරුලීම අනිමිත්ත විමෝක්ෂ මාර්ගය යි.

මෛත්‍රිය ත්, කරුණාව ත් අප්පණිහිත විමෝක්ෂ මාර්ගය යි. මුදිතාව ශූන්‍යතා විමෝක්ෂ මාර්ගය යි. උපේක්ෂාව අනිමිත්ත විමෝක්ෂ මාර්ගය යි.

ඒ විමෝක්ෂයන් තුළ ක්‍රීඩා කරන ලද බව ය.

කෙලෙසී යන පක්ෂයට අයත් ආහාර සතරකි. ඒ ආහාරයන්ට සතර ප්‍රතිපදාවෝ ප්‍රතිපක්ෂ වෙති. කෙලෙසී යන පක්ෂයට අයත් විපල්ලාස සතරකි. ඒ විපල්ලාසයන් සතරට සතිපට්ඨානයෝ ප්‍රතිපක්ෂ වෙති. කෙලෙසී යන පක්ෂයට අයත් උපාදාන සතරකි. ඒ උපාදානයන්ට සතරක් වූ ධ්‍යානයෝ ප්‍රතිපක්ෂ වෙති. කෙලෙසී යන පක්ෂයට අයත් යෝග සතරකි. ඒ යෝගයන්ට සතර විහාරයෝ ප්‍රතිපක්ෂ වෙති. කෙලෙසී යන පක්ෂයට අයත් ගන්ථ සතරකි. ඒ ගන්ථයන්ට සතර සම්‍යක් ප්‍රධානයෝ ප්‍රතිපක්ෂ වෙති. කෙලෙසී යන පක්ෂයට අයත් ආශ්‍රවයෝ සතරකි. ඒ ආශ්‍රවයන්ට සතරක් වූ ආශ්චර්යය අද්භූත ධර්මයෝ ප්‍රතිපක්ෂ වෙති. කෙලෙසී යන පක්ෂයට අයත් කෙලෙස් සැඩපහර සතරකි. ඒ ඕඝයන්ට සතරක් වූ අධිෂ්ඨානයෝ ප්‍රතිපක්ෂ වෙති. කෙලෙසී යන පක්ෂයට අයත් හුල් සතරකි. ඒ හුල්වලට සතරක් වූ සමාධි භාවනාවෝ ප්‍රතිපක්ෂ වෙති. කෙලෙසී යන පක්ෂයට විඤ්ඤාණට්ඨිති සතරකි. ඒ විඤ්ඤාණට්ඨිති වලට

සතරක් වූ සැපයට අයත් ධර්මයෝ ප්‍රතිපක්ෂ වෙති. කෙලෙසී යන පක්ෂයට අයත් අගතිගමන සතරකි. ඒ අගතීන්ට සතරක් වූ අප්‍රමාණ ධ්‍යානයෝ ප්‍රතිපක්ෂ වෙති.

සිංහයෝ යනු රාග - ද්වේෂ - මෝහ නසන ලද සම්මා සම්බුදුරජාණන් වහන්සේලා ය. පසේබුදුරජාණන් වහන්සේලා ය. සම්බුදුරජුන්ගේ ශ්‍රාවක රහතන් වහන්සේලා ය. ඒ සිංහයන්ගේ බොජ්ඣංග භාවනාව, නිවන සාක්ෂාත් කිරීම, දස වස්තුක කෙලෙස් රැස නැති කිරීම යනු ක්‍රීඩා කරන ලද බව යි. ශ්‍රද්ධාදී ඉන්ද්‍රියයන්ගේ දියුණුව වන ඉන්ද්‍රිය අධිෂ්ඨානය ද ක්‍රීඩා කරන ලද බවකි. විපල්ලාස සතර නැතිවීම ත්, නැවත හට නොගැනීම ත් වන විපල්ලාසයන්ගේ නැසූ බව දත් අධිෂ්ඨානය ද ක්‍රීඩා කරන ලද බවකි. ශ්‍රද්ධාදී ඉන්ද්‍රිය ධර්මයෝ සද්ධර්මයට අරමුණු වී ඇත්තාහ. සුභ සංඥා ආදී විපල්ලාසයෝ කෙලෙසුන්ට අරමුණු වී ඇත්තාහ. මෙය සිංහයන් විසින් ක්‍රීඩා කරන ලද බව හෙවත් සීහවික්කීළිත මාර්ග න්‍යායටත්, දිශාවන් බැලීම හෙවත් දිසාලෝචන මාර්ග න්‍යායටත් භූමිය යැයි කියනු ලැබේ.

එහෙයින් 'ඔහු ක්ලේශ විපල්ලාසයන්ගෙන් නික්ම යයි යන ධර්ම විග්‍රහය තුළ කුසලාකුසල ධර්ම විග්‍රහයන් විමසා බලා...' යනාදී ගාථාව වදාළහ.

එහිදී යම් කෙනෙක් දුක් වූ ප්‍රතිපදාවෙන් සෙමෙන් අවබෝධ කිරීමෙනුත්, වහා අවබෝධ කිරීමෙනුත් සසරෙන් එතෙරට යත් ද, මේ පුද්ගලයෝ දෙදෙනෙකි. යම් කෙනෙක් සැප වූ ප්‍රතිපදාවෙන් සෙමෙන් අවබෝධ කිරීමෙනුත්, වහා අවබෝධ කිරීමෙනුත් සසරෙන් එතෙරට යත් ද, මේ පුද්ගලයෝ දෙදෙනෙකි.

ඒ සතර පුද්ගලයන්ගේ කෙලෙසී යාම යනු මෙය යි. සතරක් වූ ආහාරයෝ ය. සතරක් වූ විපල්ලාසයෝ ය. සතරක් වූ උපාදානයෝ ය. සතරක් වූ යෝගයෝ ය. සතරක් වූ ගන්ථයෝ ය. සතරක් වූ ආශ්‍රවයෝ ය. සතරක් වූ ඕඝයෝ ය. සතරක් වූ හුල් ය. සතරක් වූ විඤ්ඤාණට්ඨිතීහු ය. සතරක් වූ අගතිගමනයෝය.

ඒ සතර පුද්ගලයන්ගේ පිරිසිඳු වීම යනු මෙය යි. සතරක් වූ ප්‍රතිපදාවෝ ය. සතරක් වූ සතිපට්ඨානයෝ ය. සතරක් වූ ධ්‍යානයෝ ය. සතරක් වූ විහාරයෝ ය. සතරක් වූ සම්‍යක් ප්‍රධානයෝ ය. සතරක් වූ ආශ්චර්ය අද්භූත ධර්මයෝ ය. සතරක් වූ අධිෂ්ඨානයෝ ය. සතරක් වූ සමාධිභාවනාවෝ ය. සතරක් වූ සුඛභාගීය ධර්මයෝ ය. සතරක් වූ අප්පමාණයෝ ය.

එහිදී යම් කෙනෙක් දුක් වූ ප්‍රතිපදාවෙන් සෙමෙන් අවබෝධ කිරීමෙනුත්, වහා අවබෝධ කිරීමෙනුත් සසරෙන් එතෙරට යත් ද, මේ පුද්ගලයෝ දෙදෙනෙකි. යම් කෙනෙක් සැප වූ ප්‍රතිපදාවෙන් සෙමෙන් අවබෝධ කිරීමෙනුත්, වහා අවබෝධ කිරීමෙනුත් සසරෙන් එතෙරට යත් ද, මේ පුද්ගලයෝ දෙදෙනෙකි.

එහි යමෙක් සැප වූ ප්‍රතිපදාවෙන් වහා අවබෝධ කිරීමෙන් සසරෙන් එතෙරට යයි ද, මොහු '**උග්ඝටිතඤ්ඤූ**' පුද්ගලයා ය. එහි යමෙක් පොදු ප්‍රතිපදාව වන දුක් වූ ප්‍රතිපදාවෙන් වහා අවබෝධ කිරීමෙනුත්, සැප වූ ප්‍රතිපදාවෙන් සෙමෙන් අවබෝධ කිරීමෙනුත් සසරෙන් එතෙරට යයි ද, මොහු '**විපඤ්චිතඤ්ඤූ**' පුද්ගලයා ය. යමෙක් දුක් වූ ප්‍රතිපදාවෙන් සෙමෙන් අවබෝධ කිරීමෙන් සසරෙන් නික්ම යයි ද, මොහු '**නෙය්‍ය**' පුද්ගලයා ය.

එහිදී භාග්‍යවතුන් වහන්සේ උග්ඝටිතඤ්ඤූ පුද්ගලයාට සමථයට උපදෙස් දෙන සේක. විපඤ්චිතඤ්ඤූ පුද්ගලයාට විදර්ශනාවට උපදෙස් දෙන සේක. නෙය්‍ය පුද්ගලයාට සමථයටත්, විදර්ශනාවටත් උපදෙස් දෙන සේක.

එහිදී භාග්‍යවතුන් වහන්සේ උග්ඝටිතඤ්ඤූ පුද්ගලයාට සැහැල්ලු ධර්ම දේශනාවෙන් උපදෙස් දෙන සේක. විපඤ්චිතඤ්ඤූ පුද්ගලයාට සැහැල්ලුවට ත්, තියුණුවට ත් උපදෙස් දෙන සේක. නෙය්‍ය පුද්ගලයාට අපාය භය ආදිය ඉස්මතු කොට තියුණු ලෙස උපදෙස් දෙන සේක.

එහිදී භාග්‍යවතුන් වහන්සේ උග්ඝටිතඤ්ඤූ පුද්ගලයාට සංක්ෂේපයෙන් දහම් දෙසන සේක. විපඤ්චිතඤ්ඤූ පුද්ගලයාට

සංක්ෂේපයෙනුත්, විස්තර වශයෙනුත් දහම් දෙසන සේක. නෙය්‍ය පුද්ගලයාට විස්තර වශයෙන් දහම් දෙසන සේක.

එහිදී භාග්‍යවතුන් වහන්සේ උග්ඝටිතඤ්ඤූ පුද්ගලයාට නිස්සරණයට උපදෙස් දෙන සේක. විපඤ්චිතඤ්ඤූ පුද්ගලයාට ආදීනවය දැකීමට ත්, නිස්සරණයට ත් උපදෙස් දෙන සේක. නෙය්‍ය පුද්ගලයාට ආශ්වාදයෙන් මුලා වීම ගැන ත්, ආදීනව දැකීමට ත්, නිස්සරණයට ත් උපදෙස් දෙන සේක.

එහිදී භාග්‍යවතුන් වහන්සේ උග්ඝටිතඤ්ඤූ පුද්ගලයාට අධිප්‍රඥා ශික්ෂාව පණවන සේක. විපඤ්චිතඤ්ඤූ පුද්ගලයාට අධිචිත්ත ශික්ෂාව පණවන සේක. නෙය්‍ය පුද්ගලයාට අධිසීල ශික්ෂාව පණවන සේක.

එහිදී යම් කෙනෙක් දුක් වූ ප්‍රතිපදාවෙන් සෙමෙන් අවබෝධ කිරීමෙනුත්, වහා අවබෝධ කිරීමෙනුත් සසරෙන් එතෙරට යත් ද, මේ පුද්ගලයෝ දෙදෙනෙකි. යම් කෙනෙක් සැප වූ ප්‍රතිපදාවෙන් සෙමෙන් අවබෝධ කිරීමෙනුත්, වහා අවබෝධ කිරීමෙනුත් සසරෙන් එතෙරට යත් ද, මේ පුද්ගලයෝ දෙදෙනෙකි.

මෙසේ ප්‍රතිපදා වශයෙන් පුද්ගලයන් සතර දෙනෙකුව සිට අවබෝධ කිරීම් වශයෙන් උග්ඝටිතඤ්ඤූ, විපඤ්චිතඤ්ඤූ, නෙය්‍ය වශයෙන් පුද්ගලයෝ තුන් දෙනෙක් වෙති. මේ තුන් පුද්ගලයන්ගේ කෙලෙසී යාම යනු මෙය යි. එනම්;

අකුසල මුල් තුන ය; ලෝභය අකුසල් වලට මුල්වන දෙයකි. ද්වේෂය අකුසල් වලට මුල්වන දෙයකි. මෝහය අකුසල් වලට මුල්වන දෙයකි.

දුෂ්චරිත තුනකි; කයෙන් වන දුෂ්චරිතය ය. වචනයෙන් වන දුෂ්චරිතය ය. සිතෙන් වන දුෂ්චරිතය ය.

අකුසල විතර්ක තුනකි; කාමයන් ගැන විතර්ක කිරීම ය. ද්වේෂය පිළිබඳ විතර්ක කිරීම ය. මෝහය පිළිබඳ විතර්ක කිරීමය.

අකුසල සංඥා තුනකි; කාම සංඥා ය. ව්‍යාපාද සංඥා ය. විහිංසා සංඥා ය.

විපරීත සංඥා තුනකි; නිත්‍ය සංඥාව ය. සැප සංඥාව ය. ආත්ම සංඥාව ය.

විඳීම් තුනකි; සැප විඳීම ය. දුක් විඳීම ය. දුක් සැප රහිත විඳීම ය.

දුක් බැව් තුනකි; දුක්ඛ දුක්ඛතාව ය. සංස්කාර දුක්ඛතාව ය. විපරිණාම දුක්ඛතාව ය.

ගිනි තුනකි; රාග ගින්න ය. ද්වේෂ ගින්න ය. මෝහ ගින්නය.

හුල් තුනකි; රාග හුල ය. ද්වේෂ හුල ය. මෝහ හුල ය.

අවුල් තුනකි; රාග අවුල ය. ද්වේෂ අවුල ය. මෝහ අවුලය.

අකුසල් උපපරීක්ෂා තුනකි; කයෙන් අකුසල් කිරීම ය. වචනයෙන් අකුසල් කිරීම ය. මනසින් අකුසල් කිරීම ය.

විපත්ති තුනකි; සීල විපත්තිය ය. දෘෂ්ටි විපත්තිය ය. ආචාර විපත්තිය ය.

මේ වනාහී ඒ තුන් පුද්ගලයන්ගේ කෙලෙසීයාම යි.

ඒ තුන් පුද්ගලයන්ගේ පිරිසිදු වීම මෙය යි. එනම්;

කුසල මුල් තුන ය; අලෝභය කුසල් වලට මුල්වන දෙයකි. අද්වේෂය කුසල් වලට මුල්වන දෙයකි. අමෝහය කුසල් වලට මුල්වන දෙයකි.

සුචරිත තුනකි; කයෙන් වන සුචරිතය ය. වචනයෙන් වන සුචරිතය ය. සිතෙන් වන සුචරිතය ය.

කුසල විතර්ක තුනකි; නෙක්ඛම්මය ගැන විතර්ක කිරීම ය. ව්‍යාපාද නොකිරීම පිළිබඳ විතර්ක කිරීම ය. හිංසා නොකිරීම

පිළිබඳ විතර්ක කිරීම ය.

සමාධි තුනකි; විතර්ක සහිත විචාර සහිත සමාධිය ය. විතර්ක රහිත විචාරමාත්‍ර සමාධිය ය. විතර්ක රහිත විචාර රහිත සමාධිය ය.

කුසල සංඥා තුනකි; නෙක්ඛම්ම සංඥාව ය. අව්‍යාපාද සංඥාව ය. අවිහිංසා සංඥාව ය.

අවිපරීත සංඥා තුනකි; අනිත්‍ය සංඥාව ය. දුක්ඛ සංඥාව ය. අනාත්ම සංඥාව ය.

කුසල් උපපරීක්ෂා තුනකි; කයෙන් කුසල් කිරීම ය. වචනයෙන් කුසල් කිරීම ය. මනසින් කුසල් කිරීම ය.

පිරිසිදු වීම් තුනකි; කායික ක්‍රියාවන්ගෙන් පිරිසිදු වීම ය. වාචසික ක්‍රියාවන්ගෙන් පිරිසිදු වීම ය. මානසික ක්‍රියාවන්ගෙන් පිරිසිදු වීම ය.

සම්පත්ති තුනකි; සීල සම්පත්තිය ය. සමාධි සම්පත්තිය ය. ප්‍රඥා සම්පත්තිය ය.

ශික්ෂා තුනකි; අධි සීල ශික්ෂාව ය. අධිචිත්ත ශික්ෂාව ය. අධිපඤ්ඤා ශික්ෂාව ය.

ස්කන්ධ තුනකි; සීලස්කන්ධය ය. සමාධි ස්කන්ධය ය. ප්‍රඥා ස්කන්ධය ය.

විමෝක්ෂ මාර්ග තුනකි; ශූන්‍යතා විමෝක්ෂ මාර්ගය ය. අනිමිත්ත විමෝක්ෂ මාර්ගය ය. අප්පණිහිත විමෝක්ෂ මාර්ගයය.

මේ වනාහී ඒ තුන් පුද්ගලයන්ගේ පිරිසිදු වීම යි.

මෙසේ පුද්ගලයන් සතර දෙනෙකුව සිට තුන් දෙනෙක් වෙති. තුන් දෙනෙකුව සිට දෙදෙනෙක් වෙති. ඒ තෘෂ්ණා චරිත වශයෙනුත්, දෘෂ්ටි චරිත වශයෙනුත් ය. ඒ පුද්ගලයන් දෙදෙනාගේ කෙලෙසී යාම යනු මෙය යි. එනම්;

තෘෂ්ණාව ත්, අවිද්‍යාව ත්, පවට ලැජ්ජා නැතිකම ත්, පවට භය නැතිකම ත්, සිහිය නැතිකම ත්, නුවණ නැතිකම ත්, වැරදි ලෙස මෙනෙහි කිරීම ත්, කුසීතකම ත්, යහපතට කීකරු නොවීම ත්, අහංකාරකම ත්, මාන්නය ත්, ශ්‍රද්ධාව නැතිකම ත්, ප්‍රමාදය ත්, ධර්මය නොවන දෙයට සවන්දීම ත්, අසංවරකම ත්, දැඩිලෝභය ත්, කෝපවන බව ත්, නීවරණය ත්, සංයෝජනය ත්, ක්‍රෝධය ත්, බද්ධවෛරය ත්, ගුණමකුකම ත්, තරඟයට වැඩකිරීම ත්, ඊර්ෂ්‍යාව ත්, මසුරුකම ත්, නැතිගුණ පෙන්වීම ත්, කපටිකම ත්, ශාස්වත දෘෂ්ටිය ත්, උච්ඡේද දෘෂ්ටිය ත් යන මේවා කෙලෙසී යාම් ය.

ඒ පුද්ගලයන් දෙදෙනාගේ මේ පිරිසිදු වීම යි. එනම්;

සමථය ත්, විදර්ශනාව ත්, පවට ලැජ්ජාව ත්, පවට භය ත්, සිහි ඇති බව ත්, නුවණ ඇති බව ත්, නුවණ යොදා මෙනෙහි කිරීම ත්, පටන් ගත් වීර්යය ඇති බව ත්, යහපත් දේට කීකරු බව ත්, පටිච්ච සමුප්පාද ධර්මය ගැන ඥානය ත්, ඒ අනුව අතීතයට - අනාගතයට ගලපා තේරුම් ගත හැකි අන්වයේ ඥානය ත්, කෙලෙසුන්ගේ ක්ෂය වීම දන්නා ඛයේ ඥානය ත්, කෙලෙසුන් ක්ෂය වීම පිණිස කළ යුතු තව දෙයක් නැතැයි දන්නා අනුප්පාදේ ඥානය ත්, ශ්‍රද්ධාව ත්, අප්‍රමාදය ත්, ධර්මයට සවන් දීම ත්, සංවරය ත්, ලෝභ නැතිකම ත්, කෝප නොවන බව ත්, රාගය දුරුවීමෙන් ලබන චිත්ත විමුක්තිය ත්, අවිද්‍යාව දුරුවීමෙන් ලබන ප්‍රඥා විමුක්ති ය ත්, අවබෝධය ත්, තමා තුළ ඇති ගුණ ප්‍රකට නොකරන බව වූ අල්පේච්ඡතාව ත්, ලද දෙයින් සතුටු වීම ත්, ක්‍රෝධ නැති බව ත්, බද්ධවෛර නැති බව ත්, අනුන්ගේ ගුණ නොමකන බව ත්, තරඟයට වැඩ නොකරන බව ත්, සංඛත අරමුණෙන් ලද විමෝක්ෂය ත්, අසංඛත අරමුණෙන් ලද විමෝක්ෂය ත්, සඋපදිශේෂ නිර්වාණධාතුව ත්, අනුපාදිසේස නිර්වාණ ධාතුව ත් ය. මෙය තිපුක්ඛල න්‍යාය මාර්ගයට ද, අංකුස න්‍යාය මාර්ගයට ද භූමිය යි.

එහෙයින් 'යමෙක් අකුසල් මුල් වලින් දුකට පමුණුවයි

ද,.....' යනාදී වශයෙනුත්, 'දිසාලෝචනයෙන් දැක....' යනාදී වශයෙනුත් වදාළහ.

නියුත්තං නයසමුට්ඨානං
(න්‍යාය මාර්ගය මතුකිරීම යොදන ලද්දේ ය.)

3.4. සාසනපට්ඨානං
(සසුන පිහිටුවීම)

එහි මූලපද දහඅට කොතැන්හි දැක්ක යුතුද? සසුන පිහිටුවීමෙහි ය. එහි සසුන පිහිටුවීම යනු කුමක් ද?

1. කෙලෙසී යාම ගැන විග්‍රහ කෙරෙන සංකිලේසභාගිය සූත්‍ර ය.
2. පුණ්‍ය වාසනාව ගැන විග්‍රහ කෙරෙන වාසනාභාගිය සූත්‍ර ය.
3. තියුණු අවබෝධය ගැන විග්‍රහ කෙරෙන නිබ්බේධභාගිය සූත්‍ර ය.
4. නිවන් මග හික්මී අවසන් කළ රහත් භික්ෂුව ගැන විග්‍රහ කෙරෙන අසේඛභාගිය සූත්‍ර ය.
5. කෙලෙසී යාම ගැන ත්, වාසනාව ගැනත් විග්‍රහ කෙරෙන සූත්‍ර ය.
6. කෙලෙසී යාම ගැන ත්, තියුණු අවබෝධය ගැන ත් විග්‍රහ කෙරෙන සූත්‍ර ය.
7. කෙලෙසී යාම ගැන ත්, අසේඛ පුද්ගලයා ගැන ත් විග්‍රහ කෙරෙන සූත්‍ර ය.
8. කෙලෙසී යාම ගැන ත්, තියුණු අවබෝධය ගැන ත්, අසේඛ පුද්ගලයා ගැන ත් විග්‍රහ කෙරෙන සූත්‍ර ය.

9. කෙලෙසී යාම ගැන ත්, වාසනාව ගැන ත්, තියුණු අවබෝධය ගැන ත් විග්‍රහ කෙරෙන සූත්‍ර ය.

10. වාසනාව ගැන ත්, තියුණු අවබෝධය ගැන ත් විග්‍රහ කෙරෙන සූත්‍ර ය.

11. තෘෂ්ණාවෙන් කෙලෙසී යාම ගැන විග්‍රහ කෙරෙන සූත්‍ර ය.

12. දෘෂ්ටීන්ගෙන් කෙලෙසී යාම ගැන විග්‍රහ කෙරෙන සූත්‍ර ය.

13. දුෂ්චරිතයන්ගෙන් කෙලෙසී යාම ගැන විග්‍රහ කෙරෙන සූත්‍ර ය.

14. තෘෂ්ණාව බැහැර කොට පිරිසිදු වීම ගැන විග්‍රහ කෙරෙන සූත්‍ර ය.

15. දෘෂ්ටීන් බැහැර කොට පිරිසිදු වීම ගැන විග්‍රහ කෙරෙන සූත්‍ර ය.

16. දුෂ්චරිත බැහැර කොට පිරිසිදු වීම ගැන විග්‍රහ කෙරෙන සූත්‍ර ය.

එහි කෙලෙසී යාම් තුන් අයුරු ය; තෘෂ්ණාවෙන් කෙලෙසී යාම ත්, දෘෂ්ටීන්ගෙන් කෙලෙසී යාම ත්, දුෂ්චරිතයෙන් කෙලෙසී යාම ත් ය. එහි තෘෂ්ණාවෙන් කෙලෙසී යාම සමථයෙන් පිරිසිදු වෙයි. ඒ සමථය සමාධි ස්කන්ධය යි. දෘෂ්ටීන්ගෙන් කෙලෙසී යාම විදර්ශනාවෙන් පිරිසිදු වෙයි. ඒ විදර්ශනාව ප්‍රඥා ස්කන්ධය යි. දුෂ්චරිතයෙන් කෙලෙසී යාම සුචරිතයෙන් පිරිසිදු වෙයි. ඒ සුචරිතය සීලස්කන්ධය යි. ඒ සීලයේ පිහිටි ඔහුට ඉදින් භවයන් කෙරෙහි ඇල්මක් උපදියි ද, මෙසේ ඒ ඇල්ම සමථ - විදර්ශනා වැඩීමෙන් සකස් වූ පුණ්‍යක්‍රියාවට කරුණු වෙයි. එය භවයෙහි ඉපදීම පිණිස හේතු වෙයි.

ඉහතින් දක්වන ලද දහසය වැදෑරුම් සූත්‍රයන්ගෙන් ප්‍රධාන වූ මේ සතරක් වූ සූත්‍රයෝ පොදු බවට පත් කළ විට අටක් වෙති. ඒ අටක් වූ ම සූත්‍රයෝ පොදු බවට පත් කළ විට දහසයක් වෙති. මේ දහසයකට වෙන් කරන ලද සූත්‍රයන්ගෙන් ආකාර නවයක් වූ සූත්‍රයෝ වෙන්කරන ලද්දාහු වෙති.

ගාථාවෙන් ගාථාව ප්‍රමාණ කළ යුත්තේ ය. ව්‍යාකරණයෙන් ව්‍යාකරණය ප්‍රමාණ කළ යුත්තේ ය. සූත්‍රයෙන් සූත්‍රය ප්‍රමාණ කළ යුත්තේ ය.

3.4.1.
(සසුන පිහිටුවීමෙහිදී මුල්වන සංකිලේසභාගිය සූත්‍රය)

එහි කෙලෙසී යාම ගැන විග්‍රහ කෙරෙන සූත්‍රය කුමක් ද?

"කාමන්ධා ජාලසඤ්ඡන්නා - තණ්හා ඡදනඡාදිතා
පමත්තබන්ධුනා බද්ධා - මච්ඡාව කුමිනාමුඛේ
ජරමරණමන්වෙන්ති - වච්ඡෝ ඛීරපකෝ'ව මාතර'න්ති"

(උදාන පාළිය - දුතිය සත්ත සූත්‍රය)

"පංච කාමයෙන් අන්ධ වී ගිය, තෘෂ්ණා දැලින් වෙළී ගිය, තෘෂ්ණා වැස්මෙන් වැසී ගිය, ප්‍රමාදවූවන්ගේ ඥාතියා වන මාරයාට බැඳී ගිය, කෙමන කටෙහි සිර වූ මාළුන් වැනි වූ සත්වයෝ මව්දෙන කරා දුව යන වසුපැටියෙකු සේ ජරා මරණ පසුපසින් ම යති."

මෙය කෙලෙසීයාම ගැන විග්‍රහ කෙරෙන සංකිලේස භාගිය සූත්‍රය යි.

"මහණෙනි, මේ අගතියට යාම් සතරකි. ඒ කවර සතරක් ද යත්; ඡන්දයෙන් අගතියට යයි. ද්වේෂයෙන් අගතියට යයි. භයෙන් අගතියට යයි. මෝහයෙන් අගතියට යයි. මහණෙනි, මේ වනාහී අගතියට යාම් සතර ය."

භාග්‍යවතුන් වහන්සේ මෙය වදාළ සේක. මෙය වදාළ සුගත වූ ශාස්තෘන් වහන්සේ යළි මේ ගාථාව වදාළ සේක.

"ඡන්දා දෝසා භයා මෝහා - යෝ ධම්මං අතිවත්තති
නිහීයති තස්ස යසෝ - කාලපක්ඛේව චන්දිමා'ති"

(අංගුත්තර නිකාය - චතුක්ක නිපාතය - අගති සූත්‍රය)

'යමෙක් ඡන්දයෙන් හෝ ද්වේෂයෙන් හෝ භයෙන් හෝ මෝහයෙන් හෝ ධර්මය ඉක්මවා යයි ද, ඔහුගේ කීර්ති යස පිරිවර කළුවර වෙමින් යන සඳක් සේ පිරිහී යයි.'

මෙය කෙලෙසීයාම ගැන විග්‍රහ කෙරෙන සංකිලේස භාගිය සූත්‍රය යි.

"මනෝ පුබ්බංගමා ධම්මා - මනෝ සෙට්ඨා මනෝමයා
මනසා චේ පදුට්ඨේන - භාසති වා කරෝති වා
තතෝ නං දුක්ඛමන්වේති - චක්කං'ව වහතෝ පද'න්ති"

(ධම්ම පදය - යමක වර්ගය)

'කුසලාකුසල ධර්මයෝ සිත පෙරටුකොට ඇත්තාහ. සිත මුල්කොට ඇත්තාහ. සිතින් ම හටගත්තාහ. ඉදින් යමෙක් දූෂිත වූ සිතින් යමක් කියයි නම් හෝ කරයි නම් හෝ එයින් හටගත් දුක් විපාකය බර උසුලා යන ගොනාගේ පියවර පිටුපසින් කරකැවී යන රෝදය සෙයින් ඒ පුද්ගලයා පසුපසින් දුක යයි.'

මෙය කෙලෙසීයාම ගැන විග්‍රහ කෙරෙන සංකිලේස භාගිය සූත්‍රය යි.

"මිද්ධී යදා හෝති මහග්ඝසෝ ච
නිද්දායිතා සම්පරිවත්තසායී
මහාවරාහෝ ච නිවාප පුට්ඨෝ
පුනප්පුනං ගබ්භමුපේති මන්දෝ'ති"

(ධම්ම පදය - නාග වර්ගය)

'යම් කලෙක පුද්ගලයෙක් නිදිමතින් යුක්ත වූයේ ත්, බොහෝ කොට අනුභව කරන්නේ, හිඳින සිටින තැනෙහි නිදනසුළු වූයේ, ඒ මේ අත පෙරලෙමින් නිදන්නේ ත් වෙයි ද, ඌරු කොටුවක හොඳින් කා තර වූ ඌරෙකු සෙයින් ඒ අඥාන තෙමේ නැවත නැවත ත් මව්කුසකට ම යයි.'

මෙය කෙලෙසීයාම ගැන විග්‍රහ කෙරෙන සංකිලේස භාගිය සූත්‍රය යි.

"අයසා'ව මලං සමුට්ඨිතං
තදුට්ඨාය තමේව ඛාදති
ඒවං අතිධෝනචාරිනං
තානි කම්මානි නයන්ති දුග්ගති'න්ති"

(ධම්ම පදය - මල වර්ගය)

'යකඩයෙන් මතු වූ මලකඩ, ඒ යකඩයෙන් ම නැගී සිට ඒ යකඩය ම කා දමන්නේ යම් සේ ද, එසෙයින් ම ප්‍රත්‍යවේක්ෂාවෙන් තොර ව පමණ ඉක්මවා සිව්පසය පරිහරණය කරන භික්ෂුවගේ ඒ කර්මයෝ ඔහු ව දුගතියට පමුණුවත්.'

මෙය කෙලෙසීයාම ගැන විග්‍රහ කෙරෙන සංකිලේස භාගිය සූත්‍රය යි.

"චෝරෝ යථා සන්ධිමුඛේ ගහීතෝ
සකම්මුනා හඤ්ඤතේ බජ්ඣතේ ච
ඒවං අයං පෙච්ච පජා පරත්ථ
සකම්මුනා හඤ්ඤතේ බජ්ඣතේ චා'ති"

(මජ්ඣිම නිකාය - රට්ඨපාල සූත්‍රය)

'ගෙවල් අතර සන්ධියෙහි සිටිය දී අල්ලා ගන්නා ලද සොරෙක් තමන්ගේ සොරකම හේතුවෙන් ම දඬුවමින් පෙළනු ලබන්නේ, සිරගෙයි බඳිනු ලබන්නේ යම් සේ ද, එසෙයින් ම මේ සත්ව ප්‍රජාව මිය පරලොව ගිය විට තම තමන්ගේ පාප කර්ම හේතුවෙන් අපා උපතින් පෙළනු ලැබෙයි. දැඩි දුක්වල බඳිනු

ලැබෙයි.'

මෙය කෙලෙසීයාම ගැන විග්‍රහ කෙරෙන සංකිලේස භාගිය සූත්‍රය යි.

"සුඛ කාමානි භූතානි
යෝ දණ්ඩේන විහිංසති
අත්තනෝ සුඛමේසානෝ
පෙච්ච සෝ න ලභතේ සුඛ'න්ති"

(උදාන පාළි - දණ්ඩ සූත්‍රය)

'සත්වයෝ සැප කැමැත්තෝ ය. යමෙක් තමන්ගේ සැපය සොයමින් එබඳු සත්වයන්ට දඬුවමින් හිංසා කරයි ද, පරලොව දී ඔහු සැපයක් නොලබයි.'

මෙය කෙලෙසීයාම ගැන විග්‍රහ කෙරෙන සංකිලේස භාගිය සූත්‍රය යි.

"ගුන්නං චේ තරමානානං
ජිම්හං ගච්ඡති පුංගවෝ
සබ්බා තා ජිම්හං ගච්ඡන්ති
නෙත්තේ ජිම්හගතේ සති"

'ඉදින් නදියෙන් එතෙර වෙන ගවයන් අතුරින් ප්‍රධාන ගවයා ඇදයට යයි ද, නායක ගවයා එසේ ඇදයට ගිය කල්හී ඒ සියළු ගවදෙන්නු ඇදයට යති.'

"ඒවමේවං මනුස්සේසු - යෝ හෝති සෙට්ඨ සම්මතෝ
සෝ චේ අධම්මං චරති - පගේව ඉතරා පජා
සබ්බං රට්ඨං දුඛං සේති - රාජා චේ හෝති අධම්මිකෝ'ති"

(අංගුත්තර නිකාය - චතුක්ක නිපාතය - අධම්මික සූත්‍රය)

'එසෙයින් ම මිනිසුන් අතර ශ්‍රේෂ්ඨ යැයි සම්මත යමෙක් වෙයි ද, ඉදින් ඔහු අධර්මයෙහි හැසිරෙයි නම්, අනෙක් ප්‍රජාව ගැන කවර කථා ද? ඉදින් රජු අධාර්මික වෙයි නම්, මුළු රට ම දුක සේ වෙසෙයි.'

මෙය කෙලෙසීයාම ගැන විග්‍රහ කෙරෙන සංකිලේස භාගිය සූත්‍රය යි.

"සුකිච්ඡරූපා වතිමේ මනුස්සා
කරොන්ති පාපං උපධීසු රත්තා
ගච්ඡන්ති තේ බහුජනසන්නිවාසං
නිරයං අවීචිං කටුකං භයානක'න්ති"

(..................)

'ඒකාන්තයෙන් ම කාමයන් නිසා බොහෝ වෙහෙසට පත් වූ ස්වභාවය ඇති මේ මිනිස්සු කෙලෙස් සහිත කර්මයන්ට ඇලී පව් කරති. ඔවුහු බොහෝ ජනයා පිරී වසන කටුක වූ, භයානක වූ අවීචි මහා නරකයට යති.'

මෙය කෙලෙසීයාම ගැන විග්‍රහ කෙරෙන සංකිලේස භාගිය සූත්‍රය යි.

"ඵලං වේ කදලිං හන්ති - ඵලං වේළුං ඵලං නළං
සක්කාරෝ කාපුරිසං හන්ති - ගබ්භෝ අස්සතරිං යථා'ති"

(අංගුත්තර නිකාය - චතුක්ක නිපාතය - දේවදත්ත සූත්‍රය)

'ඵලය හටගැනීමෙන් පසු ව ගසෙහි දළු කොළ නොහට ගන්නා හෙයින් ඒ හටගත් ඵලය ඒකාන්තයෙන් කෙසෙල් ගස වනසයි. හටගත් ඵලය උණගස ත් වනසයි. හටගත් ඵලය බටගස ත් වනසයි. කොටළුවාට දාව අශ්ව ධේනුවගෙන් උපන් අශ්වතරිය නම් වූ වෙළඹ එක් වරක් ගැබ්ගැනීමෙන් මිය යන හෙයින් ඈගේ ගර්භය ඈ මරයි. එසෙයින් ම හටගන්නා ලාභ සත්කාරය අසත්පුරුෂයා වනසයි.'

මෙය කෙලෙසීයාම ගැන විග්‍රහ කෙරෙන සංකිලේස භාගිය සූත්‍රය යි.

"කෝධමක්ඛගරූ භික්ඛූ - ලාභසක්කාර කාරණා
සුඛෙත්තේ පූති බීජං ච - සද්ධම්මස්මිං න රූහතී'ති"

(..................)

'ලාභ සත්කාර කීර්ති ප්‍රශංසා කාරණය කොට භික්ෂුවක් ක්‍රෝධයෙන් යුක්ත ව අනුන්ගේ ගුණ මකාදැමීම ප්‍රධාන කොට වාසය කරයි ද, ඔහු සාරවත් කුඹුරක වපුරන ලද කුණු වූ බීජයක් වැන්න. සද්ධර්මය තුළ ගුණධර්මයන්ගෙන් නොවැඩෙයි.'

මෙය කෙලෙසීයාම ගැන විග්‍රහ කෙරෙන සංකිලේස භාගිය සූත්‍රය යි.

"මහණෙනි, මම මෙහි ඉතා දූෂිත සිත් ඇති පුද්ගලයෙකු පිළිබඳ ව මගේ සිතින් ඔහුගේ සිත මෙසේ පිරිසිඳ දනිමි. 'මේ පුද්ගලයා ඉරියව් පවත්වන්නේ යම් සේ ද, පිළිවෙතකට පිළිපන්නේ යම් සේ ද, මාර්ගයකට ගොඩවූයේ යම් සේ ද, මොහු මේ අවස්ථාවෙහි මරණයට පත්වන්නේ නම්, හිසෙන් ඔසොවාගෙන ආ බරක් බිම තබන්නේ යම් අයුරින් ද, එසෙයින් ම නරකයෙහි උපදියි.' එයට හේතුව කුමක් ද යත්; ඔහුගේ සිත ම ඉතා දූෂිත ව ඇති නිසා ය. මෙසේ මෙහි ඇතැම් සත්වයෝ සිත දූෂිත වීම හේතුවෙන් කය බිඳී මරණින් මතු අපාය, දුර්ගති, විනිපාත නම් වූ නිරයෙහි උපදිති."

භාග්‍යවතුන් වහන්සේ මෙකරුණ වදාළ සේක. ඒ අර්ථය මෙසේ ත් කියනු ලැබේ.

"පදුට්ඨචිත්තං ඤත්වාන - ඒකච්චං ඉධ පුග්ගලං
ඒතමත්ථං වියාකාසී - බුද්ධෝ භික්ඛූන සන්තිකේ

'මෙහි ඇතැම් පුද්ගලයෙකු ඉතා දූෂිත සිතින් යුතුව සිටිනා බව දැනගත් බුදුරජාණන් වහන්සේ භික්ෂූන් හට මෙකරුණ වදාළ සේක.

ඉමම්හිචායං සමයේ - කාලං කයිරාථ පුග්ගලෝ
නිරයස්මිං උපපජ්ජෙය්‍ය - චිත්තං හිස්ස පදූසිතං
චිත්තප්පදෝස හේතුහි - සත්තා ගච්ඡන්ති දුග්ගතිං

ඉදින් මේ පුද්ගලයා මේ අවස්ථාවෙහි මරණයට පත්වෙයි නම්, නිරයෙහි උපදින්නේ ය. ඔහුගේ සිත ඉතා දූෂිත ව ඇති නිසා

ය. සිත දූෂිත වීම හේතුවෙන් ම සත්වයෝ නරකයෙහි උපදිති.

යථාභතං නික්ඛිපෙය්‍ය - ඒවමේව තථාවිධෝ
කායස්ස භේදා දුප්පඤ්ඤො - නිරයං සෝ උපපජ්ජතී'ති"

(ඉතිවුත්තක පාළි - පදුට්ඨපුග්ගල සූත්‍රය)

හිසින් ගෙන ආ බරක් බිම තබන්නේ යම් සේ ද, ඒ අයුරු ම ය. එබඳු ම ය. ඒ දුෂ්ප්‍රාඥ වූ පුද්ගලයා කය බිඳී යාමෙන් පසු නරකයෙහි උපදින්නේ ය.'

අයම්පි අත්ථෝ වුත්තෝ භගවතා ඉති මේ සුතන්ති.

මෙම අර්ථය භාග්‍යවතුන් වහන්සේ විසින් වදාරණ ලද්දේ යැයි මෙසේ මවිසින් අසන ලද්දේ ය.

මෙය කෙලෙසීයාම ගැන විග්‍රහ කෙරෙන සංකිලේස භාගිය සූත්‍රය යි.

සචේ භායථ දුක්ඛස්ස - සචේ වෝ දුක්ඛමප්පියං
මා කත්ථ පාපකං කම්මං - ආවී වා යදි වා රහෝ

'ඉදින් දුකට භය වහු නම්, ඉදින් ඔබට දුක අප්‍රිය නම්, එළිපිට වේවා, රහසේ වේවා පාප කර්මයක් නොකරවු.

සචේ ච පාපකං කම්මං - කරිස්සථ කරෝථ වා
න වෝ දුක්ඛා පමුත්ත්‍යත්ථි - උපෙච්චා'පි පලායත'න්ති"

(උදාන පාළි - කුමාරක සූත්‍රය)

ඉදින් මතුවට ත් පව් කරන්නහු නම්, දැනුත් පව් කරහු නම්, උඩට ඉගිලී පලා ගියත් ඔබට දුක් විපාකයෙන් නිදහස් වීමක් නැත්තේ ය.'

මෙය කෙලෙසීයාම ගැන විග්‍රහ කෙරෙන සංකිලේස භාගිය සූත්‍රය යි.

"අධම්මේන ධනං ලද්ධා - මුසාවාදේන චූභයං
මමේති බාලා මඤ්ඤන්ති - තං කථන්නු භවිස්සති

(..................)

'අධාර්මික ක්‍රමයන්ගෙනුත්, බොරුවෙනුත් යන දෙකින් ධනය ලබා ගත් අඥාන බාලයෝ ඒ ධනය 'මාගේ ය' යි හඟිත්. කෙසේ නම් ඒ ධනය ඔවුන්ට අයත් වෙයි ද?

අන්තරායාසු භවිස්සන්ති - සම්භතස්ස විනස්සති
මතා සග්ගං න ගච්ඡන්ති - නනු එත්තාවතා හතා'ති"

(..................)

ඒ අධාර්මික ධනයට නොයෙක් අන්තරායෝ වන්නාහ. ඔවුන් විසින් රැස්කළ ධනය වැනසී යන්නේ ය. මියගිය විට සුගතියට නොයති. මෙපමණකින් ඔවුහු නැසුණාහු නොවෙත් ද?

මෙය කෙලෙසීයාම ගැන විග්‍රහ කෙරෙන සංකිලේස භාගිය සූත්‍රය යි.

"කථං ඛණති අත්තානං - කථං මිත්තේහි ජීරති
කථං විවට්ටතේ ධම්මා - කථං සග්ගං න ගච්ඡති

(..................)

තමාගේ ගුණ කෙසේ සාරා ගනියි ද? මිතුරන්ගෙන් කෙසේ පිරිහෙයි ද? ධර්මයෙන් බැහැරට කෙසේ වැටෙයි ද? ස්වර්ගයට කෙසේ නොයයි ද?

ලෝභා ඛණති අත්තානං - ලුද්ධෝ මිත්තේහි ජීරති
ලෝභා විවට්ටතේ ධම්මා - ලෝභා සග්ගං න ගච්ඡතී'ති"

(..................)

ලෝභය හේතුවෙන් තමාගේ ගුණ සාරා ගනියි. ලෝභී තැනැත්තා මිතුරන්ගෙන් පිරිහෙයි. ලෝභය නිසාවෙන් ධර්මයෙන්

පහළට වැටෙයි. ලෝභය කරණ කොටගෙන ස්වර්ගයට නොයයි.'

මෙය කෙලෙසියාම ගැන විග්‍රහ කෙරෙන සංකිලේස භාගිය සූත්‍රය යි.

"චරන්ති බාලා දුම්මේධා - අමිත්තේනේව අත්තනා
කරොන්තා පාපකං කම්මං - යං හෝති කටුකප්ඵලං

'යම් පවක් කටුක වූ දුක් විපාක ලබාදෙයි ද, එබඳු පාප කර්ම කරමින් ප්‍රඥා රහිත අඥානයෝ තමන්ට ම සතුරන් බඳු ව ජීවත් වෙති.

න තං කම්මං කතං සාධු - යං කත්වා අනුතප්පති
යස්ස අස්සුමුඛෝ රෝදං - විපාකං පටිසේවතී'ති"

(ධම්ම පදය - බාල වර්ගය)

යම් කර්මයක් කළ පසු ඒ කළ දේ ගැන සිතා පසුතැවෙයි නම්, යම් කර්මයකින් දුක් විපාක ලැබ කඳුළු වැගිරෙන මුහුණින් යුතුව විඳියි නම්, ඒ පාප කර්මය නොකරන ලද්දේ යහපති"

මෙය කෙලෙසියාම ගැන විග්‍රහ කෙරෙන සංකිලේස භාගිය සූත්‍රය යි.

"දුක්ඛරං දුත්තිතික්ඛං ච - අවියත්තේන සාමඤ්ඤං
බහූහි තත්ථ සම්බාධා - යත්ථ බාලෝ විසීදති

'අව්‍යක්ත අඥාන තැනැත්තාට ධර්ම විනයෙහි හැසිරෙන පැවිද්ද දුෂ්කර ය. අපහසුතා පීඩා වලදී ඉවසීම කළ නොහැක්කේ ය. පැවිද්දට හානිකර වූ යම් කෙලෙස් අරමුණුවලදී අඥානයාගේ සිත ඒ අකුසලයෙහි බැසගනියි නම්, එබඳු සම්බාධක බොහෝ ඇත්තාහ.

යෝහි අත්ථං ච ධම්මං ච - භාසමානේ තථාගතේ
මනං පදෝසියේ බාලෝ - මෝසං බෝ තස්ස ජීවිතං

තථාගතයන් වහන්සේ විසින් අර්ථය ත්, ධර්මය ත් වදාරණ

කල්හී යම් අඥානයෙක් සිත දූෂිත කරගන්නේ ද, ඔහුගේ ජීවිතය හිස් වූයේ ම ය.

ඒතංචාහං අරහාමි
දුක්ඛං ච ඉතෝ ච පාපියතරං හන්තේ
යෝ අප්පමෙයෙය්සු තථාගතේසු
චිත්තං පදෝසේමි අවීතරාගෝ'ති"

(සංයුත්ත නිකාය - දේවතා සංයුත්තය - දුක්කර සූත්‍රය)

ස්වාමීනී, යම්බඳු මම රාගය දුරු නොකළ තැනැත්තෙකුව සිටිමින්, පමණ නොකළ හැකි රහත් ගුණැති තථාගතයන් වහන්සේ කෙරෙහි සිත දූෂිත කරගත්තෙම් ද, මම් මෙයට ත් වඩා, දුකකට ත් වඩා, පවිටු බවකට සුදුස්සෙක්මි.'

මෙය කෙලෙසීයාම ගැන විග්‍රහ කෙරෙන සංකිලේස භාගිය සූත්‍රය යි.

"අප්පමෙය්‍යං පමිණන්තෝ - කෝ'ධ විද්වා විකප්පයේ
අප්පමෙය්‍යං පමායන්තං - නිවුතං මඤ්ඤෙ අකිස්සව'න්ති"

(සංයුත්ත නිකාය - බ්‍රහ්ම සංයුත්තය - කතමෝරක තිස්ස සූත්‍රය)

'මේ ලෝකයෙහි පමණ නොකළ හැකි ගුණයෙන් යුක්ත රහත් භික්ෂුවක් තුළ ඇති ගුණයන් ප්‍රමාණ කළ හැකි නුවණැත්තා කවුද? පමණ නොකළ හැකි ගුණැති රහත් භික්ෂුවක් මනින්නට යන තැනැත්තා නුවණ වැසී ගිය අයෙකු යැයි හඟිමි.'

මෙය කෙලෙසීයාම ගැන විග්‍රහ කෙරෙන සංකිලේස භාගිය සූත්‍රය යි.

"පුරිසස්ස හි ජාතස්ස - කුඨාරි ජායතේ මුඛේ
යාය ඡින්දති අත්තානං - බාලෝ දුබ්භාසිතං භණන්ති"

(සුත්ත නිපාතය - කෝකාලික සූත්‍රය)

'නපුරු වචන කියන අඥානයා යම් පාපී වචනයෙන්

තමාගේ කුසල් මුල් නසා ගනියි ද, උපන් පුරුෂයාගේ කටෙහි ම නපුරු වචනය නැමැති කෙටේරිය ත් උපදියි.

න හි සත්ථං සුනිසිතං - විසං හලාහලං ඉව
ඒවං විරුද්ධං පාතේති - වාචා දුබ්භාසිතා යථා'ති"

(ජාතක පාළි - කෝකාලික ජාතකය)

යම් සේ ආර්යයන් වහන්සේලාට උපවාද පිණිස කියන ලද පාපී වචනය එය කියූ විරුද්ධ පුද්ගලයා ව ම නරකයෙහි හෙළයි ද, පානය කළ සැනින් මිය යන හලාහල විෂක් බඳු ඒ නපුරු වචනය බඳු හොඳින් මුවහත් කරන ලද වෙනත් ආයුධයක් නැත්තේ ය.'

මෙය කෙලෙසීයාම ගැන විග්‍රහ කෙරෙන සංකිලේස භාගිය සූත්‍රය යි.

"යෝ නින්දියං පසංසති
තං වා නින්දති යෝ පසංසියෝ
විචිනාති මුඛේන සෝ කලිං
කලිනා තේන සුඛං න වින්දති

'යමෙක් නින්දා කළ යුතු තැනැත්තාට ප්‍රශංසා කරයි ද, ප්‍රශංසා ලැබිය යුතු යමෙක් වෙයි නම්, ඔහුට නින්දා කරයි ද, ඒ තැනැත්තා කටෙන් පව් රැස් කරයි. ඒ අපරාධය හේතුවෙන් ඔහු සැපක් නොවිඳියි.

අප්පමත්තෝ අයං කලි
යෝ අක්ඛේසු ධනපරාජයෝ
සබ්බස්සා'පි සහා'පි අත්තනා
අයමේව මහන්තතරෝ කලි
යෝ සුගතේසු මනං පදෝසයේ

යමෙක් සූදු ක්‍රීඩාවට ගොස් ධන පරාජයකට පත්වෙයි ද, මේ අපරාධය සුළු දෙයකි. යමෙක් සොඳුරු තිවනට වැඩි

සුගතයන් වහන්සේලා කෙරෙහි සිත දූෂිත කරගනියි ද, තමාත් සමඟ තමාගේ සියලු ධනය ත් සමඟ වැනසෙන මෙය ම වඩාත් බරපතල අපරාධය වෙයි.

සතං සහස්සානං නිරබ්බුදානං
ඡත්තිංසති පඤ්ච ච අබ්බුදානි
යමරියගරහී නිරයං උපේති
වාචං මනඤ්ච පණිධාය පාපක'න්ති"

(සුත්ත නිපාතය - කෝකාලික සූත්‍රය)

ආර්යයන් වහන්සේලාට ගරහන්නෙක් පවිටු වූ වචනයත්, පවිටු වූ සිතත් පිහිටුවාගෙන යම් පදුම නම් වූ නිරයකට පැමිණෙයි ද, එහි ආයුෂ නිරබ්බුද වර්ෂ වලින් ලක්ෂයක් ද, තිස් හයක් ද, අබ්බුද වර්ෂ වලින් පහක් ද වෙයි.'

මෙය කෙලෙසීයාම ගැන විග්‍රහ කෙරෙන සංකිලේස භාගිය සූත්‍රය යි.

"යෝ ලෝභගුණේ අනුයුත්තෝ
සෝ වචසා පරිභාසති අඤ්ඤේ
අස්සද්ධෝ කදරියෝ අවදඤ්ඤූ
මච්ඡරී පේසුණියං අනුයුත්තෝ

'යමෙක් සිව්පසය ලෝභයෙහි පුන පුනා යෙදුණේ, ශ්‍රද්ධා රහිත වූයේ ද, තද මසුරු වූයේ ද, සත්පුරුෂ වචන නොදනියි ද, අනුන්ට යමක් ලැබෙනවාට අකමැති වෙයි ද, කේලාම් කියා අන්‍යයන් බිඳවයි ද, ඔහු වචනයෙන් අන්‍යයන්ට පරිභව කරයි.

මුඛදුග්ග, විභූත අනරිය
භූනහු, පාපක දුක්කතකාරී
පුරිසන්තකලි අවජාතකපුත්ත
මා බහුභාණී'ධ නේරයිකෝ'සි

ළංවිය නොහැකි තරම් බාල වූ පවිටු වචන පිටවන කටක් ඇති තැනැත්ත, නපුරු වචන නිසා ප්‍රකට වූ තැනැත්ත, ආර්ය

නොවන තැනැත්ත, දියුණුව නසාගත් තැනැත්ත, පව්ටු තැනැත්ත, පව්කරන තැනැත්ත, අවජාතක පුත්‍රය, මෙහි බොහෝ කොට කියන්නෙක් වෙන්නට එපා! නරකයෙහි උපන්නෙක් වූයෙහි.

රජමාකිරසේ අභිතාය - සන්තේ ගරහසි කිබ්බිසකාරී
බහූනි දුච්චරිතානි චරිත්වා - ගච්ඡසි පපතං චිරරත්ත'න්ති"

(සුත්ත නිපාතය - කෝකාලික සූත්‍රය)

තමන්ගේ අයහපත පිණිස කෙලෙස් වගුරුවන්නෙහි ය. රහත් උතුමන්ට ගරහන්නෙහි ය. දරුණු ක්‍රියා කරන තැනැත්ත, බොහෝ දුසිරිතෙහි හැසිර බොහෝ කල් පැසීමට නරකයට යන්නෙහි.'

මෙය කෙලෙසීයාම ගැන විග්‍රහ කෙරෙන සංකිලේස භාගිය සූත්‍රය යි.

3.4.2.

(සසුන පිහිටුවීමෙහිදී මුල්වන වාසනාභාගීය සූත්‍රය)

එහි පුණ්‍යවාසනාව ගැන විග්‍රහ කෙරෙන සූත්‍රය කුමක්ද?

"මනෝ පුබ්බංගමා ධම්මා - මනෝ සෙට්ඨා මනෝමයා
මනසා චේ පසන්නේන - භාසති වා කරෝති වා
තතෝ නං සුඛමන්වේති - ඡායාව අනපායිනී'ති"

(ධම්ම පදය - යමක වර්ගය)

'කුසලාකුසල ධර්මයෝ සිත පෙරටුකොට ඇත්තාහ. සිත මුල්කොට ඇත්තාහ. සිතින් ම හටගත්තාහ. ඉදින් යමෙක් පහන් වූ සිතින් යමක් කියයි නම් හෝ කරයි නම් හෝ ඒ පුණ්‍යකර්මය හේතුවෙන් හටගත් සැප විපාකය තමාව අත්නොහැර සිටින සෙවණැල්ලක් සෙයින් ඔහු පසුපස යයි.'

මෙය පුණ්‍යවාසනාව ගැන විග්‍රහ කෙරෙන වාසනා භාගිය සූත්‍රය යි.

මහානාම ශාක්‍ය රජු භාග්‍යවතුන් වහන්සේට මෙය කීවේය.

"ස්වාමීනී, මේ කපිලවස්තු නගරය වස්ත්‍රාභරණ ආදියෙනුත් සමෘද්ධිමත් ය. සුලභ වූ ආහාරපානාදිය ඇත්තේ ය. බොහෝ ජනයා ද ඇත්තේ ය. මිනිසුන්ගෙන් ගැවසී ගත්තේ ය. බොහෝ තදබද වූ වීදි ඇත්තේ ය.

ස්වාමීනී, ඒ මම භාග්‍යවතුන් වහන්සේ ව හෝ මනෝභාවනීය භික්ෂූන් හෝ ඇසුරු කොට සවස් වරුවෙහි කපිලවස්තු නගරයට ඇතුළුවන්නෙමි, කැලඹී ගිය ඇතෙකුගේ වුවත් ඉදිරියට යමි. කැළඹී ගිය අශ්වයෙකුගේ වුවත් ඉදිරියට යමි. කැළඹී ගිය රථයක වුවත් ඉදිරියට යමි. කැළඹී ගිය ගැලක වුවත් ඉදිරියට යමි. කැළඹී ගිය පුරුෂයෙකුගේ වුවත් ඉදිරියට යමි.

ස්වාමීනී, ඒ අවස්ථාවෙහි භාග්‍යවතුන් වහන්සේ අරභයා පැවති මාගේ සිහිය නැතිවෙයි ම ය. ධර්මය අරභයා පැවැති සිහිය නැතිවෙයි. සංඝයා අරභයා පැවති සිහිය නැතිවෙයි. ස්වාමීනී, ඒ මට මෙසේ සිතෙයි. මේ අවස්ථාවෙහි මම මරණයට පත්වෙන්නෙම් නම්, මාගේ උපත කුමක් වේවිද? පරලොව කුමක් වේවිද?"

"මහානාමයෙනි, භයවෙන්න එපා! මහානාමයෙනි, භයවෙන්න එපා! ඔබගේ මරණය පවිටු වූවක් නොවන්නේ ය. ඔබගේ කලුරිය කිරීම පවිටු වූවක් නොවෙන්නේ ය. මහානාමයෙනි, සිව් ධර්මයකින් සමන්විත වූ ආර්ය ශ්‍රාවකයා නිවනට නැඹුරු වූයේ, නිවනට නැමී සිටියේ, නිවනට යොමු ව සිටියේ වෙයි. ඒ කවර සිව් ධර්මයකින් ද යත්; මහානාමයෙනි, මෙහි ආර්ය ශ්‍රාවක තෙමේ බුදුරජුන් කෙරෙහි නොසෙල්වෙන ප්‍රසාදයකින් යුක්ත වූයේ වෙයි. එනම් මෙසේත් ඒ භාග්‍යවතුන් වහන්සේ අරහං වන සේක. ....(පෙ).... දෙව් මිනිසුන්ගේ ශාස්තෘ

වන සේක. බුද්ධ වන සේක. භගවා වන සේක යනුවෙනි. ධර්මය කෙරෙහි ....(පෙ).... සංඝයා කෙරෙහි ....(පෙ).... කඩ නොවූ සිල් ඇති ව ....(පෙ).... සමාධිය පිණිස පවතින ආර්යකාන්ත සීලයකින් යුක්ත වූයේ වෙයි.

මහානාමයෙනි, එය මෙබඳු දෙයකි. පෙරදිගට නැමී ඇති, පෙරදිගට නැඹුරු වී ඇති, පෙරදිගට යොමු වී ඇති යම් ගසක් තිබෙයි. ඒ ගස මුලින් කැපූ විට බිම වැටෙන්නේ කොයි පැත්තෙන්ද?"

"ස්වාමීනී, නැමී තිබුණේ යම් දෙසකට ද, නැඹුරුව තිබුණේ යම් දෙසකට ද? යොමු ව තිබුණේ යම් දෙසකට ද, ඒ පැත්තෙන් ය."

"එසෙයින් ම මහානාමයෙනි, මේ සිව් ධර්මයෙන් යුක්ත වූ ආර්ය ශ්‍රාවක තෙමේ නිවනට නැමුණේ, නිවනට නැඹුරු වූයේ, නිවනට නතු වූයේ වෙයි. මහානාමයෙනි, භයවෙන්න එපා! මහානාමයෙනි, භයවෙන්න එපා! ඔබගේ මරණය පව්ටු වූවක් නොවන්නේ ය. ඔබගේ කලුරිය කිරීම පව්ටු වූවක් නොවෙන්නේය."

මෙය වාසනාව ගැන විග්‍රහ කෙරෙන වාසනාභාගිය සූත්‍රයයි.

"සුඛකාමානි භූතානි - යෝ දණ්ඩේන න හිංසති
අත්තනෝ සුඛමේසානෝ - පෙච්ච සෝ ලභතේ සුඛ'න්ති"

(උදාන පාළි - දණ්ඩ සූත්‍රය)

'සත්වයෝ සැප කැමැත්තෝ ය. යමෙක් තමාගේ සැපය සොයමින් ඒ සැප කැමති සත්වයන්ට දඬුවමින් හිංසා නොකරයි ද, ඔහු පරලොව ගිය විට සැප ලබයි.'

මෙය වාසනාව ගැන විග්‍රහ කෙරෙන වාසනාභාගිය සූත්‍රයයි.

"ගුන්නං චේ තරමානානං - උජුං ගච්ඡති පුංගවෝ
සබ්බා ගාවී උජුං යන්ති - නෙත්තේ උජුගතේ සති

'නදියෙන් එතෙර වන ගවයන් අතර ප්‍රධාන ගවයා කෙලින් යයි නම්, නායක ගවයා කෙලින් ගිය කල්හී සියළු ගවදෙන්නුත් කෙලින් යති.

ඒවමේව මනුස්සේසු - යෝ හෝති සෙට්ඨසම්මතෝ
සෝ චේව ධම්මං චරති - පගේ'ව ඉතරා පජා
සබ්බං රට්ඨං සුඛං සේති - රාජා චේ හෝති ධම්මිකෝ'ති"

(අංගුත්තර නිකාය - චතුක්ක නිපාතය - අධම්මික සූත්‍රය)

එසෙයින් ම මිනිසුන් අතර ද, ශ්‍රේෂ්ඨ යැයි සම්මත යමෙක් වෙයි ද, ඉදින් ඔහු ධර්මයෙහි හැසිරෙයි නම්, අනික් ජනයා ගැන කවර කථා ද? ඉදින් රජු ධාර්මික වෙයි නම්, මුළු රට ම සුව සේ වසයි.'

මෙය වාසනාව ගැන විග්‍රහ කෙරෙන වාසනාභාගිය සූත්‍රයයි.

"භාග්‍යවතුන් වහන්සේ සැවැත් නුවර ජේතවනයෙහි අනේපිඬු සිටුහුගේ ආරාමයෙහි වැඩවසන සේක. එසමයෙහි බොහෝ භික්ෂූහු භාග්‍යවතුන් වහන්සේගේ සිවුර සැකසීම කරති. 'නිමවන ලද සිවුරු ඇති භාග්‍යවතුන් වහන්සේ තෙමසක් ඇවෑමෙන් චාරිකාවේ වඩින සේකැ'යි කියා ය.

එසමයෙහි ඉසිදත්ත, පුරාණ යන වඩුදෙටුවෝ කිසියම් කරුණක් උදෙසා සාධුක නම් නගරයෙහි වාසය කරති. ඉසිදත්ත, පුරාණ වඩුදෙටුවෝ බොහෝ භික්ෂූහු භාග්‍යවතුන් වහන්සේගේ සිවුර සැකසීම කරත් ය; 'නිමවන ලද සිවුරු ඇති භාග්‍යවතුන් වහන්සේ තෙමසක් ඇවෑමෙන් චාරිකාවේ වඩින සේක්ය'යි යන කරුණ ඇසූහ.

ඉක්බිති ඉසිදත්ත, පුරාණ යන වඩුදෙටුවෝ මාර්ගයෙහි පුරුෂයෙකු තැබූහ. "එම්බා පුරුෂය, යම් විටෙක ඔබ අර්හත් සම්මා

සම්බුදු වූ භාග්‍යවතුන් වහන්සේ වැඩම කරනා අයුරු දකින්නෙහි නම්, එවිට අපට දැනුම් දෙන්නෙහි" යි.

දෙතුන් දිනක් සිටි ඒ පුරුෂයා දුරින් ම වඩින්නා වූ භාග්‍යවතුන් වහන්සේ ව දක්කේ ය. දැක ඉසිදත්ත, පුරාණ වඩුදෙටුවන් කරා එළැඹියේ ය. එළැඹ ඉසිදත්ත, පුරාණ වඩුදෙටුවන්ට මෙය පැවසුවේ ය.

"හිමියනි, ඒ මේ අර්හත් සම්මා සම්බුදු වූ භාග්‍යවතුන් වහන්සේ වඩිනා සේක. දැන් යමකට කාලය නම් එය දැනගත මැනැව."

ඉක්බිති ඉසිදත්ත, පුරාණ වඩුදෙටුවෝ භාග්‍යවතුන් වහන්සේ වෙත එළැඹියහ. එළැඹ භාග්‍යවතුන් වහන්සේට සකසා වන්දනා කොට භාග්‍යවතුන් වහන්සේගේ පසුපසින් උන්වහන්සේ අනුව ගමන් ගත්හ.

ඉක්බිති භාග්‍යවතුන් වහන්සේ මගින් බැහැර ව, එක්තරා රුක් සෙවණක් වෙත එළැඹි සේක. එළැඹ පණවන ලද අසුනෙහි වැඩහුන් සේක. ඉසිදත්ත, පුරාණ වඩුදෙටුවෝ භාග්‍යවතුන් වහන්සේට සකසා වන්දනා කොට එකත්පස් ව හිඳගත්හ. එකත්පස් ව හුන් ඉසිදත්ත, පුරාණ වඩුදෙටුවෝ භාග්‍යවතුන් වහන්සේට මෙය පැවසූහ.

"ස්වාමීනී, යම් කලෙක අපි භාග්‍යවතුන් වහන්සේ සැවැත් නුවරින් නික්ම කොසොල් දනව්වෙහි චාරිකාවට වැඩම කරනා සේකැයි අසමු ද, එසමයෙහි අපට නොසතුටු සිතක් ඇතිවෙයි. දොම්නසක් ඇතිවෙයි. 'භාග්‍යවතුන් වහන්සේ අපගෙන් ඈතට වැඩම කරනා සේකැ'යි. ස්වාමීනී, යම් කලෙක අපි භාග්‍යවතුන් වහන්සේ සැවැත් නුවරින් නික්ම කොසොල් දනව්වෙහි චාරිකාවට වැඩම කළ සේකැයි අසමු ද, එසමයෙහි අපට නොසතුටු සිතක් ඇතිවෙයි. දොම්නසක් ඇතිවෙයි. 'භාග්‍යවතුන් වහන්සේ අප ගෙන් ඈතට වැඩම කළ සේකැ'යි.

ස්වාමීනී, යම් කලෙක අපි භාග්‍යවතුන් වහන්සේ

කොසොල් දනව්වෙන් නික්ම මල්ල ජනපදයෙහි චාරිකාවට වැඩම කරනා සේකැයි අසමු ද, එසමයෙහි අපට නොසතුටු සිතක් ඇතිවෙයි. දොම්නසක් ඇතිවෙයි. 'භාග්‍යවතුන් වහන්සේ අපගෙන් ඈතට වැඩම කරනා සේකැ'යි. ස්වාමීනී, යම් කලෙක අපි භාග්‍යවතුන් වහන්සේ කොසොල් දනව්වෙන් නික්ම මල්ල ජනපදයෙහි චාරිකාවට වැඩම කළ සේකැයි අසමු ද, එසමයෙහි අපට නොසතුටු සිතක් ඇතිවෙයි. දොම්නසක් ඇතිවෙයි. 'භාග්‍යවතුන් වහන්සේ අපගෙන් ඈතට වැඩම කළ සේකැ'යි.

ස්වාමීනී, යම් කලෙක අපි භාග්‍යවතුන් වහන්සේ මල්ල ජනපදයෙන් නික්ම වජ්ජි ජනපදයෙහි චාරිකාවට වැඩම කරනා සේකැයි අසමු ද, එසමයෙහි අපට නොසතුටු සිතක් ඇතිවෙයි. දොම්නසක් ඇතිවෙයි. 'භාග්‍යවතුන් වහන්සේ අපගෙන් ඈතට වැඩම කරනා සේකැ'යි. ස්වාමීනී, යම් කලෙක අපි භාග්‍යවතුන් වහන්සේ මල්ල ජනපදයෙන් නික්ම වජ්ජි ජනපදයෙහි චාරිකාවට වැඩම කළ සේකැයි අසමු ද, එසමයෙහි අපට නොසතුටු සිතක් ඇතිවෙයි. දොම්නසක් ඇතිවෙයි. 'භාග්‍යවතුන් වහන්සේ අප ගෙන් ඈතට වැඩම කළ සේකැ'යි.

ස්වාමීනී, යම් කලෙක අපි භාග්‍යවතුන් වහන්සේ වජ්ජි ජනපදයෙන් නික්ම කාසි ජනපදයෙහි චාරිකාවට වැඩම කරනා සේකැයි අසමු ද, එසමයෙහි අපට නොසතුටු සිතක් ඇතිවෙයි. දොම්නසක් ඇතිවෙයි. 'භාග්‍යවතුන් වහන්සේ අපගෙන් ඈතට වැඩම කරනා සේකැ'යි. ස්වාමීනී, යම් කලෙක අපි භාග්‍යවතුන් වහන්සේ වජ්ජි ජනපදයෙන් නික්ම කාසි ජනපදයෙහි චාරිකාවට වැඩම කළ සේකැයි අසමු ද, එසමයෙහි අපට නොසතුටු සිතක් ඇතිවෙයි. දොම්නසක් ඇතිවෙයි. 'භාග්‍යවතුන් වහන්සේ අප ගෙන් ඈතට වැඩම කළ සේකැ'යි.

ස්වාමීනී, යම් කලෙක අපි භාග්‍යවතුන් වහන්සේ කාසි ජනපදයෙන් නික්ම මගධ ජනපදයෙහි චාරිකාවට වැඩම කරනා සේකැයි අසමු ද, එසමයෙහි අපට නොසතුටු සිතක් ඇතිවෙයි. දොම්නසක් ඇතිවෙයි. 'භාග්‍යවතුන් වහන්සේ අපගෙන් ඈතට

වැඩම කරනා සේකැ'යි. ස්වාමීනී, යම් කලෙක අපි භාග්‍යවතුන් වහන්සේ කාසි ජනපදයෙන් නික්ම මගධ ජනපදයෙහි චාරිකාවට වැඩම කළ සේකැයි අසමු ද, එසමයෙහි අපට නොසතුටු සිතක් ඇතිවෙයි. දොම්නසක් ඇතිවෙයි. 'භාග්‍යවතුන් වහන්සේ අප ගෙන් ඈතට වැඩම කළ සේකැ'යි.

ස්වාමීනී, යම් කලෙක අපි භාග්‍යවතුන් වහන්සේ මගධ ජනපදයෙන් නික්ම යළි කාසි ජනපදයන්හි චාරිකාවට ආපසු වැඩම කරනා සේකැයි අසමු ද, එසමයෙහි අපට සතුටු සිතක් ඇතිවෙයි. සොම්නසක් ඇතිවෙයි. 'භාග්‍යවතුන් වහන්සේ අපට ආසන්න වන සේකැ'යි. ස්වාමීනී, යම් කලෙක අපි භාග්‍යවතුන් වහන්සේ මගධ ජනපදයෙන් නික්ම යළි කාසි ජනපදයන්හි චාරිකාවට ආපසු වැඩම කළ සේකැයි අසමු ද, එසමයෙහි අපට සතුටු සිතක් ඇතිවෙයි. සොම්නසක් ඇතිවෙයි. 'භාග්‍යවතුන් වහන්සේ අපට ආසන්න වූ සේකැ'යි.

ස්වාමීනී, යම් කලෙක අපි භාග්‍යවතුන් වහන්සේ කාසි ජනපදයෙන් නික්ම යළි වජ්ජි ජනපදයන්හි චාරිකාවට ආපසු වැඩම කරනා සේකැයි අසමු ද, එසමයෙහි අපට සතුටු සිතක් ඇතිවෙයි. සොම්නසක් ඇතිවෙයි. 'භාග්‍යවතුන් වහන්සේ අපට ආසන්න වන සේකැ'යි. ස්වාමීනී, යම් කලෙක අපි භාග්‍යවතුන් වහන්සේ කාසි ජනපදයෙන් නික්ම යළි වජ්ජි ජනපදයන්හි චාරිකාවට ආපසු වැඩම කළ සේකැයි අසමු ද, එසමයෙහි අපට සතුටු සිතක් ඇතිවෙයි. සොම්නසක් ඇතිවෙයි. 'භාග්‍යවතුන් වහන්සේ අපට ආසන්න වූ සේකැ'යි.

ස්වාමීනී, යම් කලෙක අපි භාග්‍යවතුන් වහන්සේ වජ්ජි ජනපදයෙන් නික්ම යළි මල්ල ජනපදයන්හි චාරිකාවට ආපසු වැඩම කරනා සේකැයි අසමු ද, එසමයෙහි අපට සතුටු සිතක් ඇතිවෙයි. සොම්නසක් ඇතිවෙයි. 'භාග්‍යවතුන් වහන්සේ අපට ආසන්න වන සේකැ'යි. ස්වාමීනී, යම් කලෙක අපි භාග්‍යවතුන් වහන්සේ වජ්ජි ජනපදයෙන් නික්ම යළි මල්ල ජනපදයන්හි චාරිකාවට ආපසු වැඩම කළ සේකැයි අසමු ද, එසමයෙහි අපට

සතුටු සිතක් ඇතිවෙයි. සොම්නසක් ඇතිවෙයි. 'භාග්‍යවතුන් වහන්සේ අපට ආසන්න වූ සේකැ'යි.

ස්වාමීනී, යම් කලෙක අපි භාග්‍යවතුන් වහන්සේ මල්ල ජනපදයෙන් නික්ම යළි කොසොල් දනව්වෙහි චාරිකාවට ආපසු වැඩම කරනා සේකැයි අසමු ද, එසමයෙහි අපට සතුටු සිතක් ඇතිවෙයි. සොම්නසක් ඇතිවෙයි. 'භාග්‍යවතුන් වහන්සේ අපට ආසන්න වන සේකැ'යි. ස්වාමීනී, යම් කලෙක අපි භාග්‍යවතුන් වහන්සේ මල්ල ජනපදයෙන් නික්ම යළි කොසොල් දනව්වෙහි චාරිකාවට ආපසු වැඩම කළ සේකැයි අසමු ද, එසමයෙහි අපට සතුටු සිතක් ඇතිවෙයි. සොම්නසක් ඇතිවෙයි. 'භාග්‍යවතුන් වහන්සේ අපට ආසන්න වූ සේකැ'යි.

ස්වාමීනී, යම් කලෙක අපි භාග්‍යවතුන් වහන්සේ කොසොල් ජනපදයෙහි සැවැත් නුවර බලා චාරිකාවට ආපසු වැඩම කරනා සේකැයි අසමු ද, එසමයෙහි අපට සතුටු සිතක් ඇතිවෙයි. සොම්නසක් ඇතිවෙයි. 'භාග්‍යවතුන් වහන්සේ අපට ආසන්න වන සේකැ'යි. ස්වාමීනී, යම් කලෙක අපි භාග්‍යවතුන් වහන්සේ සැවැත් නුවර ජේතවනයෙහි අනේපිඬු සිටුහුගේ ආරාමයෙහි වැඩවසන සේකැයි අසමු ද, එසමයෙහි අපට අනල්ප වූ සතුටු සිතක් ඇතිවෙයි. අනල්ප සොම්නසක් ඇතිවෙයි. 'භාග්‍යවතුන් වහන්සේ අපට ආසන්න ව වැඩසිටින සේකැ'යි."

"එසේ වී නම් වඩුදෙටුවෙනි, ගිහි ගෙදර වාසය කිරීම කරදර ය. කෙලෙස් වැඩෙන මගකි. පැවිද්ද යනු ඉතා නිදහස් තැනකි. එහෙයින් වඩුදෙටුවෙනි, ඔබ විසින් අප්‍රමාදී ව ම වාසය කිරීම සුදුසු ය."

"ස්වාමීනී, මේ ගිහි ගෙදර කරදරයට වඩා වෙනත් කරදරයක්, අතිශයින් ම කරදරයක්, ඉතා බලවත් කරදරයක් අපට ඇත්තේ ම ය."

"වඩු දෙටුවෙනි, මේ ගිහි ගෙදර කරදරයට වඩා ඔබට ඇති වෙනත් කරදරය, අතිශයින් ම කරදරය, ඉතා බලවත් කරදරය කුමක් ද?"

"ස්වාමීනී, මෙහි යම් කලෙක පසේනදී කොසොල් රජු උයන් බිමට යන්නට කැමති වෙයි ද, එකල්හී අපි යම් ඒ පසේනදී කොසොල් රජුගේ පිට නැංවීමෙහි සමත් ඇත්තු සිටිත් ද, ඔවුන් සරසා පසේනදී කොසොල් රජුගේ ප්‍රිය වූ මනාප වූ යම් ඒ මහේෂිකාවෝ සිටිත් ද, ඔවුන් එක් අයෙකු පෙරට ත්, එක් අයෙකු පසුවට ත් ඇතුපිට හිඳුවන්නෙමු. ස්වාමීනී, රාජකීයත්වයට ගැලපෙන සුවඳින් සැරසුණු ඒ සොයුරියන්ගේ සිරුරින් හමන සුවඳ මෙබඳු වෙයි. එකෙණෙහි වැසුම් හරිනු ලැබූ සුවඳ කරඬුවකින් හමන යම් සුවඳක් ඇද්ද, එබඳු ය. ස්වාමීනී, සැප සේ වැඩුණු රාජ කන්‍යාවන් වූ ඒ සොයුරියන්ගේ කයෙහි පහස මෙබඳු වෙයි. හිඹුල් පුළුන්වල හෝ කපු පුළුන්වල හෝ යම් සිනිඳු පහසක් ඇද්ද, එබඳු ය.

ස්වාමීනී, ඒ අවස්ථාවෙහි වනාහී හස්තියා ත් රැකගත යුත්තේ වෙයි. ඒ නැගෙණිවරුනුත් රැකගත යුත්තාහු වෙති. තමා ව ත් රැකගත යුත්තේ වෙයි. ස්වාමීනී, අපි ඒ නැගෙණිවරුන් පිළිබඳ ව පාපී සිතක් ඉපද වූ බවක් විශේෂ කොට නොදනිමු. ස්වාමීනී, මෙය වනාහී ගිහි ගෙදර කරදරයට වඩා අපට ඇති වෙනත් කරදරය, අතිශයින් ම කරදරය, ඉතා බලවත් කරදරය වෙයි."

"එසේ වී නම් වඩුදෙටුවෙනි, ගිහි ගෙදර වාසය කිරීම කරදර ය. කෙලෙස් වැඩෙන මගකි. පැවිද්ද යනු ඉතා නිදහස් තැනකි. එහෙයින් වඩුදෙටුවෙනි, ඔබ විසින් අප්‍රමාදී ව ම වාසය කිරීම සුදුසු ය.

වඩුදෙටුවෙනි, සතර ධර්මයකින් යුක්ත වූ ආර්ය ශ්‍රාවක තෙමේ සිව් අපායෙන් මිදුණේ, නියත වශයෙන් නිවන පිහිට කොට සෝවාන් වූයේ වෙයි. ඒ කවර සතරකින් ද යත්; වඩුදෙටුවෙනි, මෙහිලා ආර්ය ශ්‍රාවක තෙමේ බුදුරජුන් කෙරෙහි නිසැක බවට පත් ව, නොසෙල්වෙන පැහැදීමෙන් යුක්ත වූයේ වෙයි. 'මෙසේ ත් ඒ භාග්‍යවතුන් වහන්සේ ....(පෙ).... දෙව් මිනිසුන්ගේ ශාස්තෘ වන සේක. බුද්ධ වන සේක. භගවා වන

සේක' යි. ධර්මය කෙරෙහි ත් ....(පෙ).... සංඝයා කෙරෙහි ත් ....(පෙ).... පහ ව ගිය මසුරුමල ඇති සිතින් ගිහි ගෙදර වසන්නේ වෙයි. එනම්, දන් දීම පිණිස වෙන්කළ දේ ඇති ව, සෝදා ගත් අත් ඇති ව, දන් දීමෙහි ඇලුණේ, අන්‍යයන්ගේ ඉල්ලීමට සුදුසු වූයේ, දන් බෙදීමෙහි ඇලුණේ වෙයි. වඩුදෙටුවෙනි, මේ සතර ධර්මයෙන් යුක්ත වූ ආර්ය ශ්‍රාවක තෙමේ සිව් අපායෙන් මිදුණේ, නියත වශයෙන් නිවන පිහිට කොට සෝවාන් වූයේ වෙයි.

වඩුදෙටුවෙනි, ඔබ දෙදෙන වනාහී බුදුරජුන් කෙරෙහි නිසැක බවට පත් ව, නොසෙල්වෙන පැහැදීමෙන් යුක්ත වූවහු ය. 'මෙසේ ත් ඒ භාග්‍යවතුන් වහන්සේ ....(පෙ).... දෙව් මිනිසුන්ගේ ශාස්තෘ වන සේක. බුද්ධ වන සේක. භගවා වන සේක' යි. ධර්මය කෙරෙහි ත් ....(පෙ).... සංඝයා කෙරෙහි ත් ....(පෙ).... දීමට සුදුසු වූ යම් කිසිවක් තම නිවසෙහි ඇද්ද, ඒ සියල්ල කලණදහම් ඇති සිල්වතුන් විෂයෙහි නොබෙදා ඇද්ද! වඩුදෙටුවෙනි, ඒ කිමෙකැයි හඟිව් ද? යම් මේ දන්බෙදීමෙහිලා යම් කෙනෙක් ඔබ දෙදෙනාට සම සම ව සිටිත් නම්, එබඳු මිනිස්සු කොසොල් දනව්වෙහි කොපමණ ඇද්ද!"

"ස්වාමීනී, අපට ලාභයකි! ස්වාමීනී, අපට මනා වූ ලාභයකි! යම් බඳු අප ගැන භාග්‍යවතුන් වහන්සේ මේ අයුරින් දන්නා සේක!"

මෙය වාසනාව ගැන විග්‍රහ කෙරෙන වාසනාභාගීය සූත්‍රයයි.

"ඒකපුප්ඵං චජිත්වාන - සහස්සං කප්පකෝටියෝ
දේවේ චේව මනුස්සේ ච - සේසේන පරිනිබ්බුතෝ"ති"

(ථේරගාථා පාළි - බණ්ඩසුමනත්ථේර ගාථා)

'එක් සමන් මලක් පූජා කොට ආයුෂ්කල්පය නම් වූ ආත්මභාව දහසක් දෙව්ලොව ත්, මිනිස් ලොව ත් සැරිසරා ඉතිරි වූ පිනෙන් පිරිනිවීමට පත්වුණෙමි.'

මෙය වාසනාව ගැන විග්‍රහ කෙරෙන වාසනාභාගිය සූත්‍රයයි.

"අස්සත්ථේ හරිතෝ'භාසේ - සංවිරූළ්හම්හි පාදපේ
ඒකං බුද්ධගතං සඤ්ඤං - අලභිස්සං පතිස්සතෝ

'ඉතා හොඳින් වැඩී ගිය නිල්වන් පත්‍ර ඇති බබළන බෝරුකක් සෙවණෙහි හුන් මම මනා සිහියෙන් යුතුව එක ම බුද්ධානුස්සති සංඥාව ලැබුවෙමි.

අජ්ජ තිංසං තතෝ කප්පා - නාභිජානාමි දුග්ගතිං
තිස්සෝ විජ්ජා සච්ඡිකතා - තස්සා සඤ්ඤාය වාහසා'ති"

(ථේර ගාථා පාළි - සන්ධිතත්ථේර ගාථා)

ඒ කල්පයෙන් දැන් තිස් වෙනි කල්පය යි. මෙතෙක් කල් දුගතියක ගිය බවක් නොදනිමි. බුද්ධානුස්සති සංඥාව වැඩූ වාසනාවෙන් ත්‍රිවිද්‍යාව සාක්ෂාත් කරන ලද්දේ ය.'

මෙය වාසනාව ගැන විග්‍රහ කෙරෙන වාසනාභාගිය සූත්‍රයයි.

"පිණ්ඩාය කෝසලං පුරං - පාවිසි අග්ගපුග්ගලෝ
අනුකම්පකෝ පුරේ භත්තං - තණ්හා නිග්ඝාතකෝ මුනි

'අග්‍ර පුද්ගලයාණන් වූ දෙව් මිනිසුන්ට අනුකම්පා ඇති තෘෂ්ණාව නසන ලද ශාක්‍ය මුනීන්ද්‍රයන් වහන්සේ කොසොල් නුවරට පෙරවරු බත් කාලයෙහි පිඬු පිණිස වැඩි සේක.

පුරිසස්ස වටංසකෝ හත්ථේ - සබ්බ පුප්ඵේහි ලංකතෝ
සෝ අද්දසාසි සම්බුද්ධං - භික්ඛුසංඝ පුරක්ඛතං

පුරුෂයෙකුගේ අතෙහි නොයෙක් මලින් අලංකාර කරන ලද හිස පළඳින මල් දමක් තිබුණේ ය. ඔහු භික්ෂු සංඝයා විසින් පෙරටු කරන ලද සම්බුදුරජුන් ව දැක්කේ ය.

පවිසන්තං රාජමග්ගේන - දේවමානුසපූජිතං
හට්ඨෝ චිත්තං පසාදෙත්වා - සම්බුද්ධමුපසංකමි

රජ මාවතෙන් පිවිසෙන්නා වූ දෙවි මිනිසුන් විසින් පුදන ලද්දා වූ සම්බුදු රජුන් කෙරෙහි සිත පහදවා ගෙන සතුටු වූයේ උන්වහන්සේ වෙත එළඹියේ ය.

සෝ තං වටංසකං සුරභිං - වණ්ණවන්තං මනෝරමං
සම්බුද්ධස්සු'පනාමේසි - පසන්නෝ සේහි පාණිහි

ඔහු ඒ සුවඳවත් වූ මනා පැහැ ඇති මනරම් වූ හිස පළඳින මල්දම පහන් සිතින් යුතුව සිය අතින් සම්බුදුරජාණන්ට පිදුවේය.

තතෝ අග්ගිසිඛා වණ්ණා - බුද්ධස්ස ලපනන්තරා
සහස්සරංසි විජ්ජුරිව - ඔක්කා නික්ඛමි ආනනා

එකල්හී බුදුරජුන්ගේ ගිනි සිළු පැහැ ගත් තොල් සඟල අතරින් දහස් රැස් ඇති විදුලි එළියක් බඳු ආලෝකයක් මුවින් නික්ම ගියේ ය.

පදක්ඛිණං කරිත්වාන - සීසේ ආදිච්චබන්ධුනෝ
තික්ඛත්තුං පරිවත්තෙත්වා - මුද්ධනන්තරධායථ

ඒ ආලෝකය ආදිච්චබන්ධු වූ බුදුරජුන්ගේ සිරස පැදකුණු කොට තුන්වරක් කරකැවී සිරස අතරින් නොපෙනී ගියේ ය.

ඉදං දිස්වාන අච්ඡරියං - අබ්භුතං ලෝමහංසනං
ඒකංසං චීවරං කත්වා - ආනන්දෝ ඒතදබ්‍රවි

ලොමු ඩහගැනීම් ඇතිවෙන මේ ආශ්චර්යය වූ අද්භූත සිදුවීම දැක ආයුෂ්මත් ආනන්ද තෙරණුවෝ සිවුර ඒකාංශ කොට පොරවාගෙන වන්දනා කොට මෙය පැවසූහ.

කෝ හේතු සිත කම්මාය - බ්‍යාකරෝහි මහා මුනේ
ධම්මාලෝකෝ භවිස්සති - කංඛා විතර නෝ මුනේ

මහා මුනීන්ද්‍රයාණන් වහන්ස, මඳ සිනහ පහළ කිරීමට හේතුව කුමක් දැයි වදාළ මැනැව. දහම් ආලෝකය වන්නේ ය.

මුනිඳාණන් වහන්ස, අපගේ සැකය දුරුකොට වදාළ මැනැව.

යස්ස තං සබ්බ ධම්මේසු - සදා ඤාණං පවත්තති
කංඛා වේමතිකං ථේරං - ආනන්දං ඒතදබ්‍රවි

යම් කෙනෙකු තුළ හැම කල්හී සියළු ධර්මයන් පිළිබඳ ව අවබෝධය පවතියි ද, ඒ බුදුරජාණන් වහන්සේ සැකයෙන් ඇති වූ විමතිය ඇති ආයුෂ්මත් ආනන්ද තෙරුන්ට මෙය වදාළ සේක.

යෝ සෝ ආනන්ද පුරිසෝ - මයි චිත්තං පසාදයී
චතුරාසීති කප්පානි - දුග්ගතිං න ගමිස්සති

ආනන්දයෙනි, යම් ඒ පුරුෂයෙක් මා කෙරෙහි සිත පහදවා ගත්තේ ද, ඔහු කල්ප අසූ හතරක් දුගතියකට නොයන්නේය.

දේවේසු දේවසෝභග්ගං - දිබ්බං රජ්ජං පසාසිය
මනුජේසු මනුජින්දෝ - රාජා රට්ඨේ භවිස්සති

දෙවියන් අතර දිව්‍ය සෞභාග්‍යයෙන් අග්‍ර ව, දිව්‍ය රාජ්‍ය කොට මිනිස් ලොව මිනිසුන්ට අධිපති ව රටෙහි රජු වන්නේ ය.

සෝ චරිමං පබ්බජිත්වාන - සච්ඡිකත්වාන ධම්මතං
පච්චේක බුද්ධෝ ධූතරාගෝ - වටංසකෝ නාම භවිස්සති

ඔහු අන්තිම ආත්මභාවයෙහි දී පැවිදි ව චතුරාර්ය සත්‍යය සාක්ෂාත් කොට, නසන ලද රාග ඇති ව, හිසේ පළඳින මල්දම වන 'වටංසක' නමින් පසේබුදු වන්නේ ය.

නත්ථි චිත්තේ පසන්නම්හි - අප්පිකා නාම දක්ඛිණා
තථාගතේ වා සම්බුද්ධේ - අථ වා තස්ස සාවකේ

සම්බුද්ධ වූ තථාගතයන් කෙරෙහි හෝ ඒ තථාගතයන්ගේ නිකෙලෙස් ශ්‍රාවකයෙකු කෙරෙහි හෝ සිත පහදවා ගත් කල්හී ස්වල්ප වූ දානයක් යැයි කිව හැකි දෙයක් නැත්තේ ය.

ඒවං අචින්තියා බුද්ධා - බුද්ධධම්මා අචින්තියා
අචින්තියේසු පසන්නානං - විපාකෝ හෝති අචින්තියෝ'ති"

(..................)

මෙසේ බුදුරජාණන් වහන්සේලා සිතාගත නොහැකි ගුණ ඇති සේක. බුදුරජුන් විසින් වදාරණ ලද ධර්මයෝ සිතාගත නොහැකි ගුණයෙන් යුක්තයහ. සිතාගත නොහැකි ගුණස්කන්ධයෙන් හෙබි බුද්ධාදී උතුමන් කෙරෙහි සිත පහදවාගෙන සිටින්නවුන්ට සිතාගත නොහැකි තරම් සැප විපාක ලැබෙන්නේ ය.'

මෙය වාසනාව ගැන විග්‍රහ කෙරෙන වාසනාභාගිය සූත්‍රයයි.

"මහණෙනි, මම මෙහි ඉතා පහන් සිත් ඇති පුද්ගලයෙකු පිළිබඳ ව මගේ සිතින් ඔහුගේ සිත මෙසේ පිරිසිඳ දනිමි. 'මේ පුද්ගලයා ඉරියව් පවත්වන්නේ යම් සේ ද, පිළිවෙතකට පිළිපන්නේ යම් සේ ද, මාර්ගයකට ගොඩවූයේ යම් සේ ද, මොහු මේ අවස්ථාවෙහි මරණයට පත්වන්නේ නම්, හිසෙන් ඔසොවාගෙන ආ බරක් බිම තබන්නේ යම් අයුරින් ද, එසෙයින් ම සුගතියෙහි උපදියි.' එයට හේතුව කුමක් ද යත්; ඔහුගේ සිත ම ඉතා පහන් ව ඇති නිසා ය. මෙසේ මෙහි ඇතැම් සත්වයෝ සිත පහන් වීම හේතුවෙන් කය බිඳී මරණින් මතු සුගති සංඛ්‍යාත ස්වර්ග ලෝකයෙහි උපදිති."

භාග්‍යවතුන් වහන්සේ මෙකරුණ වදාළ සේක. ඒ අර්ථය මෙසේ ත් කියනු ලැබේ.

"පසන්නචිත්තං ඤත්වාන - ඒකච්චං ඉධ පුග්ගලං
ඒතමත්ථං වියාකාසී - බුද්ධෝ භික්ඛූන සන්තිකේ

'මෙහි ඇතැම් පුද්ගලයෙකු ඉතා පහන් සිතින් යුතුව සිටිනා බව දැනගත් බුදුරජාණන් වහන්සේ භික්ෂූන් හට මෙකරුණ වදාළ සේක.

ඉමම්හි චායං සමයේ - කාලං කයිරාථ පුග්ගලෝ
සුගතිං උපපජ්ජෙය්‍ය - චිත්තං හිස්ස පසාදිතං
චේතෝපසාද හේතුහි - සත්තා ගච්ඡන්ති සුග්ගතිං

ඉදින් මේ පුද්ගලයා මේ අවස්ථාවෙහි මරණයට පත්වෙයි නම්, සුගතියෙහි උපදින්නේ ය. ඔහුගේ සිත ඉතා පහන් ව ඇති නිසා ය. සිත පහන් වීම හේතුවෙන් ම සත්වයෝ සුගතියෙහි උපදිති.

යථාභතං නික්ඛිපෙය්‍ය - ඒවමේවං තථාවිධො
කායස්සභේදා සප්පඤ්ඤො - සග්ගං සෝ උපපජ්ජතී'ති"

(ඉතිවුත්තක පාළි - පසන්නපුග්ගල සූත්‍රය)

හිසින් ගෙන ආ බරක් බිම තබන්නේ යම් සේ ද, ඒ අයුරු ම ය. එබඳු ම ය. ඒ ප්‍රාඥ වූ පුද්ගලයා කය බිඳී යාමෙන් පසු සුගතියෙහි උපදින්නේ ය.'

අයම්පි අත්ථෝ වුත්තෝ භගවතා ඉති මේ සුතන්ති.

මෙම අර්ථයත් භාග්‍යවතුන් වහන්සේ විසින් වදාරණ ලද්දේ යැයි මෙසේ මවිසින් අසන ලද්දේ ය.

මෙය වාසනාව ගැන විග්‍රහ කෙරෙන වාසනාභාගිය සූත්‍රයයි.

"සුවණ්ණඡදනං නාවං - නාරී ආරුය්හ තිට්ඨසි
ඕගාහසේ පොක්ඛරණිං - පදුමං ඡින්දසි පාණිනා

'පින්වත් දිව්‍යඅප්සරාවෙනි, තී රන්පියස්සකින් වසා ඇති රන් නැවකට නැග සිටින්නී, මෙහි පොකුණට බසින්නී වෙහි. අතින් පියුමක් නෙළන්නී වෙහි.

කේන තේ තාදිසෝ වණ්ණෝ - ආනුභාවෝ ජුතී ච තේ
උප්පජ්ජන්ති ච තේ භෝගා - යේ කේචි මනසි'ච්ඡිතා
පුච්ඡිතා දේවතේ සංස - කිස්ස කම්මස්සිදං ඵලං

තිට එබඳු වූ ශරීර වර්ණයකුත්, ආනුභාවයකුත්, බැබළීමකුත් ලැබුණේ කුමන පිනකින් ද? සිතින් කැමති වන ලද යම්කිසි භෝග සම්පත් ඇද්ද, ඒවා ත් උපදිති. අප විසින් අසන

ලද දේවතාවියෙනි, මේ පැසසුම් ලබන ඵලය කුමන කර්මයකින් ලද දෙයක් ද?

සා දේවතා අත්තමනා - දේවරාජේන පුච්ඡිතා
පඤ්හං පුට්ඨා වියාකාසි - සක්කස්ස ඉති මේ සුතං

සක්දෙව් රජු විසින් අසන ලදුව සතුටු සිතින් යුතු ඒ දේවතාවී අසන ලද ප්‍රශ්නයට සක්දෙවිඳුන්ට මෙසේ පිළිතුරු දුන්නා යැයි මා විසින් අසන ලදී.

අද්ධානං පටිපන්නා'හං - දිස්වා ථූපං මනෝරමං
තත්ථ චිත්තං පසාදේසිං - කස්සපස්ස යසස්සිනෝ

දීර්ඝ ගමන් මාර්ගයක යමින් සිටි මම යස කීර්ති ඇති කාශ්‍යප බුදුරජුන්ගේ ධාතු පිහිටි මනරම් චෛත්‍යරාජයා දැක ඒ බුදුගුණ කෙරෙහි සිත පහදවා ගත්තෙමි.

පදුමපුප්ඵේහි පූජේසිං - පසන්නා සේහි පාණිහි
තස්සේව කම්මස්ස ඵලං විපාකෝ
ඒතාදිසං කතපුඤ්ඤා ලභන්ති".

(විමාන වත්ථු පාළි - නාවා විමානවත්ථු)

පහන් සිතින් යුතුව සිය අතින් නෙළුම් මලින් පූජා කළෙමි. මේ ඒ පුණ්‍ය කර්මයෙහි ඵලවිපාකය යි. කළ පින් ඇත්තෝ මෙවැනි සැප ලබත් නොවැ.'

මෙය වාසනාව ගැන විග්‍රහ කෙරෙන වාසනාභාගිය සූත්‍රයයි.

"දන්දීම පිළිබඳ කථාව ය, සිල් රැකීම පිළිබඳ කථාව ය, ස්වර්ගය පිළිබඳ කථාව ය, පින් කිරීම ගැන කථාව ය, පුණ්‍ය විපාකය ගැන කථාව ය"

මෙය වාසනාව ගැන විග්‍රහ කෙරෙන වාසනාභාගිය සූත්‍රයයි.

"අපිචාපි පංසුථූපේසු - උද්දිස්ස කතේසු දසබලධරානං
තත්ථපි කාරං කත්වා - සග්ගේසු නරා පමෝද'න්ති"

(.................)

'දසබලධාරී බුදුවරයන් වහන්සේලා උදෙසා උන්වහන්සේලාගේ ධාතු තැන්පත් කොට කරන ලද මැටි ස්ථූපයන්ට නමුත් පූජා සත්කාර කළ මිනිස්සු දෙව්ලොව ඉපදී සතුටු වෙති.'

මෙය වාසනාව ගැන විග්‍රහ කෙරෙන වාසනාභාගිය සූත්‍රයයි.

"දේවපුත්තසරීරවණ්ණා - සබ්බේ සුභගසණ්ඨිති
උදකේන පංසුං තේමෙත්වා - ථූපං වඩ්ඪේථ කස්සපං

'දිව්‍ය පුත්‍රයෙකුගේ ශරීර වර්ණය බඳු පැහැ ඇති සියළු සුන්දරත්වයෙන් යුතු සටහන් ඇති තැනැත්තී, දියෙන් පස් තෙම තෙමා කාශ්‍යප බුදුරජුන්ගේ සෑය ලොකු කරන්නී ද?

අයං සුගත්තේ සුගතස්ස ථූපෝ
මහේසිනෝ දසබලධම්මධාරිනෝ
යස්මිං ඉමේ දේවමනුජා පසන්නා
කාරං කරොන්තා ජරාමරණා පමුච්චරේ'ති"

(..................)

සොඳුරු අත් පා ඇත්තී, යම් ස්ථූපයක් කෙරෙහි පහන් සිතැති ව මේ දෙවි මිනිස්සු පූජා සත්කාර කරන්නාහු ජරා මරණයෙන් නිදහස් වෙත් ද, මේ මහාඍෂි වූ දසබලධාරී වූ ඒ සුගතයන් වහන්සේගේ ස්ථූපය යි.'

මෙය වාසනාව ගැන විග්‍රහ කෙරෙන වාසනාභාගිය සූත්‍රයයි.

"උළාරං වත තං ආසි - යාහං ථූපං මහේසිනෝ
උප්පලානි ච චත්තාරි - මාලං ච අභිරෝපයිං

'මහර්ෂි වූ බුදුරජුන්ගේ යම් සෑයක් තිබුණේ ද, මම ඒ සෑයට මහනෙල් මල් සතරකුත්, මල් මාලාවකුත් උඩින් තබා පූජා කළෙමි. ඒකාන්තයෙන් එය උදාර වූ පිනක් ම ය.

අජ්ජ තිංසං තතෝ කප්පා - නාභිජානාමි දුග්ගතිං
විනිපාතං න ගච්ඡාමි - ථූපං පූජෙත්ව සත්ථුනෝ'ති"

(..................)

එදා සිට අදට කල්ප තිහකි. මෙතෙක් කලක් දුගතියට ගිය බවක් නොදනිමි. ශාස්තෘන් වහන්සේගේ ධාතු චෛත්‍යයට පූජා පවත්වා විනිපාත නරකයට නොගියෙමි.'

මෙය වාසනාව ගැන විග්‍රහ කෙරෙන වාසනාභාගිය සූත්‍රයයි.

"බත්තිංසලක්ඛණධරස්ස - විජිතවිජයස්ස ලෝකනාථස්ස
සතසහස්සං කප්පේ - මුදිතෝ ථූපං අපූජේසි

'දෙතිස් මහා පුරුෂ ලකුණු දරා වැඩසිටි, දිනාගත් මාර යුද ඇති, ලෝකනාථයන් වහන්සේගේ ස්ථූපයට පූජා පවත්වා, ලක්ෂයක් ආයුෂ්කල්ප ලැබ මම සතුටු වූයෙමි.

යං මයා පසුතං පුඤ්ඤං
තේන ච පුඤ්ඤේන දේවසෝභග්ගං
රජ්ජානි ච කාරිතානි
අනාගන්තූන විනිපාතං

මා විසින් යම් පිනක් රැස් කරන ලද්දේ ද, ඒ පිනෙන් විනිපාත නිරයට නොගොස් දෙවියන් අතර සෞභාග්‍යයට පැමිණියෙමි. මිනිස් ලොව රජකම් ද කරන ලද්දේ ය.

යං චක්ඛුං අදන්තදමකස්ස
සාසනේ පණිහිතං තථා
චිත්තං තං මේ සබ්බං ලද්ධං
විමුත්තචිත්තම්හි විධූතලතෝ'ති"

(..................)

දමනය නොවූවන් දමනය කරන, බුදුරජුන්ගේ සසුනෙහි ලබන යම් දහම් ඇසක් ඇද්ද, එසේ ම මැනැවින් පිහිටුවා ගත් යම් සිතක් ඇද්ද, මේ හේතුවෙන් සියළු සම්පත් ලබන ලද්දේ ය. තෘෂ්ණා වැල සිඳ දමා කෙලෙසුන්ගෙන් මිදුණු සිත් ඇති වීමි.'

මෙය වාසනාව ගැන විග්‍රහ කෙරෙන වාසනාභාගිය සූත්‍රයයි.

"සාමාකපත්ථෝදනමත්තමේව හි
පච්චේකබුද්ධස්මිං අදාසි දක්ඛිණං
විමුත්තචිත්තේ අඛිලේ අනාසවේ
අරණවිහාරිම්හි අසංගමානසේ

'කෙලෙසුන්ගෙන් මිදුණු සිත් ඇති, කෙලෙස් හුල් නැති, ආශ්‍රව නැති, නිකෙලෙස් විහරණයෙන් වසන, නොඇලුණු සිත් ඇති, පසේබුදුරජුන් උදෙසා උඟුරුහැල් ධාන්‍ය නැළියක පමණ වූ බතකින් දානයක් පූජා කළෙමි.

තස්මිං ච ඕකප්පයී ධම්මමුත්තමං
තස්මිං ච ධම්මේ පණිධේසිං මානසං
ඒවං විහාරීහි මේ සංගමෝ සියා
භවේ කුදස්සු'පි ච මා අපෙක්ඛවා

ඒ පසේබුදුරජුන් තුළ උත්තම වූ ධර්මයක් ඇතැයි මම අදහා ගත්තෙමි. උන්වහන්සේ තුළ ඇති ඒ ධර්මය ගැන ත් සිත පිහිටුවා ගත්තෙමි. මෙබඳු ඇවැතුම් පැවැතුම් ඇති උතුමන් හා මාගේ ඇසුර වේවා! කිසි භවයක් කෙරෙහි අපේක්ෂාවක් ඇති නොවේවා! යි සිත පිහිටුවා ගත්තෙමි.

තස්සේව කම්මස්ස විපාකතෝ අහං
සහස්සක්ඛත්තුං කුරුසූපපජ්ජථ
දීඝායුකේසු අමමේසු පාණිසු
විසේසගාමීසු අහීනගාමීසු

මම ඒ පුණ්‍යකර්මයේ ම විපාකයෙන් දියුණුවට පත්වෙන

සුළු ව, නොපිරිහෙන සුළු ව ලද සම්පත් ඇති ව, දීර්ඝායුෂ ඇති ව, සත්වයන් කෙරෙහි නොඇලෙන සුළු ව, උතුරුකුරු දිවයිනෙහි දහස් වතාවක් උපන්නෙමි.

තස්සේ ව කම්මස්ස විපාකතෝ අහං
සහස්සක්ඛත්තුං තිදසෝ'පපජ්ජථ
විචිත්‍ර මාලාභරණානුලේපිසු
විසට්ඨකායූ'පගතෝ යසස්සිසු

මම ඒ පුණ්‍යකර්මයේ ම විපාකයෙන් විචිත්‍ර වූ මල්දම් අබරණ සුවඳවිලවුන් ඇති විශිෂ්ට වූ යස පිරිවර ඇති තව්තිසා දෙවියන් අතර දහස් වතාවක් උපන්නෙමි.

තස්සේව කම්මස්ස විපාකතෝ අහං
විමුත්තචිත්තෝ අඛිලෝ අනාසවෝ
ඉමේහි මේ අන්තිම දේහධාරීහි
සමාගමෝ ආසි හිතාහිතාසිහි

මම ඒ පුණ්‍යකර්මයේ ම විපාකයෙන් කෙලෙසුන්ගෙන් මිදුණු සිත් ඇති ව, කෙලෙස් හුල් නැති ව, ආශ්‍රව නැති රහත් භික්ෂුවක් වූයෙමි. පින් පව් ඉක්මවාගිය, අවසන් සිරුරු දරන මේ රහතන් වහන්සේලා සමඟ මාගේ ඇසුර වූයේ ය.

පච්චක්ඛං ඛ්වීමං අවච තථාගතෝ ජිනෝ
සමිජ්ඣතේ සීලවතෝ යදිච්ඡති
යථා යථා මේ මනසා විචින්තිතං
තථා සමිද්ධං අයමන්තිමෝ භවෝ'ති"

(.................)

සිල්වත් කෙනෙකුගේ යම් පැතුමක් ඇත්නම් එය ඉෂ්ට වන්නේ යැයි ලොව දිනූ තථාගතයන් වහන්සේ යමක් වදාළ සේක් ද, මේ බුද්ධ වචනය ප්‍රත්‍යක්ෂ දෙයක් ම ය. මා විසින් යම් යම් දෙයක් සිතින් සිතන ලද්දේ ද, එය සිතූ පරිද්දෙන් ම ඉෂ්ට විය. මේ මාගේ අන්තිම භවය යි.'

මෙය වාසනාව ගැන විග්‍රහ කෙරෙන වාසනාභාගිය සූත්‍රයයි.

"ඒකතිංසම්හි කප්පම්හි ජිනෝ අනේජෝ
අනන්තදස්සී භගවා සිඛීති
තස්සා'පි රාජා භාතා සිඛණ්ඩී
බුද්ධෙ ච ධම්මෙ ච අභිප්පසන්නෝ

'මෙයින් කල්ප තිස් එකකට පෙර ලොව දිනූ, තෘෂ්ණා නැති, අනන්ත දැකුම් ඇති සිඛී නැමැති භාග්‍යවතුන් වහන්සේ ලොව පහළ වූ සේක. ඒ බුදුරජුන්ගේ සොයුරු වූ සිඛණ්ඩී නම් රජු බුදුරජුන් කෙරෙහි ද, ධර්මය කෙරෙහි ද අතිශයින් ම පැහැදී සිටියේ ය.

පරිනිබ්බුතේ ලෝකවිනායකම්හි
ථූපං සකාසී විපුලං මහන්තං
සමන්තතෝ ගාවුතිකං මහේසිනෝ
දේවා'තිදේවස්ස නරුත්තමස්ස

ලොව දමන කරන සිඛී බුදුරජුන් පිරිනිවන් පා වදාළ කල්හී ඒ සිඛණ්ඩී රජු දේවාතිදේව වූ, නරෝත්තම වූ, මහාර්ෂීන් වහන්සේගේ ධාතු තැන්පත් කොට හාත්පස ගව්වක් පමණ විශාල වූ මහත් වූ ස්ථූපයක් කළේ ය.

තස්මිං මනුස්සෝ බලිමාභිහාරී
පග්ගය්හ ජාතීසු මනං පහට්ඨෝ
වාතේන පුප්ඵං පති තස්ස ඒකං
තාහං ගහෙත්වාන තස්සේව'දාසිං

සතුටු සිතින් යුතු මිනිසෙක් සුගතියෙහි උපත පිණිස සිත පිහිටුවාගෙන ඒ ස්ථූපයට පූජාවක් කළේ ය. ඒ පූජාවෙහි තිබූ මලක් සුළඟින් බිම වැටුණේ ය. එවිට මම ඒ මල ගෙන ඔහුට ම දුනිමි.

සෝ මං අවෝචා'තිපසන්නචිත්තෝ
තුය්හේව චේතං පුප්ඵං දදාමි

තා'හං ගහෙත්වා අභිරෝපයේසිං
පුනප්පුනං බුද්ධමනුස්සරන්තෝ

ඉතා පහන් සිතින් යුතුව සිටි ඔහු මට මෙය පැවසුවේ ය. 'මේ මල ඔබට ම දෙමි' යි. එවිට මම ඒ මල ගෙන සිඛී බුදුරජුන් පිළිබඳ ව නැවත නැවත ගුණ සිහි කරමින් ඒ ස්ථූපයට පූජා කළෙමි.

අජ්ජ තිංසං තතෝ කප්පා - නාභිජානාමි දුග්ගතිං
විනිපාතං න ගච්ඡාමි - ථූපපූජායිදං ඵල'න්ති"

(..................)

එදා සිට අදට කල්ප තිහකි. මෙතෙක් කලක් දුගතියට ගිය බවක් නොදනිමි. විනිපාත නිරයට නොගියෙමි. මෙය ස්ථූප පූජාවේ ඵලය යි.'

මෙය වාසනාව ගැන විග්‍රහ කෙරෙන වාසනාභාගිය සූත්‍රයයි.

"කපිලං නාම නගරං - සුවිභත්තං මහාපථං
ආකිණ්ණමිද්ධං වීතං ච - බ්‍රහ්මදත්තස්ස රාජිනෝ

'බ්‍රහ්මදත්ත රජුට අයත් වූ මැනැවින් බෙදන ලද මහාමාවත් ඇති, වස්ත්‍රාභරණයෙන් සමෘද්ධිමත් වූ, සුලභ වූ ආහාරපානාදිය ඇති කපිල නමින් නගරයක් තිබුණේ ය.

කුම්මාසං වික්කිණිං තත්ථ - පඤ්චාලානං පුරුත්තමේ
සෝ'හං අද්දසිං සම්බුද්ධං - උපරිට්ඨං යසස්සිනං

පංචාලයින්ගේ ඒ උතුම් නගරයේ මම පිට්ටු විකුණුවෙමි. ඒ මම යස පිරිවර ඇති අරිට්ඨ නම් පසේබුදුරජුන් අහසෙහි වැඩසිටිනු දුක්කෙමි.

හට්ඨෝ චිත්තං පසාදෙත්වා - නිමන්තේසිං නරුත්තමං
අරිට්ඨං ධුවභත්තේන - යං මේ ගෙහස්මිං විජ්ජථ

උන්වහන්සේ ගැන සිත පහදවාගෙන සතුටට පත්වූයෙමි. මාගේ ගෙයි යමක් තිබුණේ ය. එයින් නරෝත්තම වූ අරිට්ඨ පසේබුදුරජුන්ට නිති පතා බතින් පිදුවෙමි.

තතො ච කත්තිකො පුණ්ණො - පුණ්ණමාසී උපට්ඨිතා
නවං දුස්සයුගං ගය්හ - අරිට්ඨස්සො'පනාමයිං

එකල්හී ඉල් මස සඳ පිරුණේ, පුන් පොහෝ දිනය පැමිණියේ ය. එවිට අළුත් වස්ත්‍ර යුගලයක් ගෙන අරිට්ඨ පසේබුදුරජුන්ට පිරිනැමුවෙමි.

පසන්නචිත්තං ඤත්වාන - පටිගණ්හි නරුත්තමො
අනුකම්පකො කාරුණිකො - තණ්හානිග්ඝාතනො මුනි

මා තුළ පහන් ව ගිය සිත් ඇති බව දැන ඒ නරෝත්තම වූ, අනුකම්පා ඇති, කාරුණික, තණ්හා නැසූ මුනිඳාණෝ ඒ වස්ත්‍ර යුගල පිළිගත් සේක.

තාහං කම්මං කරිත්වාන - කල්‍යාණං බුද්ධවණ්ණිතං
දේවේ චේව මනුස්සේ ච - සන්ධාවිත්වා තතො චුතො

මම බුදුවරුන් විසින් වර්ණනා කරන ලද කල්‍යාණ වූ පුණ්‍යකර්මය කොට දෙව් ලොවෙහි ද, මිනිස් ලොවෙහි ද, සැරිසරා එයින් චුතවූයෙමි.

බාරාණසියං නගරේ - සෙට්ඨිස්ස ඒකපුත්තකො
අඩ්ඪේ කුලස්මිං උපපජ්ජිං - පාණේහි ච පියතරො

බරණැස් නගරයෙහි මහාසාර වූ සිටුකුලයෙහි සිටුතුමාගේ පණටත් වඩා අතිශයින් ම ප්‍රිය වූ එක ම පුත්‍ර ව උපන්නෙමි.

තතො ච විඤ්ඤුතං පත්තො - දේවපුත්තේන චෝදිතො
පාසාදා ඔරුහිත්වාන - සම්බුද්ධමුපසංකමිං

එහි දී නුවණැති බවට පත් වූ මම දිව්‍ය පුත්‍රයෙකු

විසින් සංවේගයට පත් කරන ලදු ව ප්‍රාසාදයෙන් බැස සම්මා සම්බුදුරජුන් කරා එළැඹියෙමි.

සෝ මේ ධම්මමදේසයී - අනුකම්පාය ගෝතමෝ
දුක්ඛං දුක්ඛසමුප්පාදං - දුක්ඛස්ස ච අතික්කමං

ඒ ගෞතම බුදුරජාණෝ අනුකම්පා උපදවාගෙන මා හට දහම් දෙසූ සේක. දුක ත්, දුක් උපදවන හේතුව ත්, දුක් උපදවන හේතුව ඉක්මවා යාම ත්,

අරියංචට්ඨංගිකං මග්ගං - දුක්ඛූපසමගාමිනං
චත්තාරි අරියසච්චානි - මුනි ධම්මමදේසයී

දුක් සංසිඳීම පිණිස පවතින ආර්ය අෂ්ටාංගික මාර්ගය ත් යන මේ චතුරාර්ය සත්‍යය පිළිබඳ ව මුනිඳාණෝ දහම් දෙසූ සේක.

තස්සා'හං වචනං සුත්වා - විහරිං සාසනේ රතෝ
සමථං පටිවිජ්ඣා'හං - රත්තින්දිවමතන්දිතෝ

මම ඒ මුනිඳාණන්ගේ වචනය අසා බුදු සසුනෙහි සිත් අලවා වාසය කළෙමි. දිවා රෑ දෙකෙහි අලස නොවූයෙමි. මම සමාධිය ප්‍රතිවේධ කළෙමි.

අජ්ඣත්තං ච බහිද්ධා ච - යේ මේ විජ්ජිංසු ආසවා
සබ්බේ ආසුං සමුච්ඡින්නා - න ච උප්පජ්ජරේ පුන

මා තුළ ත්, බාහිර අරමුණු කෙරෙහි ත් යම් ආශ්‍රවයෝ මා තුළ දකින්නට ලැබුණාහු ද, ඒ සියළු ආශ්‍රවයෝ මුළුමනින් ම නැසී ගියාහ. ඒවා යළි කිසිදා නූපදිති.

පරියන්තකතං දුක්ඛං - චරිමෝ'යං සමුස්සයෝ
ජාතිමරණසංසාරෝ - නත්ථිදානි පුනබ්භවෝ'ති"

(.................)

සසර දුක අවසන් කරන ලද්දේ ය. මේ තිබෙන්නේ අන්තිම

සිරුර යි. ඉපදෙන මැරෙන සසරෙන් යුක්ත වූ පුනර්භවය දැන් මට නැත්තේ ය.'

මෙය වාසනාව ගැන විග්‍රහ කෙරෙන වාසනාභාගීය සූත්‍රයයි.

3.4.3.
(සසුන පිහිටුවීමෙහිදී මුල්වන නිබ්බේධභාගිය සූත්‍රය)

එහි තියුණු අවබෝධය ගැන විග්‍රහ කෙරෙන සූත්‍රය කුමක්ද?

"උද්ධං අධෝ සබ්බධි විප්පමුත්තෝ
අයමහමස්මින්ති අනානුපස්සී
ඒවං විමුත්තෝ උදතාරි ඕඝං
අතිණ්ණපුබ්බං අපුනබ්භවායා'ති"

(උදාන පාළි - පඨම භද්දිය සූත්‍රය)

'උඩ රූපාරූප ලෝක ත්, යට කාමලෝක ත් යන සියළු ලොවින් මනාකොට නිදහස් වූයේ, පංච උපාදානස්කන්ධයෙහි කිසිවක් 'මේ මම වෙමි' යි නොදකින්නා වූ, මෙසේ කෙලෙසුන් ගෙන් නිදහස් වී ගිය රහත් භික්ෂුව මින් පෙර කිසිදා එතෙර නොවූ වේගවත් කෙලෙස් සැඩපහර පුනර්භවය නොවීම පිණිස තරණය කළේ ය.'

මෙය තියුණු අවබෝධය ගැන විග්‍රහ කෙරෙන නිබ්බේධභාගිය සූත්‍රය යි.

"ආනන්දයෙනි, සීලයෙන් යුක්ත වූ සිල්වතා හට 'පසුතැවිලි නැති බව මා තුළ කෙසේ නම් පහළ වන්නේ දැ'යි අමුතුවෙන් චේතනා පහළ කළ යුතු නැත්තේ ය. ආනන්දයෙනි, සීලයෙන් යුක්ත වූ සීලවන්තයා තුළ 'පසුතැවිල්ල නැති බව උපදින්නේ ය' යන මෙය ධර්මතාවකි.

ආනන්දයෙනි, පසුතැවිලි නැත්තහුට 'ප්‍රමුදිත බව මා තුළ කෙසේ නම් පහළ වන්නේ දැ'යි අමුතුවෙන් චේතනා පහළ කළ යුතු නැත්තේ ය. ආනන්දයෙනි, පසුතැවිලි නැති තැනැත්තා තුළ 'ප්‍රමුදිත බව ඉපදීම' යන මෙය ධර්මතාවකි.

ආනන්දයෙනි, 'ප්‍රමුදිත වූවහුට මා තුළ කෙසේ නම් ප්‍රීතිය උපදින්නේ දැ'යි අමුතුවෙන් චේතනා පහළ කළ යුතු නැත්තේ ය. ආනන්දයෙනි, ප්‍රමුදිත ව සිටින්නහු තුළ 'ප්‍රීතිය ඉපදීම' යන මෙය ධර්මතාවකි.

ආනන්දයෙනි, 'ප්‍රීති සිත් ඇත්තහුට මාගේ කය කෙසේ නම් සංසිඳී සැහැල්ලු වන්නේදැ'යි අමුතුවෙන් චේතනා පහළ කළ යුතු නැත්තේ ය. ආනන්දයෙනි, ප්‍රීතිමත් සිත් ඇති ව සිටින්නහු තුළ 'කය සංසිඳී සැහැල්ලු වීම' යන මෙය ධර්මතාවකි.

ආනන්දයෙනි, සංසිඳී සැහැල්ලු වී ගිය කය ඇත්තහුට 'කෙසේ නම් සැප විඳින්නෙක් වන්නෙම්දැ'යි අමුතුවෙන් චේතනා පහළ කළ යුතු නැත්තේ ය. ආනන්දයෙනි, සංසිඳී ගිය සැහැල්ලු වී ගිය කය ඇති තැනැත්තා 'සැප විඳින්නේ ය' යන මෙය ධර්මතාවකි.

ආනන්දයෙනි, සැපයෙන් වසන්නහුට 'කෙසේ නම් මාගේ සිත සමාධිමත් වන්නේදැ'යි අමුතුවෙන් චේතනා පහළ කළ යුතු නැත්තේ ය. ආනන්දයෙනි, සැප ඇත්තහුගේ සිත 'සමාධියට පත්වන්නේ' ය යන මෙය ධර්මතාවකි.

ආනන්දයෙනි, සමාධිමත් සිත් ඇත්තහුට 'කෙසේ නම් මා ඇත්ත ඇති සැටියෙන් ම දැනගන්නෙම් දැ'යි, අමුතුවෙන් චේතනා පහළ කළ යුතු නැත්තේ ය. ආනන්දයෙනි, චිත්ත සමාධියෙන් යුතු තැනැත්තා 'සත්‍ය ස්වභාවය ඒ අයුරින් ම දැනගන්නේ ය යන මෙය ධර්මතාවකි.

ආනන්දයෙනි, සත්‍ය ස්වභාවය ඒ අයුරින් ම දන්නහුට, 'කෙසේ නම් මා තුළ අවබෝධයෙන් ම එපා වීම හට ගන්නේ දැ'යි අමුතුවෙන් චේතනා පහළ කළ යුතු නැත්තේ ය. ආනන්දයෙනි,

සත්‍ය ස්වභාවය ඒ අයුරින් ම දැනගත් කෙනාට, 'අවබෝධයෙන්ම එපා වන්නේ ය, යන මෙය ධර්මතාවකි.

ආනන්දයෙනි, අවබෝධයෙන් ම එපාවූවහුට, කෙසේ නම් මා තුළ නොඇල්ම ඇති වන්නේදැ'යි අමුතුවෙන් චේතනා පහළ කළ යුතු නැත්තේ ය. ආනන්දයෙනි, අවබෝධයෙන්ම එපා වූ තැනැත්තාට නොඇල්ම ඇති වන්නේ ය' යන මෙය ධර්මතාවකි.

ආනන්දයෙනි, නොඇල්ම ඇති වූ තැනැත්තහුට 'කෙසේ නම් මා තුළ විමුක්තිය උපදින්නේදැ'යි අමුතුවෙන් චේතනා පහළ කළ යුතු නැත්තේ ය. ආනන්දයෙනි, නොඇල්ම ඇති වූ තැනැත්තාට විමුක්තිය ඇති වන්නේ ය යන මෙය ධර්මතාවකි.

ආනන්දයෙනි, විමුක්තියට පත් වූ තැනැත්තහුට 'කෙසේ නම් මා තුළ විමුක්ති ඤාණ දර්ශනය උපදින්නේදැ'යි අමුතුවෙන් චේතනා පහළ කළ යුතු නැත්තේ ය. ආනන්දයෙනි, විමුක්තියට පත් වූ තැනැත්තාට විමුක්ති ඤාණ දර්ශනය උපදින්නේ ය යන මෙය ධර්මතාවකි.'

මෙය තියුණු අවබෝධය ගැන විග්‍රහ කෙරෙන නිබ්බේධභාගිය සූත්‍රය යි.

"යදා හවේ පාතුභවන්ති ධම්මා
ආතාපිනෝ ඣායතෝ බ්‍රාහ්මණස්ස
අථස්ස කංඛා වපයන්ති සබ්බා
යතෝ පජානාති සහේතු ධම්ම'න්ති"

(උදාන පාළි - පඨම බෝධි සූත්‍රය)

'යම් කලෙක කෙලෙස් තවන වීර්යයෙන් යුතු, ධ්‍යාන වඩන, සියළු පව් බැහැර කළ, සැබෑ බ්‍රාහ්මණ නම් වූ රහත් භික්ෂුව තුළ පටිච්ච සමුප්පාදය සකස් වීම පිළිබඳ අවබෝධ කරවන බෝධිපාක්ෂික ධර්මයෝ ඒකාන්තයෙන් පහළ වෙත් ද, එකල්හී ඔහුගේ සියළු සැක දුරු වී යයි. යම්හෙයකින් හේතූන් සහිත ව ධර්මය දැනගත් නිසා ය.'

මෙය තියුණු අවබෝධය ගැන විග්‍රහ කෙරෙන නිබ්බේධභාගිය සූත්‍රය යි.

"යදා හවේ පාතුභවන්ති ධම්මා
ආතාපිනෝ ඣායතෝ බ්‍රාහ්මණස්ස
අථස්ස කංඛා වපයන්ති සබ්බා
යතෝ ඛයං පච්චයානං අවේදී'ති"

(උදාන පාළි - දුතිය බෝධි සූත්‍රය)

'යම් කලෙක කෙලෙස් තවන වීර්යයෙන් යුතු, ධ්‍යාන වඩන, සියළු පව් බැහැර කළ, සැබෑ බ්‍රාහ්මණ නම් වූ රහත් භික්ෂුව තුළ පටිච්ච සමුප්පාදය නිරුද්ධ වීම පිළිබඳ අවබෝධ කරවන බෝධිපාක්ෂික ධර්මයෝ ඒකාන්තයෙන් පහළ වෙත් ද, එකල්හී ඔහුගේ සියළු සැක දුරු වී යයි. යම්හෙයකින් හේතුප්‍රත්‍යයන්ගේ නිරුද්ධ වීම දැනගත් නිසා ය.'

මෙය තියුණු අවබෝධය ගැන විග්‍රහ කෙරෙන නිබ්බේධභාගිය සූත්‍රය යි.

"කින්නු කුජ්ඣසි මා කුජ්ඣි
අක්කෝධෝ තිස්ස තේ වරං
කෝධමානමක්ඛවිනයත්ථං හි
තිස්ස බ්‍රහ්මචරියං වුස්සතී'ති"

(සංයුත්ත නිකාය - භික්ඛු සංයුත්තය - තිස්ස සූත්‍රය)

'තිස්සයෙනි, කුමක් නිසාවෙන් කෝප වෙහි? කිපෙන්නට එපා! ක්‍රෝධ නොකිරීම ඔබට උතුම් ය. තිස්සයෙනි, මේ සසුන් බඹසර වසන්නේ ක්‍රෝධය, මාන්නය, අනුන්ගේ ගුණ මැකීම යනාදියෙහි නැසීම පිණිස යි.'

මෙය තියුණු අවබෝධය ගැන විග්‍රහ කෙරෙන නිබ්බේධභාගිය සූත්‍රය යි.

"කදා'හං නන්දං පස්සෙය්‍යං - ආරඤ්ඤං පංසුකූලිකං
අඤ්ඤාතුඤ්ඡේන යාපෙන්තං - කාමේසු අනපෙක්ඛින'න්ති"

(සංයුත්ත නිකාය - භික්ඛු සංයුත්තය - නන්ද සූත්‍රය)

'අරණ්‍යවාසයෙහි සිටින, සොහොනෙහි දමන ලද වස්ත්‍රයෙන් මසා ගත් සිවුරු පොරොවා සිටින, ගෙපිළිවෙලින් පිඬු සිඟීමෙන් ලත් කවලම් වූ දානයෙන් යැපෙන, පංච කාමයන් කෙරෙහි අපේක්ෂාවක් නැති නන්දයන් මම කවදානම් දකින්නෙම්ද?

මෙය තියුණු අවබෝධය ගැන විග්‍රහ කෙරෙන නිබ්බේධභාගිය සූත්‍රය යි.

"කිංසු ඡෙත්වා සුඛං සේති - කිංසු ඡෙත්වා න සෝචති
කිස්සස්ස ඒකධම්මස්ස - වධං රෝචේසි ගෝතමා'ති"

'කුමක් නසා සුව සේ නිදයි ද? කුමක් නසා ශෝක නොවෙයි ද? ගෞතමයන් වහන්ස, කවර එක් ධර්මයක නැසීම රුචි කරව් ද?'

"කෝධං ඡෙත්වා සුඛං සේති
කෝධං ඡෙත්වා න සෝචති
කෝධස්ස විසමූලස්ස
මධුරග්ගස්ස බ්‍රාහ්මණ
වධං අරියා පසංසන්ති
තඤ්හි ඡෙත්වා න සෝචතී'ති"

(සංයුත්ත නිකාය - බ්‍රාහ්මණ සංයුත්තය - ධනඤ්ජානි සූත්‍රය)

'ක්‍රෝධය නසා සුව සේ නිදයි. ක්‍රෝධය නසා ශෝක නොවෙයි. ක්‍රෝධ කිරීම නැමැති විෂ මුල් ඇති, පළිගැනීම නැමැති මිහිරි අග ඇති ක්‍රෝධය වැනසීම ආර්යයෝ පසසති. ඒ ක්‍රෝධය ම නැවත නූපදින අයුරින් නසා ශෝක නොවේ ම ය.'

මෙය තියුණු අවබෝධය ගැන විග්‍රහ කෙරෙන

නිබ්බේධභාගිය සූත්‍රය යි.

"**කිංසු හනේ උප්පතිතං - කිංසු ජාතං විනෝදයේ**
කිං චස්සු පජහේ ධීරෝ - කිස්සාභිසමයෝ සුඛෝ

උඩට මතුවෙන කුමක් නසන්නේ ද? උපන්නා වූ කුමක් දුරු කරන්නේ ද? නුවණැති වීරියවත් තැනැත්තා කුමක් ප්‍රහාණය කරන්නේ ද? කුමක අවබෝධය සැප ලබාදෙයි ද?

කෝධං හනේ උප්පතිතං - රාගං ජාතං විනෝදයේ
අවිජ්ජං පජහේ ධීරෝ - සච්චාභිසමයෝ සුඛෝ'ති"

(.................)

උඩට මතුවෙන ක්‍රෝධය නසන්නේ ය. උපන් රාගය දුරුකරන්නේ ය. ප්‍රඥාවන්ත තැනැත්තා අවිද්‍යාව ප්‍රහාණය කරන්නේ ය. චතුරාර්ය සත්‍යාවබෝධය සැප ලබාදෙයි.

මෙය තියුණු අවබෝධය ගැන විග්‍රහ කෙරෙන නිබ්බේධභාගිය සූත්‍රය යි.

"**සත්තියා විය ඕමට්ඨෝ - ඩය්හමානෝ'ව මත්ථකේ**
කාමරාගප්පහානාය - සතෝ භික්ඛු පරිබ්බජේ

'උඩක සිට ගසන ලද ආයුධයකින් පහරකෑවෙකු ලෙසින්, හිස ගිනිගත්තෙකු ලෙසින්, භික්ෂුව සිහියෙන් යුතුව කාමරාගය ප්‍රහාණය කිරීම පිණිස වෑයම් කරමින් වසන්නේ ය.'

සත්තියා විය ඕමට්ඨෝ - ඩය්හමානෝ'ව මත්ථකේ
සක්කායදිට්ඨිප්පහානාය - සතෝ භික්ඛු පරිබ්බජේ'ති"

(සංයුත්ත නිකාය - දේවතා සංයුත්තය - වසුදත්ත සූත්‍රය)

'උඩක සිට ගසන ලද ආයුධයකින් පහර කෑවෙකු ලෙසින්, හිස ගිනිගත්තෙකු ලෙසින්, භික්ෂුව සක්කාය දෘෂ්ටිය ප්‍රහාණය කිරීම පිණිස වෑයම් කරමින් වසන්නේ ය.'

මෙය තියුණු අවබෝධය ගැන විග්‍රහ කෙරෙන නිබ්බේධභාගිය සූත්‍රය යි.

"සබ්බේ ඛයන්තා නිචයා - පතනන්තා සමුස්සයා
සබ්බේසං මරණමාගම්ම - සබ්බේසං ජීවිතමද්ධුවං
ඒතං භයං මරණේ පෙක්ඛමානෝ
පුඤ්ඤානි කයිරාථ සුඛාවහානි

'රැස් කළ භෝග සම්පත් සියල්ල ක්ෂය වීම අවසන් කොට ඇත්තාහ. සියළු ශරීරයෝ පොළොවෙහි ඇදවැටීම අවසන් කොට ඇත්තාහ. සියළු දෙනා වෙත මරණය පැමිණ සිටින්නේ ය. සියල්ලන්ගේ ජීවිතය අස්ථිර ය. මරණයෙහි ඇති මේ භය දකින තැනැත්තා සැප ලබා දෙන පින් කරන්නේ ය.'

සබ්බේ ඛයන්තා නිචයා - පතනන්තා සමුස්සයා
සබ්බේසං මරණමාගම්ම - සබ්බේසං ජීවිතමද්ධුවං
ඒතං භයං මරණේ පෙක්ඛමානෝ
ලෝකාමිසං පජහේ සන්තිපෙක්ඛෝ'ති"

(..................)

රැස් කළ භෝග සම්පත් සියල්ල ක්ෂය වීම අවසන් කොට ඇත්තාහ. සියළු ශරීරයෝ පොළොවෙහි ඇදවැටීම අවසන් කොට ඇත්තාහ. සියළු දෙනා වෙත මරණය පැමිණ සිටින්නේ ය. සියල්ලන්ගේ ජීවිතය අස්ථිර ය. මරණයෙහි ඇති මේ භය දකින තැනැත්තා සියළු දුක් සංසිඳීම නම් වූ නිවන අපේක්ෂාවෙන් පංච කාම ලෝකාමිසය දුරුකරන්නේ ය.'

මෙය තියුණු අවබෝධය ගැන විග්‍රහ කෙරෙන නිබ්බේධභාගිය සූත්‍රය යි.

"සුඛං සයන්ති මුනයෝ - න තේ සෝචන්ති මාවිධ
යේසං ඣානරතං චිත්තං - පඤ්ඤවා සුසමාහිතෝ
ආරද්ධවිරියෝ පහිතත්තෝ - ඕඝං තරති දුත්තරං

'මුනිවරු සුවසේ සැතැපෙති. යම් මුනිවරුන්ගේ සිත

ධ්‍යානයෙහි ඇලී තිබෙයි ද, මෙසසුනෙහි ඔවුහු ශෝක නොකරති. ප්‍රඥාවත් වූ හොඳින් සමාහිත සිත් ඇති, පටන් ගත් වීරිය ඇති, කාය ජීවිත දෙකෙහි අපේක්ෂා නැති තැනැත්තා දූක සේ එතෙරට යා ගත යුතු වේගවත් කෙලෙස් සැඩපහරින් එතෙරට යයි.'

විරතෝ කාමසඤ්ඤාය - සබ්බසංයෝජනාතිගෝ
නන්දීභවපරික්ඛීණෝ - සෝ ගම්භීරේ න සීදතී'ති."

(..................)

කාමසංඥාවෙන් වෙන් වූයේ, සියළු සංයෝජනයන් ඉක්මවා ගියේ, තෘෂ්ණාව ත් භවයත් ක්ෂය වී ගියේ ඒ රහත් භික්ෂුව ඉපදෙන මැරෙන සසර සයුරෙහි නොගිලෙයි.'

මෙය තියුණු අවබෝධය ගැන විග්‍රහ කෙරෙන නිබ්බේධභාගිය සූත්‍රය යි.

"සද්දහානෝ අරහතං - ධම්මං නිබ්බානපත්තියා
සුස්සූසා ලභතේ පඤ්ඤං - අප්පමත්තෝ විචක්ඛණෝ

'නිවනට පැමිණීම පිණිස රහතුන්ගේ ධර්මය අදහාගෙන, අප්‍රමාදී ව, ඉතා බලවත් නුවණින් යුතුව ධර්මය අසනු කැමැති වෙයි ද, ඔහු ප්‍රඥාව ලබයි.'

පතිරූපකාරී ධුරවා - උට්ඨාතා වින්දතේ ධනං
සච්චේන කිත්තිං පප්පෝති - දදං මිත්තානි ගන්ථති
අස්මා ලෝකා පරං ලෝකා - සවේ පෙච්ච න සෝචතී'ති"

(සංයුත්ත නිකාය - යක්ඛ සංයුත්තය - ආලවක සූත්‍රය)

'කරුණු සොයා බලා ඊට අනුව ක්‍රියා කරන, අත්නොහරින වගකීම් දරන, නැගී සිටි වීරියෙන් යුතු තැනැත්තා ධනය ලබයි. සත්‍යය පැවසීමෙන් කීර්තියට පැමිණෙයි. දන් දෙන්නා මිතුරන් ලබාගනියි. මෙලොවින් පරලොවට යන මෙබඳු තැනැත්තා ඒකාන්තයෙන් පරලොව දී ශෝක නොකරයි.'

මෙය තියුණු අවබෝධය ගැන විග්‍රහ කෙරෙන නිබ්බේධභාගිය සූත්‍රය යි.

"සබ්බගන්ථප්පහීනස්ස - විප්පමුත්තස්ස තේ සතෝ
සමණස්ස න තං සාධු - යදඤ්ඤමනුසාසති

'සියළු කෙලෙස්වල ගැටගැසීම් ප්‍රහාණය කළ, සියළු කෙලෙසුන්ගෙන් නිදහස් වූ ඔබ අන්‍යයන්ට අනුශාසනා කරයි ද, එය ශ්‍රමණයෙකුට නොහොබියි.'

යේන කේනචි වණ්ණේන - සංවාසෝ සක්ක, ජායති
න තං අරහති සප්පඤ්ඤෝ - මනසා අනනුකම්පිතුං

'ශක්‍රය, යම්කිසි කරුණකින් එක ම තැනක, එකට වාසය කිරීමක් වෙයි ද, ඒ අනුකම්පා කළ යුතු පුද්ගලයාට අනුකම්පා නොකර සිටීම ප්‍රඥාවෙන් යුක්ත වූවෙකුට නොගැලපෙයි.'

මනසා චේ පසන්නේන - යදඤ්ඤමනුසාසති
න තේන හෝති සංයුත්තෝ - යානුකම්පා අනුද්දයා'ති"

(සංයුත්ත නිකාය - යක්ඛ සංයුත්තය - සක්ක සූත්‍රය)

'ඉදින් පහන් සිතින් යුතුව යමෙකුට අනුශාසනා කරයි ද, එහිලා ඒ පුද්ගලයා ගැන යම් අනුකම්පාවක් ඇද්ද, දයාවක් ඇද්ද, ඒ හේතුවෙන් ඔහු හා එක්වීමක් නොවෙයි.'

මෙය තියුණු අවබෝධය ගැන විග්‍රහ කෙරෙන නිබ්බේධභාගිය සූත්‍රය යි.

"රාගෝ ච දෝසෝ ච කුතෝ නිදානා
අරතී රතී ලෝමහංසෝ කුතෝජා
කුතෝ සමුට්ඨාය මනෝවිතක්කා
කුමාරකා ධංකමිවොස්සජන්ති

'රාගය ත්, ද්වේෂය ත් කුමක් හේතුවෙන් හටගනිත් ද? කුසල් දහම්හි නොඇල්ම ත්, පංචකාමයෙහි ඇල්ම ත් කවර

හේතුවකින් උපදිත් ද? කුඩා දරුවෝ කවුඩෙකුගේ පා නූලෙන් බැඳ යම් සේ අත්හරිත් ද, එසෙයින් ම අකුසල මනෝ විතර්කයෝ කොතැනින් හටගෙන කුසල් අත්හරිත් ද?'

රාගෝ ච දෝසෝ ච ඉතෝ නිදානා
අරතී රතී ලෝමහංසෝ ඉතෝජා
ඉතෝ සමුට්ඨාය මනෝවිතක්කා
කුමාරකා ධංකමිවොස්සජන්ති

'රාගය ත්, ද්වේෂය ත් මේ ආත්මභාවය හේතුවෙන් හටගනිත්. කුසල් දහම්හි නොඇල්ම ත්, පංචකාමයෙහි ඇල්ම ත් මේ ආත්මභාවය හේතුවෙන් උපන්හ. කුඩා දරුවෝ කවුඩෙකුගේ පා නූලෙන් බැඳ යම් සේ අත්හරිත් ද, එසෙයින් ම අකුසල මනෝ විතර්කයෝ මේ ආත්මභාවයෙන් හටගෙන කුසල් අත්හරිති.'

ස්නේහජා අත්තසම්භූතා - නිග්‍රෝධස්සේව ඛන්ධජා
පුථූ විසත්තා කාමේසු - මාලුවාව විතතා වනේ

'නුගරුකක කඳෙහි උපන් මුල් මෙන්, තෘෂ්ණාවෙන් උපන් ආත්මභාවයෙන් හටගෙන, වනයක ගස්වල එතී ගිය මාලුවා වැල සෙයින් කාමයන් කෙරෙහි තෘෂ්ණාව බහුල ව පැතිරී ඇත්තේය.'

යේ නං පජානන්ති යතෝ නිදානං
තේ නං විනෝදෙන්ති සුණෝහි යක්ඛ,
තේ දුත්තරං ඕඝමිමං තරන්ති
අතිණ්ණපුබ්බං අපුනබ්භවයා'ති"

(සංයුත්ත නිකාය - යක්ඛ සංයුත්තය - සූචිලෝම සූත්‍රය)

'යක්ෂය, අසව. යම්කෙනෙක් යමක් හේතුවෙන් මේ රාග, ද්වේෂ ආදිය හටගනිතැයි දැනගනිත් ද, ඔවුහු ධර්මයෙහි හැසිරීමෙන් ඒ හේතුව දුරුකරති. ඔවුහු නැවත භවයක් හටනොග නු පිණිස මින් කිසිදා තරණය නොකළ වේගවත් සැඩපහර තරණය කරති.'

මෙය තියුණු අවබෝධය ගැන විග්‍රහ කෙරෙන නිබ්බේධභාගිය සූත්‍රය යි.

"භාග්‍යවතුන් වහන්ස, දිගු කලක් ඉතා පිරිසිදු ලෙස බඹසර හැසිරීම දුෂ්කර දෙයකි. භාග්‍යවතුන් වහන්ස, එය ඉතා දුෂ්කර දෙයකි."

"දුක්කරං වා පි කරොන්ති (කාමදාති භගවා)
සේඛා සීලසමාහිතා
ඨීතත්තා අනගාරියුපේතස්ස
තුට්ඨී හෝති සුඛාවහා'ති"

භාග්‍යවතුන් වහන්සේ;

'කාමදයෙනි, සීලයෙන් යුතුව නිවන් මග හික්මෙන ශ්‍රාවකයෝ දුෂ්කර වූ නමුත් බඹසර හැසිරීම කරති. අනගාරික සසුනෙහි පැවිදි වී සිටින ඔවුන් තුළ ඇති 'ලද දෙයින් සෑහීමට පත් වී සතුටු වීම' සැපය ලබා දෙයි. '

"භාග්‍යවතුන් වහන්ස, යම් මේ ලද දෙයකින් සෑහී සතුටුවීමක් ඇද්ද, එය ද දුර්ලභ දෙයකි."

"දුල්ලභං වාපි ලභන්ති (කාමදාති භගවා)
චිත්තවූපසමේ රතා
යේසං දිවා ච රත්තෝ ච
භාවනාය රතෝ මනෝ'ති"

භාග්‍යවතුන් වහන්සේ;

'කාමදයෙනි, යම් කෙනෙකුන් හට දිවා රාත්‍රියෙහි භාවනාවෙහි ඇලී ගිය සිතක් ඇත්තේ ද, කෙලෙසුන් කෙරෙන් බැහැර කොට සිත සංසිඳවීමෙහි ඇලුණු ඒ නිවන් මග හික්මෙන ශ්‍රාවකයෝ 'ලද දෙයින් සෑහී සතුටු වීම' නම් වූ දුර්ලභ දෙය ලබත්.'

"භාග්‍යවතුන් වහන්ස, යම් මේ සිතක් ඇද්ද, එය සමාධිමත්

කරගැනීම දුෂ්කර දෙයකි."

"දුස්සමාදහං චාපි සමාදහන්ති (කාමදාති භගවා)
ඉන්ද්‍රියූපසමේ රතා
තේ ඡෙත්වා මච්චුනෝ ජාලං
අරියා ගච්ඡන්ති කාමදා'ති"

භාග්‍යවතුන් වහන්සේ;

'කාමදයෙනි, ඇස් කන් ආදී ඉන්ද්‍රියයන් සංසිඳවීමෙහි ඇලුණු ඔවුහු එකඟ කිරීමට දුෂ්කර වූ සිත සමාධියෙහි යොදවති. ඒ ආර්යයෝ මාරයාගේ කෙලෙස් දැල සිඳ දමා නිවන කරා යති.'

"භාග්‍යවතුන් වහන්ස, මාර්ගයෙහි ගමන දුෂ්කර ය. මාර්ගය සම නැත්තේ ය."

"දුග්ගමේ විසමේ චාපි අරියා ගච්ඡන්ති කාමද
අනරියා විසමේ මග්ගේ පපතන්ති අවංසිරා
අරියානං සෝ සමෝ මග්ගෝ
අරියා හි විසමේ සමා'ති"

(සංයුත්ත නිකාය - දේවපුත්ත සංයුත්තය - කාමද සූත්‍රය)

'කාමදයෙනි, ආර්යයෝ දුෂ්කර වූ ගමන් මාර්ගයෙහි, සම නැති ගමන් මාර්ගයෙහි ත් යති. අනාර්යයෝ විෂම මාර්ගයෙහි දී හිස යටිකුරු ව ඇදවැටෙති. ආර්යයන්ගේ ඒ මාර්ගය සම ය. ආර්යයෝ විෂම වූ දෙව් මිනිසුන් අතර සම සිතින් සිටිති.'

මෙය තියුණු අවබෝධය ගැන විග්‍රහ කෙරෙන නිබ්බේධභාගිය සූත්‍රය යි.

"ඉදං හි තං ජේතවනං - ඉසිසංඝනිසේවිතං
ආවුත්ථං ධම්මරාජේන - පීති සඤ්ජනනං මම

'සංඝ ඉර්ෂීන් වහන්සේලා විසින් සේවනය කරන ලද, ධර්මරාජයන් වහන්සේ විසින් වැඩවාසය කරන ලද, ඒ ජේතවනය

නම් මෙය යැයි සිතන විට මා තුළ ප්‍රීතිය හටගනියි.'

කම්මං විජ්ජා ච ධම්මෝ ච - සීලං ජීවිතමුත්තමං
ඒතේන මච්චා සුජ්ඣන්ති - න ගොත්තේන ධනේන වා

'කුසල කර්මය ත්, චතුරාර්ය සත්‍යාවබෝධය නැමැති විද්‍යාව ත්, ධර්මය ත්, සිල්වත් ජීවිතය ත්, යන මේවා උතුම් ය. මෙයින් සත්වයෝ පිරිසිදු වෙති. උපන් කුලයෙන් හෝ ධනයෙන් හෝ පිරිසිදු නොවෙති.'

තස්මා හි පණ්ඩිතෝ පෝසෝ - සම්පස්සං අත්ථමත්තනෝ
යෝනිසෝ විචිනේ ධම්මං - ඒවං තත්ථ විසුජ්ඣති

'එහෙයින් නුවණැති පුරුෂයා තමාගේ යහපත සළකා බලන්නේ නුවණ යොදා ධර්මය විමසන්නේ ය. මෙසේ ඒ ආර්ය මාර්ගයෙහි පිරිසිදු බව ඇතිවෙයි.'

සාරිපුත්තෝ' ච පඤ්ඤාය - සීලේන උපසමේන ච
යෝ හි පාරගතෝ භික්ඛු - ඒතා'ව පරමෝ සියා ති."

(සංයුත්ත නිකාය - දේවපුත්ත සංයුත්තය - අනාථපිණ්ඩික සූත්‍රය)

'ප්‍රඥාවෙනුත්, සීලයෙනුත්, කෙලෙස් සංසිඳීමෙනුත් සාරිපුත්තයන් වහන්සේ ම ශ්‍රේෂ්ඨ වන සේක. යම් භික්ෂුවක් සසරෙන් එතෙරට වැඩියේ ද, ඒ භික්ෂූන් අතර සාරිපුත්තයන් වහන්සේ ම පරම වන සේක.'

මෙය තියුණු අවබෝධය ගැන විග්‍රහ කෙරෙන නිබ්බේධභාගිය සූත්‍රය යි.

"අතීතං නාන්වාගමෙය්‍ය - නප්පටිකංඛේ අනාගතං
යදතීතං පහීනං තං - අප්පත්තං ච අනාගතං

'අතීතය පසුපස නොයන්නේ ය. අනාගතය නොපතන්නේ ය. අතීතයට ගිය යමක් ඇද්ද, එය ප්‍රහීණ වූ දෙයකි. අනාගතය ද පැමිණ නැත්තේ ය.'

පච්චුප්පන්නං ච යෝ ධම්මං - තත්ථ තත්ථ විපස්සති
අසංහීරං අසංකුප්පං - තං විද්වා මනුබ්‍රෑහයේ

'නමුත් වර්තමානයෙහි පවතින ධර්මය ඒ ඒ තැනෙහි විදර්ශනා කරයි ද, ඒ නුවණැති භික්ෂුව කෙලෙසුන්ට නොවැටෙන, නොවෙනස්වන ඒ විදර්ශනාව වඩන්නේ ය.'

අජ්ජේව කිච්චං ආතප්පං - කෝ ජඤ්ඤා මරණං සුවේ
න හි නෝ සංගරං තේන - මහාසේනේන මච්චුනා

'කෙලෙස් දුරු කිරීමට අද ම වීර්යය කළ යුත්තේ ය. හෙට මැරේවි දැයි දන්නේ කවුද? මහත් වූ සේනා ඇති මාරයා සමඟ ඇති කරගත් මිතුරු ගිවිසුමක් නැත්තේ ය.'

ඒවං විහාරිං ආතාපිං - අහෝරත්තමතන්දිතං
තං වේ භද්දේකරත්තෝ'ති - සන්තෝ ආචික්ඛතේ මුනී'ති"

(මජ්ඣිම නිකාය - භද්දේකරත්ත සූත්‍රය)

'කෙලෙස් තවන වීර්යයෙන් යුතුව, දිවා රෑ දෙක්හි අලස නොවී මෙසේ වාසය කරන භික්ෂුව ඒකාන්තයෙන් සොඳුරු වූ හුදෙකලාවකට ඇලුණේ යැයි කෙලෙස් සංසිඳීගිය මුනිඳාණෝ වදාළ සේක.'

මෙය තියුණු අවබෝධය ගැන විග්‍රහ කෙරෙන නිබ්බේධභාගිය සූත්‍රය යි.

"මහණෙනි, සාක්ෂාත් කළ යුතු දේ සතරකි. ඒ කවර සතරක් ද යත්;

(1) ප්‍රඥා ඇසින් සාක්ෂාත් කළ යුතු ධර්මයක් ඇත්තේ ය. (2) ප්‍රඥාවෙන් යුක්ත ව සිහියෙන් සාක්ෂාත් කළ යුතු ධර්මයක් ඇත්තේ ය. (3) ප්‍රඥාවෙන් යුක්ත ව කයෙන් සාක්ෂාත් කළ යුතු ධර්මයක් ඇත්තේ ය. (4) ප්‍රඥාවෙන් යුක්ත ව ප්‍රඥාවෙන් සාක්ෂාත් කළ යුතු ධර්මයක් ඇත්තේ ය.

මහණෙනි, ප්‍රඥා ඇසින් සාක්ෂාත් කළ යුතු ධර්මය කුමක් ද? සාමාන්‍ය මිනිස් දැක්ම ඉක්මවා ගිය පිරිසිදු දිවැසක් ඇද්ද, මෙය ප්‍රඥා ඇසින් සාක්ෂාත් කළ යුත්තේ ය.

මහණෙනි, ප්‍රඥාවෙන් යුක්ත ව සිහියෙන් සාක්ෂාත් කළ යුතු ධර්මය කුමක් ද? පෙර ජීවිතය ගත කළ අයුරු සිහි කිරීමක් ඇද්ද, මෙය ප්‍රඥාවෙන් යුක්ත ව සිහියෙන් සාක්ෂාත් කළ යුත්තේය.

මහණෙනි, ප්‍රඥාවෙන් යුක්ත ව කයෙන් සාක්ෂාත් කළ යුතු ධර්මය කුමක් ද? ඉර්ධි ප්‍රාතිහාර්යයන් ද, නිරෝධ සමාපත්තිය ද ප්‍රඥාවෙන් යුක්ත ව කයෙන් සාක්ෂාත් කළ යුත්තේ ය.

මහණෙනි, ප්‍රඥාවෙන් දත යුතු, ප්‍රඥාවෙන් සාක්ෂාත් කළ යුතු ධර්මය කුමක් ද? ආශ්‍රවයන්ගේ ක්ෂය වූ බව දන්නා ඥානය යි. මෙය ප්‍රඥාවෙන් දත යුත්තේ ය. ප්‍රඥාවෙන් සාක්ෂාත් කළ යුත්තේ ය.

මෙය තියුණු අවබෝධය ගැන විග්‍රහ කෙරෙන නිබ්බේධභාගිය සූත්‍රය යි.

3.4.4.

(සසුන පිහිටුවීමෙහිදී මුල්වන අසේඛභාගිය සූත්‍රය)

එහි නිවන් මග හික්මී අවසන් කළ රහත් භික්ෂුව ගැන විග්‍රහ කෙරෙන අසේඛභාගිය සූත්‍රය කුමක් ද?

"යස්ස සේලූපමං චිත්තං - ඨිතං නා'නුපකම්පති
විරත්තං රජනීයේසු - කෝපනෙය්‍යෝ න කුප්පති
යස්සේවං භාවිතං චිත්තං - කුතෝ නං දුක්ඛමෙස්සතී'ති"

(උදාන පාළි - ජිණ්ණ සූත්‍රය)

'යම් රහත් භික්ෂුවකගේ සිත ගල් පර්වතයක් සෙයින්

සිට අටලෝ දහමින් කම්පා නොවෙයි ද, රාගාදිය ඇති කරවන අරමුණුවල නොඇලී තිබෙයි ද, කෝපය උපදවන අරමුණුවල කෝප නොවී තිබෙයි ද, යම් රහත් භික්ෂුවකගේ සිත මෙසේ දියුණුවට පත් ව ඇත්නම් ඔහු කරා කෙසේ නම් දුක පැමිණෙන්නේද?'

මෙය නිවන් මග හික්මී අවසන් කළ රහත් භික්ෂුව ගැන විග්‍රහ කෙරෙන අසේඛභාගිය සූත්‍රය යි.

"ආයුෂ්මත් සාරිපුත්තයන් වහන්සේගේ චාරිකාව ද, දසවෙනි වෙය්‍යාකරණය කළ යුත්තේ ය."

මෙය නිවන් මග හික්මී අවසන් කළ රහත් භික්ෂුව ගැන විග්‍රහ කෙරෙන අසේඛභාගිය සූත්‍රය යි.

"යෝ බ්‍රාහ්මණෝ බාහිතපාපධම්මෝ
නිහුහුංකෝ නික්කසාවෝ යතත්තෝ
වේදන්තගූ වුසිතබ්‍රහ්මචරියෝ
ධම්මේන සෝ බ්‍රහ්මවාදං වදෙය්‍ය
යස්සුස්සදා නත්ථි කුහිඤ්චි ලෝකේ'ති"

(උදාන පාළි - නිග්‍රෝධ සූත්‍රය)

'සියළු පව් බැහැර කළ සැබෑ බ්‍රාහ්මණයා නම් වූ යම් රහත් භික්ෂුවක් වෙයි ද, හේ ක්‍රෝධ මානයෙන් යුතුව 'හූම්, හූම්' යනාදියෙන් පිළිතුරු දෙන බ්‍රාහ්මණයන් සෙයින් නොකරයි ද, කෙලෙස් කසට නැත්තේ වෙයි ද, සංවර කරගත් සිත් ඇත්තේ ද, අවබෝධයෙහි මුදුන්පත් වූයේ ද, වැස නිමකළ බඹසර ඇත්තේ ද, යමෙකු තුළ ලෝකයෙහි කිසි අරමුණකට කැළඹීමක් නැත්තේ ද, එහෙයින් ධර්මය තුළින් ඔහු 'මම ත් බ්‍රාහ්මණයෙක්මි' යි බ්‍රහ්මවාදය කියයි.'

මෙය නිවන් මග හික්මී අවසන් කළ රහත් භික්ෂුව ගැන විග්‍රහ කෙරෙන අසේඛභාගිය සූත්‍රය යි.

"බාහිත්වා පාපකේ ධම්මේ - යේ චරන්ති සදා සතා
ඛීණසංයෝජනා බුද්ධා - තේ වේ ලෝකස්මිං බ්‍රාහ්මණා'ති"

(උදාන පාළි - ථේර සූත්‍රය)

'යම් රහත් භික්ෂු කෙනෙක් පාපී අකුසල් දහම් බැහැර කොට හැමකල්හී සිහියෙන් යුක්තව හැසිරෙත් ද, නසන ලද සංයෝජන ඇති, චතුරාර්ය සත්‍යාවබෝධය කළ ඔවුහු ලෝකයෙහි ඒකාන්තයෙන් ම සැබෑ බ්‍රාහ්මණයෝ ය.'

මෙය නිවන් මග හික්මී අවසන් කළ රහත් භික්ෂුව ගැන විග්‍රහ කෙරෙන අසේඛභාගිය සූත්‍රය යි.

"යත්ථ ආපෝ ච පඨවී - තේජෝ වායෝ න ගාධති
න තත්ථ සුක්කා ජෝතන්ති - ආදිච්චෝ නප්පකාසති
න තත්ථ චන්දිමා භාති - තමෝ තත්ථ න විජ්ජති

'යම් නිවනක ආපෝ ධාතුව ත්, පඨවී ධතුව ත්, තේජෝ ධාතුව ත්, වායෝ ධාතුව ත් නොපිහිටයි ද, එහි තාරකාවෝ නොබබළති. සූර්යයා එළිය නොකරයි. එහි සඳ නොම බබළයි. එහි අන්ධකාරයක් දකින්නට නැත්තේ ය.

යදා ච අත්තනා වේදී - මුනි මෝනේන බ්‍රාහ්මණෝ
අථ රූපා අරූපා ච - සුඛදුක්ඛා පමුච්චතී'ති"

(උදාන පාළි - බාහිය සූත්‍රය)

යම් කලෙක රහත් භික්ෂුව නැමැති මුනිවරයා මාර්ග ඥානය කරණ කොට ගෙන තමා තුළින් නිවන අවබෝධ කළේ ද, එකල්හී ඔහු රූප ලෝකයෙන් ද, අරූප ලෝකයෙන් ද, සැප දුක් වලින් ද නිදහස් වෙයි.'

මෙය නිවන් මග හික්මී අවසන් කළ රහත් භික්ෂුව ගැන විග්‍රහ කෙරෙන අසේඛභාගිය සූත්‍රය යි.

"යදා සකේසු ධම්මේසු - පාරගූ හෝති බ්‍රාහ්මණෝ
අථ ඒතං පිසාචඤ්ච - පක්කුලඤ්චා'ති වත්තතී'ති"

(උදාන පාළි - පාවා සූත්‍රය)

'යම් කලෙක රහත් භික්ෂුව තම ස්කන්ධ - ධාතු - ආයතන ධර්මයන් පිරිසිඳ අවබෝධ කොට එයින් එතෙරට ගියේ වෙයි ද, එකල්හී මේ පිසාචයා ත් මොහු විසින් කියනු ලබන පක්කුල යන ශබ්දය ත් ඉක්මවා සිටියි.'

මෙය නිවන් මග හික්මී අවසන් කළ රහත් භික්ෂුව ගැන විග්‍රහ කෙරෙන අසේඛභාගිය සූත්‍රය යි.

"නාභිනන්දති ආයන්තිං - පක්කමන්තිං න සෝචති
සංගා සංගාමජිං මුත්තං - තමහං බ්‍රෑමි බ්‍රාහ්මණ'න්ති"

(උදාන පාළි - සංගාමජී සූත්‍රය)

'තමා වෙත එන්නිය සතුටින් නොපිළිගනියි. නැවත හැරී යන්නිය දැක ශෝක නොකරයි. කෙලෙස් සංගයෙන් නිදහස් ව සිටින ඒ සංගාමජී භික්ෂුවට මම සැබෑ බ්‍රාහ්මණයා යැයි කියමි.'

මෙය නිවන් මග හික්මී අවසන් කළ රහත් භික්ෂුව ගැන විග්‍රහ කෙරෙන අසේඛභාගිය සූත්‍රය යි.

"න උදකේන සුචී හෝති
බව්හෙත්ථ නහායති ජනෝ
යම්හි සච්චං ච ධම්මෝ ච
සෝ සුචී සෝ ච බ්‍රාහ්මණෝ'ති"

(උදාන පාළි - ජටිල සූත්‍රය)

'මේ ගයාවෙහි නානතොටෙහි බොහෝ ජනයෝ ස්නානය කරති. එහෙත් නදී ජලයෙන් ස්නානය කොට කෙලෙස් දුරුවන පිරිසිදු බවක් ඇති නොවෙයි. යමෙකු තුළ සත්‍යාවබෝධය ත්, ධර්මය ත් තිබෙයි ද, ඔහු පිරිසිදු වෙයි. ඔහු බ්‍රාහ්මණයෙකුත් වෙයි.'

මෙය නිවන් මග හික්මී අවසන් කළ රහත් භික්ෂුව ගැන විග්‍රහ කෙරෙන අසේඛභාගිය සූත්‍රය යි.

"යදා හවේ පාතුභවන්ති ධම්මා
ආතාපිනෝ ඣායතෝ බ්‍රාහ්මණස්ස
විධූපයං තිට්ඨති මාරසේනං
සූරියෝව ඕභාසයමන්තලික්ඛ'න්ති"

(උදාන පාළි - තතිය බෝධි සූත්‍රය)

'යම් කලෙක කෙලෙස් තවන වීරියෙන් යුතු, ධ්‍යාන වඩන සියළු පව් බැහැර කළ රහත් භික්ෂුව තුළ පටිච්ච සමුප්පාද ධර්මයෙහි සකස් වීම ත්, නිරුද්ධ වීම ත් පිරිසිඳ අවබෝධ කරවන බෝධිපාක්ෂික ධර්මයෝ ඒකාන්තයෙන් පහළ වෙත් ද, එකල්හී අහස් තලය එළිය කොට සිටින මුදුන් හිරු මඬල සෙයින් මාර සේනාව මැඩලමින් වැඩ සිටියි.'

මෙය නිවන් මග හික්මී අවසන් කළ රහත් භික්ෂුව ගැන විග්‍රහ කෙරෙන අසේඛභාගිය සූත්‍රය යි.

"සන්තින්ද්‍රියං පස්සථ ඉරියමානං
තේවිජ්ජප්පත්තං අපහානධම්මං
සබ්බානි යෝගානි උපාතිවත්තෝ
අකිඤ්චනෝ ඉරියති පංසුකූලිකෝ

(..................)

'සංසිඳීගිය ඉඳුරන් ඇති, ත්‍රිවිද්‍යාව සාක්ෂාත් කළ, නොපිරිහෙන ස්වභාව ඇති ව ඉරියව් පවත්වන අයුරු බලව්. සියලු කෙලෙස් යෝගයන් ඉක්මවා ගිය පංශුකූල සිවුරු පොරොවා සිටින කෙලෙස් රහිත වූ රහත් භික්ෂුවක් ය ඉරියව් පවත්වන්නේ.'

තං දේවතා සම්බහුලා උළාරා
බ්‍රහ්මවිමානං උපසංකමිත්වා
ආජානීයං ජාතිබලනිසේධං
තිධා නමස්සන්ති පසන්නචිත්තා

(..................)

'මහේශාක්‍ය වූ බොහෝ දේවතාවෝ බ්‍රහ්මවිමානයට එළඹ එහි වැඩහුන් ආජානීය පුරුෂ වූ ජාති බල බැහැරකළ ඒ රහත් භික්ෂුවට පහන් සිතින් යුතුව සිත, කය, වචන යන තිදොරින් නමස්කාර කරති.'

නමෝ තේ පුරිසාජඤ්ඤ - නමෝ තේ පුරිසුත්තම
යස්ස තේ නාභිජානාම - කින්ති නිස්සාය ඣායසී'ති"

(සංයුත්ත නිකාය - ඛන්ධ සංයුත්තය - ඛජ්ජනීය සූත්‍රය)

'ආජානේය පුරුෂයාණෙනි, ඔබට නමස්කාර වේවා! පුරුෂෝත්තමයාණෙනි, ඔබට නමස්කාර වේවා! යම් බඳු ඔබ කුමක් අරමුණු කොට ධ්‍යාන කරහි දැයි අපි නොදනිමු.'

මෙය නිවන් මග හික්මී අවසන් කළ රහත් භික්ෂුව ගැන විග්‍රහ කෙරෙන අසේඛභාගිය සූත්‍රය යි.

"සහායා වතිමේ භික්ඛූ - චිරරත්තං සමේතිකා
සමේති නේසං සද්ධම්මෝ - ධම්මේ බුද්ධප්පවේදිතේ

(සංයුත්ත නිකාය - භික්ඛු සංයුත්තය - සහායක සූත්‍රය)

'ඒකාන්තයෙන් මේ යහළු භික්ෂූහු බොහෝ කලක් සම්මා දිට්ඨි ආදියෙන් සම ව සිටිති. එහෙයින් ඔවුන්ගේ ප්‍රතිපත්ති සද්ධර්මය බුදුරජුන් විසින් වදාරණ ලද ධර්මයෙහිලා සමවෙයි.'

සුවිනීතා කප්පිනේන - ධම්මේ අරියප්පවේදිතේ
ධාරෙන්ති අන්තිමං දේහං - ජිත්වා මාරං සවාහිනි'න්ති"

(සංයුත්ත නිකාය - භික්ඛු සංයුත්තය - කප්පින සූත්‍රය)

'ආර්යයන් වහන්සේලා විසින් දෙසන ලද ධර්මය තුළ ආයුෂ්මත් කප්පිනයන් වහන්සේ විසින් මැනැවින් හික්මවන ලද්දාහු ඒ භික්ෂූහු සේනා සහිත මාර බලය ජයගෙන, අන්තිම සිරුර දරා සිටිති.'

මෙය නිවන් මග හික්මී අවසන් කළ රහත් භික්ෂුව ගැන

විග්‍රහ කෙරෙන අසේඛභාගිය සූත්‍රය යි.

"නයිදං සිථිලමාරබ්භ - නයිදං අප්පේන ථාමසා
නිබ්බානං අධිගන්තබ්බං - සබ්බගන්ථප්පමෝචනං

'සියළු කෙලෙස් ගැටගැසීම් වලින් නිදහස් කරවන මේ නිර්වාණය යනු ලිහිල් ව පටන් ගත් වීර්යයකින් සාක්ෂාත් නොකළ හැක්කකි. ස්වල්ප වූ ශක්තියකින් සාක්ෂාත් කළ නොහැක්කේය.'

අයඤ්ච දහරෝ භික්ඛු - අයමුත්තමපෝරිසෝ
ධාරේති අන්තිමං දේහං - ජෙත්වා මාරං සවාහිනි'න්ති"

(සංයුත්ත නිකාය - භික්ඛු සංයුත්තය - නව භික්ඛු සූත්‍රය)

'මොහු තරුණ භික්ෂුවකි. මොහු උතුම් පුරුෂයෙකි. සේනා සහිත මාර බලය ජයගෙන අන්තිම සිරුර දරා සිටියි.'

මෙය නිවන් මග හික්මී අවසන් කළ රහත් භික්ෂුව ගැන විග්‍රහ කෙරෙන අසේඛභාගිය සූත්‍රය යි.

"දුබ්බණ්ණකෝ ලූඛචීවරෝ - මෝසරාජා සදා සතෝ
ඛීණාසවෝ විසංයුත්තෝ - කතකිච්චෝ අනාසවෝ

(.................)

'දුර්වර්ණ වූයේ, රළු සිවුරු පොරවා සිටියේ, හැම කල්හී සිහියෙන් යුතු වූ මෝසරාජ භික්ෂුව ක්ෂීණාශ්‍රව වූයේ, කෙලෙසුන් හා එක් නොවූයේ, නිවන පිණිස කළ යුතු දේ කරන ලද්දේ, ආශ්‍රව නැත්තේ ය.'

තේවිජ්ජෝ ඉද්ධිප්පත්තෝ ච - චේතෝපරියාය කෝවිදෝ
ධාරේති අන්තිමං දේහං - ජෙත්වා මාරං සවාහිනි'න්ති"

(.................)

'ත්‍රිවිද්‍යාලාභී වූයේ, ඉර්ධිබල ඇත්තේ, අන්‍යයන්ගේ සිත් දැනීමෙහි ද දක්ෂ වූයේ, සේනා සහිත මාර බලය නසා අන්තිම

සිරුැර දරා සිටියි.'

මෙය නිවන් මග හික්මී අවසන් කළ රහත් භික්ෂුව ගැන විග්‍රහ කෙරෙන අසේඛභාගිය සූත්‍රය යි.

"මහණෙනි, අර්හත් සම්මා සම්බුදු තථාගත තෙමේ රූපය පිළිබඳ පිරිසිඳ අවබෝධයෙන් ම එපාවීමෙන්, නොඇල්මෙන් ඇල්ම නිරුද්ධ වීමෙන්, උපාදානයෙන් තොර ව රූපයෙන් නිදහස් වූයේ, 'සම්මා සම්බුද්ධ' යැයි කියනු ලැබේ.

මහණෙනි, භික්ෂුව ත් රූපය පිළිබඳ පිරිසිඳ අවබෝධයෙන් ම එපාවීමෙන්, නොඇල්මෙන් ඇල්ම නිරුද්ධ වීමෙන්, උපාදානයෙන් තොර ව රූපයෙන් නිදහස් වූයේ, 'ප්‍රඥා විමුක්ත' යැයි කියනු ලැබේ.

මහණෙනි, අර්හත් සම්මා සම්බුදු තථාගත තෙමේ විඳීම පිළිබඳව ....(පෙ).... සංඥාව පිළිබඳ ව ....(පෙ).... සංස්කාර පිළිබඳ ව ....(පෙ).... විඤ්ඤාණය පිළිබඳ ව පිරිසිඳ අවබෝධයෙන් ම එපාවීමෙන්, නොඇල්මෙන් ඇල්ම නිරුද්ධ වීමෙන්, උපාදානයෙන් තොර ව විඤ්ඤාණයෙන් නිදහස් වූයේ, 'සම්මා සම්බුද්ධ' යැයි කියනු ලැබේ.

මහණෙනි, භික්ෂුව ත් විඳීම පිළිබඳව ....(පෙ).... සංඥාව පිළිබඳ ව ....(පෙ).... සංස්කාර පිළිබඳ ව ....(පෙ).... විඤ්ඤාණය පිළිබඳ ව පිරිසිඳ අවබෝධයෙන් ම එපාවීමෙන්, නොඇල්මෙන් ඇල්ම නිරුද්ධ වීමෙන්, උපාදානයෙන් තොර ව විඤ්ඤාණයෙන් නිදහස් වූයේ, 'ප්‍රඥා විමුක්ත' යැයි කියනු ලැබේ.

මහණෙනි, මේ විමුක්තියෙහිලා අර්හත් සම්මා සම්බුදු තථාගතයන්ගේ විමුක්තියේ ත්, භික්ෂුවගේ ප්‍රඥා විමුක්තියේ ත් ඇති විශේෂත්වය කුමක් ද? ප්‍රධාන වෙනස කුමක් ද? වෙනස් කොට දැකීම කුමක් ද?"

"ස්වාමීනී, අපගේ ධර්මයෝ භාග්‍යවතුන් වහන්සේ මුල්කොට ඇත්තාහ. භාග්‍යවතුන් වහන්සේ නායක කොට

ඇත්තාහ. භාග්‍යවතුන් වහන්සේ පිළිසරණ කොට ඇත්තාහ. ඔය වදාළ කරුණෙහි අර්ථය භාග්‍යවතුන් වහන්සේට ම වැටහෙන සේක් නම් මැනැවි. භාග්‍යවතුන් වහන්සේගෙන් අසා භික්ෂූහු දරාගන්නාහ."

"මහණෙනි, අර්හත් සම්මා සම්බුදු තථාගත තෙමේ නූපන් නිවන් මග උපදවයි. හටනොගත් නිවන් මග හටගන්වයි. කිසිවෙකු විසිනුත් නොපවසන ලද නිවන් මග පවසයි. නිවන් මග මැනැවින් දනියි. නිවන් මග මැනැවින් ප්‍රකට වෙයි. නිවන් මගෙහි දක්ෂ වෙයි. මහණෙනි, මෙකල්හී ශ්‍රාවකයෝ ඒ තථාගතයන් පවසන ලද නිවන් මග අනුව යමින් තථාගතයන්ට පසුව නිවන් මගෙහි යෙදී වසති.

මහණෙනි, අර්හත් සම්මා සම්බුදු තථාගතයන්ගේ විමුක්තිය හා භික්ෂුවගේ ප්‍රඥා විමුක්තිය අතර විශේෂත්වය මෙය යි. ප්‍රධාන වෙනස මෙයයි. වෙන්කොට දැකීම මෙය යි."

මෙය නිවන් මග හික්මී අවසන් කළ රහත් භික්ෂුව ගැන විග්‍රහ කෙරෙන අසේඛභාගිය සූත්‍රය යි.

3.4.5.

(සසුන පිහිටුවීමෙහිදී මුල්වන සංකිලේසභාගිය හා වාසනාභාගිය සූත්‍රය)

එහි සොළොස් සූත්‍රයන් අතර, කෙලෙසී යාම ගැන ත් විග්‍රහ කෙරෙන, වාසනාව ගැන ත් විග්‍රහ කෙරෙන සූත්‍රය කුමක්ද?

"ඡන්නමතිවස්සති - විවටං නාතිවස්සති
තස්මා ඡන්නං විවරේථ - ඒවං තං නාතිවස්සති"

(උදාන පාළි - උපෝසථ සූත්‍රය)

'වසාගන්නා ලද වැරදි ඇති කෙනා තුළ කෙලෙස් වැස්ස බලවත් ව තෙමාලයි. වැරදි හෙළිදරව් කළ විට කෙලෙස් වැස්ස

එසේ බලවත් ව නොතෙමයි. එහෙයින් නුවණැති සබ්‍රහ්මචාරීන් වහන්සේ නමක් ඉදිරියෙහි වසාගත් වැරදි හෙළි කරව්. මෙසේ ඒ වැරදි ඇති කෙනා ව තවදුරටත් කෙලෙස් වැස්ස නොතෙමයි.'

'වසාගන්නා ලද වැරදි ඇති කෙනා තුළ කෙලෙස් වැස්ස බලවත් ව තෙමාලයි' යනු කෙලෙසීයාම යි. **'වැරදි හෙළිදරව් කළ විට කෙලෙස් වැස්ස එසේ බලවත් ව නොතෙමයි'** යනු වාසනාව යි. **'එහෙයින් නුවණැති සබ්‍රහ්මචාරීන් වහන්සේ නමක් ඉදිරියෙහි වසාගත් වැරදි හෙළි කරව්. මෙසේ ඒ වැරදි ඇති කෙනා ව තවදුරටත් කෙලෙස් වැස්ස නොතෙමයි'** යනු කෙලෙසීයාම ත්, වාසනාව ත් ය.

මෙය කෙලෙසීයාම ගැන ත්, වාසනාව ගැන ත් විග්‍රහ කෙරෙන සූත්‍රය යි.

"මහරජාණෙනි, පුද්ගලයෝ සතර දෙනෙක් ලෝකයෙහි දකින්නට ලැබෙති. ඒ කවර සතර දෙනෙක් ද යත්; අඳුරෙන් අඳුරට යන පුද්ගලයා ය. අඳුරෙන් එළියට යන යන පුද්ගලයා ය. එළියෙන් අඳුරට යන පුද්ගලයා ය. එළියෙන් එළියට යන පුද්ගලයාය."

ඒ පුද්ගලයන් අතර යම් පුද්ගලයෙක් එළියෙන් අඳුරට යයි ද, යම් පුද්ගලයෙක් අඳුරෙන් අඳුරට යයි ද, මේ පුද්ගලයෝ දෙදෙනා කෙලෙසී යන පක්ෂයට අයත් වෙති. යම් පුද්ගලයෙක් අඳුරෙන් එළියට එයි ද, යම් පුද්ගලයෙක් එළියෙන් එළියට එයි ද, මේ පුද්ගලයෝ දෙදෙනා වාසනා පක්ෂයට අයත් වෙති.

මෙය කෙලෙසීයාම ගැන ත්, වාසනාව ගැන ත් විග්‍රහ කෙරෙන සූත්‍රය යි.

3.4.6.
(සසුන පිහිටුවීමෙහිදී මුල්වන සංකිලේසභාගිය හා නිබ්බේධභාගිය සූත්‍රය)

එහි සොළොස් සූත්‍රයන් අතර, කෙලෙසී යාම ගැන ත් විග්‍රහ කෙරෙන, තියුණු අවබෝධය ගැන ත් විග්‍රහ කෙරෙන සූත්‍රය කුමක් ද?

"න තං දළ්හං බන්ධනමාහු ධීරා
යදායසං දාරුජං බබ්බජඤ්ච
සාරත්තරත්තා මණිකුණ්ඩලේසු
පුත්තේසු දාරේසු ච යා අපෙක්ඛා'ති"

(සංයුත්ත නිකාය - කෝසල සංයුත්තය - බන්ධන සූත්‍රය)

'යම් කලෙක යකඩ දම්වැලෙන් හෝ දැව දඬුවෙන් හෝ බුබුස් තණ වලින් කළ කඹයෙන් හෝ සිරකොට කළ බන්ධනයක් ඇද්ද, එය දරුණු බන්ධනයක් යැයි නුවණැත්තෝ නොකීහ. මිණිමුතු අබරණ කෙරෙහි ද, දරුවන් කෙරෙහි ද, අඹුවන් කෙරෙහි ද රාගයෙන් බැඳී ගිය යම් අපේක්ෂාවක් ඇද්ද, මෙය ම දරුණු බන්ධනයකි.'

මෙය කෙලෙසීයාම යි.

"ඒතං දළ්හං බන්ධනමාහු ධීරා
ඕහාරිනං සිථිලං දුප්පමුඤ්චං
ඒතම්පි ඡෙත්වාන පරිබ්බජන්ති
අනපෙක්ඛිනෝ කාමසුඛං පහායා'ති"

(සංයුත්ත නිකාය - කෝසල සංයුත්තය - බන්ධන සූත්‍රය)

'උපභෝග - පරිභෝග කාමවස්තු පිළිබඳ ව රාගයෙන් ඇලී ගිය අපේක්ෂාව අපායට ඇද දමන, සියුම් වූ, මිදීමට දුෂ්කර වූ, දරුණු බන්ධනයකැයි නුවණැත්තෝ කීහ. කාමවස්තු කෙරෙහි

අපේක්ෂා නැති අය මේ බන්ධනය සිඳ දමා කම්සැප අත්හැර පැවිදි වෙති.'

මෙය තියුණු අවබෝධය යි.

මෙය කෙලෙසීයාම ගැන ත්, තියුණු අවබෝධය ගැන ත් විග්‍රහ කෙරෙන සූත්‍රය යි.

"මහණෙනි, කෙලෙස් සහිත වූ යම් දෙයක් ගැන සිතයි නම්, එබඳු දෙයක් ගැන ක්‍රියා කරයි නම්, එබඳු දෙයක් සිතෙහි අප්‍රකට ව පවත්වයි නම්, විඤ්ඤාණයෙහි පිහිටීමට එය අරමුණක් වෙයි. කෙලෙස් සහිත අරමුණක් තිබෙන විට ඒ විඤ්ඤාණයේ පිහිටීම වෙයි. ඒ කෙලෙස් අරමුණෙහි පිහිටි විඤ්ඤාණය වැඩෙන විට මතුවට නැවත භවයක උපත සිදුවෙයි. මතුවට නැවත භවයක උපතක් සිදු වූ විට මතුවට ජාති, ජරා, මරණ, ශෝක, වැළපීම්, දුක්, දොම්නස්, උපායාසයෝ හටගනිති. මෙසේ මුළු මහත් දුක් රැසෙහිම හටගැනීම වෙයි.

ඉදින් මහණෙනි, කෙලෙස් සහිත වූ යම් දෙයක් ගැන නොසිතයි ද, එබඳු දෙයක් ගැන ක්‍රියා නොකරයි ද, නමුත් යම් ක්ලේශයක් සිතෙහි අප්‍රකට ව පවත්වයි නම්, විඤ්ඤාණයෙහි පිහිටීමට එය අරමුණක් වෙයි. කෙලෙස් සහිත අරමුණක් තිබෙන විට ඒ විඤ්ඤාණයේ පිහිටීම වෙයි. ඒ කෙලෙස් අරමුණෙහි පිහිටි විඤ්ඤාණය වැඩෙන විට මතුවට නැවත භවයක උපත සිදුවෙයි. මතුවට නැවත භවයක උපතක් සිදු වූ විට මතුවට ජාති, ජරා, මරණ, ශෝක, වැළපීම්, දුක්, දොම්නස්, උපායාසයෝ හටගනිති. මෙසේ මුළු මහත් දුක් රැසෙහිම හටගැනීම වෙයි."

මෙය කෙලෙසී යාම යි.

"මහණෙනි, කෙලෙස් සහිත වූ යම් දෙයක් ගැන නොසිතයි නම්, එබඳු දෙයක් ගැන ක්‍රියා නොකරයි නම්, එබඳු දෙයක් සිතෙහි අප්‍රකට ව නොපවත්වයි නම්, විඤ්ඤාණයෙහි පිහිටීමට එය අරමුණක් නොවෙයි. කෙලෙස් සහිත අරමුණක් නැති විට ඒ විඤ්ඤාණයේ පිහිටීම නොවෙයි. ඒ කෙලෙස්

අරමුණක නොපිහිටි විඤ්ඤාණය නොවැඩෙන විට මතුවට නැවත භවයක උපත සිදු නොවෙයි. මතුවට නැවත භවයක උපතක් සිදු නොවන විට මතුවට ජාති, ජරා, මරණ, ශෝක, වැළපීම්, දුක්, දොම්නස්, උපායාසයෝ හට නොගනිති. මෙසේ මුළු මහත් දුක් රැසෙහිම නිරුද්ධ වීම වෙයි."

මෙය තියුණු අවබෝධය යි.

මෙය කෙලෙසීයාම ගැන ත්, තියුණු අවබෝධය ගැන ත් විග්‍රහ කෙරෙන සූත්‍රය යි.

3.4.7.
(සසුන පිහිටුවීමෙහිදී මුල්වන සංකිලේසභාගිය හා අසේඛභාගිය සූත්‍රය)

එහි සොළොස් සූත්‍රයන් අතර, කෙලෙසී යාම ගැන ත් විග්‍රහ කෙරෙන, නිවන් මග හික්මී අවසන් කළ රහත් වූ අසේඛ භික්ෂුව ගැන ත් විග්‍රහ කෙරෙන සූත්‍රය කුමක් ද?

"මහණෙනි, අශ්‍රැතවත් පෘථග්ජනයා 'මුහුද, මුහුද' යැයි කියයි. මහණෙනි, ආර්ය විනයෙහි මෙය මුහුදක් නොවෙයි. මහණෙනි, මෙය මහා ජලරාශියකි. මහා ජලස්කන්ධයකි. මහණෙනි, මුහුද යනු පුරුෂයාගේ ඇස ය. ඒ ඇස නැමැති මුහුදෙහි රූපයෙන් හටගත් කෙලෙස් වේගයෝ ඇත්තාහ."

මෙය කෙලෙසී යාම යි.

"යමෙක් ඒ රූපයෙන් හටගත් කෙලෙස් වේගයට යට නොවෙයි ද, මහණෙනි, මොහු කෙලෙස් රළ සහිත වූ, කෙලෙස් සුළි සහිත වූ, කෙලෙස් මෝරුන් සහිත වූ, කෙලෙස් රකුසන් සහිත වූ ඇස නැමැති මුහුද තරණය කළේ ය. මුහුදින් එතෙර ගියේ ය. රහත් ඵලය නැමැති ගොඩබිමෙහි පිහිටි බ්‍රාහ්මණයා යැයි කියනු ලැබේ."

මොහු නිවන් මග හික්මී අවසන් වූ අසේඛ පුද්ගලයා ය.

"මහණෙනි, කන ....(පෙ).... නාසය ....(පෙ).... දිව ....(පෙ).... කය ....(පෙ).... මහණෙනි, මනස යනු පුරුෂයාගේ මුහුද යි. ඒ මනස නැමැති මුහුදෙහි සිතෙහි උපදින අරමුණුවලින් හටගත් කෙලෙස් වේගයෝ ඇත්තාහ."

මෙය කෙලෙසී යාම යි.

"යමෙක් ඒ මනසේ උපදින අරමුණු වලින් හටගත් කෙලෙස් වේගයට යට නොවෙයි ද, මහණෙනි, මොහු කෙලෙස් රළ සහිත වූ, කෙලෙස් සුළි සහිත වූ, කෙලෙස් මෝරුන් සහිත වූ, කෙලෙස් රකුසන් සහිත වූ මනස නැමැති මුහුද තරණය කළේ ය. මුහුදින් එතෙර ගියේ ය. රහත් ඵලය නැමැති ගොඩබිමෙහි පිහිටි බ්‍රාහ්මණයා යැයි කියනු ලැබේ."

මොහු නිවන් මග හික්මී අවසන් වූ අසේඛ පුද්ගලයා ය.

භාග්‍යවතුන් වහන්සේ මෙය වදාළ සේක. මෙය වදාළ සුගත වූ ශාස්තෘන් වහන්සේ යළි මෙය වදාළ සේක.

"යෝ ඉමං සමුද්දං සගාහං සරක්ඛසං
සඌම්භයං දුත්තරං අච්චතාරී
ස වේදන්තගූ වුසිතබ්‍රහ්මචරියෝ
ලෝකන්තගූ පාරගතෝ'ති වුච්චතී'ති"

(සංයුත්ත නිකාය - වේදනා සංයුත්තය - සමුද්ද සූත්‍රය)

'යමෙක් කෙලෙස් සැඩ මෝරුන් සහිත වූ, කෙලෙස් රකුසන් සහිත වූ, කෙලෙස් රළ සහිත වූ, එතෙර වීමට දුෂ්කර වූ, මේ මුහුද තරණය කළේ ද, අවබෝධයෙහි මුදුන් පත් වූයේ, වැස නිමකළ බඹසර ඇත්තේ ලොවෙහි කෙළවරට ගියේ ය. සසරෙන් එතෙර වූ නිවන කරා ගියේ යැයි කියනු ලැබේ.'

මොහු නිවන් මග හික්මී අවසන් වූ අසේඛ පුද්ගලයා ය.

මෙය කෙලෙසී යාම ගැන ත් විග්‍රහ කෙරෙන, නිවන් මග හික්මී අවසන් කළ රහත් වූ අසේඛ භික්ෂුව ගැන ත් විග්‍රහ කෙරෙන සූත්‍රය යි.

"මහණෙනි, ලෝකයෙහි සත්වයන්ගේ අයහපත පිණිස, ප්‍රාණීන්ට දුක් පිණිස මේ බිලී කොකු හයක් ඇත්තේ ය. ඒ කවර බිලී කොකු හයක් ද යත්; ඇසින් දත යුතු ඉෂ්ට වූ, කාන්ත වූ, මනාප වූ, ප්‍රිය ස්වභාව වූ, කැමැත්ත ඇතිවෙන, සිත් අලවන රූපයෝ ය. ඉදින් භික්ෂුවක් ඇසින් දුටු කෙලෙසුන්ට හිත වූ ඒ රූපය සතුටින් පිළිගනියි ද, එහි ගුණ කියයි ද, එහි බැසගෙන සිටියි ද, මහණෙනි, මේ භික්ෂුව මාරයාට අයත් කෙලෙසුන්ට හිත වූ රූපය නැමැති බිලී කොක්ක ගිල දැමුවේ, අයහපතට පැමිණියේ, දුකට පැමිණියේ, පවිටු මාරයා විසින් කැමති දෙයක් කළ හැකි බවට පැමිණියේ යැයි කියනු ලැබේ.

මහණෙනි, කනින් දත යුතු ශබ්දයෝ ....(පෙ).... නාසයෙන් දත යුතු ගන්ධයෝ ....(පෙ).... දිවෙන් දත යුතු රසයෝ ....(පෙ).... කයෙන් දත යුතු ස්පර්ශයෝ ....(පෙ).... මනසින් දත යුතු ඉෂ්ට වූ, කාන්ත වූ, මනාප වූ, ප්‍රිය ස්වභාව වූ, කැමැත්ත ඇතිවෙන, සිත් අලවන මනසෙහි උපන් අරමුණු වෙති. ඉදින් භික්ෂුවක් මනසෙහි උපන් කෙලෙසුන්ට හිත වූ ඒ අරමුණු සතුටින් පිළිගනියි ද, එහි ගුණ කියයි ද, එහි බැසගෙන සිටියි ද, මහණෙනි, මේ භික්ෂුව මාරයාට අයත් මනසෙහි උපන් කෙලෙසුන්ට හිත වූ අරමුණු නැමැති බිලී කොක්ක ගිල දැමුවේ, අයහපතට පැමිණියේ, දුකට පැමිණියේ, පවිටු මාරයා විසින් කැමති දෙයක් කළ හැකි බවට පැමිණියේ යැයි කියනු ලැබේ."

මෙය කෙලෙසී යාම යි.

"මහණෙනි, ඇසින් දත යුතු ඉෂ්ට වූ, කාන්ත වූ, මනාප වූ, ප්‍රිය ස්වභාව වූ, කැමැත්ත ඇතිවෙන, සිත් අලවන රූපයෝ ඇත්තාහ. ඉදින් භික්ෂුවක් ඇසින් දුටු කෙලෙසුන්ට හිත වූ ඒ රූපය සතුටින් නොපිළිගනියි ද, එහි ගුණ නොකියයි ද, එහි නොබැසගෙන සිටියි ද, මහණෙනි, මේ භික්ෂුව මාරයාට අයත්

කෙලෙසුන්ට හිත වූ රූපය නැමැති බිලී කොක්ක ගිල නොදැමුවේ ය. බිලී කොක්ක බින්දේ ය. බිලී කොක්ක හාත්පසින් ම බින්දේ ය. අයහපතට නොපැමිණියේ, දුකට නොපැමිණියේ, පවිටු මාරයා විසින් කැමති දෙයක් නොකළ හැකි බවට පැමිණියේ යැයි කියනු ලැබේ.

මහණෙනි, කනින් දත යුතු ශබ්දයෝ ....(පෙ).... නාසයෙන් දත යුතු ගන්ධයෝ ....(පෙ).... දිවෙන් දත යුතු රසයෝ ....(පෙ).... කයෙන් දත යුතු ස්පර්ශයෝ ....(පෙ).... මනසින් දත යුතු ඉෂ්ට වූ, කාන්ත වූ, මනාප වූ, ප්‍රිය ස්වභාව වූ, කැමැත්ත ඇතිවෙන, සිත් අලවන මනසෙහි උපන් අරමුණු වෙති. ඉදින් භික්ෂුවක් මනසෙහි උපන් කෙලෙසුන්ට හිත වූ ඒ අරමුණු සතුටින් නොපිළිගනියි ද, එහි ගුණ නොකියයි ද, එහි නොබැසගෙන සිටියි ද, මහණෙනි, මේ භික්ෂුව මාරයාට අයත් මනසෙහි උපදින කෙලෙසුන්ට හිත වූ අරමුණු නැමැති බිලී කොක්ක ගිල නොදැමුවේ ය. බිලී කොක්ක බින්දේ ය. බිලී කොක්ක හාත්පසින් ම බින්දේ ය. අයහපතට නොපැමිණියේ, දුකට නොපැමිණියේ, පවිටු මාරයා විසින් කැමති දෙයක් නොකළ හැකි බවට පැමිණියේ යැයි කියනු ලැබේ.”

මොහු නිවන් මග හික්මී අවසන් වූ අසේඛ පුද්ගලයා ය.

මෙය කෙලෙසී යාම ගැන ත් විග්‍රහ කෙරෙන, නිවන් මග හික්මී අවසන් කළ රහත් වූ අසේඛ භික්ෂුව ගැන ත් විග්‍රහ කෙරෙන සූත්‍රය යි.

3.4.8.

(සසුන පිහිටුවීමෙහිදී මුල්වන සංකිලේසභාගිය, නිබ්බේධභාගිය හා අසේඛභාගිය සූත්‍රය)

එහි සොළොස් සූත්‍රයන් අතර, කෙලෙසී යාම ගැන ත් විග්‍රහ කෙරෙන, තියුණු අවබෝධය ගැන ත් විග්‍රහ කෙරෙන, නිවන් මග හික්මී අවසන් කළ රහත් වූ අසේඛ භික්ෂුව ගැන ත් විග්‍රහ කෙරෙන සූත්‍රය කුමක් ද?

"අයං ලෝකෝ සන්තාපජාතෝ
ඵස්සපරේතෝ රෝදං වදති අත්තනෝ
යේන යේන හි මඤ්ඤන්ති
තතෝ තං හෝති අඤ්ඤථා

'උපන් සෝක සන්තාප ඇති මේ ලෝක සත්වයා දුක් සහිත ස්පර්ශයෙන් පීඩිත ව තමා විසින් අත්විඳින දුකක් සතුරෙකුටවත් නොවේවා යි හඬා වැළපෙමින් කියයි. යම් යම් අයුරකින් දුකින් මිදීමක් ගැන සිතයි ද, එයින් වෙනස් දෙයක් ම ඔහුට වෙයි.'

අඤ්ඤථාභාවී භවසත්තෝ ලෝකෝ
භවපරේතෝ භවමේවාභිනන්දති
යදභිනන්දති තං භයං
යස්ස භායති තං දුක්ඛ'න්ති"

(උදාන පාළි - ලෝකවෝලෝකන සූත්‍රය)

'භවයෙහි ඇලෙන ලෝක සත්වයා සිතන දෙය සිදුවන්නේ වෙනස් ලෙසට ය. භව දුකින් පීඩිත ලෝක සත්වයා භවය ම සතුටින් පිළිගනියි. යම් භවයක් සතුටින් පිළිගනියි ද, එය භයකි. යමකින් භය ඇතිවෙයි නම්, එය දුක යි.'

මෙය කෙලෙසී යාම යි.

"මේ නිවන් මග බඹසර වනාහී විශේෂයෙන් භවය ප්‍රහාණය කිරීම පිණිස ම වන්නේ ය."

මෙය තියුණු අවබෝධය යි.

"යම්කිසි ශ්‍රමණයෝ වෙත්වා, බ්‍රාහ්මණයෝ වෙත්වා, භවයකින් වෙනත් භවයකට ගොස් දුකින් මිදීමක් ගැන කියත් ද, ඒ සියල්ලෝ භවයෙන් නොමිදුණාහු යැයි කියමි.

යම්කිසි ශ්‍රමණයෝ වෙත්වා, බ්‍රාහ්මණයෝ වෙත්වා විභව තණ්හාව තුළින් භවයෙන් නිදහස් වීමක් ගැන කියත් ද, ඒ

සියල්ලෝ ද භවයෙන් නොනික්ම ගියාහු යැයි කියමි. කෙලෙස් සහිත කර්ම නිසාවෙන් මේ දුකෙහි හටගැනීම වෙයි."

මෙය කෙලෙසී යාම යි.

"සියළු උපාදානයන්ගේ ක්ෂය වීමෙන් දුකෙහි හටගැනීම නැතිවෙයි."

මෙය තියුණු අවබෝධය යි.

(භාග්‍යවතුන් වහන්සේ තම සිතට ම අමතන සේක.)

"අවිද්‍යාවෙන් පීඩිත ව වෙන් වෙන් ව උපන් සත්වයන් එබඳු ම සත්වයන් කෙරෙහි ම ඇලෙයි. භවයෙන් නිදහස් නොවී සිටිනා මේ ලෝක සත්වයා දෙස බලව. යම්කිසි කාම භවය ආදී භවයෝ වෙත් ද, හැම තන්හි ම හැම අයුරින් ඇති ඒ සියළු භවයෝ අනිත්‍යයහ. දුක්ඛයහ. විපර්යාසයට පත්වෙන ස්වභාවයෙන් යුක්තයහ."

මෙය කෙලෙසීයාම යි.

"ඒවමේතං යථාභූතං සම්මප්පඤ්ඤාය පස්සතෝ
භවතණ්හා පහීයති විභවං නාභිනන්දති"

'මෙසේ මේ තිබෙන්නා වූ සත්‍යය ස්වභාවය ඒ අයුරින් ම නුවණින් දකින්නා හට භව තෘෂ්ණාව ප්‍රහාණය වෙයි. විභව තෘෂ්ණාව නොපිළිගනියි.'

"සියළු අයුරු වූ තෘෂ්ණාවෙහි ක්ෂය වීමෙන් ඒ තෘෂ්ණාව ඉතුරු නැතුව නිරුද්ධ වීම නිවන ය."

මෙය තියුණු අවබෝධය යි.

"තස්ස නිබ්බුතස්ස භික්ඛුනෝ
අනුපාදානා පුනබ්භවෝ න හෝති
අභිභූතෝ මාරෝ විජිතසංගාමෝ
උපච්චගා සබ්බභවානි තාදී'ති"

(උදාන පාළි - ලෝකවෝලෝකන සූත්‍රය)

'ඒ කෙලෙස් ප්‍රහාණය වීමෙන් නිවී ගිය සිත් ඇති භික්ෂුව තුළ උපාදාන නැති හෙයින් නැවත භවයක් ඇති නොවෙයි. ඒ භික්ෂුව විසින් මාරයා මඩින ලද්දේ ය. කෙලෙස් යුද්ධය දිනන ලද්දේ ය. සියළු භවයන් ඉක්ම ගියේ ය. අටලෝ දහමෙන් කම්පා නොවෙයි.'

මොහු නිවන් මග හික්මී අවසන් වූ අසේඛ පුද්ගලයා ය.

මෙය කෙලෙසී යාම ගැන ත් විග්‍රහ කෙරෙන, තියුණු අවබෝධය ගැන ත් විග්‍රහ කෙරෙන, නිවන් මග හික්මී අවසන් කළ රහත් වූ අසේඛ භික්ෂුව ගැන ත් විග්‍රහ කෙරෙන සූත්‍රය යි.

"මහණෙනි, මේ පුද්ගලයෝ සතර දෙනෙකි. ඒ කවර සතර දෙනෙක් ද යත්; සැඩපහරට අනුව යන්නා ය. සැඩපහර යන අතට එරෙහි ව යන්නා ය. සැඩපහරට ගසා නොගොස් සිටින්නා ය. සැඩපහර තරණය කොට එතෙරට ගොස් ගොඩබිමෙහි සිටි රහත් භික්ෂුව නැමැති බ්‍රාහ්මණයා ය."

මේ පුද්ගලයන් සිව් දෙනා අතරින් යම් මේ පුද්ගලයෙක් සැඩපහර අනුව යයි ද, මොහු කෙලෙසීයාමට අයත් ය. එහි යම් පුද්ගලයෙක් සැඩපහර යන අතට එරෙහි ව යයි ද, යම් පුද්ගලයෙක් සැඩපහරට ගසා නොගොස් සිටියි ද, මේ පුද්ගලයෝ දෙදෙනා තියුණු අවබෝධයට අයත් ය. එහි යම් මේ පුද්ගලයෙක් සැඩපහර තරණය කොට එතෙරට ගොස් ගොඩබිම සිටි රහත් භික්ෂුව නැමැති බ්‍රාහ්මණයා වෙයි ද, මොහු නිවන් මගේ හික්මී අවසන් වූ අසේඛ පුද්ගලයා ය.

මෙය කෙලෙසී යාම ගැන ත් විග්‍රහ කෙරෙන, තියුණු අවබෝධය ගැන ත් විග්‍රහ කෙරෙන, නිවන් මග හික්මී අවසන් කළ රහත් වූ අසේඛ භික්ෂුව ගැන ත් විග්‍රහ කෙරෙන සූත්‍රය යි.

3.4.9.

(සසුන පිහිටුවීමෙහිදී මුල්වන සංකිලේසභාගිය, වාසනාභාගිය හා නිබ්බේධභාගිය සූත්‍රය)

එහි සොළොස් සූත්‍රයන් අතර, කෙලෙසී යාම ගැන ත් විග්‍රහ කෙරෙන, වාසනාව ගැනත් විග්‍රහ කෙරෙන තියුණු අවබෝධය ගැන ත් විග්‍රහ කෙරෙන සූත්‍රය කුමක් ද?

"විශේෂ උපත් සයකි; විශේෂ පාපී උපතක් ලද පව්ටු ගතිගුණ ලද පුද්ගලයෙක් ඇත්තේ ය. ඔහු විශේෂයෙන් පව්ටු ධර්මයන් උපදවයි.

විශේෂ පාපී උපතක් ලද පව්ටු ගතිගුණ ලද පුද්ගලයෙක් ඇත්තේ ය. ඔහු විශේෂයෙන් පුණ්‍ය ධර්මයන් උපදවයි.

විශේෂ පාපී උපතක් ලද පව්ටු ගතිගුණ ලද පුද්ගලයෙක් ඇත්තේ ය. ඔහු පව් ත් නොවන - පිනුත් නොවන, පව් ත් නොවන - පිනුත් නොවන විපාක ඇති, අත්‍යන්ත නිෂ්ඨාව වන නිවන උපදවයි.

විශේෂ පින්වන්ත උපතක් ලද පින්වත් ගතිගුණ ලද පුද්ගලයෙක් ඇත්තේ ය. ඔහු විශේෂයෙන් පව්ටු ධර්මයන් උපදවයි.

විශේෂ පින්වන්ත උපතක් ලද පින්වත් ගතිගුණ ලද පුද්ගලයෙක් ඇත්තේ ය. ඔහු විශේෂයෙන් පුණ්‍ය ධර්මයන් උපදවයි.

විශේෂ පින්වන්ත උපතක් ලද පින්වත් ගතිගුණ ලද පුද්ගලයෙක් ඇත්තේ ය. ඔහු පව් ත් නොවන - පිනුත් නොවන, පව් ත් නොවන - පිනුත් නොවන විපාක ඇති, අත්‍යන්ත නිෂ්ඨාව වන නිවන උපදවයි."

මේ පුද්ගලයන් සය දෙනා අතරින් යම් පුද්ගලයෙක්

පව්ටු ගතිගුණ ඇතිව, විශේෂ පාපී උපතක් ලබා, පාපී ධර්මයක් විශේෂයෙන් උපදවයි ද, යම් පුද්ගලයෙක් පින්වත් ගතිගුණ ඇති ව, විශේෂ පින්වත් උපතක් ලබා, පාපී ධර්මයක් විශේෂයෙන් උපදවයි ද, මේ පුද්ගලයෝ දෙදෙනා කෙලෙසී යන පක්ෂයට අයත් වෙති.

එහි යම් පුද්ගලයෙක් පව්ටු ගතිගුණ ඇතිව, විශේෂ පාපී උපතක් ලබා, පුණ්‍ය ධර්මයක් විශේෂයෙන් උපදවයි ද, යම් පුද්ගලයෙක් පින්වත් ගතිගුණ ඇති ව, විශේෂ පින්වත් උපතක් ලබා, පුණ්‍ය ධර්මයක් විශේෂයෙන් උපදවයි ද, මේ පුද්ගලයෝ දෙදෙනා වාසනා පක්ෂයට අයත් වෙති.

එහි යම් පුද්ගලයෙක් පව්ටු ගතිගුණ ඇතිව, විශේෂ පාපී උපතක් ලබා, පව් ත් නොවන්නා වූ - පිනුත් නොවන්නා වූ, පව්ත් නොවන - පිනුත් නොවන විපාක ඇති අත්‍යන්ත නිෂ්ඨාව ඇති නිවන උපදවයි ද, යම් පුද්ගලයෙක් පින්වන්ත ගතිගුණ ඇතිව, විශේෂ පින්වත් උපතක් ලබා, පව් ත් නොවන්නා වූ - පිනුත් නොවන්නා වූ, පව්ත් නොවන - පිනුත් නොවන විපාක ඇති අත්‍යන්ත නිෂ්ඨාව ඇති නිවන උපදවයි ද, මේ පුද්ගලයෝ දෙදෙනා තියුණු අවබෝධයට අයත් වෙති.

මෙය කෙලෙසී යාම ගැන ත් විග්‍රහ කෙරෙන, වාසනාව ගැනත් විග්‍රහ කෙරෙන තියුණු අවබෝධය ගැන ත් විග්‍රහ කෙරෙන සූත්‍රය යි.

"මහණෙනි, මේ කර්මයෝ සතරකි. ඒ කවර සතරක් ද යත්; පව් වූ පව්ටු විපාක ඇති කර්මයක් ඇත්තේ ය. පින් වූ පුණ්‍ය විපාක ඇති කර්මයක් ඇත්තේ ය. පව් ත් වූ, පිනුත් වූ පව් - පින් විපාක ඇති කර්මයක් ඇත්තේ ය. පව් ත් නොවන - පිනුත් නොවන, පව් නොවන - පින් නොවන විපාක ඇති කර්මයක් ඇත්තේය. එය උතුම් කර්මයකි. ශ්‍රේෂ්ඨ කර්මයකි. එම කර්මය කර්මය ක්ෂය වීම පිණිස පවතියි."

ඒ කර්මයන් අතුරින් පව් වූ, පව් විපාක ඇති යම් කර්මයක්

ඇද්ද, මෙය කෙලෙසීයාම යි. පින් වූ - පුණ්‍ය විපාක ඇති යම් කර්මයක් ඇද්ද, මෙය වාසනාව යි. පව් ත් නොවන්නා වූ - පිනුත් නොවන්නා වූ, පව් ත් නොවන - පිනුත් නොවන විපාක ඇති යම් කර්මයක් ඇද්ද, උතුම් කර්මයක් ව, ශ්‍රේෂ්ඨ කර්මයක් ව, කර්ම ක්ෂය වීම පිණිස පවතින කර්මයක් ව ඇත්තේ ද, මෙය තියුණු අවබෝධය යි.

මෙය කෙලෙසී යාම ගැන ත් විග්‍රහ කෙරෙන, වාසනාව ගැනත් විග්‍රහ කෙරෙන තියුණු අවබෝධය ගැන ත් විග්‍රහ කෙරෙන සූත්‍රය යි.

3.4.10.
(සසුන පිහිටුවීමෙහිදී මුල්වන වාසනාභාගිය හා නිබ්බේධභාගිය සූත්‍රය)

එහි සොළොස් සූත්‍රයන් අතර වාසනාව ගැනත් විග්‍රහ කෙරෙන, තියුණු අවබෝධය ගැන ත් විග්‍රහ කෙරෙන සූත්‍රය කුමක් ද?

"ලද්ධාන මානුසත්තං ද්වේ - කිච්චං අකිච්චමේව ච
සුකිච්චං චේව පුඤ්ඤානි - සංයෝජනවිප්පහානං වා'ති"

(..................)

'මනුෂ්‍ය ජීවිතයක් ලබා කළ යුතු දෙයත්, නොකළ යුතු දෙයක් යන දෙකම කරයි. එසේ නොව හොඳින් කළ යුත්තේ ම පින් ය. නැතිනම් කෙලෙස් බන්ධනයන් ප්‍රහාණය කිරීම ය.'

'හොඳින් කළ යුත්තේ ම පින් ය' යනු වාසනාව ය. **'කෙලෙස් බන්ධන ප්‍රහාණය කිරීම'** යනු තියුණු අවබෝධය යි.

"පුඤ්ඤානි කරිත්වාන
සග්ගා සග්ගං වජන්ති කතපුඤ්ඤා

සංයෝජනප්පහානා
ජරාමරණා විමුච්චන්තී'ති"

(..................)

'පින් කොට, කරන ලද පින් ඇත්තෝ සුගතියෙන් සුගතියට යති. කෙලෙස් බන්ධනයන්ගේ ප්‍රහාණයෙන් ජරා මරණයෙන් නිදහස් වෙති.'

'පින් කොට, කරන ලද පින් ඇත්තෝ සුගතියෙන් සුගතියට යති' යනු වාසනාව යි. **'කෙලෙස් බන්ධනයන්ගේ ප්‍රහාණයෙන් ජරා මරණයෙන් නිදහස් වෙති'** යනු තියුණු අවබෝධය යි.

මෙය වාසනාව ගැනත් විග්‍රහ කෙරෙන, තියුණු අවබෝධය ගැන ත් විග්‍රහ කෙරෙන සූත්‍රය යි.

"මහණෙනි, මේ ප්‍රධන් වීර්යයෝ දෙකකි. ඒ කවර දෙකක් ද යත්; යමෙක් ගිහි ගෙයින් නික්ම අනගාරික බුදු සසුනෙහි සිටින පැවිද්දන් වෙත සිවුරු - පිණ්ඩපාත - කුටි සෙනසුන් - ගිලන්පස - බෙහෙත් පිරිකර පරිත්‍යාග කරයි ද මෙය ත්, ගිහි ගෙයින් නික්ම අනගාරික බුදු සසුනේ සිටි පැවිද්දන් තුළ කෙලෙස් උපධීන්ගේ යම් දුරු කිරීමක් ඇද්ද, තණ්හාව ක්ෂය කිරීම ක් ඇද්ද, විරාගයක් ඇද්ද, නිරෝධයක් ඇද්ද මෙය ත්, යන මේ දෙක ය."

මෙයින් **'යමෙක් ගිහි ගෙයින් නික්ම අනගාරික බුදු සසුනෙහි සිටින පැවිද්දන් වෙත සිවුරු - පිණ්ඩපාත - කුටි සෙනසුන් - ගිලන්පස - බෙහෙත් පිරිකර පරිත්‍යාග කරයි'** යන මෙය වාසනාව යි. **'ගිහි ගෙයින් නික්ම අනගාරික බුදු සසුනේ සිටි පැවිද්දන් තුළ කෙලෙස් උපධීන්ගේ යම් දුරු කිරීමක් ඇද්ද, තණ්හාව ක්ෂය කිරීම ක් ඇද්ද, විරාගයක් ඇද්ද, නිරෝධයක් ඇද්ද'** යන මෙය තියුණු අවබෝධය යි.

මෙය වාසනාව ගැනත් විග්‍රහ කෙරෙන, තියුණු අවබෝධය ගැන ත් විග්‍රහ කෙරෙන සූත්‍රය යි.

ඒ සොළොස් සූත්‍රයන් අතරින් තෘෂ්ණාවෙන් කෙලෙසී යාම ගැන විග්‍රහ කෙරෙන සූත්‍රය තෘෂ්ණා පක්ෂයෙන් ම විස්තර කළ යුත්තේ ය. එනම්; කාම තෘෂ්ණාවෙන්, භව තෘෂ්ණාවෙන් හා විභව තෘෂ්ණාවෙන් යන ත්‍රිවිධ තෘෂ්ණාවෙන් ය. යම් යම් කරුණකින් තෘෂ්ණාවෙහි බැසගන්නේ ද, ඒ ඒ කරුණෙන් විස්තර දැක්විය යුත්තේ ය. ඒ තෘෂ්ණාවේ විස්තරය යනු තිස් හය වැදෑරුම් ව හැසිරෙන තෘෂ්ණා ජාලය යි.

එහි දෘෂ්ටීන්ගේ හැසිරීම ගැන විග්‍රහ කෙරෙන සූත්‍රය දෘෂ්ටි පක්ෂයෙන් ම විස්තර කළ යුත්තේ ය. 'මරණින් මතු කිසිවක් නැත' යන උච්ඡේද දෘෂ්ටියෙන් හා 'මරණින් මතු සදාකාලික වෙයි' යන ශාස්වත දෘෂ්ටියෙන් ය. යම් යම් කරුණකින් දෘෂ්ටි වශයෙන් බැසගන්නේ ද, ඒ ඒ කරුණෙන් විස්තර දැක්විය යුත්තේ ය. ඒ දෘෂ්ටීන්ගේ විස්තරය යනු දෙසැටක් වූ දෘෂ්ටිගතයෝ ය.

එහි දුෂ්චරිතයෙන් කෙලෙසී යාම ගැන විග්‍රහ කෙරෙන සූත්‍රය චේතනා කර්මයෙනුත්, චෛතසික කර්මයෙනුත් විස්තර කළ යුත්තේ ය. චේතනා කර්මය මුල්කොට කාය දුෂ්චරිතයෙන් හා වාග් දුෂ්චරිතයෙන් ද, චෛතසික කර්මය මනෝ දුෂ්චරිතයෙන් ද යන ත්‍රිවිධ දුෂ්චරිතයෙන් දැක්විය යුත්තේ ය. ඒ දුෂ්චරිතයේ විස්තර යනු දස අකුසල කර්ම පථය යි.

එහි තෘෂ්ණාව බැහැර කොට පිරිසිදු වීම ගැන විස්තර කෙරෙන සූත්‍රය සමථයෙන් විස්තර කළ යුත්තේ ය.

දෘෂ්ටීන් බැහැර කොට පිරිසිදු වීම ගැන විග්‍රහ කෙරෙන සූත්‍රය විදර්ශනාවෙන් විස්තර කළ යුත්තේ ය.

දුෂ්චරිත බැහැර කොට පිරිසිදු වීම ගැන විග්‍රහ කෙරෙන සූත්‍රය සුචරිතයෙන් විස්තර කළ යුත්තේ ය.

අකුසල මූලයෝ තුනකි. ඒ කවර හේතුවක් නිසා ද යත්; සසරෙහි ඉපදීම ඇති නිසා ය. සසරෙහි උපන් විට කයෙන් දුසිරිත් කිරීම ත්, කයෙන් සුසිරිත් කිරීම ත් කරයි. වචනයෙන් දුසිරිත් කිරීම ත්, වචනයෙන් සුසිරිත් කිරීම ත් කරයි. මනසෙන් දුසිරිත්

කිරීම ත්, මනසෙන් සුසිරිත් කිරීම ත් කරයි.

පෙර ආත්මවලදී කරන ලද මේ කාය, වචී, මනෝ දුෂ්චරිතයෙන් හටගත් අයහපත් කර්ම විපාකයෙන් මේ බාල අසත්පුරුෂ ගතිගුණ ඇති ව උපදියි යන මෙය කෙලෙසී යාම ගැන විග්‍රහ කෙරෙන සූත්‍රය යි.

පෙර ආත්මවලදී කරන ලද මේ කාය, වචී, මනෝ සුචරිතයෙන් හටගත් යහපත් කර්ම විපාකයෙන් මේ මහා පුරුෂයන්ගේ ගතිගුණ ඇති ව උපදියි යන මෙය වාසනාව ගැන විග්‍රහ කෙරෙන සූත්‍රය යි.

එහි කෙලෙසීයාම ගැන විග්‍රහ කෙරෙන සූත්‍රය සතරක් වූ කෙලෙස් භූමි තුළින් විස්තර දැක්විය යුත්තේ ය. එනම්; සිතෙහි අප්‍රකට ලෙස කෙලෙස් ක්‍රියාත්මක වන අනුසය භූමියෙන් ය. කෙලෙස් මතු වී ක්‍රියාත්මක වන පරියුට්ඨාන භූමියෙන් ය. කෙලෙසුන්ට බැඳී යන සංයෝජන භූමියෙන් ය. කෙලෙසුන්ට දැඩි ව ග්‍රහණය වන උපාදාන භූමියෙන් ය.

සිතෙහි අප්‍රකට ලෙස ක්‍රියාත්මක වන කෙලෙස් ඇත්තහුට අවස්ථාවට අනුව කෙලෙසුන් මතු වී, ක්‍රියාකාරී වී රාගාදිය උපදවයි. එසේ රාග - ද්වේෂ ආදී කෙලෙස් මතුවූ විට ඒ කෙලෙසුන්ට බැඳී යයි. එසේ කෙලෙසුන්ට බැඳී ගිය විට එහි දැඩි ග්‍රහණයට හසුවෙයි. මෙසේ උපාදානය නිසා භවය වෙයි. භවය නිසා උපදියි. ඉපදීම නිසා ජරා - මරණ - ශෝක - වැළපීම් - දුක් - දොම්නස් - උපායසයෝ හටගනිති. මෙසේ මේ මුළුමහත් දුක්ඛස්කන්ධයාගේ හටගැනීම වෙයි. මේ සතරක් වූ ක්ලේශභූමි තුළින් සියළු කෙලෙසුන් එක්වීමට, එකට ගොනු වීම කෙරෙයි.

මෙය කෙලෙසීයාම ගැන විග්‍රහ කෙරෙන සූත්‍රය යි.

වාසනාව ගැන විග්‍රහ කෙරෙන සූත්‍රය ත්‍රිවිධ සුචරිතය තුළින් විස්තර දැක්විය යුත්තේ ය. තියුණු අවබෝධය ගැන විග්‍රහ කෙරෙන සූත්‍රය චතුරාර්ය සත්‍යය තුළින් විස්තර දැක්විය යුත්තේ ය. නිවන් මග හික්මී අවසන් කළ ක්ෂීණාශ්‍රව භික්ෂුව වන අසේඛ

පුද්ගලයා විග්‍රහ කෙරෙන සූත්‍රය සම්බුදු රජුන්ගේ ධර්මයෙනුත්, පසේබුදුවරුන්ගේ ධර්මයෙනුත්, රහත් ශ්‍රාවක භූමියෙනුත් යන ත්‍රිවිධ ධර්මයන්ගෙන් විස්තර දැක්විය යුත්තේ ය. ධ්‍යාන කරන්නවුන්ගේ විෂය ගැන ත් විස්තර දැක්විය යුත්තේ ය.

ඒ සසුන පිහිටුවීම තුළ ඇති දහඅට වැදෑරුම් මුල් පද මොනවාද ?

1. ලෞකික ජීවිතය ගැන කියැවෙන සූත්‍ර ය.
2. ලොව ඉක්මවා ගිය ලොව්තුරු ජීවිතය ගැන කියැවෙන සූත්‍ර ය.
3. ලෞකික ජීවිතය ගැනත් ලොව්තුරු ජීවිතය ගැනත් කියැවෙන සූත්‍ර ය.
4. සත්වයන්ගේ පැනවීම වූ සත්ව අධිෂ්ඨානය ගැන සූත්‍ර ය.
5. ධර්මයන්ගේ පැනවීම වූ ධර්ම අධිෂ්ඨානය ගැන සූත්‍ර ය.
6. සත්වයන්ගේ පැනවීම වූ සත්ව අධිෂ්ඨානයත්, ධර්මයන්ගේ පැනවීම වූ ධර්මාධිෂ්ඨානයත් ගැන සූත්‍ර ය.
7. අවබෝධය ගැන ඤාණ සූත්‍ර ය.
8. අවබෝධ කළ යුතු දෙය ගැන ඤෙය්‍ය සූත්‍ර ය.
9. අවබෝධය ගැන ඤාණයත්, අවබෝධ කළ යුතු දේ ගැන ඤාණය ත් ගැන සූත්‍ර ය.
10. දස්සනභූමිය ගැන සූත්‍ර ය.
11. භාවනාභූමිය ගැන සූත්‍ර ය.
12. දස්සනභූමිය ගැන ත්, භාවනාභූමිය ගැන ත් සූත්‍ර ය.
13. අන්‍යයන්ගේ වචන නැමැති පරවචන සූත්‍ර ය.

14. තමන්ගේ වචන නැමැති සකවචන සූත්‍ර ය.

15. අන්‍යයන්ගේ පරවචන ත්, තමන්ගේ සක වචන ත් ගැන සූත්‍ර ය.

16. විසඳාලිය යුතු ධර්මය ඇති විස්සජ්ජනීය සූත්‍ර ය.

17. නොවිසඳාලිය යුතු ධර්මය ඇති අවිස්සජ්ජනීය සූත්‍ර ය.

18. විස්සජ්ජනීය හා අවිස්සජ්ජනීය සූත්‍රය යන දහ අට ත්,

01. කර්මය ගැන සූත්‍ර ය.

02. විපාකය ගැන සූත්‍ර ය.

03. කර්මය ත්, විපාකය ත් ගැන සූත්‍ර ය.

04. කුසලය ගැන සූත්‍ර ය.

05. අකුසලය ගැන සූත්‍ර ය.

06. කුසලය ත්, අකුසලය ත් ගැන සූත්‍ර ය.

07. අනුමත කළ දේ හෙවත් අනුඤ්ඤාත ගැන සූත්‍ර ය.

08. ප්‍රතික්ෂේප කළ දේ හෙවත් පටික්ඛිත්ත ගැන සූත්‍ර ය.

09. අනුඤ්ඤාත පටික්ඛිත්ත ගැන සූත්‍ර ය.

10. ථව හෙවත් ස්තුති සූත්‍රය යනුවෙන් සියල්ල විසි අටකි.

1. ඒ විසිඅට සූත්‍රයන් අතුරින් ලෞකික සූත්‍රය යනු කුමක්ද?

"න හි පාපං කතං කම්මං
සජ්ජු ඛීරංව මුච්චති
ඩහන්තං බාලමන්වේති
භස්මච්ඡන්නෝ'ව පාවකෝ'ති."

(ධම්මපදය - බාල වර්ගය)

'ගවදෙනගෙන් දොවා ගත් කිරි සැණෙකින් නොමිදෙනා සෙයින් යමෙකු විසින් කරන ලද පාප කර්මය ඒවේලේම විපාක නොදෙයි. අළුයට සැඟවී ඇති ගිනි අඟුරක් සෙයින් තිබී බාලයාව දවමින් ඔහු පසුපස යයි.'

මෙය ලෞකික ජීවිතයට අයත් සූත්‍රය යි.

"මහණෙනි, අගතියට යෑම් සතරකි. ඒ කවර සතරක් ද යත්; ඡන්දයෙන් අගතියට යයි. ද්වේෂයෙන් අගතියට යයි. මෝහයෙන් අගතියට යයි. භයින් අගතියට යයි. මහණෙනි, මේ වනාහී අගතියට යෑම් සතර ය."

"ඡන්දා දෝසා භයා මෝහා - යෝ ධම්මං අතිවත්තති
නිහීයති තස්ස යසෝ - කාලපක්ඛේව චන්දිමා'ති."

(අංගුත්තර නිකාය - චතුක්ක නිපාතය - අගති සූත්‍රය)

'ඡන්දයෙනුත්, ද්වේෂයෙනුත්, භයෙනුත්, මෝහයෙනුත් යමෙක් ධර්මය ඉක්මවා යයි ද කළුවර වෙමින් යන සඳක් සෙයින් ඔහුගේ යසපිරිවර පිරිහී යයි.'

මේ ලෞකික ජීවිතයට අයත් සූත්‍රය යි.

"මහණෙනි, මේ ලෝක ධර්මයෝ අටකි. ලාභය ත්, අලාභය ත්, අයස ත්, යස ත්, නින්දාව ත්, ප්‍රශංසාව ත්, සැප ත්, දුක ත් ය. මහණෙනි, මේ වනාහී අටක් වූ ලෝකධර්මයෝ ය."

මේ ලෞකික ජීවිතයට අයත් සූත්‍රය යි.

2. එහි ලොව ඉක්මවා ගිය හෙවත් ලෝකෝත්තර සූත්‍රය කුමක්ද ?

"යස්සින්ද්‍රියානි සමථං ගතානි
අස්සා යථා සාරථිනා සුදන්තා
පහීනමානස්ස අනාසවස්ස
දේවාපි තස්ස පිහයන්ති තාදිනෝ'ති."

(ධම්මපදය - අරහන්ත වර්ගය)

'යම් රහත් භික්ෂුවකගේ ඇස්, කන්, ආදී ඉන්ද්‍රියයන් සංසිඳීමට පත් වූවාහු, දක්ෂ අශ්ව පුහුණුකරුවෙකු විසින් මනාකොට දමනය කරන ලද අශ්වයෝ මෙන් වූවාහු ද, මාන්නය නැති වූ ආශ්‍රව රහිත වූ අටලෝ දහමින් කම්පා නොවන රහත් භික්ෂුවට දෙවියෝ පවා කැමැති වෙති.'

මේ ලොව්තුරු බවට අයත් සූත්‍රය යි.

"මහණෙනි, මේ ලොව්තුරු බවට අයත් ඉන්ද්‍රියයෝ පසකි. ඒ කවර පසක්ද යත්; ශ්‍රද්ධා ඉන්ද්‍රිය ය, විරිය ඉන්ද්‍රිය ය, සති ඉන්ද්‍රිය ය, සමාධි ඉන්ද්‍රිය ය, ප්‍රඥා ඉන්ද්‍රිය ය. මහණෙනි, මේ වනාහී ලොව ඉක්මවාගිය ඉන්ද්‍රියයෝ ය."

මේ ලොව්තුරු සූත්‍රය යි.

3. එහි ලෞකික වූ ත්, ලොව්තුරු වූ ත් සූත්‍රය කුමක්ද ?

"මනුෂ්‍ය ජීවිතයක් ලබා කළ යුතු දෙය ත්, නොකළ යුතු දෙය ත් යන දෙක ම කරයි" ආදිය සඳහන් ගාථා දෙක ය.

මේ ගාථාවෙහි '**හොඳින් කළ යුත්තේ ම පින් ය**' යන කරුණ ත්, '**පින් කළ තැනැත්තෝ පින් කොට ස්වර්ගයෙන් ස්වර්ගයට යති**' යන කරුණ ත් ලෞකික ය. '**කෙලෙස් බන්ධන දුරුකොට**' යන කරුණ ත් '**කෙලෙස් බන්ධන ප්‍රහාණයෙන් ජරා මරණයෙන් මිදෙත්**' යන කරුණත් ලොව්තුරු ය.

මේ ලෞකික වූත්, ලොව්තුරු වූත් සූත්‍රය යි.

"මහණෙනි, විඤ්ඤාණය ආහාරයක් වශයෙන් පවතින කල්හී නාමරූපයෙහි බැස ගැනීම වෙයි. නාමරූපයෙහි බැස ගැනීම ඇති කල්හි නැවත භවය වෙයි. නැවත භවය ඇති කල්හි ඉපදීම වෙයි. ඉපදීම ඇති කල්හි ජරා, මරණ, සෝක, වැළපීම්, කායික දුක්, මානසික දුක්, සුසුම් හෙළීම්, දැඩි වෙහෙස යනාදිය හටගනිත්. මෙසේ මේ මුළු මහත් දුක් රැසේම හට ගැනීම වෙයි.

"මහණෙනි, එය මෙබඳු දෙයකි. මහා වෘක්ෂයක් ඇත්තේ

ය. එහි යටට යන යම් තාක් මුල් ඇද්ද, හරස් අතට පැතිරී යන යම් තාක් මුල් ඇද්ද, ඒ සියළු මුල් විසින් පෘථිවි සාරය උඩට ඇදගනියි. මහණෙනි, මෙසේ ඒ මහා වෘක්ෂය ඒ පෘථිවි සාරය නැමැති ආහාරය ඇතිව, ඒ පෘථිවි සාරයට වූ ග්‍රහණය ඇතිව, බොහෝ දීර්ඝ කාලයක් පවතියි. එසෙයින් මහණෙනි, විඤ්ඤාණය ආහාරයක් වශයෙන් පවතින කල්හී නාමරූපයෙහි බැසගැනීම වෙයි. නාමරූපයෙහි බැසගැනීම ඇති කල්හි නැවත භවය වෙයි. නැවත භවය ඇති කල්හි ඉපදීම වෙයි. ඉපදීම ඇති කල්හි ජරා, මරණ, සෝක, වැළපීම්, කායික දුක්, මානසික දුක්, සුසුම් හෙළීම්, දැඩි වෙහෙස යනාදිය හටගනිත්. මෙසේ මේ මුළු මහත් දුක් රැසේම හටගැනීම වෙයි."

මෙය ලෞකික සූත්‍රය යි.

"මහණෙනි, විඤ්ඤාණය ආහාරයක් වශයෙන් නොපවතින කල්හී ඒ විඤ්ඤාණය නාමරූපයන් තුළට නොබැස ගනියි. නාමරූපයන් තුළ විඤ්ඤාණය නොබැස ගන්නා කල්හී නැවත භවයක් ඇති නොවෙයි. නැවත භවයක් නැති කල්හී ඉපදීම නොවෙයි. ඉපදීමක් නැති කල්හී ජරා, මරණ, ශෝක, වැළපීම්, කායික දුක්, මානසික දුක්, සුසුම් හෙළීම්, දැඩි වෙහෙස නිරුද්ධ වෙයි. මෙසේ මේ මුළු මහත් දුක් රැසේම නිරුද්ධ වීම වෙයි.

මහණෙනි, එය මෙබඳු දෙයකි. මහා වෘක්ෂයක් ඇත්තේ ය. ඉක්බිති පුරුෂයෙක් උදැල්ලත්, පැසත් ගෙන එන්නේ ය. ඔහු ඒ මහා වෘක්ෂය මුලින් සිඳින්නේ ය. මුලින් සිඳ වෘක්ෂය හාත්පස සාරන්නේ ය. හාත්පස සාරා අඩු ගණනේ සැවැන්දරා මුල් තරමේ මුල් පවා සාරා දමන්නේ ය. ඔහු එසේ සිඳින ලද ඒ වෘක්ෂය කඩ කඩ කොට සිඳින්නේය. කඩ කඩ කොට සිඳ පලන්නේ ය. පලා කැබලි කැබලි කරන්නේ ය. කැබලි කොට අව්සුළඟින් වියළවන්නේ ය. අව් සුළඟින් වියලවා ගින්නෙන් දවන්නේ ය. ගින්නෙන් දවා හළු කරන්නේ ය. හළු කොට මහා සුළඟෙහි හෝ පිඹ හරින්නේ ය. වේගවත් සැඩ පහර ඇති නදියක හෝ පා කොට හරින්නේ ය.

මෙසේ මහණෙනි, ඒ මහා වෘක්ෂය උදුරා දැමූ මුල් ඇත්තේ, කරටිය සුන් තල් ගසක් මෙන් වූයේ, අභාවයට පත් වූයේ, මතුවට නූපදින ස්වභාව ඇත්තේ ය.

මෙසෙයින්ම මහණෙනි, විඤ්ඤාණය ආහාරයක් වශයෙන් නොපවතින කල්හී එම විඤ්ඤාණය නාමරූපය තුළ නොබැස ගනියි. නාමරූපයෙහි විඤ්ඤාණය නොබැස ගන්නා කල්හී නැවත භවයක් ඇති නොවෙයි. නැවත භවයක් නැති කල්හී ඉපදීම ඇති නොවෙයි. ඉපදීම නැති කල්හී ජරා, මරණ, ශෝක, වැළපීම්, කායික දුක්, මානසික දුක්, සුසුම් හෙළීම් යනාදිය නිරුද්ධ වෙත්. මෙසේ මුළුමහත් දුක් රැසේම නිරුද්ධ වීම වෙයි.”

මේ ලොව්තුරු සූත්‍රය යි.

4. මෙහි සත්ව අධිෂ්ඨානය යනු කුමක්ද?

“සබ්බා දිසා අනුපරිගම්ම චේතසා
නේවජ්ඣගා පියතරමත්තනා ක්වචි
ඒවම්පියෝ පුථු අත්තා පරේසං
තස්මා න හිංසේ පරං අත්තකාමෝ’ති.”

(උදාන පාළි - රාජ සූත්‍රය)

‘මුළු දස දිසාව සිතින් විමස විමසා බැලුවද තමාට වඩා ඉතා ප්‍රිය වූවෙකු ඒ කිසි තැනෙක නොලැබෙයි. මෙසේ අන්‍යයන් හට වෙන් වෙන්ව තම ජීවිතය ප්‍රිය වෙයි. එහෙයින් තමන්ට සැප කැමතිව අනිකෙකුට හිංසා නොකරන්නේ ය.’

මෙය සත්ව අධිෂ්ඨාන සූත්‍රය යි.

“යේ කේචි භූතා භවිස්සන්ති වාපි
සබ්බේ ගමිස්සන්ති පහාය දේහං
තං සබ්බජානිං කුසලෝ විදිත්වා
ආතාපී සෝ බ්‍රහ්මචරියං චරෙය්‍යා’ති”

(උදාන පාළි - අප්පායුක සූත්‍රය)

'උපන්නා වූ යම්කිසි කෙනෙක් සිටිත්ද, මතුවට උපදින්නා වූ කෙනෙක් සිටිත් ද, ඒ සියල්ලෝ තම සිරුරු අත්හැර පරලොව යන්නාහ. මෙය තේරුම් ගැනීමට දක්ෂ නැනැත්තා ඒ සියළු සත්වයන්ගේ විනාශය මරණසතිය වශයෙන් දැන, කෙලෙස් තවන වීර්යයෙන් යුතු ඔහු නිවන් මග හැසිරෙන්නේ ය.'

මේ සත්ව අධිෂ්ඨානය ගැන සූත්‍රය යි.

"මහණෙනි, අංග සතකින් යුක්ත කල්‍යාණමිත්‍රයා තමාගෙන් වෙන් කරනු ලබද්දී, බැහැර කරනු ලබද්දී, ගෙලින් අල්ලා නෙරපනු ලබද්දී, දිවි ඇති තෙක් අත් නොහළ යුත්තේ ය. ඒ කවර අංග සතකින් ද යත්;

(1) සබ්‍රහ්මචාරීන් වහන්සේලාට ප්‍රිය වූයේ වෙයි. (2) ගුරුතන්හි ලා සලකන්නේ වෙයි. (3) සම්භාවනීය වෙයි. (4) ධර්මය කියන්නේ වෙයි. (5) අන්‍යයන්ගේ අවවාද වචන ඉවසන්නේ වෙයි. (6) චතුරාර්ය සත්‍යාදී ගැඹුරු ධර්මය කථා කරන්නේ වෙයි. (7) අන් අයව අස්ථානයෙහි නොයොදවන්නේ වෙයි.

මහණෙනි, මේ සත් කරුණින් යුක්ත කල්‍යාණමිත්‍රයා තමාගෙන් වෙන් කරනු ලබද්දී, බැහැර කරනු ලබද්දී, ගෙලින් අල්ලා නෙරපනු ලබද්දී, දිවි ඇති තෙක් අත් නොහළ යුත්තේය."

භාග්‍යවතුන් වහන්සේ මෙය වදාළ සේක. මෙය වදාළ සුගත වූ ශාස්තෲන් වහන්සේ යළි මෙම ගාථාව වදාළ සේක.

"පියෝ ච ගරු භාවනීයෝ - වත්තා ච වචනක්ඛමෝ
ගම්භීරඤ්ච කථං කත්තා - නෝ චට්ඨානේ නියෝජකෝ
තං මිත්තං මිත්තකාමේන - යාවජීවම්පි සේවිය'න්ති"

(අංගුත්තර නිකාය - සත්තක නිපාතය - භික්ඛු මිත්ත සූත්‍රය)

'යම් කලණ මිතුරු භික්ෂුවක් සබ්‍රහ්මචාරීන් වහන්සේලාට ප්‍රිය වූයේ ත්, ගුරු වූයේ ත්, සම්භාවනීය වූයේ ත්, ධර්මය කියන්නේ ත්, අන්‍යයන්ගේ අවවාද වචන ඉවසන්නේ ත්, චතුරාර්ය සත්‍යාදී ගැඹුරු ධර්මය කතා කරන්නේ ත්, අන්‍යයන්

අස්ථානයෙහි නොයොදවන්නේ ත් වෙයි නම් ඒ කලණ මිතුරු භික්ෂුව දිවි ඇති තෙක් සේවනය කළ යුත්තේ ය. '

මෙය සත්ව අධිෂ්ඨාන සූත්‍රය යි.

5. එහි ධර්ම අධිෂ්ඨානය යනු කුමක්ද?

"යඤ්ච කාමසුඛං ලෝකේ - යංචිදං දිවියං සුඛං
තණ්හක්ඛයසුඛස්සේතේ - කලං නාග්ඝන්ති සෝළසිං'ති"

(..................)

'ලෝකයෙහි යම් කාම සැපයක් ඇද්ද, දිව්‍ය විහාර වශයෙන් ලැබිය යුතු යම් ධ්‍යාන සැපයක් ඇද්ද, තෘෂ්ණාව ක්ෂය කිරීමෙන් ලැබෙන නිවන් සැපය හා සසඳා බලද්දී මේ සැපයෝ ඒ නිවන් සැපතෙන් දහසය වන කලාවෙන් එකක්වත් නොඅගිත්.'

මේ ධර්ම අධිෂ්ඨාන සූත්‍රය යි.

"සුසුඛං වත නිබ්බානං - සම්මාසම්බුද්ධදේසිතං
අසෝකං විරජං ඛේමං - යත්ථ දුක්ඛං නිරුජ්ඣතී'ති"

(..................)

'යම් තැනක සසර දුක නිරුද්ධ වෙයිද, සම්මාසම්බුදුරජුන් විසින් දේශනා කරන ලද ශෝක නැති, කෙලෙස් නැති, භය නැති තැන වන ඒ අමා නිවන ඒකාන්තයෙන්ම මනා වූ සැපයෙකි.'

මේ ධර්ම අධිෂ්ඨාන සූත්‍රය යි.

6. එහි සත්ව අධිෂ්ඨානයටත්, ධර්ම අධිෂ්ඨානයටත් අයත් සූත්‍රය කුමක්ද ?

"මාතරං පිතරං හන්ත්වා - රාජානෝ ද්වේ ච ඛත්තියේ
රට්ඨං සානුචරං හන්ත්වා'ති"

(..................)

'තෘෂ්ණාව නැමැති මවත්, මාන්නය නැමැති පියාත් නසා ශාස්වත දෘෂ්ටියත්, උච්ඡේද දෘෂ්ටියත් නැමැති ක්ෂත්‍රිය රජුන් දෙදෙනාත් නසා, නන්දි රාගය නැමැති අනුචරයා සහිත ආධ්‍යාත්මික බාහිර ආයතන නැමැති රටත් නසා' යන්න ය.

මේ ධර්ම අධිෂ්ඨාන සූත්‍රය යි.

'රහත් භික්ෂුව නැමැති බ්‍රාහ්මණයා නිදුකින්ම නිවනට යයි' යන්න මේ සත්ව අධිෂ්ඨාන සූත්‍රය යි.

මේ සත්ව අධිෂ්ඨානයටත් ධර්ම අධිෂ්ඨානයටත් අයත් සූත්‍රය යි.

'මහණෙනි, මේ ඉර්ධිපාදයෝ සතරකි. ඒ කවර සතරක් ද යත්; ඡන්දය අධිපති කොට ඇති සමාධියෙන් හා ප්‍රධන් වීර්යයෙන් යුතු ඉර්ධිපාදය වඩයි. වීරිය අධිපති කොට ඇති සමාධියෙන් හා ප්‍රධන් වීර්යයෙන් යුතු ඉර්ධිපාදය වඩයි. චිත්තය අධිපති කොට ඇති සමාධියෙන් හා ප්‍රධන් වීර්යයෙන් යුතු ඉර්ධිපාදය වඩයි. වීමංසාව අධිපති කොට ඇති සමාධියෙන් හා ප්‍රධන් වීර්යයෙන් යුතු ඉර්ධිපාදය වඩයි.'

මේ ධර්ම අධිෂ්ඨාන සූත්‍රය යි.

'ඒ භික්ෂුව කය තුළත් ධ්‍යාන චිත්තය බහාලයි. ඒ ධ්‍යාන චිත්තය තුළ ත් කය බහාලයි. කයෙහි සැප සඤ්ඤාව ත්, සැහැල්લු සඤ්ඤාව ත් බැසගෙන එයට පැමිණ වාසය කරයි.'

මේ සත්ව අධිෂ්ඨාන සූත්‍රය යි.

මේ සත්ව අධිෂ්ඨානයට ත්, ධර්ම අධිෂ්ඨානයට ත් අයත් සූත්‍රය යි.

7. එහි අවබෝධය හෙවත් ඤාණය යනු කුමක්ද?

"යං තං ලෝකුත්තරං ඤාණං - සබ්බඤ්ඤූ යේන වුච්චති
න තස්ස පරිහානත්ථි - සබ්බකාලේ පවත්තතී'ති."

(..................)

'ලෝකය ඉක්මවා ගිය යම් ඒ අවබෝධඥාණයක් ඇද්ද, යම් ඥාණයකින් සර්වඥ බව හෙවත් සියල්ල දත් බව කියනු ලැබේ ද, ඒ ඥාණයෙහි පිරිහීමක් නැත්තේ ය. අදාළ කාරණාවට යොමු කළ සැණින් අවබෝධ වන අයුරින් සෑම කල්හී පවතියි.'

මේ ඥාණය ගැන සූත්‍රය යි.

"පඤ්ඤා හි සෙට්ඨා ලෝකස්මිං - යා'යං නිබ්බානගාමිනී
යාය සම්මා පජානාති - ජාතිමරණ සංඛයන්ති."

(ඉතිවුත්තක පාළි - පඤ්ඤාපරිහානි සූත්‍රය)

'නිවනට පමුණුවන යම් මේ ප්‍රඥාවක් ඇද්ද, යම් ප්‍රඥාවකින් ජාතිජරාමරණාදිය ක්ෂය කිරීමෙන් ලබන නිවන ගැන මැනැවින් දැනගනියි ද, ලෝකයෙහි ශ්‍රේෂ්ඨ වන්නේ ඒ ප්‍රඥාව ම ය.'

මේ ඥාණ ගැන සූත්‍රය යි.

8. එහි අවබෝධ කළ යුතු දෙය හෙවත් ඥෙයය යනු කුමක්ද?

"කිත්තයිස්සාමි තේ සන්තිං (ධෝතකා'ති භගවා)
දිට්ඨේ ධම්මේ අනීතිහං
යං විදිත්වා සතෝ චරං
තරේ ලෝකේ විසත්තිකං"

(සුත්ත නිපාතය - ධෝතක සූත්‍රය)

භාග්‍යවතුන් වහන්සේ;

'ධෝතකයෙනි, ඔබට කෙලෙසුන් සංසිඳීමෙන් ලබන නිවන ගැන පවසන්නෙමි. එය මෙලොව දී තමාම ප්‍රත්‍යක්ෂ කර ගත යුත්තකි. සිහියෙන් හැසිරෙන විට යම් චතුරාර්ය සත්‍යයක් අවබෝධ කොට ලෝකයෙහි විසත්තිකා නම් තෘෂ්ණාවෙන් එතෙර වන්නේ ය.'

"තඤ්චා'හං අභිනන්දාමි (ඉච්චායස්මා ධෝතකෝ)
මහේසි සන්තිමුත්තමං
යං විදිත්වා සතෝ චරං
තරේ ලෝකේ විසත්තිකං"

(..................)

ආයුෂ්මත් ධෝතක තෙරණුවෝ මෙසේ පැවසූහ;

'මහා ඉසිවරයන් වහන්ස, සිහියෙන් හැසිරෙන විට යම් චතුරාර්ය සත්‍යයක් අවබෝධ කොට ලෝකයෙහි විසත්තිකා නම් තෘෂ්ණාවෙන් එතෙර වෙන්නේ නම් කෙලෙස් සංසිඳීමෙන් ලබන ඒ උත්තම වූ නිවන ත්, ඒ ධර්මයත් මම සතුටින් පිළිගනිමි.'

"යං කිඤ්චි සම්පජානාසි (ධෝතකා'ති භගවා)
උද්ධං අධෝ තිරියං චාපි මජ්ඣෙ
ඒතං විදිත්වා සංගෝති ලෝකේ
භවාභවාය මාකාසි තණ්හ'න්ති"

(සුත්ත නිපාතය - ධෝතක සූත්‍රය)

භාග්‍යවතුන් වහන්සේ;

'ධෝතකයෙනි, අනාගතයට අයත් වූත්, අතීතයට අයත් වූත්, වර්තමානයට අයත් වූත් යම්කිසිවක් ඔබ නුවණින් දකින්නෙහි ද එය ලෝකයෙහි කෙලෙස් යැයි දැන උසස් පහත් කිසි භවයක් කෙරෙහි තෘෂ්ණාවක් නොකරන්න.'

මෙය ඤෙය්‍යා සූත්‍රය යි.

"මහණෙනි, සතරක් වූ ආර්ය සත්‍යයන් අවබෝධ නොකිරීම නිසා, ප්‍රතිවේධ නොකිරීම නිසා, මෙසේ මේ සා දීර්ඝ කාලයක් පුරා මා හටත්, ඔබ හටත් භවයෙන් භවයට යන්නට සිදු විය. සසර සැරිසරා යන්නට සිදු විය. මහණෙනි, මා විසිනුත් ඔබ විසිනුත් ඒ දුක නම් වූ ආර්ය සත්‍යය අවබෝධ කරන ලදී.

ප්‍රතිවේධ කරන ලදී. දුක් උපදින හේතුව නම් වූ ආර්ය සත්‍යය අවබෝධ කරන ලදී. ප්‍රතිවේධ කරන ලදී. දුක් නිරුද්ධ වීම නම් වූ ආර්ය සත්‍යය අවබෝධ කරන ලදී. ප්‍රතිවේධ කරන ලදී. දුක්ඛනිරෝධගාමිනී ප්‍රතිපදාව නම් වූ ආර්ය සත්‍යය අවබෝධ කරන ලදී. ප්‍රතිවේධ කරන ලදී. භව තෘෂ්ණාව උදුරා දමන ලදී. භව රැහැන් ගෙවී ගියේය. දැන් නැවත භවයක් නැත්තේ ය.

භාග්‍යවතුන් වහන්සේ මෙය වදාළ සේක. මෙය වදාළ සුගත වූ ශාස්තෘන් වහන්සේ යළි මේ ගාථාව වදාළ සේක.

"චතුන්නං අරියසච්චානං - යථාභූතං අදස්සනා
සංසිතං දීඝමද්ධානං - තාසු තාස්වේ ව ජාතිසු"

(සංයුත්ත නිකාය - සච්ච සංයුත්තය - කෝටිගාම සූත්‍රය)

'චතුරාර්ය සත්‍යය පිළිබඳව ඇති සත්‍යස්වභාවය ඒ අයුරින්ම නොදැකීම හේතුවෙන් දීර්ඝ කාලයක් මුළුල්ලෙහි ඒ ඒ උපත්වල සැරිසරා යන්නට සිදු විය.'

"තානි ඒතානි දිට්ඨානි - භවනෙත්ති සමූහතා
උච්ඡින්නං මූලං දුක්ඛස්ස - නත්ථිදානි පුනබ්භවෝ'ති"

(.................)

'ඒ චතුරාර්ය සත්‍ය ධර්මයන් දක්නා ලදහ. භව රැහැන් නසන ලදී. දුකෙහි මුල උදුරා දමන ලදී. දැන් නැවත භවයක් නැත්තේය.'

මෙය ඤෙය්‍ය සූත්‍රය යි.

09. එහි ඤාණය ත්, ඤෙය්‍ය ත් ගැන කියැවෙන සූත්‍රය කුමක්ද?

"රූපය අනිත්‍යය ය, විඳීම අනිත්‍යය ය, සඤ්ඤාව අනිත්‍යය ය, සංස්කාර අනිත්‍යය ය, විඤ්ඤාණය අනිත්‍යය ය" යන මෙය ඤෙය්‍ය හෙවත් අවබෝධ කළ යුතු දෙය යි.

"මෙසේ දන්නා වූ දක්නා වූ ශ්‍රාවකයා රූපය අනිත්‍ය යයි දකියි, විඳීම අනිත්‍ය යයි දකියි, සඤ්ඤාව අනිත්‍ය යයි දකියි, සංස්කාර අනිත්‍ය යයි දකියි, විඤ්ඤාණය අනිත්‍ය යයි දකියි" යන මෙය ඤාණය හෙවත් අවබෝධය යි.

"ඔහු රූපයෙන් නිදහස් වෙයි. විඳීමෙන් නිදහස් වෙයි. සඤ්ඤාවෙන් නිදහස් වෙයි. සංස්කාරයන්ගෙන් නිදහස් වෙයි. විඤ්ඤාණයෙන් නිදහස් වෙයි. දුකින් නිදහස් වෙයි" යන මෙය ඤාණය ත්, ඤෙය්‍යය ත් ය.

"සියළු සංස්කාරයෝ අනිත්‍යයහ" යන මෙය ඤෙය්‍ය ය.

"යම් කලෙක විදර්ශනා ප්‍රඥාවෙන් දකියි ද" යන මෙය ඤාණය යි.

"එකල්හී දුක ගැන අවබෝධයෙන්ම එපා වෙයි. මෙය කෙලෙසුන් බැහැර වී පිරිසිදු වීමට ඇති මාර්ගය යි." මේ ඤාණය ත්, ඤෙය්‍යය ත් ය.

"සියළු සංස්කාරයෝ දුක්යහ ....(පෙ).... සියළු ධර්මයෝ අනාත්මයහ" යන මෙය ඤෙය්‍ය ය.

"යම් කලෙක විදර්ශනා ප්‍රඥාවෙන් දකියි ද" යන මෙය ඤාණය යි.

එකල්හී දුක ගැන අවබෝධයෙන්ම එපා වෙයි. මෙය කෙලෙසුන් බැහැර වී පිරිනිවීමට ඇති මාර්ගය යි. මේ ඤාණය ත්, ඤෙය්‍යය ත් ය.

"සෝණයෙනි, යම්කිසි ශ්‍රමණයෝ වෙත්වා, බ්‍රාහ්මණයෝ වෙත්වා අනිත්‍ය වූ දුක් වූ විපර්යාසයට පත්වන්නා වූ රූපය කරණ කොට මම උසස් වෙමි යි කියා හෝ දකිත් ද, මම සමාන වෙමි යි කියා හෝ දකිත් ද, මම පහත් වෙමි යි කියා හෝ දකිත් ද, එම දැක්ම වනාහී සත්‍යස්වභාවය ඒ වූ පරිදි නොදැකීම හැර වෙන කුමක් ද? අනිත්‍ය වූ වේදනාව කරණ කොට ....(පෙ).... අනිත්‍ය වූ සඤ්ඤාව කරණ කොට ....(පෙ).... අනිත්‍ය වූ සංස්කාරයන්

කරණ කොට ....(පෙ).... අනිත්‍ය වූ දුක් වූ විපර්යාසයට පත් වෙන්නා වූ විඤ්ඤාණය කරණ කොට මම උසස් වෙමි යි කියා හෝ දකිත් ද, මම සමාන වෙමි යි කියා හෝ දකිත් ද, මම පහත් වෙමි යි කියා හෝ දකිත් ද, එම දැක්ම වනාහී සත්‍යස්වභාවය ඒ වූ පරිදි නොදැකීම හැර වෙන කුමක්ද?"

මෙය ඤෙය්‍යය යි.

"සෝණයෙනි, යම්කිසි ශ්‍රමණයෝ වෙත්වා, බ්‍රාහ්මණයෝ වෙත්වා අනිත්‍ය වූ දුක් වූ විපර්යාසයට පත්වන්නා වූ රූපය කරණ කොට මම උසස් වෙමි යි කියා හෝ නොදකිත් ද, මම සමාන වෙමි යි කියා හෝ නොදකිත් ද, මම පහත් වෙමි යි කියා හෝ නොදකිත් ද, එය වනාහී සත්‍යස්වභාවය ඒ වූ පරිදි දැකීම හැර වෙන කුමක්ද? අනිත්‍ය වූ වේදනාව කරණ කොට ....(පෙ).... අනිත්‍ය වූ සඤ්ඤාව කරණ කොට ....(පෙ).... අනිත්‍ය වූ සංස්කාරයන් කරණ කොට ....(පෙ).... අනිත්‍ය වූ දුක් වූ විපර්යාසයට පත්වෙන්නා වූ විඤ්ඤාණය කරණ කොට මම උසස් වෙමි යි කියා හෝ නොදකිත් ද, මම සමාන වෙමි යි කියා හෝ නොදකිත් ද, මම පහත් වෙමි යි කියා හෝ නොදකිත් ද, එය වනාහී සත්‍යස්වභාවය ඒ වූ පරිදි දැකීම හැර වෙන කුමක්ද?"

මේ ඤාණය ත්, ඤෙය්‍යය ත් ය.

10. මෙහි දස්සනභූමිය ගැන කියැවෙන සූත්‍රය යනු කුමක්ද?

"යේ අරියසච්චානි විභාවයන්ති
ගම්භීරපඤ්ඤේන සුදේසිතානි
කිඤ්චාපි තේ හොන්ති භුසප්පමත්තා
න තේ භවං අට්ඨමං ආදියන්තී'ති"

(සුත්ත නිපාතය - රතන සූත්‍රය)

'යම් කෙනෙක් ගම්භීර ප්‍රඥා ඇති භාග්‍යවතුන් වහන්සේ විසින් මැනැවින් වදාරණ ලද චතුරාර්ය සත්‍ය ධර්මය සත්‍ය

ඤාණ වශයෙන් අවබෝධ කරත්ද, ඔවුහු කොතරම් ප්‍රමාදයට පැමිණියත් අටවැනි භවයක උපත නොගනිත්.'

මෙය දස්සන භූමිය යි.

"යථින්දඛීලෝ පඨවිං සිතෝ සියා
චතුබ්භි වාතේභි අසම්පකම්පියෝ
තථූපමං සප්පුරිසං වදාමි
යෝ අරියසච්චානි අවෙච්ච පස්සතී'ති"

(සුත්ත නිපාතය - රතන සූත්‍රය)

'යම් සේ ගැඹුරින් පොළොව කැණ සිටුවා ඇති ඉන්ද්‍රඛීලයක් සිව් දිසාවෙන් හමන සුළඟින් කම්පා නොවෙයිද, යමෙක් චතුරාර්ය සත්‍යය ධර්මයන් ප්‍රඥාවෙන් බැසගෙන දකියි ද, ඒ සත්පුරුෂයා ඉන්ද්‍රඛීලයට උපමා කොට කියමි.'

මෙය දස්සනභූමිය ගැන කියවෙන සූත්‍රය යි.

"මහණෙනි, සෝවාන් වූවකු තුළ පිහිටන අංග හතරකින් සමන්විත වූ ආර්ය ශ්‍රාවකයා කැමැති නම් තමා ම තමා ගැන පවසා ගන්නේ ය. 'නිරය ක්ෂය කොට ඇත්තෙක්මි. තිරිසන් යෝනිය ක්ෂය කොට ඇත්තෙක්මි. ප්‍රේත විෂය ක්ෂය කොට ඇත්තෙක්මි. අපාය දුර්ගති විනිපාතය ක්ෂය කොට ඇත්තෙක්මි. මම සෝවාන් වූවෙක්මි. අපායට නොවැටෙන ස්වභාවයෙන් යුතු වෙමි. නියත වශයෙන්ම නිවන පිහිට කොට සිටිමි. සත්වරක් පමණක් දෙව් ලොව මිනිස් ලොව උපතින් උපතට සැරිසරා දුක් කෙළවර කරන්නෙමි'යි.

ඒ කවර සෝතාපත්ති අංග සතරකින් ද යත්;

මහණෙනි, මෙහිලා ආර්ය ශ්‍රාවකයා හට තථාගතයන් කෙරෙහි ශ්‍රද්ධාව සිතෙහි මැනැවින් ඇතුල් වූයේ, පිහිටියේ, වැඩුනේ, හටගත් මුල් ඇත්තේ, ශ්‍රමණයෙකු විසින් හෝ බ්‍රාහ්මණයෙකු විසින් හෝ දෙවියෙකු විසින් හෝ මාරයෙකු විසින් හෝ බ්‍රහ්මයෙකු විසින් හෝ ලෝකයෙහි කවරෙකු විසින්

හෝ කරුණු සහිතව ඉවත් කළ නොහැක්කේ ය.

ධර්මය ගැන ත් නිෂ්ටාවට ගියේ වෙයි. භාග්‍යවතුන් වහන්සේ විසින් ධර්මය මැනැවින් වදාරණ ලද්දේ ය. එම ධර්මය තමා තුළින්ම අවබෝධ කළ යුත්තේ ය. අකාලික ය. ඇවිත් බලන්න යැයි කිව හැක්කේ ය. තමා තුළට පමුණුවා ගත යුත්තේ ය. නුවණැතියන් විසින් තම තම නැණ පමණින් දත යුත්තේ ය. යම් ඒ ධර්මයක් කෙලෙස් මත්වීම් නැති කරයි ද ....(පෙ).... තෘෂ්ණාව නිරුද්ධ කරයි ද, නිවන යැයි කියන ලද්දේ ද එය යි. යළි ඔහුට ගිහි වූත්, පැවිදි වූත් සබ්‍රහ්මචාරීහු ඉෂ්ට කාන්ත මනාප ප්‍රිය වූවාහු වෙති. යළි නොකැඩුණු, සිදුරු නොවුණු, පැල්ලම් නැති, තෘෂ්ණා දාස බවට පත් නොවුණු, නුවණැත්තන් විසින් පසසන ලද, දෘෂ්ටීන් හා එක් නොවුණු, සමාධිය පිණිස පවත්නා ආර්ය කාන්ත සීලයකින් යුක්ත වෙයි.

මහණෙනි, මේ සතරක් වූ සෝතාපත්ති අංගයන්ගෙන් යුක්ත වූ ආර්ය ශ්‍රාවකයා කැමැති නම් තමා ම තමා ගැන පවසා ගන්නේය. 'නිරය ක්ෂය කොට ඇත්තෙක්මි. තිරිසන් යෝනිය ක්ෂය කොට ඇත්තෙක්මි. ප්‍රේත විෂය ක්ෂය කොට ඇත්තෙක්මි. අපාය දුර්ගති විනිපාතය ක්ෂය කොට ඇත්තෙක්මි. මම සෝවාන් වූවෙක්මි. අපායට නොවැටෙන ස්වභාවයෙන් යුතු වෙමි. නියත වශයෙන් ම නිවන පිහිට කොට සිටිමි. සත්වරක් පමණක් දෙව් ලොව මිනිස් ලොව උපතින් උපතට සැරිසරා දුක් කෙළවර කරන්නෙමි" යනුවෙනි.

මෙය දස්සනභූමිය යි.

11. එහි භාවනා භූමිය යනු කුමක් ද?

"යස්සින්ද්‍රියානි සුභාවිතානි
අජ්ඣත්තං බහිද්ධා ච සබ්බලෝකේ
නිබ්බිජ්ඣ ඉමං පරං ච ලෝකං
කාලං කංඛති භාවිතෝ ස දන්තෝ'ති"

(සුත්ත නිපාතය - සභිය සූත්‍රය)

'යමෙකු තුළ ශ්‍රද්ධා ආදී ඉන්ද්‍රියයෝ හොඳින් වඩන ලද්දාහුද, ආධ්‍යාත්මික වූත්, බාහිර වූත් සියළු ලෝකයෙහි මෙලොවත් පරලොවත් නුවණින් අවබෝධ කොට, වඩන ලද සිත් ඇති, දැමුණු ඉඳුරන් ඇති ඒ රහත් භික්ෂුව පිරිනිවීමට කල් බලා සිටියි.'

මේ භාවනා භූමිය යි.

"මහණෙනි, මේ ධම්මපදයෝ සතරකි. ඒ කවර සතරක් ද යත්; සමථය මුල්කොට ලත් නිවන නම් වූ ලෝභ නැතිබව වූ ධම්මපදය යි. බ්‍රහ්ම විහාර භාවනාවෙන් ලත් සමාධිය හා ව්‍යාපාදය නැති බව වූ ධම්මපදය යි. අනුස්සති භාවනාවෙන් උපන් සමාධිය නම් වූ සම්මා සති ධම්මපදය යි. ආනාපානසති භාවනාව වශයෙන් උපන් සම්මා සමාධි ධම්මපදය යි."

මේ භාවනා භූමිය යි.

12. එහි දස්සනභූමිය ත්, භාවනාභූමිය ත් යනු කුමක් ද?

"පඤ්ච ඡින්දේ පඤ්ච ජහේ පඤ්චවුත්තරි භාවයේ
පඤ්ච සංගාතිගෝ භික්ඛු ඕඝතිණ්ණෝති වුච්චතී'ති"

(ධම්මපදය - භික්ඛු වර්ගය)

'ඕරම්භාගිය සංයෝජන පස සිඳින්නේ ය. උද්ධම් භාගිය සංයෝජන පස දුරලන්නේ ය. මතුයෙහි ශ්‍රද්ධාදී ඉන්ද්‍රිය පස වඩන්නේය. රාගාදී කෙලෙස් සංග හාත්පසින් ඉක්මවා ගිය භික්ෂුව වේගවත් කෙලෙස් සැඩපහරින් එතෙර වූයේ යැයි කියනු ලැබේ.'

'ඕරම්භාගිය සංයෝජන පස සිඳින්නේ ය. උද්ධම් භාගිය සංයෝජන පස දුරලන්නේ ය' යනු මෙය දස්සනභූමිය යි. **'මතුයෙහි ශ්‍රද්ධාදී ඉන්ද්‍රිය පස වඩන්නේ ය. රාගාදී කෙලෙස් සංග හාත්පසින් ඉක්මවා ගිය භික්ෂුව වේගවත් කෙලෙස් සැඩපහරින් එතෙර වූයේ ය'** යනු භාවනාභූමිය යි.

මෙය දස්සනභූමිය ත්, භාවනාභූමිය ත් ය.

'මහණෙනි, මේ ඉන්ද්‍රියයන් තුනකි. ඒ කවර තුනක් ද යත්; අවබෝධ නොකළ ධර්මය අවබෝධ කරන්නෙමි'යි යන අනඤ්ඤාතඤ්ඤස්සාමීති ඉන්ද්‍රිය ය. අර්හත්වයෙන් පහළට අනෙක් මාර්ගඵලයන්හි ඇතිවන අවබෝධය යන අඤ්ඤින්ද්‍රිය ය. අර්හත් ඵලයට පත්වීමෙන් ලත් අවබෝධය යන අඤ්ඤාතාවී ඉන්ද්‍රිය ය.

'මහණෙනි, අනඤ්ඤාතඤ්ඤස්සාමීති ඉන්ද්‍රිය ය යනු කුමක් ද? මහණෙනි, මෙහි භික්ෂුව අවබෝධ නොකළ දුක්ඛාර්ය සත්‍යය අවබෝධ කිරීම පිණිස කැමැත්ත උපදවයි. වෑයම් කරයි. වීරිය පටන් ගනියි. සිත දැඩි කොට ගනියි. ප්‍රධන් වීරිය වඩයි. අවබෝධ නොකළ දුක් උපදවන හේතුව නම් වූ ආර්ය සත්‍යය ....(පෙ).... අවබෝධ නොකළ දුක්ඛ නිරෝධය නම් වූ ආර්ය සත්‍යය ....(පෙ).... අවබෝධ නොකළ දුක්ඛනිරෝධ ගාමිනීපටිපදාව නම් වූ ආර්ය සත්‍යය අවබෝධ කිරීම පිණිස කැමැත්ත උපදවයි. වෑයම් කරයි. වීරිය පටන් ගනියි. සිත දැඩි කොට ගනියි. ප්‍රධන් වීරිය වඩයි.

මෙය දස්සනභූමිය යි.

මහණෙනි, අඤ්ඤින්ද්‍රිය යනු කුමක් ද? මහණෙනි, මෙහි භික්ෂුව 'මෙය දුක'යි සත්‍යස්වභාවය ඒ අයුරින් ම අවබෝධ කරයි. මෙය දුක් උපදවන හේතුව යි සත්‍යස්වභාවය ඒ අයුරින් ම අවබෝධ කරයි. මෙය ඒ හේතු නිරුද්ධ වීමෙන් දුකේ නිරුද්ධ වීමය යි සත්‍යස්වභාවය ඒ අයුරින් ම අවබෝධ කරයි. මෙය දුක්ඛනිරෝධගාමිනී පටිපදාවය යි සත්‍යස්වභාවය ඒ අයුරින් ම අවබෝධ කරයි.

මෙය අඤ්ඤින්ද්‍රිය යි.

මහණෙනි, අඤ්ඤාතාවී ඉන්ද්‍රිය යනු කුමක් ද? මහණෙනි, මෙහි භික්ෂුව ආශ්‍රවයන් ක්ෂය වූයේ, අනාශ්‍රව වූ චිත්ත විමුත්තියත්, ප්‍රඥා විමුත්තියත් මේ ජීවිතයේ දී ම ස්වකීය

විශිෂ්ට ඥාණයෙන් සාක්ෂාත් කොට එයට පැමිණ වාසය කරයි ද, ඉපදීම ක්ෂය වූයේ ය, බඹසර වාසය සම්පූර්ණ කරන ලද්දේ ය, නිවන පිණිස කළ යුතු දේ කරන ලද්දේ ය. ඒ වෙනුවෙන් කළ යුතු වෙනත් දෙයක් නැත්තේ යැයි දනියි ද, මෙය අඤ්ඤාතාවී ඉන්ද්‍රිය යි.

13. මෙහි තමන්ගේ වචනය හෙවත් ස්වකීය වචනය යනු කුමක් ද?

"සබ්බපාපස්ස අකරණං කුසලස්ස උපසම්පදා
සචිත්තපරියෝදපනං ඒතං බුද්ධානසාසන'න්ති"

(ධම්මපදය - බුද්ධ වර්ගය)

'සියළු පව් නොකිරීම ත්, කුසල් දහම් ඉපදවීම ත්, කෙලෙස් බැහැර කොට තමන්ගේ සිත පිරිසිදු කිරීම ත් යන මෙය බුදුවරුන්ගේ අනුශාසනය යි.'

මෙය ස්වකීය වචනය යි.

"මහණෙනි, මේ බාලයාගේ තුන් වැදෑරුම් බාල ලකුණු ය, බාල නිමිති ය, බාල ගතිගුණ ය. යම් තුන් කරුණකින් යුතු බාලයාට අන්‍යයෝ 'මේ බාලයෙකි'යි හඳුනාගනිත් නම් එබඳු කරුණු තුනකි. ඒ කවර කරුණු තුනක් ද යත්;

මහණෙනි, අසත්පුරුෂ බාලයා වෛර ක්‍රෝධ ආදී නපුරු සිතිවිලි සිතන්නේ වෙයි. බොරු කීම්, කේලාම් කීම් ආදී අනිෂ්ට කියුම් කියන්නේ වෙයි. ප්‍රාණඝාතාදී අනිෂ්ට ක්‍රියා කරන්නේ වෙයි.

මහණෙනි, මේ තුන් කරුණු වනාහී බාලයන්ගේ බාල ලකුණු ය. බාල නිමිති ය, බාල ගතිගුණ ය.

මහණෙනි, සත්පුරුෂ නුවණැත්තාගේ තුන් වැදෑරුම් නුවණැති ලකුණු ය. නුවණින් යුතු බවට නිමිති ය. නුවණින් යුතු ගතිගුණ ය. යම් තුන් කරුණකින් යුතු නුවණැතියා අන්‍යයෝ

'මොහු නුවණැත්තෙකි'යි හඳුනාගනිත් නම් එබඳු කරුණු තුනකි.

ඒ කවර කරුණු තුනක් ද යත්;

මහණෙනි, සත්පුරුෂ නුවණැතියා ලෝභ නොකිරීම්, මෙත් සිත් පැතිරවීම් ආදී ඉතා යහපත් සිතිවිලි සිතන්නේ වෙයි. සත්‍ය කතා කිරීම්, සමඟිය ඇතිවන කතා කීම් ආදී සුභාෂිත වචන කියන්නේ වෙයි. ප්‍රාණඝාතයෙන් වැළකීම්, අන්‍යයන්ට උපකාර කිරීම්, දන්දීම් ආදී යහපත් ක්‍රියා කරන්නේ වෙයි. මහණෙනි, මේ තුන් කරුණු වනාහී නුවණැත්තාගේ නුවණැති බවට ලකුණු ය. නුවණැති බවට නිමිති ය. නුවණින් යුතු ගතිගුණ ය. මේ ස්වකීය වචනය යි."

14. එහි අනුන්ගේ වචනය හෙවත් පර වචනය කුමක්ද?

"පඨවීසමෝ නත්ථි විත්ථතෝ
නින්නෝ පාතාලසමෝ න විජ්ජති
මේරුසමෝ නත්ථි උන්නතෝ
චක්කවත්ති සදිසෝ නත්ථි පෝරිසෝ'ති."

(..................)

'පොළොව හා සමව පැතිරුණු වෙනත් දෙයක් නැත්තේ ය. පාතාලය හා සම වූ වෙනත් නිම්නයක් නැත්තේ ය. මහමේරු පර්වතය හා සම වූ උස්ව නැඟුණු වෙනත් දෙයක් නැත්තේ ය. සක්විති රජු හා සම වූ උතුම් පුරුෂයෙක් නැත්තේ ය.'

මෙය අනුන්ගේ වචනය යි.

"දේවේන්ද්‍රයෙනි, සුභාෂිතයෙන් ජය වේවා!" යි. "වේපචිත්තියෙනි, සුභාෂිතයෙන් ජය වේවා! වේපචිත්තියෙනි, ගාථාවක් පවසව" යි. ඉක්බිති මහණෙනි, වේපචිත්ති අසුරේන්ද්‍රයා මේ ගාථාව පැවසුවේ ය.

"භියෝ බාලා පකුජ්ඣෙයුං - නෝ චස්ස පටිසේධකෝ
තස්මා භුසේන දණ්ඩේන - ධීරෝ බාලං නිසේධයේ'ති."

'බාල පුද්ගලයෙක් නොවැළැක්වුවෝතින් මතුවට ත් බොහෝ සෙයින් විරුද්ධ වන්නාහ. එහෙයින් නුවණැත්තා දැඩි දඬුවම් පමුණුවමින් බාලයා වළක්වන්නේ ය.'

"මහණෙනි, වේපචිත්ති අසුරේන්ද්‍රයා විසින් ගාථාව කී කල්හී අසුරයෝ එය අනුමත කරමින් සතුටින් පිළිගත්තාහ. දෙවියෝ නිශ්ශබ්දව හුන්හ. එකල්හී මහණෙනි, වේපචිත්ති අසුරේන්ද්‍රයා සක් දෙවිඳුන්ට මෙය කීවේ ය."

"දේවේන්ද්‍රයෙනි, ගාථාවක් පවසව" ඉක්බිති මහණෙනි, ශක්‍ර දේවේන්ද්‍රයා මේ ගාථාව පැවසුවේය.

"ඒතදේව අහං මඤ්ඤේ - බාලස්ස පටිසේධනං
පරං සංකුපිතං ඤත්වා - යෝ සතෝ උපසම්මතී'ති."

'යමෙක් අන් කෙනෙකු කුපිත වූ බව දැන සිහියෙන් යුක්තව ඉවසමින් සංසිඳෙයිද මේ ඉවසීමම බාලයාගේ වැළැක්වීම යැයි මම සිතමි.'

"මහණෙනි, ශක්‍ර දේවේන්ද්‍රයා විසින් ගාථාව කී කල්හී දෙවියෝ එය අනුමත කරමින් සතුටින් පිළිගත්හ. අසුරයෝ නිශ්ශබ්දව හුන්හ. එකල්හී මහණෙනි, ශක්‍ර දේවේන්ද්‍රයා වේපචිත්ති අසුරේන්ද්‍රයාට මෙය කීවේ ය."

"වේපචිත්තියෙනි, ගාථාවක් පවසව." ඉක්බිති මහණෙනි, වේපචිත්ති අසුරේන්ද්‍රයා මේ ගාථාව පැවසුවේ ය.

"ඒතදේව තිතික්ඛාය - වජ්ජං පස්සාමි වාසව
යදා නං මඤ්ඤතී බාලෝ - භයා ම්‍යායං තිතික්ඛති
අජ්ඣාරූහති දුම්මේධෝ - ගාවෝ භීයෝ පලායින'න්ති"

(සංයුත්ත නිකාය - සක්ක සංයුත්තය - සුභාසිතජය සූත්‍රය)

'වාසවයෙනි, යම් කලෙක බාලයා 'මොහු මා හට බියෙන් ඉවසයි' යනුවෙන් සිතයිද, එය ඉවසීමෙහි වරදක් ලෙස දකිමි. පැරදී පළා යන ගව මුලක් ගවයෙකු පෙරලාගෙන යන

හෙයින් අඥාන පුද්ගලයා ඉවසන තැනැත්තාව බොහෝ සෙයින් මැඬගෙන යයි.'

"මහණෙනි, වේපචිත්ති අසුරේන්ද්‍රයා විසින් මේ ගාථාව කී කල්හී අසුරයෝ එය අනුමත කොට සතුටින් පිළිගත්තාහ. දෙවියෝ නිශ්ශබ්දව හුන්හ. එකල්හී මහණෙනි, වේපචිත්ති අසුරේන්ද්‍රයා සක් දෙවිඳුට මෙය කීවේය. 'දේවේන්ද්‍රයෙනි, ගාථාවක් පවසව' යි. ඉක්බිති මහණෙනි, ශක්‍ර දේවේන්ද්‍රයා මේ ගාථාවන් පැවසුවේ ය."

"කාමං මඤ්ඤතු වා මා වා - භයා මායං තිතික්ඛති
සදත්ථපරමා අත්ථා - ඛන්ත්‍යා භීයෝ න විජ්ජති"

'ඒකාන්තයෙන් 'මොහු මා හට බියෙන් ඉවසයි' කියා සිතාවා හෝ නොසිතාවා, යහපත් දේ නම් තම යහපත ම උතුම් කොට ඇත්තේය. ඒ යහපත තුළ ඉවසීමට වඩා උතුම් දෙයක් දකින්නට නැත්තේය.

"යෝ හවේ බලවා සන්තෝ - දුබ්බලස්ස තිතික්ඛති
තමාහු පරමං ඛන්තිං - නිච්චං ඛමති දුබ්බලෝ"

යමෙක් ඒකාන්තයෙන් බලවත් වූයේ නමුත් දුර්වල වූ බාලයා හට ඉවසයිද, ඒ ඉවසීම උතුම් යයි නුවණැත්තෝ කියත්. දුර්වලයා කොහොමත් නිතර ඉවසයි.

අබලං තං බලං ආහු - යස්ස බාලබලං බලං
බලස්ස ධම්මගුත්තස්ස - පටිවත්තා න විජ්ජති

බාලකම නැමැති බලය යමෙකුගේ බලයක් වෙයිද, දුර්වල වූ ඒ බාල බලය බලයකැයි අඥානයෝ කියත්. ධර්මයෙන් ආරක්ෂා වී සිටින කෙනෙකුගේ ඉවසීමේ බලය යටපත් කොට කියන්නෙක් දකින්නට නැත්තේ ය.

තස්සේව තේන පාපියෝ - යෝ කුද්ධං පටිකුජ්ඣති
කුද්ධං අපටිකුජ්ඣන්තෝ - සංගාමං ජේති දුජ්ජයං

යමෙක් කිපියහුට පෙරලා කිපෙයිද, ඒ කෝපයෙන් පාපය වන්නේ ඔහුට ම ය. කිපුණු තැනැත්තාට පෙරලා නොකිපෙන්නේ දිනීමට දුෂ්කර වූ යුද්ධය දිනයි.

උභින්නමත්ථං චරති - අත්තනෝ ච පරස්ස ච
පරං සංකුපිතං ඤත්වා - යෝ සතෝ උපසම්මති.

යමෙක් අන් කෙනෙකු කුපිත වූ බව දැන සිහියෙන් යුක්තව, ඉවසමින් සංසිඳෙයි ද, ඔහු තමා හටත් අනුන් හටත් දෙපක්ෂයට ම යහපත පිණිස හැසිරෙයි.

උභින්නං තිකිච්ඡන්තානං - අත්තනෝ ච පරස්ස ච
ජනා මඤ්ඤන්ති බාලෝති - යේ ධම්මස්ස අකෝවිදා'ති."

(සංයුත්ත නිකාය - සක්ක සංයුත්තය - සුභාසිතජය සූත්‍රය)

යම් කෙනෙක් ධර්මයෙහි දක්ෂ නොවෙත් ද, ඒ අඥාන ජනයෝ තමාට ත්, අනුන්ට ත් දෙපක්ෂයටම යහපත පිණිස ඉවසන තැනැත්තා 'බාලයෙකි'යි සිතත්.'

මහණෙනි, සක් දෙවිඳු විසින් ගාථාවන් කී කල්හී දෙවියෝ එය අනුමත කරමින් සතුටින් පිළිගත්හ. අසුරයෝ නිශ්ශබ්දව හුන්හ."

මෙය අනුන්ගේ වචනය හෙවත් පර වචනය යි.

15. එහි ස්වකීය වචනය ත්, අනුන්ගේ වචනයත් යනු කුමක්ද?

"කෙලෙස් වලින් ලෙඩ වූවන්ගේ අදහස් අනුව හික්මෙන තැනැත්තාට යම් කාමයක් ලැබී ඇද්ද, මතු ලැබිය යුතු යම් කාමයක් ඇද්ද, මේ දෙකම කෙලෙස් වලින් ගැවසී ඇත්තේ ය.

යම් කෙනෙක් ශික්ෂාව සාර කොට ගත් සීලය, ව්‍රතය, ආජීව හා බ්‍රහ්මචාරී බව යන මේවා පමණක් විසුද්ධිය පිණිස සාර වශයෙන් ගත්තාහුද, මෙය එක් අන්තයකි.

යම් කෙනෙක් 'කාමයන් තුළ දෝෂයක් නැතැයි' යන

මෙබඳු දෙයක් කියත් ද, මෙබඳු දෘෂ්ටියක් ගනිත් ද මෙය දෙවෙනි අන්තය යි.

මෙසේ මේ අන්ත දෙක මතු මතුත් ජරා මරණ ලැබෙන, අවිද්‍යා තෘෂ්ණාව වඩන්නෝ ය. අවිද්‍යා තෘෂ්ණාවෝ දෘෂ්ටීන් වඩත්. මේ අන්ත දෙක නොදැන කෙනෙක් එහි තෘෂ්ණාවෙන් ඇලෙත්. තව කෙනෙක් අතිධාවනය කොට අත්තකිලමථානු යෝගයෙහි යෙදෙත්."

මෙය අනුන්ගේ වචනය හෙවත් පර වචනය යි.

"යම් කෙනෙක් මේ අන්ත දෙක නුවණින් දැන ඒ අන්ත දෙකට නොවැටී සිටියහුද, ඔවුහු ඒ අන්ත දෙකට අයත් දේ ගැන නොසිතුවාහු ය. ඔවුන් හට මතු පැනවීමට සසර ගමනක් නැත්තේය."

මේ ස්වකීය වචනය යි.

මේ උදානය ස්වකීය වචනය ත්, පර වචනය ත් වෙයි.

"පසේනදී කොසොල් රජු භාග්‍යවතුන් වහන්සේට මෙය පැවසුවේය. 'ස්වාමීනී, මෙහි හුදෙකලාවේ විවේකීව හුන් මට මෙබඳු අදහසක් ඇති වූයේය. 'තමාව ප්‍රිය කාටද? තමාව අප්‍රිය කාටද?' කියාය. එවිට ස්වාමීනී, ඒ මට මේ අදහස ඇති විය.

යම් කිසි කෙනෙක් කයින් දුසිරිතෙහි හැසිරෙත් ද, වචනයෙන් දුසිරිතෙහි හැසිරෙත් ද, මනසින් දුසිරිතෙහි හැසිරෙත් ද ඔවුන්ට තමාව අප්‍රිය ය. 'අපට තමන්ව ප්‍රිය යැයි' ඔවුන් මෙසේ කීවත් ඔවුන්ට තමාව අප්‍රිය ය. ඒ මක් නිසාද යත්; අප්‍රිය වූවෙක් අප්‍රිය වූවෙකුට යමක් කරයි ද, ඔවුහු එය තමා විසින් ම තමන්ට කර ගනිති. එහෙයින් ඔවුන්ට තමා අප්‍රිය ය.

යම්කිසි කෙනෙක් කයින් සුසිරිතෙහි හැසිරෙත් ද, වචනයෙන් සුසිරිතෙහි හැසිරෙත් ද, මනසින් සුසිරිතෙහි හැසිරෙත් ද, ඔවුන්ට තමාව ප්‍රිය ය. 'අපට තමන්ව අප්‍රිය ය' යැයි ඔවුන් මෙසේ කීවත් ඔවුන්ට තමාව ප්‍රිය යි. ඒ මක් නිසාද

යත්; ප්‍රිය වූවෙක් ප්‍රිය වූවෙකුට යමක් කරයි ද, ඔවුහු එය තමා විසින් ම තමන්ට කර ගනිති. එහෙයින් ඔවුන්ට තමා ප්‍රිය ය."

"මහරජාණෙනි, එය එසේමය. මහරජාණෙනි, එය එසේමය.

මහරජාණෙනි, ...(පෙ).... මහරජාණෙනි, ...(පෙ).... තමා ප්‍රිය ය.'

භාග්‍යවතුන් වහන්සේ මෙය වදාළ සේක. මෙය වදාළ සුගත වූ ශාස්තෘන් වහන්සේ යළි මේ ගාථාවන් වදාළ සේක.

"අත්තානඤ්චේ පියං ජඤ්ඤා - න නං පාපේන සංයුජේ
න හි තං සුලභං හෝති - සුඛං දුක්කතකාරිනා

'ඉදින් තමාට තමාව ප්‍රිය බව දන්නේ නම්, තමාව පාපය හා නොයොදවයි. පව් කරන කෙනෙකුට සැපය ලැබීම යනු සුලභ දෙයක් නොවෙයි.

අන්තකේනාධිපන්නස්ස - ජහතෝ මානුසං භවං
කිං හි තස්ස සකං හෝති - කිඤ්ච ආදාය ගච්ඡති
කිං චස්ස අනුගං හෝති - ඡායාව අනපායිනී

මරණය විසින් මැඩගත් විට මිනිස් භවය අත්හරින්නා වූ ඔහුට තමාගේ දෙයක් වශයෙන් කුමක් ඇත්තේ ද? පරලොව යන්නේ කුමක් අරගෙන ද? තමා අත්නොහැර සිටින සෙවණැල්ල සෙයින් ඔහු අනුව යන්නේ කුමක් ද?

උභෝ පුඤ්ඤං ච පාපං ච - යං මච්චෝ කුරුතේ ඉධ
තං හි තස්ස සකං හෝති - තං ච ආදාය ගච්ඡති
තං චස්ස අනුගං හෝති - ඡායාව අනපායිනී

මෙහි සත්වයෙක් පින ත්, පව ත් යන දෙවැදෑරුම් වූ යම් කර්මයක් කරයි ද, තමාගේ දෙයක් වශයෙන් ඔහුට ඇත්තේ එයයි. පරලොව රැගෙන යන්නේ එය යි. තමා අත් නොහැර සිටිනා සෙවණැල්ල සෙයින් ඔහු අනුව යන්නේ එය යි.

තස්මා කරෙය්‍ය කල්‍යාණං
නිචයං සම්පරායිකං
පුඤ්ඤානි පරලෝකස්මිං
පතිට්ඨා හොන්ති පාණිනන්'ති."

(සංයුත්ත නිකාය - කෝසල සංයුත්තය)

එහෙයින් පරලොව සැප විපාක දෙන පින රැස් කිරීමට යහපත කරන්නේය. සත්වයන් හට පරලොවෙහි දී පින පිහිට වෙයි.'

මේ සූත්‍රය ස්වකීය වචනය යි. පදයෙන් වදාළ දෙය ගාථාවෙන් කීම නම් වූ අනුගීතිය ස්වකීය වචනය යි.

මේ ස්වකීය වචනය ත්, පරවචනය ත් වෙයි.

16. එහි විසඳිය හැකි දේ යනු කුමක්ද?

ප්‍රශ්නයක් ඇසූ විට 'මෙය විශිෂ්ට නුවණින් දැක්ක යුතුය. මෙය පිරිසිඳ දත යුතුය. මෙය ප්‍රහාණය කළ යුතුය. මෙය වැඩිය යුතුය. මෙය සාක්ෂාත් කළ යුතුය. මේ ධර්මයෝ මෙසේ ගත් කල්හී මේ ඵලය උපදවත්. මෙසේ ගන්නා ලද ඒවායින් මේ අර්ථය වෙයි' වශයෙනි.

මෙය විසඳිය යුතු දෙය ය.

"භාග්‍යවත් බුදුරජාණන් වහන්සේ උදාර වන සේක" යනුවෙන් බුදුරජුන්ගේ උදාරත්වය, ධර්මය මනා කොට දෙසා වදාළ බව, ශ්‍රාවක සංඝයා මනා පිළිවෙතින් යුතු බව ඒකාන්තයෙන් ම විස්තර කරන්නේ ය. 'සියළු සංස්කාරයෝ අනිත්‍යයහ' යන කරුණත්, 'සියළු සංස්කාරයෝ දුක්යහ' යන කරුණ ත්, 'සියළු ධර්මයෝ අනාත්මයහ' යන කරුණු ත් ඒකාන්තයෙන් ම විස්තර කරන්නේ ය. මෙබඳු වූ යම් අනෙක් ප්‍රශ්න ත් මෙසෙයින් විසඳන්නේ ය.

මේ විසඳිය යුතු දේය.

17. එහි නොවිසඳිය යුතු දේ හෙවත් අවිස්සජ්ජනීය කුමක්ද?

"ආකංඛතෝ තේ නරදම්මසාරථී
දේවා මනුස්සා මනසා විචින්තිතං
සබ්බේ න ජඤ්ඤා කසිණාපි පාණිනෝ
සන්තං සමාධිං අරණං නිසේවතෝ
කිං තං භගවා ආකංඛතී'ති."

(..................)

'පුරිසදම්මසාරථීන් වහන්ස, සත්වයන්ගේ යහපත කැමැති මුඹවහන්සේ සිතින් සිතන ලද දෙය දෙවියෝත්, මිනිස්සුත් සියළු අනෙක් සත්වයෝත් නොදනිත්. සංසිඳී ගිය, නිකෙලෙස් සමාධිය සේවනය කරන භාග්‍යවතුන් වහන්සේ සිතන ලද දෙය කුමක් කැමැති වන සේක් දැයි අන් අයට විෂය නොවෙයි.'

මෙය නොවිසඳිය යුතු දෙය යි.

'භාග්‍යවතුන් වහන්සේ මෙපමණ වූ සීලස්කන්ධයකින්, සමාධිස්කන්ධයකින්, ප්‍රඥාස්කන්ධයකින්, විමුක්තිස්කන්ධයකින්, විමුක්ති ඤාණදර්ශන ස්කන්ධයකින්, මෙපමණ වූ ඉරියව් හැසිරීමකින්, ආනුභාවයකින්, හිතෛෂී භාවයකින්, කරුණාවකින්, ඍද්ධියකින් යුක්ත වන සේක'යි අන් අයට විෂය නොවෙයි.'

මේ නොවිසඳිය යුතු දෙයයි.

"මහණෙනි, ලෝකයෙහි අරහත් සම්මා සම්බුදු තථාගතයන් වහන්සේ පහළ වීමෙන් මෙලොව පරලොව කිසි වස්තුවකට සම කළ නොහැකි රත්නයන් තුනක පහළ වීම විය. එනම්, බුද්ධ රත්නයේ ත්, ධර්ම රත්නයේ ත්, සංඝ රත්නයේ ත් පහළ වීම යි."

තුන් රත්නයේ වටිනාකම මනින මිම්ම කුමක් ද? මෙය නොවිසඳිය යුතු දෙයකි. බුද්ධ විෂය නොවිසඳිය යුතු දෙයකි. බුදුරජුන් තුළ පැවැති පුද්ගලයන්ගේ ඉන්ද්‍රිය ධර්මයන් පිළිබඳව ඇති උස් පහත් බව ගැන ඇති ඤාණය නොවිසඳිය යුතු දෙයකි.

"මහණෙනි, අවිද්‍යාවෙන් වැසී ගිය තණ්හාවෙන් බැඳී ගිය නිසාවෙන් වරක් නිරයට ත්, වරක් තිරිසන් යෝනියට ත්, වරක් ප්‍රේත විෂයට ත්, වරක් අසුර යෝනියට ත්, වරක් දෙවියන් අතරට ත්, වරක් මිනිසුන් අතරට ත් භවයෙන් භවයට යන නැවත නැවත සැරිසරා යන සත්වයන්ගේ මුලින් පටන් ගත් කෙළවරක් නොපැනෙයි."

'මුලින් පටන් කෙළවරක් යනු කුමක්ද?' යන මෙය නොවිසඳිය යුතු දෙයකි. 'නොපැණෙයි' යනු ශ්‍රාවකයන්ගේ ඥාණයෙහි අඩුපාඩුවක් නිසා ය. භාග්‍යවත් බුදුවරුන්ගේ දේශනාව දෙවැදෑරුම් ය. තමන් වහන්සේ වෙත පමුණුවාගත් දෙයින් කරනු ලබන අත්තූපනායිකා දෙසුම ත්, අනුන් වෙත පමුණුවා ගත් දෙයින් කරනු ලබන පරූපනායිකා දෙසුම ත් ය. 'නොපැනෙයි' යනු අනුන් වෙත පමුණුවා ගත් දෙයින් කරන දෙසුම යි. 'භාග්‍යවත් බුදුවරුන් හට නොදන්නා බවක් නැත්තේ ය' යනු අත්තූපනායිකා දෙසුම යි. ඒ මෙසේ ය. භාග්‍යවතුන් වහන්සේ කෝකාලික භික්ෂුව අරභයා එක්තරා භික්ෂුවකට මෙසේ වදාළ සේක.

"භික්ෂුව, එය මෙබඳු දෙයකි. කොසොල් රටේ මිනුමෙන් ඛාරික විස්සකින් යුතු තල ඇට ගැලක් ඇත්තේ ය. පුරුෂයෙකු වර්ෂ සියයක් සියයක් ඇවෑමෙන් එක එක තල ඇටය බැගින් එයින් ඉවතට දමන්නේ ය. භික්ෂුව, කොසොල් රටේ මිනුමෙන් ඛාරික විස්සක ප්‍රමාණයකින් යුතු ඒ තල ඇට ගැල මේ උපක්‍රමයෙන් වහා ගෙවීමට අවසන් වීමට යන්නේ ය. එක් අබ්බුද නිරයක ආයුෂ එසෙයින් නොගෙවේ ම ය.

භික්ෂුව, අබ්බුද නිරයේ ආයුෂය බඳු විසි ගුණයක් ආයුෂය එක් 'නිරබ්බුද නිරයක' වෙයි. භික්ෂුව, නිරබ්බුද නිරයක ආයුෂය බඳු විසි ගුණයක ආයුෂයක් එක් 'අබබ' නිරයක වෙයි. අබබ නිරයේ ආයුෂ බඳු විසි ගුණයක ආයුෂයක් එක් 'අටට' නිරයක වෙයි. අටට නිරයේ ආයුෂ බඳු විසි ගුණයක් ආයුෂ එක් 'අහහ' නිරයක වෙයි. භික්ෂුව, අහහ නිරයේ ආයුෂ බඳු විසි

ගුණයක් ආයුෂ එක් 'කුමුද' නිරයක වෙයි. භික්ෂුව, කුමුද නිරයේ ආයුෂ බඳු විසි ගුණයක් ආයුෂ එක් 'සෝගන්ධික' නිරයක වෙයි. භික්ෂුව, සෝගන්ධික නිරයේ ආයුෂ බඳු විසි ගුණයක් ආයුෂ එක් 'උප්පලක' නිරයක වෙයි. භික්ෂුව, උප්පලක නිරයේ ආයුෂ බඳු විසි ගුණයක් ආයුෂ එක් 'පුණ්ඩරීක' නිරයක වෙයි. භික්ෂුව, පුණ්ඩරීක නිරයේ ආයුෂ බඳු විසි ගුණයක් ආයුෂ එක් 'පදුම' නිරයක වෙයි. භික්ෂුව, කෝකාලික භික්ෂුව සාරිපුත්ත මොග්ගල්ලානයන් කෙරෙහි සිතින් වෛර බැඳගෙන පදුම නිරයෙහි උපන්නේ ය.'

'මෙය ප්‍රමාණ කළ නොහැක්කකි. සංඛ්‍යාවකට ගත නොහැක්කකි' යනුවෙන් භාග්‍යවතුන් වහන්සේ යමක් ගැන වදාළ සේක් ද, ඒ සියල්ල නොවිසඳිය යුතුය.

මේ නොවිසඳිය යුතු දෙය යි.

18. එහි විසඳිය යුතු දෙය ත්, නොවිසඳිය යුතු දෙය ත් කුමක්ද?

'යම් කලෙක ඒ උපක ආජීවක තෙමේ භාග්‍යවතුන් වහන්සේට 'ඇවැත් ගෞතමයෙනි, කොහි වඩින්නෙහි ද?' යි ඇසුවේද, භාග්‍යවතුන් වහන්සේ මෙසේ වදාළහ.

"බාරාණසිං ගමිස්සාමි - ආහන්තුං අමතදුන්දුභිං
ධම්මචක්කං පවත්තේතුං - ලෝකේ අප්පතිවත්තිය'න්ති."

(මජ්ඣිම නිකාය - අරියපරියේසන සූත්‍රය)

'බරණැසට යන්නෙමි. ඒ අමා බෙරය ගසන්නට ය. ලෝකයෙහි බාහිර කෙනෙකුට ආපස්සට කරකැවිය නොහැකි වූ දහම් සක කරකවන්නට ය.'

උපක ආජීවක මෙසේ ඇසුවේ ය, 'භවත් ගෞතම ඇවැත්නි, දිනන ලද්දේ යි ප්‍රතිඥා දෙන්නෙහි ද?'

භාග්‍යවතුන් වහන්සේ මෙසේ වදාළහ.

"මාදිසා වේ ජිනා හොන්ති - යේ පත්තා ආසවක්ඛයං
ජිතා මේ පාපකා ධම්මා - තස්මාහං උපකා ජිනෝ'ති"

(මජ්ඣිම නිකාය - අරියපරියේසන සූත්‍රය)

'යම් කෙනෙක් ආශ්‍රවයන් ක්ෂය කොට නිවනට පැමිණියාහුද, ඒකාන්තයෙන් මා බඳු වූවෝ ලොව දිනූ ජිනවරු නම් වෙති. මා විසින් පාපී අකුසල් දහම් ජයගන්නා ලදී. එහෙයින් උපකය, මම දිනූ කෙනෙක්මි.'

'ලොව දිනූ අයෙක් කෙබඳු ද? කවර කරුණක් දිනුවෙක් වෙයිද?' යන මෙය විසඳිය යුතුය. 'ලොව දිනූ කෙනා කවුද?' යන මෙය නොවිසඳිය යුතුය. ආශ්‍රවයන් ක්ෂය වීම යනු කුමක් ද? රාගය ක්ෂය වීම ය. ද්වේෂය ක්ෂය වීම ය. මෝහය ක්ෂය වීම ය යනුවෙන් විසඳිය යුතු ය. 'කොපමණකින් ආශ්‍රව ක්ෂය වීම වෙයි ද' යන්න නොවිසඳිය යුතු ය.

මේ විසඳිය යුතු දෙය ත්, නොවිසඳිය යුතු දෙය ත් ය.

'තථාගතයන් වහන්සේ වැඩ සිටිත් ද?' යන මෙය විසඳිය යුතුය. 'රූපය තිබේද?' යන මෙය විසඳිය යුතුය. 'තථාගතයන් වහන්සේ රූපය ද?' යන්න නොවිසඳිය යුතුය. 'තථාගතයන් වහන්සේ රූපයෙන් හටගත් සේක්ද?' යන්න නොවිසඳිය යුතුය. 'තථාගතයන් වහන්සේ රූපයෙහි වැඩ සිටිත් ද?' යන්න නොවිසඳිය යුතුය. 'තථාගතයන් වහන්සේ තුළ රූපය තිබේ ද?' යන්න නොවිසඳිය යුතුය.

මෙසේ විඳීම තිබේ ද? ....(පෙ).... සඤ්ඤාව තිබේ ද? ....(පෙ).... සංස්කාර තිබේ ද? ....(පෙ).... විඤ්ඤාණය තිබේ ද? යන්න විසඳිය යුතුය. නමුත් 'තථාගතයන් ....(පෙ)....' නොවිසඳිය යුතුය.

එසේ නම් 'මේ තථාගතයන් වහන්සේ රූපය නැති සේක් ද? විඳීම් නැති සේක් ද? සඤ්ඤා නැති සේක් ද? සංස්කාර නැති සේක් ද? විඤ්ඤාණ නැති සේක් ද' යන්න නොවිසඳිය යුතුය.

මේ විසඳිය යුතු දෙය ත්, නොවිසඳිය යුතු දෙය ත් ය.

"භාග්‍යවතුන් වහන්සේ සාමාන්‍ය මිනිස් දැක්ම ඉක්මවා ගිය පිරිසිදු වූ දිවැසින්, චුත වන්නා වූ උපදින්නා වූ සත්වයන් දකිනා සේක. ....(පෙ).... එසේ කර්මානුරූපව චුත වන, උපදින සත්වයන් දකින සේක යන්න විසඳිය යුතුය. කවර සත්වයෝ ද? එසේ දකින තථාගතයන් වහන්සේ කවුද? යන්න නොවිසඳිය යුතුය.

'තථාගතයන් වහන්සේ වැඩ සිටි සේක්ද?' යන්න විසඳිය යුතුය. 'තථාගතයන් වහන්සේ මරණින් මතු වැඩ සිටිත්ද?' යන්න නොවිසඳිය යුතුය.

මෙය විසඳිය යුතු දෙය ත්, නොවිසඳිය යුතු දෙය ත් ය.

19. එහි කර්මය යනු කුමක්ද?

"අන්තකේනාධිපන්නස්ස - ජහතෝ මානුසං භවං
කිං හි තස්ස සකං හෝති - කිඤ්ච ආදාය ගච්ඡති
කිං චස්ස අනුගං හෝති - ඡායාව අනපායිනී

'මරණය විසින් මැඩගත් විට මිනිස් භවය අත්හරින්නා වූ ඔහුට තමාගේ දෙයක් වශයෙන් කුමක් ඇත්තේ ද? පරලොව යන්නේ කුමක් අරගෙන ද? තමා අත්නොහැර සිටින සෙවණැල්ල සෙයින් ඔහු අනුව යන්නේ කුමක් ද?

"උභෝ පුඤ්ඤං ච පාපං ච - යං මච්චෝ කුරුතේ ඉධ
තං හි තස්ස සකං හෝති - තං ච ආදාය ගච්ඡති
තං චස්ස අනුගං හෝති - ඡායාව අනපායිනී'ති"

(සංයුත්ත නිකාය - කෝසල සංයුත්තය)

මෙහි සත්වයෙක් පින ත්, පව ත් යන දෙවැදෑරුම් වූ යම් කර්මයක් කරයි ද, තමාගේ දෙයක් වශයෙන් ඔහුට ඇත්තේ එය යි. පරලොව රැගෙන යන්නේ එය යි. තමා අත් නොහැර සිටිනා සෙවණැල්ල සෙයින් ඔහු අනුව යන්නේ එය යි.'

මෙය කර්මය යි.

"තවද මහණෙනි, අසත්පුරුෂ බාලයා පුටුවක වාඩි වී සිටින විට හෝ ඇඳක නිදා සිටින විට හෝ බිම නිදා සිටින විට හෝ කයින් කළ දුෂ්චරිත ත්, වචනයෙන් කළ දුෂ්චරිත ත්, මනසින් කළ දුෂ්චරිත ත් වශයෙන් පෙර ඔහු විසින් කරන ලද පාප කර්මයෝ වෙත් ද, ඒ අවස්ථාවෙහි ඒ පාප කර්මයෝ ඔහු වෙතට එළඹ සිටිත්. ඒ කර්මයෝ ම මතක් කර කර දෙත්. ඒ පාප කර්මයෝ ඔහුගේ සිතේ එල්ලී සිටිත්.

මහණෙනි, එය මෙබඳු දෙයකි. සුවිශාල පර්වත මුදුන්වල සෙවණැලි සවස් වරුවෙහි පොළොවට පතිත ව තිබෙත් ද, ඒ සෙවණැලි පොළොව වැළඳ තිබෙත් ද, පොළොව වෙත එල්ලී තිබෙත් ද, එසෙයින් මහණෙනි, අසත්පුරුෂ බාලයා ....(පෙ).... එල්ලී සිටිත්. එකල්හී මහණෙනි, බාලයාට මෙසේ සිතෙයි. 'ඒකාන්තයෙන් මා විසින් යහපතක් නොකරන ලද්දේ ය. කුසලයක් නොකරන ලද්දේ ය. බියට පිහිටක් නොකරන ලද්දේ ය. පව් කරන ලදී. රෞද්‍ර දේ කරන ලදී. දරුණු දේ කරන ලදී. පින් නොකළ, කුසල් නොකළ, බියට පිහිටක් නොකළ, පව් කළ, රෞද්‍ර දේ කළ, දරුණු දේ කළ කෙනෙකුන් හට යම් උපදින තැනක් ඇද්ද, පරලොව ඔවුන් උපදින තැනට යමි' යනුවෙන් ඔහු ශෝක වෙයි. ක්ලාන්ත වෙයි. වැළපෙයි. ළයෙහි අත් ගසා හඬයි. සිහි මුළාවට පත් වෙයි.

තවද මහණෙනි, සත්පුරුෂ නුවණැත්තා පුටුවක වාඩි වී සිටින විට හෝ ඇඳක නිදා සිටින විට හෝ බිම නිදා සිටින විට හෝ කයින් කළ සුචරිත ත්, වචනයෙන් කළ සුචරිත ත්, මනසින් කළ සුචරිත ත් වශයෙන් පෙර ඔහු විසින් කරන ලද පුණ්‍ය කර්මයෝ වෙත් ද, ඒ අවස්ථාවෙහි ඒ පුණ්‍ය කර්මයෝ ඔහු වෙතට එළඹ සිටිත්. ඒ කර්මයෝ ම මතක් කර කර දෙත්. ඒ පුණ්‍ය කර්මයෝ ඔහුගේ සිතේ එල්ලී සිටිත්.

මහණෙනි, එය මෙබඳු දෙයකි. සුවිශාල පර්වත මුදුන්වල සෙවණැලි සවස් වරුවෙහි පොළොවට පතිත ව තිබෙත් ද, ඒ

සෙවණැලි පොළොව වැළඳ තිබෙත් ද, පොළොව වෙත එල්ලී තිබෙත් ද, එසෙයින් මහණෙනි, සත්පුරුෂ නුවණැත්තා ....(පෙ).... එල්ලී සිටිත්. එකල්හී මහණෙනි, නුවණැත්තාට මෙසේ සිතෙයි. 'ඒකාන්තයෙන් මා විසින් යහපතක් කරන ලද්දේ ය. කුසලයක් කරන ලද්දේ ය. බියට පිහිටක් කරන ලද්දේ ය. පව් නොකරන ලදී. රෞද්‍ර දේ නොකරන ලදී. දරුණු දේ නොකරන ලදී. පින් කළ, කුසල් කළ, බියට පිහිටක් කළ, පව් නොකළ, රෞද්‍ර දේ නොකළ, දරුණු දේ නොකළ කෙනෙකුන් හට යම් උපදින තැනක් ඇද්ද, පරලොව ඔවුන් උපදින තැනට යමි' යනුවෙන් සිතන විට විපිළිසර භාවය නූපදියි. මහණෙනි, විපිළිසර බව නැති අවස්ථාවෙහි ස්ත්‍රියකගේ වේවා, පුරුෂයෙකුගේ වේවා, ගිහියෙකුගේ වේවා. පැවිද්දෙකුගේ වේවා මරණය යහපත් ය. කළුරිය කිරීම යහපත් යැයි කියමි."

මෙය කර්මය යි.

"මහණෙනි, මේ දුෂ්චරිත තුනකි. ඒ කවර තුනක් ද යත්; කාය දුෂ්චරිත ය, වචී දුෂ්චරිත ය, මනෝ දුෂ්චරිත ය. මහණෙනි, මේ දුෂ්චරිත තුන යි.

මහණෙනි, මේ සුචරිත තුනකි. ඒ කවර තුනක් ද යත්; කාය සුචරිත ය, වචී සුචරිත ය, මනෝ සුචරිත ය. මහණෙනි, මේ සුචරිත තුනයි."

මෙය කර්මය යි.

20. එහි විපාකය යනු කුමක්ද?

"මහණෙනි, ඔබලාට ලාභයකි, ඔබලාට මනා වූ ලාභයකි. නිවන් මඟ හැසිරීම පිණිස ඔබලා විසින් ක්ෂණ සම්පත්තිය ලබන ලද්දේ ය. මහණෙනි, මා විසින් 'සය වැදෑරුම් ස්පර්ශ ආයතනයන්ට අයත් ය' යන නමින් යුතු නිරයයෝ දක්නා ලදහ. ඒ නරකාදිවල ඇසින් යම්කිසි රූපයක් දකියි නම් අනිෂ්ට වූ රූපයක් ම දකියි. ඉෂ්ට වූ රූපයක් නොදකියි. අකාන්ත වූ රූපයක් ම දකියි. කාන්ත වූ රූපයක් නොදකියි. අමනාප වූ රූපයක්

දකියි. මනාප වූ රූපයක් නොදකියි. කනෙන් යම්කිසි ශබ්දයක් ....(පෙ).... නාසයෙන් යම්කිසි ගන්ධයක් ....(පෙ).... දිවෙන් යම්කිසි රසයක් ....(පෙ).... කයින් යම්කිසි පහසක් ....(පෙ).... මනසින් යම්කිසි සිතිවිල්ලක් දැනගනී නම් අනිෂ්ට වූ අරමුණක් ම දැන ගනියි. ඉෂ්ට වූ අරමුණක් නොදැනගනියි. අකාන්ත වූ අරමුණක් ම දැනගනියි. කාන්ත වූ අරමුණක් නොදැනගනියි. අමනාප වූ අරමුණක් ම දැනගනියි. මනාප වූ සිතිවිල්ලක් නොදැනගනියි. මහණෙනි, ඔබලාට ලාභයකි, ඔබලාට මනා වූ ලාභයකි. නිවන් මඟ හැසිරීම පිණිස ඔබලා විසින් ක්ෂණ සම්පත්තිය ලබන ලද්දේ ය.

මහණෙනි ඔබලාට ලාභයකි, ඔබලාට මනා වූ ලාභයකි. නිවන් මඟ හැසිරීම පිණිස ඔබලා විසින් ක්ෂණ සම්පත්තිය ලබන ලද්දේ ය. මහණෙනි, මා විසින් 'සය වැදෑරුම් ස්පර්ශ ආයතනයන්ට අයත් ය' යන නමින් යුතු ස්වර්ගයෝ දක්නා ලදහ. ඒ ස්වර්ගයන්හි ඇසින් යම්කිසි රූපයක් දකියි නම් ඉෂ්ට වූ රූපයක් ම දකියි. අනිෂ්ට වූ රූපයක් නොදකියි. කාන්ත වූ රූපයක් ම දකියි. අකාන්ත වූ රූපයක් නොදකියි. මනාප වූ රූපයක් දකියි. අමනාප වූ රූපයක් නොදකියි. කනෙන් යම්කිසි ශබ්දයක් ....(පෙ).... නාසයෙන් යම්කිසි ගන්ධයක් ....(පෙ).... දිවෙන් යම්කිසි රසයක් ....(පෙ).... කයින් යම්කිසි පහසක් ....(පෙ).... මනසින් යම්කිසි සිතිවිල්ලක් දැනගනී නම් ඉෂ්ට වූ අරමුණක් ම දැනගනියි. අනිෂ්ට වූ අරමුණක් නොදැන ගනියි. කාන්ත වූ අරමුණක් ම දැනගනියි. අකාන්ත වූ අරමුණක් නොදැනගනියි. මනාප වූ අරමුණක් ම දැනගනියි. අමනාප වූ සිතිවිල්ලක් නොදැනගනියි. මහණෙනි, ඔබලාට ලාභයකි, ඔබලාට මනා වූ ලාභයකි. නිවන් මඟ හැසිරීම පිණිස ඔබලා විසින් ක්ෂණ සම්පත්තිය ලබන ලද්දේ ය."

මෙය විපාකය යි.

"සට්ඨී වස්සසහස්සානි - පරිපුණ්ණානි සබ්බසො
නිරයේ පච්චමානානං - කදා අන්තෝ භවිස්සති"

'නිරයෙහි පැසෙමින් සිටින අපට සම්පූර්ණ වශයෙන් වර්ෂ සැටදහසක් පිරී ගියාහු ය. කවරදාක නම් මේ නිරාදුකෙහි අවසානයක් වන්නේ ද?'

"නත්ථි අන්තෝ කුතෝ අන්තෝ - න අන්තෝ පතිදිස්සති
තදා හි පකතං පාපං - මම තුය්හං ච මාරිසා'ති"

(ජාතක පාළි - ලෝහකුම්භි ජාතකය)

'අවසානයක් නැත්තේ ය. අවසානයක් කොයින් ද? අවසානයක් නම් නොපෙනේ. නිදුක, ඒ කාලයෙහි මා විසිනුත් ඔබ විසිනුත් පව් කරන ලද්දේ නොවැ.'

මෙය විපාකය යි.

21. එහි කර්මය ත්, විපාකය ත් කුමක් ද?

"අධම්මචාරී හි නරෝ පමත්තෝ
යහිං යහිං ගච්ඡති දුග්ගතිං යෝ
සෝ නං අධම්මෝ චරිතෝ හනාති
සයං ගහීතෝ යථා කණ්හසප්පෝ'ති"

(..................)

'කුසලයට ප්‍රමාද වූ අධර්මයෙහි හැසිරෙන යම් මිනිසෙක් යම් යම් දුගතියකට ඉපදීම් වශයෙන් යයිද, තමා විසින් අල්ලා ගන්නා ලද දරුණු සර්පයෙක් තමාට දෂ්ඨ කරන්නේ යම්සේ ද එසෙයින්ම ඒ අධර්මය එහි හැසිරුණු කෙනාව ම වනසයි.'

"න හි ධම්මෝ අධම්මෝ ච - උභෝ සමවිපාකිනෝ
අධම්මෝ නිරයං නේති - ධම්මෝ පාපේති සුග්ගති'න්ති"

(ජාතක පාළි - අයෝඝර ජාතකය)

'ධර්මය ත්, අධර්මය ත් දෙක සම විපාක ලබා නොදෙයි. අධර්මය එහි හැසිරුණු කෙනාට නිරයට පමුණුවයි. ධර්මය එහි හැසුරුණු කෙනාව සුගතියට පමුණුවයි.'

මෙය කර්මය ත්, විපාකය ත් ය.

"මහණෙනි, පින් වලට භය නොවව්. මහණෙනි, මේ 'පින්' යනු ඉෂ්ට වූ කාන්ත වූ ප්‍රිය වූ මනාප වූ සැපයට කියන නමකි. මහණෙනි, මා විසින් දීර්ඝ කාලයක් මුළුල්ලෙහි කරන ලද පින්වල ඉෂ්ට වූ කාන්ත වූ ප්‍රිය වූ මනාප වූ විපාකය දීර්ඝ කාලයක් පුරා විඳින ලද බව මම දනිමි. සත් වසරක් මෛත්‍රී සිත දියුණු කොට වැනසෙන කල්ප හැදෙන කල්ප සතක් මේ මිනිස් ලොවට නැවත නොආවෙමි. කල්පය වැනසෙන කල්හී මහණෙනි, ආභස්සර බඹලොව ගියේ වෙමි. කල්පය හැදෙන කල්හී හිස් බ්‍රහ්ම විමානයක ඉපදීමි. මහණෙනි, ඒ විමානයෙහි මම බ්‍රහ්මයා වෙමි. මහා බ්‍රහ්මයා වෙමි. අන් බ්‍රහ්මයන්ගේ බලය අභිබවා සිටිමි. අන් කෙනෙකුට අභිභවනය නොකළ හැකි ව සිටිමි. ඒකාන්තයෙන් කුසල් දකිමින් සියල්ල වසඟයෙහි පවත්වමි. මහණෙනි, මම තිස්හය වතාවක් ශක්‍ර දේවේන්ද්‍ර වූයෙමි. නොයෙක් සිය ගණන් වාර සක්විති රජු වූයෙමි. ධාර්මික ව ධර්මරාජ ව සිව්මහ සමුදුර කෙළවර කොට ඇති පොළොව ජයගෙන, ජනපදයන්හී තහවුරු බවට පත් ව, සප්ත රත්නයන් ගෙන් සමන්විත ව සිටියෙමි. ප්‍රාදේශීය වශයෙන් රජ කළ බව ගැන කවර කතා ද?

මහණෙනි, ඒ මට මේ අදහස ඇති වූයේ ය. යම් කර්මයක විපාකයකින් මෙකල මම මෙසේ මහා ඉර්ධිමත් ව මෙසේ මහා ආනුභාවයෙන් සිටිම් ද, මාගේ මේ කුමන කර්මයක ඵලයක් ද? කුමන කර්මයක විපාකයක් ද? එවිට මහණෙනි, මට මේ අදහස ඇති වූයේ ය. යම් කර්ම විපාකයකින් මෙකල මම මෙසේ මහා ඉර්ධිමත් ව, මෙසේ මහානුභාවයෙන් සිටිම් ද, මේ මාගේ තුන් වැදෑරුම් කර්මයන්ගේ ඵලය යි. තුන් වැදෑරුම් කර්මයන්ගේ විපාකය යි. එනම්, දන් දීමේ ත්, ඉන්ද්‍රිය දමනයේ ත්, කයින් වචනයෙන් වූ සංවරයෙහි ත් යන කර්මයන්ගේ ය."

එහි යම් දානයක් ඇද්ද, යම් දමනයක් ඇද්ද, යම් සංවරයක් ඇද්ද මෙය යි කර්මය. ඒ හේතුවෙන් යම් විපාකයක් විඳින ලද්දේ ද මෙයයි විපාකය.

එසේ ම චූල්ලකම්මවිභංග සූත්‍රය ද කිව යුත්තේ ය.

තෝදෙය්‍ය බ්‍රාහ්මණයාගේ පුත්‍රයා වූ සුභ මාණවකයාට යමක් වදාරණ ලද ද එය යි. ඒ දේශනාවෙහි යම් ධර්මයෝ අල්ප ආයුෂ - දීර්ඝායුෂ පිණිස පවතිත් ද, එමෙන්ම බොහෝ ආබාධ - අල්පාබාධ පිණිස ත්, අල්පේශාක්‍ය - මහේශාක්‍ය බව පිණිස ත්, සුරූපී - විරූපී බව පිණිස ත්, පහත් කුලයෙහි - උසස් කුලයෙහි ඉපදීම පිණිස ත්, අල්ප භෝග සම්පත් - මහාභෝග සම්පත් පිණිස ත්, ප්‍රඥා නැති බවත් - ප්‍රඥාවන්ත බවත් පිණිස පවතිත් ද, මෙය කර්මය යි.

එහි අල්පායුෂ ඇති බව දීර්ඝායුෂ ඇති බවක් ඇද්ද ....(පෙ).... ප්‍රඥාව නැති බවත් ප්‍රඥාවන්ත බවත් ඇද්ද මෙය විපාකය යි.

මේ කර්මය ත්, විපාකය ත් ය.

22. එහි කුසලය කුමක් ද?

"වාචානුරක්ඛී මනසා සුසංවුතෝ
කායේන ච අකුසලං න කයිරා
ඒතේ තයෝ කම්මපථේ විසෝධයේ
ආරාධයේ මග්ගං ඉසිප්පවේදිත'න්ති."

(ධම්ම පදය - මග්ග වර්ගය)

'වචනයෙන් වන අකුසල් දුරු කොට වචනය රකිමින්, ලෝභාදී අකුසල් ඇතුල් නොවිය හැකි පරිදි හොඳින් සංවර කර ගත් සිතින් යුතුව, කයිනුත් අකුසල් නොකරන්නේ ය. මේ තුන් කර්ම මාර්ගයෙහි ක්‍රියාව පිරිසිදු කරන්නේ ය. මහා ඉසිවර බුදුරජුන් විසින් වදාරණ ලද නිවන් මග මෙයින් දියුණු වෙයි.'

මෙය කුසලය යි.

"යස්ස කායේන වාචාය - මනසා නත්ථි දුක්කටං
සංවුතං තීහි ඨානේහි - තමහං බ්‍රෑමි බ්‍රාහ්මණ'න්ති."

(ධම්ම පදය - බ්‍රාහ්මණ වර්ගය)

'යමෙකුගේ කයින් වචනයෙන් මනසින් සිදු වන අකුසලයක් නැද්ද, මේ තුන් තැනින් අකුසල් සිදුවිය නොහැකි පරිදි මැනැවින් සංවර කොට ඇද්ද, මම ඔහුට බ්‍රාහ්මණයා යයි කියමි.'

"මහණෙනි, මේ කුසල් මුල් තුනකි. ඒ කවර තුනක් ද යත්; අලෝභය කුසල මූලයකි. අද්වේෂය කුසල මූලයකි. අමෝහය කුසල මූලයකි. මහණෙනි, මේ කුසල මුල් තුන යි."

මෙය කුසලය යි.

"මහණෙනි, සම්මා දිට්ඨිය නම් වූ විද්‍යාව කුසල් දහම් උපදවා ගැනීම පිණිස මූලික අංගය වෙයි. පවට ලැජ්ජාව ත්, පවට භය ත් ඒ සමඟ ම උපදී."

මෙය කුසලය යි.

23. එහි අකුසලය කුමක් ද?

"යස්ස අච්චන්තදුස්සීල්‍යං - මාලුවා සාලමිවෝතතං
කරෝති සෝ තථත්තානං - යථා නං ඉච්ඡති දිසෝ'ති."

(ධම්ම පදය - අත්ත වර්ගය)

'සල් ගසක් වෙලාගෙන වැසී ඇති මාළුවා වැලක් සෙයින් යමෙකුගේ ජීවිතය අත්‍යන්ත දුස්සීල බවින් වෙලා සිටිත් ද, සතුරෙක් යම් සතුරෙකුට විපතක් කැමැති වෙයි ද, ඒ අයුරින් ඔහු තමාට විපත් කරගනියි.'

මෙය අකුසලය යි.

"අත්තනා හි කතං පාපං - අත්තජං අත්තසම්භවං
අභිමන්ථති දුම්මේධං - වජිරං වස්මමයං මණිං'ති."

(ධම්ම පදය - අත්ත වර්ගය)

'දියමන්තිය තමන්ට උපත ලබා දුන් මැණික කැලිවලට

කඩා දමන්නේ යම් සේ ද, එසෙයින් තමා තුළ උපන්, තමා තුළ හටගත් තමා විසින් ම කරනා ලද පාපය ප්‍රඥා රහිත පුද්ගලයා සතර අපායෙහි හෙළයි, මඩියි.'

මෙය අකුසලය යි.

"දස කම්මපථේ නිසේවිය
අකුසලා කුසලේහි විවජ්ජිතා
ගරහා භවන්ති දේවතේ
බාලමතී නිරයේසු පච්චරේ'ති."

(..................)

'දේවතාවෙනි, අදක්ෂ පුද්ගලයෝ කුසල් වලින් කළ යුතු දේ අත්හැර දස අකුසල කර්ම මාර්ගය සේවනය කරත්. ඔවුහු නුවණැතියන් විසින් ගැරහිය යුතු වෙති. බාල බුද්ධි ඇති ඔවුහු නරකයන්හි පැසෙත්.'

මෙය අකුසලය යි.

"මහණෙනි, මේ අකුසල් මුල් තුනකි. ඒ කවර තුනක් ද යත්; ලෝභය අකුසල මූලයකි. ද්වේෂය අකුසල මූලයකි. මෝහය අකුසල මූලයකි. මහණෙනි, මේ අකුසල් මුල් තුන යි."

මෙය අකුසලය යි.

24. එහි කුසලය ත්, අකුසලය ත් යනු කුමක් ද?

"යාදිසං වපතේ බීජං - තාදිසං හරතේ ඵලං
කල්‍යාණකාරී කල්‍යාණං - පාපකාරී ච පාපක'න්ති."

(සංයුත්ත නිකාය - ඉසයෝසමුද්දක සූත්‍රය)

'යම්බඳු බීජයක් වපුරයි ද, ඒ බීජ වර්ගයට අයත් අස්වනු ඵල නෙළයි. එසෙයින්ම යහපත කරන්නා යහපත් විපාක ලබයි. පව් කරන්නා පව් විපාක ලබයි.'

'එහි යහපත කරන්නා යහපත් විපාක ලබයි' යනුවෙන්

වදාළ යමක් වේද, මේ කුසලය යි. 'පව් කරන්නා පව් විපාක ලබයි' යනුවෙන් වදාළ යමක් වේද, මේ අකුසලය යි.

මේ කුසලය ත්, අකුසලය ත් ය.

"සුභේන කම්මේන වජන්ති සුග්ගතිං
අපායභූමිං අසුභේන කම්මුනා
ඛයා ච කම්මස්ස විමුත්තචේතසෝ
නිබ්බන්ති තේ ජෝතිරිවින්ධනක්ඛයා"

(.................)

'සොඳුරු වූ කුසල කර්මයෙන් සුගතියට යති. අකුසල කර්මයෙන් අපාය භූමියට යති. කර්මයන් ක්ෂය වීමෙන් විමුක්ති සිත් ඇති රහතන් වහන්සේලා දර ක්ෂය වීමෙන් නිවී යන ගින්නක් සෙයින් පිරිනිවී යත්.'

මෙහි 'සොඳුරු කුසල කර්මයෙන් සුගතියට යති'යි වදාළ යමක් වෙයිද, මේ කුසලය යි. 'අකුසල කර්මයෙන් අපාය භූමියට යති'යි වදාළ යමක් ඇද්ද මෙය අකුසලය යි.

මේ කුසලය ත්, අකුසලය ත් ය.

25. එහි අනුමත කොට වදාළ දෙය කුමක් ද?

"යථාපි භමරෝ පුප්ඵං - වණ්ණගන්ධං අහේඨයං
පලේති රසමාදාය - ඒවං ගාමේ මුනී චරේ'ති."

(ධම්ම පදය - පුප්ඵ වර්ගය)

'බඹරෙක් මලක ඇති අලංකාරය ත්, සුවඳ ත් නොනසා මල් පැණි රසය ගෙන පෙරලා යන්නේ යම් සේ ද, එසෙයින්ම මුනිවරයා ගමෙහි පිඬු සිඟා හැසිරෙන්නේ ය.'

මේ අනුමත කොට වදාළ දෙය යි.

"මහණෙනි, භික්ෂූන් විසින් කළ යුතු කරුණු තුනකි. ඒ කවර තුනක් ද යත්;

මහණෙනි, මෙහි භික්ෂුව ප්‍රාතිමෝක්ෂ සංවරයෙන් සංවර වූයේ, යහපත් ඇවතුම් පැවතුම් ඇත්තේ අණුමාත්‍ර වරදෙහි පවා භය දකිමින් ශික්ෂාපදයන්හි සමාදන්ව හික්මෙයි. කුසලින් යුතු කාය කර්මයෙන් හා වචී කර්මයෙන් යුක්ත ව පිරිසිදු දිවි පැවැත්මක් ඇත්තේ වෙයි.

තව ද පටන් ගත් වීර්යය ඇත්තේ වෙයි. අකුසල් දහම් දුරු කිරීම පිණිස ත්, කුසල් දහම් දියුණු කිරීම පිණිස ත්, සාක්ෂාත් කිරීම පිණිස ත්, බලවත් වූ දැඩි පරාක්‍රමයෙන් යුක්ත ව, අත්නොහරින වීර්යය ඇත්තේ වෙයි.

තවද, ප්‍රඥාවන්ත වෙයි. සංස්කාරයන්ගේ හටගැනීම නැසීම නුවණින් දකින ප්‍රඥාවෙන් යුක්ත ව, ආර්ය වූ තියුණු අවබෝධයෙන් යුතු මනාව දුක් ක්ෂය කිරීමට පමුණුවන ප්‍රඥාවෙන් යුක්ත වෙයි."

මේ අනුමත කොට වදාළ දෙය යි.

"මහණෙනි, මේ දස ධර්මයෝ පැවිද්දෙකු විසින් නිරතුරුව නුවණින් ප්‍රත්‍යවේක්ෂා කළ යුත්තාහ.

'මම ගිහි ගෙදරින් නික්ම පැවිදි බිමට පත් ව විවර්ණ බවට පත් වූයෙමි'යි කියා පැවිද්දා විසින් නිතර නුවණින් සිහි කළ යුත්තේ ය.

'මම අනුන්ගෙන් ලැබෙන චීවර පිණ්ඩපාත සේනාසන ගිලන්පස ආදියෙන් යැපෙමි'යි කියා පැවිද්දා විසින් නිතර නුවණින් සිහි කළ යුත්තේ ය.

'මම සාමාන්‍ය ජනයාගේ ආකල්ප වලින් වෙන් වී ශ්‍රමණ ආකල්පයෙන් යුතු වෙමි'යි කියා පැවිද්දා විසින් නිතර නුවණින් සිහි කළ යුත්තේ ය.

'මාගේ සිත මාගේ සීලය නිසා මට චෝදනා නොකරන්නේ ද'යි කියා පැවිද්දා විසින් නිතර නුවණින් සිහි කළ යුත්තේ ය.

'නුවණැති සබ්‍රහ්මචාරීන් වහන්සේලා මාගේ සීලය පිළිබඳව මට චෝදනා නොකරන්නාහු දැ'යි කියා පැවිද්දා විසින් නිතර නුවණින් සිහි කළ යුත්තේ ය.

'මට අයත් ප්‍රිය මනාප සියලු දෙයින් වෙන් වෙන්නට සිදු වේ යැ'යි කියා පැවිද්දා විසින් නිතර නුවණින් සිහි කළ යුත්තේ ය.

'මම කර්මය තමාගේ දෙය කරගෙන සිටිමි. කර්මය දායාද්ද කරගෙන සිටිමි. කර්මය උප්පත්ති ස්ථානය කරගෙන සිටිමි. කර්මය ඥාතියා කරගෙන සිටිමි. කර්මය පිළිසරණ කරගෙන සිටිමි. එහෙයින් යහපත් වූ හෝ අයහපත් වූ හෝ යම් කර්මයක් මා විසින් කරනු ලැබුව හොත් එහි විපාකය මට දායාදය හැටියට ලැබෙන්නේ යැ'යි කියා පැවිද්දා විසින් නිතර නුවණින් සිහි කළ යුත්තේ ය.

'මම කුමක් කරමින් සිටියදී රෑ දවල් ඉක්ම යන්නේ දැ'යි කියා පැවිද්දා විසින් නිතර නුවණින් සිහි කළ යුත්තේ ය.

'මම නිදහස් තැනක භාවනාවෙන් කල් ගෙවන්නට කැමති කෙනෙක් දැ'යි කියා පැවිද්දා විසින් නිතර නුවණින් සිහි කළ යුත්තේ ය.

'මාගේ ජීවිතයේ මරණාසන්න මොහොතේ සබ්‍රහ්මචාරීන් වහන්සේලා මාගෙන් ඇසුවහොත් ඔබ විසින් සාමාන්‍ය මිනිස් ස්වභාවය ඉක්මවා ගිය උත්තරීතර ඥාණදර්ශනයක් ලබා තිබේ දැ'යි කියා එවිට මම නිහඬව නොසිටින්නෙමි'යි පැවිද්දා විසින් නිතර නුවණින් සිහි කළ යුත්තේ ය.

මහණෙනි, මේ වනාහී පැවිද්දෙකු විසින් නිරතුරු නුවණින් ප්‍රත්‍යවේක්ෂා කළ යුතු දස ධර්මයෝ ය."

මෙය අනුමත කොට වදාළ දෙය යි.

"මහණෙනි, මේ කරුණු තුන කළ යුත්තේය. ඒ කවර තුනක් ද යත්; කාය සුචරිතය ත්, වචී සුචරිතය ත්, මනෝ සුචරිතය ත් ය. මහණෙනි, මේ වනාහී කළ යුතු තුන් කරුණ යි."

මෙය අනුමත කොට වදාළ දෙය යි.

26. එහි ප්‍රතික්ෂේප කොට වදාළ දෙය කුමක්ද?

"නත්ථි පුත්තසමං පේමං - නත්ථි ගෝසමිතං ධනං
නත්ථි සූරියසමා ආභා - සමුද්දපරමා සරා'ති."

(සංයුත්ත නිකාය - දේවතා සංයුත්තය - නත්ථිපුත්ත සූත්‍රය)

'දරු පෙමට සම වූ ප්‍රේමයක් නැත. ගව සම්පතට සම වූ ධනයක් නැත. සූර්යයා සම වූ එළියක් නැත. විල් මුහුද පරම කොට ඇත්තාහ.'

භාග්‍යවතුන් වහන්සේ එම දේවතාවාට මෙසේ පිළිතුරු දුන් සේක.

"නත්ථි අත්තසමං පේමං - නත්ථි ධඤ්ඤසමං ධනං
නත්ථි පඤ්ඤාසමා ආභා - වුට්ඨී වේ පරමා සරා'ති. "

(සංයුත්ත නිකාය - දේවතා සංයුත්තය - නත්ථිපුත්ත සූත්‍රය)

'තමාට ආලය කිරීමට සම වූ ප්‍රේමයක් නැත. ධාන්‍යයන්ට සම වූ ධනයක් නැත. ප්‍රඥාලෝකයට සම වූ එළියක් නැත. ඒකාන්තයෙන් විල්, වැස්ස පරම කොට ඇත්තාහ.'

එහි දේවතාවා විසින් කලින් කියන ලද ගාථාවක් ඇද්ද, එය මේ ගාථාවෙන් ප්‍රතික්ෂේප වෙයි.

'මහණෙනි, මේ තුන් කරුණ නොකළ යුත්තේ ය. ඒ කවර තුනක් ද යත්; කාය දුෂ්චරිතය ත්, වචී දුෂ්චරිතය ත්, මනෝ දුෂ්චරිතය ත් ය. මහණෙනි, මේ නොකළ යුතු තුන් කරුණ යි.'

මෙය ප්‍රතික්ෂේප කොට වදාළ දෙය යි.

27. එහි අනුමත කොට වදාළ දෙය ත්, ප්‍රතික්ෂේප කොට වදාළ දෙය ත් කුමක් ද?

"කිංසූධ භීතා ජනතා අනේකා
මග්ගෝ ච නේකායතනෝ පවුත්තෝ

පුච්ඡාමි තං ගෝතම භූරිපඤ්ඤ
කිස්මිං ඨිතෝ පරලෝකං න භායේ'ති."

(සංයුත්ත නිකාය - දේවතා සංයුත්තය - භීත සූත්‍රය)

'මෙහි නොයෙක් ජනී ජනයා කුමකට නම් බියට පත් වෙත් ද? නොයෙක් කරුණින් යහපත් මාර්ගය වදාරණ ලද්දේ ය. මහත් වූ ප්‍රඥා ඇති ගෞතමයන් වහන්ස, පරලොවට බියක් නොවන්නේ කුමන ධර්මයෙහි පිහිටි කල්හි ද?'

"වාචං මනඤ්ච පණිධාය සම්මා
කායේන පාපානි අකුබ්බමානෝ
බව්හන්නපානං සරමාවසන්තෝ
සද්ධෝ මුදු සංවිභාගී වදඤ්ඤූ
ඒතේසු ධම්මේසු ඨිතෝ චතුසු
ධම්මේ ඨිතෝ පරලෝකං න භායේ'ති."

(සංයුත්ත නිකාය - දේවතා සංයුත්තය - භීත සූත්‍රය)

'වචනයත් සිතත් යහපතෙහි මනාව පිහිටුවාගෙන, කයිනුත් පව් නොකරමින්, බොහෝ ආහාරපාන ඇති නිවසෙහි වසන්නේ. (1) ශ්‍රද්ධාවන්ත වූයේ, (2) මෘදු ගතිගුණ ඇත්තේ, (3) දන් බෙදන්නේ, (4) අනුන්ගේ ඉල්ලීම දන්නා බව යන මේ සතර ධර්මයෙහි පිහිටි පුද්ගලයා ධර්මයෙහි සිටියේ පරලොවට භය නොවන්නේ ය.'

මෙහි 'වචනය ත්, සිත ත් යහපතෙහි මනාව පිහිටුවා ගෙන' යනු අනුමත කොට වදාළ දෙයයි. 'කයින් පව්කම් නොකරමින්' යනු ප්‍රතික්ෂේප කොට වදාළ දෙයයි. 'බොහෝ ආහාරපාර ඇති නිවසෙහි වසන්නේ ශ්‍රද්ධාවන්ත වූයේ ය, මෘදු ගතිගුණ ඇත්තේ ය, දන් බෙදන්නේ ය, අනුන්ගේ ඉල්ලීම දන්නේ ය යන මේ සතර ධර්මයෙහි පිහිටි පුද්ගලයා ධර්මයෙහි සිටියේ පරලොවට භය නොවන්නේ ය' යන මෙය අනුමත කොට වදාළ දෙය යි.

මේ අනුමත කොට වදාළ දෙය ත්, ප්‍රතික්ෂේප කොට වදාළ දෙය ත් ය.

> "සබ්බපාපස්ස අකරණං කුසලස්ස උපසම්පදා
> සචිත්තපරියෝදපනං ඒතං බුද්ධානසාසනං"

(ධම්මපදය - බුද්ධ වර්ගය)

'එහිදී 'සියළු පව් නොකිරීම'යි යමක් වදාළ සේක්ද, මෙය ප්‍රතික්ෂේප කොට වදාළ දෙය යි. 'කුසල් ඉපදවීම' යි යමක් වදාළ සේක් ද මෙය අනුමත කොට වදාළ දෙය යි.'

මේ අනුමත කොට වදාළ දෙය ත්, ප්‍රතික්ෂේප කොට වදාළ දෙය ත් ය.

"දේවේන්ද්‍රයෙනි, මම කයින් හැසිරීමත් දෙඅයුරකින් කියමි. සේවනය කළ යුතු දෙය ත්, සේවනය නොකළ යුතු දෙය ත් වශයෙනි. දේවේන්ද්‍රයෙනි, වචනයෙන් හැසිරීම ත් දෙඅයුරකින් කියමි. සේවනය කළ යුතු දෙය ත්, සේවනය නොකළ යුතු දෙය ත් වශයෙනි. දේවේන්ද්‍රයෙනි, සෙවීමත් දෙඅයුරකින් කියමි. සේවනය කළ යුතු දෙය ත්, සේවනය නොකළ යුතු දෙය ත් වශයෙනි.

'දේවේන්ද්‍රයෙනි, කයින් හැසිරීමත් දෙඅයුරකින් කියමි. සේවනය කළ යුතු දෙය ත්, සේවනය නොකළ යුතු දෙය ත් වශයෙනි' යනුවෙන් මෙසේ මෙය කියන ලද්දේ ද, ඒ කුමන කරුණක් නිසා කියන ලද්දේ ද? යම්බඳු වූ කායික හැසිරීමක් පුරුදු කරන විට අකුසල් ධර්මයෝ වැඩෙත් ද, කුසල ධර්මයෝ පිරිහී යත් ද, එබඳු වූ කායික හැසිරීම පුරුදු නොකළ යුතුය. එහිදී යම් කායික හැසිරීමක් පිළිබඳව මේ කායික හැසිරීම පුරුදු කරන විට මා තුළ අකුසල් ධර්මයෝ පිරිහී යත්, කුසල ධර්මයෝ වැඩෙත් යනුවෙන් දන්නේ ද එබඳු වූ කායික හැසිරීම පුරුදු කළ යුත්තේය. දේවේන්ද්‍රයෙනි, මම කායික හැසිරීම සේවනය කළ යුතු හා සේවනය නොකළ යුතු වශයෙන් දෙඅයුරකින් කියමි යනුවෙන් මෙසේ මෙය කියන ලද්දේ ද, එය මෙකරුණ නිසා කියන ලද්දේ ය.

'දේවේන්ද්‍රයෙනි, වචනයෙන් හැසිරීමත් දෙඅයුරකින් කියමි. සේවනය කළ යුතු දෙයත්, සේවනය නොකළ යුතු දෙයත් වශයෙනි' යනුවෙන් මෙසේ මෙය කියන ලද්දේ ද, ඒ කුමන කරුණක් නිසා කියන ලද්දේ ද? යම්බඳු වූ වාචසික හැසිරීමක් පුරුදු කරන විට අකුසල් ධර්මයෝ වැඩෙත් ද, කුසල ධර්මයෝ පිරිහී යත් ද, එබඳු වූ වාචසික හැසිරීම පුරුදු නොකළ යුතුය. එහිදී යම් වාචසික හැසිරීමක් පිළිබඳව මේ වාචසික හැසිරීම පුරුදු කරන විට මා තුළ අකුසල් ධර්මයෝ පිරිහී යත්, කුසල ධර්මයෝ වැඩෙත් යනුවෙන් දන්නේ ද එබඳු වූ වාචසික හැසිරීම පුරුදු කළ යුත්තේය. දේවේන්ද්‍රයෙනි, මම වාචසික හැසිරීම සේවනය කළ යුතු හා සේවනය නොකළ යුතු වශයෙන් දෙඅයුරකින් කියමි යනුවෙන් මෙසේ මෙය කියන ලද්දේ ද, එය මෙකරුණ නිසා කියන ලද්දේ ය.

'දේවේන්ද්‍රයෙනි, සෙවීම ත් දෙඅයුරකින් කියමි. සේවනය කළ යුතු දෙය ත්, සේවනය නොකළ යුතු දෙය ත් වශයෙනි' යනුවෙන් මෙසේ මෙය කියන ලද්දේ ද, ඒ කුමන කරුණක් නිසා කියන ලද්දේ ද? යම්බඳු වූ සෙවීමක් පුරුදු කරන විට අකුසල් ධර්මයෝ වැඩෙත් ද, කුසල ධර්මයෝ පිරිහී යත් ද, එබඳු වූ සෙවීම පුරුදු නොකළ යුතුය. එහිදී යම් සෙවීමක් පිළිබඳව මේ සෙවීම පුරුදු කරන විට මා තුළ අකුසල් ධර්මයෝ පිරිහී යත්, කුසල ධර්මයෝ වැඩෙත් යනුවෙන් දන්නේ ද එබඳු වූ සෙවීම පුරුදු කළ යුත්තේ ය. දේවේන්ද්‍රයෙනි, මම සෙවීම සේවනය කළ යුතු හා සේවනය නොකළ යුතු වශයෙන් දෙඅයුරකින් කියමි යනුවෙන් මෙසේ මෙය කියන ලද්දේ ද, එය මෙකරුණ නිසා කියන ලද්දේ ය.

මේ අනුමත කොට වදාළ දෙයත් ප්‍රතික්ෂේප කොට වදාළ දෙයත් ය.

28. එහි ස්තුති කිරීම් වශයෙන් වදාළ (ථව) සූත්‍රය කුමක් ද?

"මග්ගානට්ඨංගිකෝ සෙට්ඨෝ - සච්චානං චතුරෝ පදා
විරාගෝ සෙට්ඨෝ ධම්මානං - ද්විපදානං ච චක්ඛුමා'ති."

(ධම්මපදය - මග්ග වර්ගය)

'ප්‍රගුණ කරන මාර්ගයන් අතර ආර්ය අෂ්ටාංගික මාර්ගය ශ්‍රේෂ්ඨ ය. සත්‍යයන් අතුරින් චතුරාර්ය සත්‍යය පවසන වචන උතුම් ය. ධර්මයන් අතර විරාගී නිවන උතුම් ය. දෙපා ඇති සත්වයන් අතුරින් සදහම් ඇස් ඇති බුදුරජාණන් වහන්සේ උත්තම වන සේක.'

මෙය ස්තුතිය හෙවත් ථවය යි.

"මහණෙනි, මේ තුන් කරුණු අග්‍රය. ඒ කවර තුනක් ද යත්;

මහණෙනි, පා නැති හෝ දෙපා ඇති හෝ සිවු පා ඇති හෝ බොහෝ පා ඇති හෝ, රූපී බඹ ලොව සිටින හෝ අරූපී බඹ ලොව සිටින හෝ සඤ්ඤා සහිත ව ලොව සිටින හෝ අසඤ්ඤ තලවල සිටින හෝ නේවසඤ්ඤානාසඤ්ඤා ලෝකයෙහි සිටින හෝ යම්තාක් සත්වයෝ වෙත් ද, ඒ සත්වයන් අතර යම් මේ අර්හත් සම්මා සම්බුදුවරයෙක් වෙයි ද, ඒ තථාගත තෙමේ අග්‍ර යැයි කියනු ලැබේ. ශ්‍රේෂ්ඨ යැයි කියනු ලැබේ. උතුම් යැයි කියනු ලැබේ.

මහණෙනි, හේතු ප්‍රත්‍යයන්ගෙන් හටගත් හෝ හේතු ප්‍රත්‍යයන්ගෙන් නොහටගත් හෝ ධර්මයන්ගේ යම්තාක් පැනවීමක් ඇද්ද, ඒ ධර්මයන් අතර යම් මේ කෙලෙස් මත් වීම නැති කරන ....(පෙ).... කෙලෙස් නිරුද්ධ වීම වූ නිවනක් ඇද්ද, ඒ විරාගී නිවන අග්‍ර යැයි කියනු ලැබේ. ශ්‍රේෂ්ඨ යැයි කියනු ලැබේ. උතුම් යැයි කියනු ලැබේ.

මහණෙනි, යම්තාක් සමූහයන්ගේ පැනවීමක් ඇද්ද, කණ්ඩායම් වල පැනවීමක් ඇද්ද, මහජනයාගේ එකතුවීම් වල පැනවීමක් ඇද්ද, ඒ පිරිස් පැනවීම අතුරින් මනා පිළිවෙතට පිළිපන්, ඍජු පිළිවෙතට පිළිපන්, අවබෝධය ඇතිවන පිළිවෙතට පිළිපන්, සාමීචි ප්‍රතිපදාවට පිළිපන්, ආහුනෙය්‍ය, පාහුනෙය්‍ය, දක්ඛිණෙය්‍ය, අඤ්ජලිකරණීය වූ ලොවට උතුම් පින් කෙත වූ යම් පුරුෂ යුගල් සතරක් වෙත්ද, පුරුෂ පුද්ගලයන් අට දෙනෙක්

වෙත්ද, ඒ තථාගත ශ්‍රාවක සංඝ තෙමේ අග්‍ර යැයි කියනු ලැබේ. ශ්‍රේෂ්ඨ යැයි කියනු ලැබේ. උතුම් යැයි කියනු ලැබේ."

"සබ්බලෝකුත්තරෝ සත්ථා - ධම්මෝ ච කුසලක්ඛතෝ
ගණෝ ච නරසීහස්ස - තානි තීණි විසිස්සරේ

(..................)

'සියළු ලොවට උතුම් වූ ශාස්තෘන් වහන්සේ ත්, පළුදු නොවූ කුසල් ඇති ධර්මය ත්, නරසිංහයන් වහන්සේගේ ශ්‍රාවක සඟ පිරිස ත් යන මේ ත්‍රිවිධ රත්නය සියළු රත්නයන් අතර විශේෂිත වෙයි.'

සමණපදුමසඤ්චයෝ ගණෝ
ධම්මවරෝ ච විදූන සක්කතෝ
නරවරදමකෝ ච චක්ඛුමා
තානි තීණි ලෝකස්ස උත්තරි

(..................)

'ශ්‍රමණ පද්මයන් සමූහය වූ ආර්ය සංඝයා ත්, නුවණැතියන් විසින් සත්කාර කරන ලද උතුම් ධර්මය ත්, පුරිසදම්මසාරථී වූ සදහම් ඇස් ඇති බුදුරජුනුත් යන මේ ත්‍රිවිධ රත්නය ලොවෙහි උත්තරීතර වෙයි.'

සත්ථා ච අප්පටිසමෝ
ධම්මෝ ච සබ්බෝ නිරූපදාහෝ
අරියෝ ච ගණවරෝ
තානි බලු විසිස්සරේ තීණි

(..................)

'කිසිවෙකුට සම කළ නොහැකි ශාස්තෘන් වහන්සේ ත්, දැවිලි තැවිලි නැති සියළු බෝධිපාක්ෂික ධර්මය ත්, උතුම් ආර්ය සංඝයා ත් යන ත්‍රිවිධ රත්නය සියළු රත්නයන් අතර විශේෂ වෙයි.'

සච්චනාමෝ ජිනෝ ඛේමෝ
සබ්බාභිභූ සච්චධම්මෝ

නත්ථඤ්ඤො තස්ස උත්තරි
අරියසංඝො නිච්චං විඤ්ඤූන පූජිතො
තානි තීණි ලෝකස්ස උත්තරි"

(..................)

'සත්‍යය යන නාමයෙන් යුතු, තුන් ලොව දිනූ, විශාරද ඤාණය තුළින් බිය රහිත බවට පත්, සියල්ල අභිභවා වැඩ සිටි සර්වඥයන් වහන්සේ ත්, ඒ ධර්මයට වඩා උතුම් කිසිවක් නැති චතුරාර්ය සත්‍ය ධර්මය ත්, නිරන්තරයෙන් නුවණැතියන්ගෙන් පිදුම් ලබන ආර්ය සංඝයා ත් යන මේ ත්‍රිවිධ රත්නය ලොවෙහි උත්තරීතර වෙයි.'

"ඒකායනං ජාතිඛයන්තදස්සී
මග්ගං පජානාති හිතානුකම්පී
ඒතේන මග්ගේන තරිංසු පුබ්බෙ
තරිස්සන්ති යේ ච තරන්ති ඕඝං
තං තාදිසං දේවමනුස්සසෙට්ඨං
සත්තා නමස්සන්ති විසුද්ධිපෙක්ඛා'ති."

(සංයුත්ත නිකාය - සතිපට්ඨාන සූත්‍රය - බ්‍රහ්ම සූත්‍රය)

'උපත ක්ෂය වීමෙහි නිමාවන තැන දැක වදාළ, දෙව් මිනිසුන් කෙරෙහි හිතානුකම්පී සම්මා සම්බුදුරජාණන් වහන්සේ ඒකායන නිවන් මග දන්නා සේක. යම් කෙනෙක් අතීතයෙහි මේ වේගවත් කෙලෙස් සැඩ පහරින් එතෙර වූවාහු වෙත් ද, අනාගතයෙහි එතෙර වන්නාහු වෙත් ද, මෙකල්හි එතෙර වෙත් ද, ඒ මේ මාර්ගයෙන් ම ය. කෙලෙසුන්ගෙන් සදහටම පිරිසිදු වනු කැමැති සත්වයෝ දෙව් මිනිසුන්ට ශ්‍රේෂ්ඨ වූ එබඳු පාරිශුද්ධත්වයෙන් හෙබි ශාස්තෘන් වහන්සේට නමස්කාර කරත්.'

මෙය ස්තුතිය ගැන සූත්‍රය යි.

ඒ සසුන පිහිටුවීමෙහි දී,

ලෞකික සූත්‍රය දෙවැදෑරුම් සූත්‍රයන්ගෙන් විස්තර කළ

යුත්තේ ය. කෙලෙසී යාම ගැන විග්‍රහ කෙරෙන සූත්‍රයන්ගෙනුත්, වාසනාව ගැන විග්‍රහ කෙරෙන සූත්‍රයන්ගෙනුත් ය.

ලෝකෝත්තර සූත්‍රය ත්, තුන් වැදෑරුම් සූත්‍රයන් ගෙන් විස්තර කළ යුත්තේ ය. (චතුරාර්ය සත්‍ය දැකීම නම් වූ) දස්සනභූමිය ගැන විග්‍රහ කෙරෙන සූත්‍රයන්ගෙනුත්, (බෝධි පාක්ෂික ධර්ම වැඩීම නම් වූ) භාවනාභූමිය ගැන විග්‍රහ කෙරෙන සූත්‍රයන්ගෙනුත්, නිවන් මග හික්මී රහත් බවින් අවසන් වීම ගැන විග්‍රහ කෙරෙන අසේඛභාගිය සූත්‍රයන්ගෙනුත් විස්තර කළ යුත්තේ ය.

ලෞකික වූත්, ලෝකෝත්තර වූත් යම් සූත්‍රයක කෙලෙසී යාම ගැන විග්‍රහ කෙරෙන හෝ වාසනාව ගැන විග්‍රහ කෙරෙන හෝ යම් යම් පදයක් දකින්නට ලැබෙයි නම් ඒ ඒ පදයෙන් ලෞකික ජීවිතය ගැන විස්තර කළ යුත්තේ ය. දස්සනභූමිය ගැන විග්‍රහ කෙරෙන හෝ භාවනාභූමිය ගැන විග්‍රහ කෙරෙන හෝ අසේඛ පුද්ගලයා ගැන විග්‍රහ කෙරෙන හෝ යම් යම් පදයක් දකින්නට ලැබෙයි නම් ඒ ඒ පදයෙන් ලෝකෝත්තර ජීවිතය විස්තර කළ යුත්තේ ය.

වාසනාව ගැන විග්‍රහ කෙරෙන සූත්‍රය තිබෙන්නේ කෙලෙසී යාම ගැන විග්‍රහ කෙරෙන සූත්‍රයෙන් කියැවෙන කෙලෙසී යාම ඉක්මයාම පිණිස ය. දස්සනභූමිය ගැන විග්‍රහ කෙරෙන සූත්‍රය තිබෙන්නේ වාසනාව ගැන විග්‍රහ කෙරෙන සූත්‍රයෙන් කියැවෙන වාසනාව ඉක්මයාම පිණිස ය. භාවනාභූමිය ගැන විග්‍රහ කෙරෙන සූත්‍රය තිබෙන්නේ දස්සනභූමිය ගැන විග්‍රහ කෙරෙන සූත්‍රයේ කියවෙන දර්ශනය ඉක්මයාම පිණිස ය. අසේඛ පුද්ගලයා ගැන විග්‍රහ කෙරෙන සූත්‍රය තිබෙන්නේ භාවනාභූමිය ගැන විග්‍රහ කෙරෙන සූත්‍රයෙන් කියවෙන භාවනාභූමිය ඉක්මයාම පිණිස ය. අසේඛ පුද්ගලයා ගැන විග්‍රහ කෙරෙන සූත්‍රය තිබෙන්නේ රහතන් වහන්සේගේ මෙලොව අත්විඳින සැප විහරණය පෙන්වා දීම පිණිස ය.

ලෝකෝත්තර සූත්‍රය, සත්ව අධිෂ්ඨානය ගැන විස්තර කළ යුත්තේ විසිහය වැදෑරුම් පුද්ගලයන්ගෙනි. ඒ විසිහය වැදෑරුම් පුද්ගලයෝ තුන් වැදෑරුම් සූත්‍රයන් තුළින් මනාව සොයා බැලිය යුත්තාහ. එනම් දස්සනභූමිය ගැන විග්‍රහ කෙරෙන සූත්‍රයෙනුත්, භාවනාභූමිය ගැන විග්‍රහ කෙරෙන සූත්‍රයෙනුත්, අසේඛ පුද්ගලයා ගැන විග්‍රහ කෙරෙන සූත්‍රයෙනුත් ය.

එහි දස්සනභූමිය ගැන විග්‍රහ කෙරෙන සූත්‍රය පුද්ගලයන් පස් දෙනෙකුගෙන් විස්තර කළ යුත්තේය. (1) එක් වරක් ඉපදී දුක් අවසන් කරන ඒකබීජ සෝවාන් පුද්ගලයාගෙන් ය. (2) දෙතුන් වරක් ඉපදී දුක් අවසන් කරන කෝලංකෝල සෝවාන් පුද්ගලයාගෙන් ය. (3) සත් වතාවක් පරම කොට ඉපදී දුක් අවසන් කරන සත්තක්ඛත්තුපරම සෝවාන් පුද්ගලයා ගෙන් ය. (4) සද්ධානුසාරී පුද්ගලයා ගෙන් ය. (5) ධම්මානුසාරී පුද්ගලයා ගෙන් ය. දස්සනභූමිය ගැන විග්‍රහ කෙරෙන සූත්‍රය මේ පුද්ගලයන් පස් දෙනාගෙන් විස්තර කළ යුත්තේ ය.

භාවනාභූමිය ගැන විග්‍රහ කෙරෙන සූත්‍රය පුද්ගලයන් දොළොස් දෙනෙකුගෙන් විස්තර කළ යුත්තේය.

6(1). සකදාගාමී ඵලය සාක්ෂාත් කිරීමට පිළිපන් සකදාගාමී මාර්ගයෙහි සිටින පුද්ගලයාගෙන් ය. 7(2). සකදාගාමී ඵලයට පත් පුද්ගලයාගෙන් ය. 8(3). අනාගාමී ඵලය සාක්ෂාත් කිරීමට පිළිපන් අනාගාමී මාර්ගයෙහි සිටින පුද්ගලයාගෙන් ය. 9(4). අනාගාමී ඵලයට පත් පුද්ගලයාගෙන් ය. 10(5). සුද්ධාවාස බඹලොව උපදින විට ම පිරිනිවන්පාන අන්තරාපරිනිබ්බායී පුද්ගලයාගෙන් ය. 11(6). සුද්ධාවාස බඹලොව ඉපදී සුවසේ මඟ වඩා පිරිනිවන්පාන අසංඛාරපරිනිබ්බායී පුද්ගලයාගෙන් ය. 12(7). සුද්ධාවාස බඹලොව ඉපිද වෙහෙසගෙන මඟ වඩා පිරිනිවන්පාන සසංඛාරපරිනිබ්බායී පුද්ගලයාගෙන් ය. 13(8). සුද්ධාවාස බඹලොව ඉපිද ආයුෂ අඩක් ගෙවා පිරිනිවන්පාන උපහච්චපරිනිබ්බායී පුද්ගලයාගෙන් ය. 14(9). සුද්ධාවාස බඹලොව ඉපිද අකණිට්ඨාබඹලොව තෙක් උඩට ඉපදෙමින් ගොස් පිරිනිවන්පානා උද්ධංසෝතඅකණිට්ඨගාමී පුද්ගලයාගෙන් ය.

15(10). ශ්‍රද්ධාව මුල්කොට අනාගාමී ඵලයට පත් සද්ධාවිමුත්ත පුද්ගලයාගෙන් ය. 16(11) ප්‍රඥාව මුල්කොට අනාගාමී ඵලයට පත් දිට්ඨිප්පත්ත පුද්ගලයාගෙන් ය. 17(12). කායානුපස්සනාව තුළින් අනාගාමී ඵලයට පත් කායසක්ඛී පුද්ගලයාගෙන් ය. භාවනාභූමිය ගැන විග්‍රහ කෙරෙන සූත්‍රය මේ පුද්ගලයන් දොළොස් දෙනා ගෙන් විස්තර කළ යුත්තේ ය.

අසේඛ පුද්ගලයා ගැන විග්‍රහ කෙරෙන සූත්‍රය පුද්ගලයන් නව දෙනෙකුගෙන් විස්තර කළ යුත්තේ ය. 18(1) ශ්‍රද්ධාව මුල්කොට අරහත් ඵලයට පත් වූ සද්ධාවිමුත්ත පුද්ගලයාගෙන් ය. 19(2). ප්‍රඥාව මුල්කොට අරහත් ඵලයට පත් වූ පඤ්ඤාවිමුත්ත පුද්ගලයාගෙන් ය. 20(3). සංස්කාරයන්ගේ අනාත්මය විදර්ශනා කොට ශූන්‍යතාවිමෝක්ෂ මාර්ගයෙන් රහත් ඵලයට පත් සුඤ්ඤතවිමුත්ත පුද්ගලයාගෙන් ය. 21(4). සංස්කාරයන්ගේ අනිත්‍ය විදර්ශනා කොට අනිමිත්ත විමෝක්ෂ මාර්ගයෙන් රහත් ඵලයට පත් අනිමිත්ත විමුත්ත පුද්ගලයාගෙන් ය. 22(5). සංස්කාරයන්ගේ දුක විදර්ශනා කොට අප්පණිහිත විමෝක්ෂ මාර්ගයෙන් රහත් ඵලයට පත් අප්පණිහිත විමුත්ත පුද්ගලයා ගෙන් ය. 23(6). නිරෝධසමාපත්තිය දක්වා සමාධිය දියුණු කිරීමෙනුත් ආශ්‍රවයන් ක්ෂය කිරීම දක්වා විදර්ශනාව දියුණු කිරීමෙනුත් රහත් ඵලයට පත් උභතෝභාගවිමුත්ත පුද්ගලයා ගෙන් ය. 24(7). රහත් ඵලයට පත්වීම ත්, පිරිනිවන්පෑම ත් එකවිට සිදු වන සමසීසී පුද්ගලයාගෙන් ය. 25(8). පසේබුදුරජාණන් වහන්සේ ගෙන් ය. 26(9). සම්මාසම්බුදුරජාණන් වහන්සේගෙන් ය. අසේඛ පුද්ගලයා ගැන විග්‍රහ කෙරෙන සූත්‍රය මේ පුද්ගලයන් නව දෙනාගෙන් විස්තර කළ යුත්තේ ය. මෙසේ ලෝකෝත්තර සූත්‍රය සත්ව අධිෂ්ඨානය පිළිබඳව මේ විසිහය වැදෑරුම් පුද්ගලයන්ගෙන් විස්තර කළ යුත්තේ ය.

ලෞකික සූත්‍රය සත්ව අධිෂ්ඨානය පිළිබඳව දහනව වැදෑරුම් පුද්ගලයන්ගෙන් විස්තර කළ යුත්තේ ය. ඒ දහනවයක් පුද්ගලයෝ චරිතයන්ගෙන් දක්වා ඇති හෙයින් හොඳින් සොයා බැලිය යුත්තාහ.

(1) ඇතැම් කෙනෙක් රාගී ගතිගුණ ඇති රාග චරිතයෝ ය. (2) ඇතැම් කෙනෙක් ද්වේෂ ගතිගුණ ඇති ද්වේෂ චරිතයෝ ය. (3) තව කෙනෙක් මුලාවන ගතිගුණ ඇති මෝහ චරිතයෝ ය. (4) තවත් කෙනෙක් රාගී ගතිගුණයෙනුත් ද්වේෂ ගතිගුණයෙනුත් යුක්ත රාග ද්වේෂ චරිතයෝ ය. (5) කිසිවෙක් රාග ගතිගුණයෙනුත් මුලාවන ගතිගුණයෙනුත් යුත් රාග මෝහ චරිතයෝ ය. (6) කිසිවෙක් ද්වේෂ මෝහ චරිතයෝ ය. (7) තව කිසිවෙක් රාගයෙනුත්, ද්වේෂයෙනුත්, මෝහයෙනුත් යුක්ත ගතිගුණ ඇති රාග ද්වේෂ මෝහ චරිතයෝ ය. (8) අධික රාගයෙන් යුතුව සිටින රාග චරිතයා ය. (9) අධික රාගයෙන් යුතුව සිටින ද්වේෂ චරිතයා ය. (10) අධික රාගයෙන් යුතුව සිටින මෝහ චරිතයා ය. (11) අධික රාගයෙන් යුතුව සිටින රාග ද්වේෂ මෝහයෙන් යුතු චරිතයා ය. (12) අධික ද්වේෂයෙන් යුතුව සිටින ද්වේෂ චරිතයා ය. (13) අධික ද්වේෂයෙන් යුතුව සිටින රාග චරිතයා ය. (14) අධික ද්වේෂයෙන් යුතුව සිටින මෝහ චරිතයා ය. (15) අධික ද්වේෂයෙන් යුතුව සිටින රාග ද්වේෂ මෝහ චරිතයා ය. (16) අධික මෝහයෙන් යුතුව සිටින මෝහ චරිතයා ය. (17) අධික මෝහයෙන් යුතුව සිටින රාග චරිතයා ය. (18) අධික මෝහයෙන් යුතුව සිටින ද්වේෂ චරිතයා ය. (19) අධික මෝහයෙන් යුතුව සිටින රාග ද්වේෂ මෝහ චරිතයා ය. මේ පුද්ගලයන් දහනව දෙනා තුළින් ලෞකික සූත්‍රය සත්ව අධිෂ්ඨාන විස්තර කළ යුත්තේ ය.

වාසනාව ගැන විග්‍රහ වෙන සූත්‍රය සීලවන්තයන්ගෙන් විස්තර කළ යුත්තේ ය. ඒ සිල්වත් පුද්ගලයන් පස් දෙනෙකි. (1) ස්වභාවයෙන්ම සිල්වත් පුද්ගලයා ය. (2) සිල් සමාදන් වීමෙන් සිල්වත් වන පුද්ගලයා ය. (3) ශ්‍රද්ධාවෙන් ලත් චිත්තප්‍රසාදයෙන් සිල්වත් වන පුද්ගලයා ය. (4) සිත සංසිඳීමෙන් ලත් සමථයෙන් සිල්වත් වූ පුද්ගලයා ය. (5) විදර්ශනා ප්‍රඥාවෙන් සිල්වත් වූ පුද්ගලයා ය. වාසනාව ගැන විග්‍රහ වන සූත්‍රය මේ පුද්ගලයන් පස් දෙනාගෙන් විස්තර කළ යුත්තේ ය. මේ පංච ධර්මයන් තුළිනි.

ලෝකෝත්තර සූත්‍රය ධර්මාධිෂ්ඨානය පිළිබඳව සූත්‍ර තුනකින් විස්තර කළ යුත්තේ ය. දස්සනභූමිය ගැන විග්‍රහ කෙරෙන සූත්‍රයෙනුත්, භාවනාභූමිය ගැන විග්‍රහ කෙරෙන සූත්‍රයෙනුත්, අසේඛ පුද්ගලයා ගැන විග්‍රහ කෙරෙන සූත්‍රයෙනුත්ය.

ලෞකික සූත්‍රයත්, ලෝකෝත්තර සූත්‍රයත් සත්ව අධිෂ්ඨානය ත්, ධර්මඅධිෂ්ඨානය ත් දෙකින් විස්තර කළ යුත්තේ ය. අවබෝධය හෙවත් ඤාණය ප්‍රඥාවෙන් විස්තර කළ යුත්තේ ය. ප්‍රඥා ඉන්ද්‍රියයෙන් ය. ප්‍රඥා බලයෙන් ය. අධිප්‍රඥා ශික්ෂාවෙන් ය. ධම්මවිචය සම්බොජ්ඣංගයෙන් ය. සම්මා දිට්ඨියෙන් ය. නුවණින් නිර්ණය කිරීමෙන් ය. නුවණින් නිශ්චය කිරීමෙන් ය. පටිච්චසමුප්පාද ධර්මය පිළිබඳ ඤාණයෙන් ය. ඒ අනුව අතීත අනාගතයට ගලපා බැලීම නම් වූ අන්වයේ ඤාණයෙන් ය. ආශ්‍රවයන් ක්ෂය වීම ගැන ඇති ඛයේ ඤාණයෙන් ය. ක්ෂය වූ ආශ්‍රවයන් යළි නූපදින බව දන්නා අනුප්පාදේ ඤාණයෙන් ය. අනඤ්ඤාතඤස්සාමීති ඉන්ද්‍රියයෙන් ය. අඤ්ඤින්ද්‍රියයෙන් ය. අඤ්ඤාතාවීඉන්ද්‍රියයෙන් ය. නුවණැසින් ය. ආර්ය සත්‍යාවබෝධයෙන් ලත් විද්‍යාවෙන් ය. බෝධිපාක්ෂික ධර්මයන්ගෙන් වැඩුණු බුද්ධියෙන් ය. මහත් වූ ප්‍රඥාවෙන් ය. මේධා නම් වූ ප්‍රඥාවෙන් ය. යම් යම් හෝ පදයක් ලැබේද ප්‍රඥාව නමින් ඇති ඒ ඒ පදයෙන් ඤාණය විස්තර කළ යුත්තේය.

අවබෝධ කළ යුතු දෙය වන 'ඤෙය්‍ය' (1) අතීත අනාගත වර්තමාන වූ, (2) ආධ්‍යාත්මික බාහිර වූ, (3) උසස් පහත් වූ, (4) දුර ළඟ වූ. (5) සංඛත අසංඛත වූ. (6) කුසල් අකුසල් හා කුසල් අකුසල් නොවන්නා වූ යන සය අරමුණු වලින් සංක්ෂේපයෙන් හෝ විස්තර වශයෙන් හෝ දැක්විය යුත්තේ ය. ඤාණය ත්, ඤෙය්‍ය ත් සැකෙවින් හෝ විස්තර වශයෙන් හෝ යන දෙකින් විස්තර කළ යුත්තේ ය. ප්‍රඥාව පවා අරමුණින් හටගන්නා බැවින් අවබෝධ කළ යුතු ඤෙය්‍ය නම් වේ. අරමුණින් හට ගන්නා යමක් ඇද්ද. ආධ්‍යාත්මික වේවා, බාහිර වේවා ඒ සියල්ල සංඛතයෙනුත් අසංඛතයෙනුත් විස්තර කළ යුත්තේ ය.

දස්සනභූමිය ය, භාවනාභූමිය ය, ස්වකීය වචන ය, අනුන්ගේ වචන ය, විසඳිය යුතු දෙය ය, නොවිසඳිය යුතු දෙය ය, කර්මය ය, විපාකය ය යන හැම තැන ම ඒ දෙකින් යුක්ත දෙසුම ත් සූත්‍රයේ විස්තර කොට තිබෙන්නේ යම් අයුරින් ද ඒ අයුරින් විමසා බලා ලැබෙන පදයන්ගෙන් විස්තර කළ යුත්තේ ය. භාග්‍යවතුන් වහන්සේ යම්කිසි වෙනත් වචනයක් සූත්‍රයෙහි වදාරණ සේක් ද ඒ සියල්ල විස්තර කොට තිබෙන්නේ යම් අයුරින්ද ඒ අයුරින් ම ධාරණය කර ගත යුත්තේ ය.

හේතුව දෙඅයුරකින් යුක්ත ය. යමක් කර්මය වේ ද, යම් දේවල් ක්ලේශයෝ වෙත් ද ඒ දෙකයි. දුක් උපදවන හේතුව ක්ලේශයෝ ය. ඒ හේතුවෙහි ඇති ක්ලේශයෝ කෙලෙසී යාම ගැන විග්‍රහ කෙරෙන සූත්‍රයෙන් විස්තර කළ යුත්තාහ. දුක් උපදවන හේතුව කෙලෙසී යාම ගැන විග්‍රහ කෙරෙන සූත්‍රයෙනුත්, වාසනාව ගැන විග්‍රහ කෙරෙන සූත්‍රයෙනුත් විස්තර කළ යුත්තේ ය.

ඒ දෙඅයුරු හේතුවෙහි ඇති කුසල කර්මය සූත්‍ර සතරකින් විස්තර කළ යුත්තේ ය. වාසනාව ගැන විග්‍රහ කෙරෙන සූත්‍රයෙනුත්, දස්සනභූමිය ගැන විග්‍රහ කෙරෙන සූත්‍රයෙනුත්, භාවනාභූමිය ගැන විග්‍රහ කෙරෙන සූත්‍රයෙනුත්, අසේඛ පුද්ගලයා ගැන විග්‍රහ කෙරෙන සූත්‍රයෙනුත් ය. අකුසල කර්මය කෙලෙසී යාම ගැන විග්‍රහ කෙරෙන සූත්‍රයෙන් විස්තර කළ යුත්තේ ය. කුසල කර්මය ත්, අකුසල කර්මය ත් ඒ දෙවැදෑරුම් සූත්‍රයන් ගෙන් විස්තර කළ යුත්තේ ය.

අනුමත කොට වදාළ දෙය භාග්‍යවතුන් වහන්සේගේ අනුමත කොට වදාළ වචනයෙන් විස්තර කළ යුත්තේ ය. ඒ අනුමත කොට වදාළ දෙය පස් අයුරු ය. (1) සංවරය පිණිස ය, (2) ප්‍රහාණය පිණිස ය, (3) භාවනාව පිණිස ය, (4) සාක්ෂාත් කිරීම පිණිස ය, (5) කැප බවට විරුද්ධ නොවන දෙය දැක්වීම පිණිස ය යන පස යි. ඒ ඒ භූමි වල යමක් දකින්නට ලැබෙයි ද, එය කැප දෙයට අනුලෝම වශයෙන් විස්තර කළ යුත්තේ ය. භාග්‍යවතුන් වහන්සේ විසින් ප්‍රතික්ෂේප කොට වදාළ දෙය

එසේ ප්‍රතික්ෂේප කරන ලද කාරණයෙන් විස්තර කළ යුත්තේ ය. අනුමත කොට වදාළ දෙය ත්, ප්‍රතික්ෂේප කොට වදාළ දෙය ත් ඒ දෙක ඇතුළත් සූත්‍රයෙන් විස්තර කළ යුත්තේ ය.

ස්තුති කිරීමේ සූත්‍රය ප්‍රශංසාවෙන් දැක්විය යුත්තේ ය. ඒ ස්තුතිය පස් ආකාරයකින් දත යුත්තේ ය.

(1) භාග්‍යවතුන් වහන්සේගේ ගුණ වශයෙන් ය. (2) ධර්මයෙහි ගුණ වශයෙන් ය. (3) ආර්ය සංඝයාගේ ගුණ වශයෙන් ය. (4) ආර්ය ධර්මයන් තුළ හික්මීම් වශයෙන් ය. (5) දාන - සීල - මෛත්‍රී භාවනා ආදී ලෞකික ගුණ සම්පත් වශයෙන් ය. මෙසේ ස්තුතිය පස් අයුරකින් විස්තර කළ යුත්තේ ය.

ශ්‍රද්ධාදී ඉන්ද්‍රියභූමිය පද නවයකින් විස්තර කළ යුත්තේය. ක්ලේශභූමිය පද නවයකින් විස්තර කළ යුත්තේ ය. මෙසේ පද දහඅටක් වෙත්. 'පද නවයක් කුසල් ය. පද නවයක් අකුසල් ය. එහෙයින් කියන ලදී.' දහඅටක් වූ මූල පදයෝ කොහි දත යුත්තාහු ද? සසුන පිහිටුවීමෙහිය යනුවෙනි.

එහෙයින් ආයුෂ්මත් මහා කච්චායනයන් වහන්සේ

'නව පදයන්ගෙන් කුසලයත්, නව පදයන්ගෙන් අකුසල පක්ෂ වූ කාරණාවෝත් යෙදෙත්. මේ මූලපදයෝ දහඅටක් වෙති'යි වදාළහ.

නියුත්තං සාසනපට්ඨානං
(සාසන පට්ඨානය යොදන ලද්දේ ය.)

ආයුෂ්මත් මහා කච්චායන මහා ස්ථවිරෝත්තමයන් වහන්සේ විසින් වදාරණ ලද භාග්‍යවතුන් වහන්සේ විසින් අනුමෝදිත වූ, මුල් සංගායනාවන්හිදී සංගායනාවට නගන ලද නෙත්තිය හෙවත් ධර්මයට ගෙන යාම මෙතෙකින් සමාප්තයි.

නෙත්තිප්පකරණං නිට්ඨිතං.

නෙත්තිප්ප්‍රකරණය නිමි.

නෙත්තිප්පකරණය නම් වූ මෙම මාහැඟි දහම් පොත් වහන්සේ ගෞතම බුදු සසුන තුළ පිහිට ලබනු කැමතියන් උදෙසා ඉතා ශ්‍රද්ධාවෙන් යුක්තව පරිවර්තනය කිරීමෙන් ලද පුණ්‍ය ධර්මයන් සැදැහැසිත් ඇත්තෝ සතුටින් අනුමෝදන් වෙත්වා! අප සියළු දෙනාට මේ ගෞතම බුදු සසුනෙහි පිළිසරණ ලැබීමට වාසනාව ලැබේවා!

සාදු! සාදු!! සාදු!!!

www.ingramcontent.com/pod-product-compliance
Lightning Source LLC
LaVergne TN
LVHW051620080426
835511LV00016B/2087
* 9 7 8 9 5 5 6 8 7 0 4 9 7 *